Samuel Schüpbach-Guggenbühl

Schlüssel zur Macht

Basler Beiträge
zur Geschichtswissenschaft

Band 173

Begründet von
E. Bonjour, W. Kaegi und F. Staehelin

Weitergeführt von
F. Graus, H. R. Guggisberg, H. Lüthy und M. Mattmüller

Herausgegeben von
K. v. Greyerz, H. Haumann, G. Kreis,
W. Meyer, J. Mooser, A. v. Müller, C. Opitz,
M. Schaffner und R. Wecker

SCHWABE & CO AG · VERLAG · BASEL

Samuel Schüpbach-Guggenbühl

Schlüssel zur Macht

Verflechtungen und informelles Verhalten
im Kleinen Rat zu Basel, 1570–1600

Band 2: Forschungsmaterialien

SCHWABE & CO AG · VERLAG · BASEL

Gedruckt und publiziert mit Unterstützung
des Schweizerischen Nationalfonds zur Förderung
der wissenschaftlichen Forschung,
der Freiwilligen Akademischen Gesellschaft Basel,
der Christine Bonjour-Stiftung Basel,
der Johannes Oekolampad Stiftung Basel
und des Dissertationenfonds der Universität Basel.

Umschlag: Hans Heinrich Glaser: «einer fiert sein fraw und Kinder spacieren»,
Radierung, Basel 1634.

© 2002 by Schwabe & Co. AG · Verlag · Basel
ISBN 3-7965-1514-2

Inhalt

Abkürzungen 7
1. Abkürzungen im Text 7
2. Bibliographische und technische Abkürzungen 8

Teil I: Prosopographien des Kleinen Rates zu Basel 1570–1600 11

1. Definition, Anlage, Ordnung und Schema 11
2. Legende 14
   2.1. Kommentare 14
   2.2 Begriffe 15
   2.3 Technisches zum prosopographischen Korpus und den Datenblättern 16
      2.3.1 Problematik einer «Datenbank» 16
      2.3.2 Datentext 17
      2.3.3 Anmerkungen 18
3. Prosopographien 19
   Hohe Stube 19
   Schlüssel 22
   Hausgenossen 39
   Weinleuten 55
   Safran 78
   Rebleuten 95
   Brotbecken 101
   Schmieden 111
   Schuhmachern und Gerbern 121
   Schneidern und Kürschnern 131
   Gartnern 139
   Metzgern 152
   Spinnwettern 162
   Himmel und Goldener Stern 174
   Webern 182
   Schiffleuten und Fischern 193

Universität / Ministerium 201
Involvierte Personen 208

Teil II: Transkriptionen und Exzerpte 213

1. Texteditorische Grundsätze 213
2. Dokumente 214
   Dok. 1: Geschäftsverordnung über den Ausstand
           wegen Verwandtschaft 214
   Dok. 2: Auftreten und Selbstverständnis des Dreizehnerrrates ... 215
   Dok. 3A–3F: Ermordung Hieronymus Menzingers 215
   Dok. 4A–4E: Verhandlungen zum Erbprozess Meyer z. Pfeil –
           Eckenstein im Rat 221
   Dok. 5A–5Q: Ämterbuch des Andreas Ryff, Basel 1594–1603 224
   Dok. 6: Reislauf 1587 (Navarrischer Zug) 238
   Dok. 7: Erkanntnis über Nutzungsstreit St. Alban-Teich 240
   Dok. 8: Einberufung einer Synode 242
   Dok. 9: Regelung interner Disziplinprobleme 243
   Dok. 10: Beispiel eines Widerrufs 243

Teil III: Tabellen 245

1. Die enge politische Führungselite im Amt 1570–1600 245
2. Aussenpolitische Gesandtschaften 247
3. Innenpolitische Ämter, Ausschüsse und Aufgaben 250
4. Landvögte 1570–1600 255
5. Alphabetisches Verzeichnis der Prosopographien 257

Abkürzungen

1. Abkürzungen im Text

ABM	Alt Bürgermeister
ANT	Antistes
AOZM	Alt Oberstzunftmeister
BEK	Brotbeckenzunft
BM	Bürgermeister
BS	Basel
d.R.	des Rats = Kleinratsmitglied (s.u. «RH»/«ZM»)
FIS, SIF	Fischern- und Schiffleutenzunft
fl	*florenus,* Gulden, Zahlungs- bzw. Cash-Währung
GAR	Gartnernzunft
GrBS	Grossbasel
GrR	Grosser Rat = Gemeinde, die Sechser (-gemeinde; Zunftgemeinde)
HAU	Hausgenossenzunft (Bärenzunft)
HAZ	Handwerkszünfte
HEZ	Herrenzünfte
HIM, GST	Himmel- und Sternenzunft
KlBS	Kleinbasel
KlR	Kleiner Rat = Rat (s.o. «des Rats»)
lb	*librum,* Pfund; Buchungs-Währung
LV	Landvogt
MEZ	Metzgernzunft
OK	Oberst Knecht
OV	Obervogt
OZM	Oberstzunftmeister
Prof.	Professor an der Universität
REB	Rebleutenzunft
RH	Ratsherr
RS	Ratschreiber
SAF	Safranzunft
SH	Schultheiss
SLS	Schlüsselzunft
SMI	Schmiedenzunft
SNI, KÜR	Schneidern- und Kürschnernzunft
SPI	Spinnwetternzunft
SS	Stadtschreiber
SUM, GER	Schuhmachern- und Gerbernzunft
SYND	Stadtsyndicus (auch Stadtkonsulent, Stadtnotar)
Univ.	Universität
WEB	Webernzunft
WEI	Weinleutenzunft
XIII	Dreizehner(-herr)
ZM	Zunftmeister

2. Bibliographische und technische Abkürzungen

Diese Abkürzungen finden v. a. in den Prosopographien und in den Anmerkungen, seltener auch im Text Anwendung. Die Zitierweisen der Sekundärliteratur oder oft benutzter Quellen (-werke) sind deren jeweiliger erster Nennung in den Anmerkungen zu entnehmen («im folgenden zit. als [...]»). Gebräuchliche Wort- und bibliographische Abkürzungen wie «ebda.», «ff.», «S.» etc. sind nicht aufgeführt.

Abscheidb	Abscheidbücher im StABS (s.u.)
AK	Amerbachkorrespondenz Bde. I–X/1
Akten Ref	Dürr, E.; Roth, P., Aktensammlung z. Reformationsgeschichte [...], Bde. I–IV
BBG	Basler Beiträge zur Geschichtswissenschaft, Bde. 1ff.
BCh	Basler Chroniken, Bde. 1–11
Berner	Berner, H., «die gute correspondenz». Basler Bistumspolitik [...]
Brenner	Brenner, C. W., Basels Bevölkerung [...] z.Zt.d.Dreissigjährigen Krieges [...]
BStB	Basler Stadtbuch
BZGA	Basler Zeitschrift für Geschichte und Altertumskunde
E	Zunfterneuerung: erblich begründeter Zunfteinkauf zu ermässigter Gebühr
EA	Sammlung der Älteren Eidgenössischen Abschiede, Bd. 4, Abt. II, Bd. 5, Abt. I ff.
EuHS	Europäische Hochschulschriften
Fabian	Fabian, E., Geheime Räte [...]
Finanz	Finanz Acten im StABS (s.u.), div. Signaturen (s. Teil VII, 1.1)
Füglister	Füglister, H., Handwerksregiment. [...]
[Fü P 1]	Verweis auf Prosopographie, in: Füglister, H., Handwerksregiment [...]
Gast Tgb	Tagebuch des Johannes Gast, [...] (BCh 8)
GerichtsA	Gerichtsarchiv im StABS (s.u.), div. Signaturen (s. Teil VII, 1.1)
HAGB	Historische und Antiquarische Gesellschaft zu Basel
HGB	Historisches Grundbuch im StABS (s.u.), nach Strassenzügen geordnet [...]
Idiotikon	Schweizerisches Idiotikon [...]
K	Zunftkauf: Zunfteinkauf zur ordentlichen Gebühr (ohne Ermässigung)
KirchenA	Kirchenarchive im StABS (s.u.), div. Signaturen (s. Teil VII, 1.1)
KlosterA	Klosterarchive im StABS (s.u.), div. Signaturen (s. Teil VII, 1.1)
Lotz (C 250)	PrivatA 355 im StABS, Sammlung von Dr. Arnold Lotz (Verz. C, Heft Nr. 250)
LP	Leichenpredigt, Sammlung Basler Leichenreden, in der UBB (s.u.) [...]
Mandate	Sammlung d. gedruckten Mandate Basels, im StABS (s.u.), Bibliothek Fq 1 bis
Mscr	(Manuskript [...]) der Handschriftensammlung in der UBB (s.u.)
MUB	Matrikel der Universität Basel Bde. I–IV
NjBl	Basler Neujahrsblätter
Ochs	Ochs, P., Geschichte von Stadt und Landschafft Basel [...]
Öffnungsb	Öffnungsbücher im StABS (s.u.), div. Bde. (s. Teil VII, 1.1)
[P]	Prosopographie
[P 1]	Verweis auf Original-Prosopographie im Anhang (Bd. 2) dieser Arbeit
Platter Pest	Platter, Felix, Stadtbeschreibung 1610 und Pestbericht 1610/11 [...], BCh 11
Platter Tgb	Platter Felix, Tagebuch und Lebensbeschreibung [...], BCh 10

Abkürzungen

PrivatA	Privatarchive im StABS (s.u.), div. Signaturen (s. Teil VII, 1.1)
Rb	Ratsbücher im StABS (s.u.), div. Signaturen (s. Teil VII, 1.1)
Rubr.	Rubrik; m. entspr. Nr. versehenes Datenfeld in den Prosopographien, Bd. 2
Ryff Ab	Ryff, Andreas, Ämterbuch, Basel 1594–1601, UBB (s.u.) Mscr [...]
Ryff lib. leg.	Ryff, Andreas, liber legationum [...]
Ryff Rappenkrieg	Ryff, Andreas, Der Rappenkrieg [...]
Ryff Reiseb	Ryff, Andreas, Reisebüchlein [...]
Schnell	Schnell, J., Basler Rechtsquellen [...]
SGB I–X	Schweizerisches Geschlechterbuch, Bde. I–X
StABS	Staatsarchiv Basel-Stadt
Stb	Stammbäume im StABS
Strittmatter	Strittmatter, R., Die Stadt Basel während des Dreissigjährigen Krieges [...]
Tonjola	Tonjola, Johannes, Basilea Sepulta [...]
UBB	Universitätsbibliothek Basel
Urf-B	Urfehdenbuch Basel im StABS
Verz.	Verzeichnis
ZunftA	Zunftarchive im StABS, div. Signaturen (s. Teil VII, 1.1)

Teil I
Prosopographien des Kleinen Rates zu Basel 1570–1600

1. Definition, Anlage, Ordnung und Schema

Der folgende Datenkorpus umfasst und definiert die Mitglieder der politischen Elite Basels, die von 1570 bis 1600 als Häupter, Ratsherren, Zunftmeister, Stadt- oder Ratschreiber oder als Landvögte im Amt waren. Der nach der Ratswahl 1570 im Amt Verstorbene wird also ebenso erfasst wie der 1600 erstmals in den Rat Gewählte.[1] Zusätzlich berücksichtigt die Datensammlung diejenigen Inhaber wichtiger Ämter, die zwar ausserhalb des Kleinen Rats standen, aber durch ihre vielfachen politischen und geschäftlichen Verbindungen mit dem Rat und durch das politische Gewicht ihres Amtes auch zu den politischen Entscheidungsträgern gezählt werden müssen, wie auf jeden Fall Antistes, Stadtsyndicus und Stadtarzt. Dieser Einbezug berücksichtigt willkürlich nur diejenigen solchen Amtsinhaber zwischen 1570 und 1600, die im Rahmen unserer Untersuchungen eine unmittelbare Rolle spielen (es fehlt z.B. der prominente Antistes Simon Sulzer). Aufgrund ihrer ausnahmslosen Zugehörigkeit entweder zur Universität oder zum Ministerium werden sie unter dieser Bezeichnung analog den Angehörigen einer Zunft zusammengefasst. Ausserdem erscheinen unter dem Titel «Involvierte» zwei in unseren Untersuchungsfällen zentrale Personen, die im festgelegten Zeitraum nicht im Rat sassen.

Die Ordnung der Prosopographien folgt der Auflistung der Zünfte in den Ratsbesatzungen, die die zur behandelten Zeit gültige Zunfthierarchie

---

1 Einschränkung: Die namentl. in Füglister, Handwerksregiment (wie Bd. 1, Teil I, Anm. 6), prosopographierten Ratsmitglieder sind dort nachzuschlagen u. werden hier im Zusammenhang entspr. verwiesen, Bsp. OZM Jacob Rüdin, im KlR 1534–73 [Fü P 35], ebda. S. 323. Daher ist die vorliegende prosopograph. Liste nicht vollständig f. den Kleinen Rat zw. 1570 u. 1600, aber die wenigen hier fehlenden Prosopographien finden sich bei Füglister.

Basels wiedergibt.[2] Die Hohe Stube («Achtburger», die Vertretung der städtischen Nobilität) stellt 1570 bis 1600 noch zwei Landvögte und geht wie üblich den Zünften voran. Es folgen die vier Herren- und elf Handwerkszünfte gemäss ihrer inneren Hierarchie. An sie schliessen sich die o.e. Vertreter von Universität/Ministerium sowie die «Involvierten».
Das Schema jedes Datenblattes stellt nach der Überblickszeile (1.) zuerst Herkunft und sozialen Hintergrund einer Person fest (2.–6.). Daran schliesst sich die Aufgliederung der politischen Karriere in städtische und auswärtige Ämter (7.–28.). Informationen zu Einkommen, Eigentum und Vermögen in Immobilien und anderen Gütern und Mitteln bilden den Abschluss (29./30.).

---

2 Rb L 1, -L 2, -L 3; vgl. dazu die Ausführungen zu Hierarchie u. sozialer Abstufung d. Zünfte, in: Alioth, M., Barth, U., Huber, D., *Basler Stadtgeschichte 2; Vom Brückenschlag 1225 bis zur Gegenwart*, Basel 1981 (folgend zit. als Stadtgeschichte 2) passim; Transkriptionen u. Kommentare d. Ratsbesatzungen 1585–1590 in: Schüpbach 1991, S. 21, 33–39; vgl. Füglister, S. 1ff.

Prosopographisches Schema

Überschrift: Nummer d. Prosopographie (Identifikator), Name, Vorname, allfälliger Beiname

1. Kurzorientierung: Funktion, Amtszeit, Lebensdaten, Geburts- u. Todesorte, bes. Anmerkungen
2. Taufpaten, Geschlechts-, Vornamen; Testamentarier, dito
3. **A)** Bürgerrechte; **B)** Beruf(e);
   C) Geschäftl. Eigenschaften, Geschäftsgemeinschaften; **D)** Zünfte
4. Genealogie d. Herkunft, **A)** Geschlecht, Stand generell; **B)** Eltern;
   C) Grosseltern; **D)** Onkel, Tanten
5. Genealogie d. eig. Generation, **A)** Ehefrauen; **B)** Geschwister; **C)** Vettern/Cousinen
6. Genealogie d. Nachkommen, **A)** Kinder; **B)** Neffen u. Nichten; **C)** Enkel
7. Ratskarriere, **A)** Sechserämter; **B)** Polit. Status im Kleinen Rat
8. Städt. Ämter ohne Bedingung d. Ratssitzes, **A)** Schaffneien; **B)** Übr. städt. Ämter
9. Dreizehnerherr, Amtszeit, Jahre
10. **A)** Dreier-; **B)** Siebnerherr, Amtszeit, Jahre
11. Wechselherr, Amtszeit, Jahre
12. **A)** Wardiner d. Goldenen Münze; **B)** Wardiner d. Silbernen Münze;
    C) Ladenherr; jew. Amtszeit, Jahre
13. Kaufhausherr, Amtszeit, Jahre
14. **A)** Bauherr; **B)** Fünfer; **C)** Lohnherr; **D)** Kornherr; jew. Amtszeit, Jahre
15. **A)** Appellherr; **B)** Stadtgericht Grossbasel;
    C) Gericht Kleinbasel, jew. Amtszeit, Jahre
16. **A)** Ehegerichts-; **B)** Unzüchter-; **C)** Almosenherr, jew. Amtszeit, Jahre
17. Deputat, Amtszeit, Jahre
18. **A)** Ämter a.d. Univ.; **B)** Rektorate; jew. Amtszeit, (Amts-)Jahre
19. Pflegereien, jew. Amtszeit, Jahre
20. **A)** Bannerherr; **B)** Zeugherr; jew. Amtszeit, Jahre
21. Militär. Führungsämter in Basel od. d. Schweiz; jew. Amtszeit, Jahre
22. **A)** Basler Landvogteien; **B)** Ennetbirg. Landvogteien; jew. Amtszeit, Jahre
23. Sonstige auswärtige Ratsämter; jew. Amtszeit, Jahre
24. Eidg. Gesandtsch., **A)** Tagsatz.; **B)** Ev.Orte; **C)** Untert'geb./Landv.;
    D) übr.; jew. Jahre von–bis, Anz.
25. Gesandtsch. **A)** ins Bistum Basel; **B)** in and. Bistümer; jew. Jahre von–bis, Anz.
26. Gesandtsch. am Oberrhein, Jahre von–bis, Anz.
27. Gesandtsch. in/nach **A)** Dt. Reich; **B)** Frankr.; **C)** It.; **D)** Österr.;
    E) übr. ausw., jew. Jahre von–bis, Anz.
28. Militär. Führungsämter ausserhalb Basels od. d. Schweiz, jew. Amtszeit, Jahre
29. **A)** Wohnorte; **B)** Sonstiger Immobilienbesitz
30. Einkommen, Darlehen, Vermögen
    (nicht immer klar unterscheidbar od. abgrenzbar v. 29.)

2. Legende

2.1 Kommentare

Generell gilt für die hier erstellten Prosopographien, dass die verfügbaren Quellen bis auf unvermeidliche Lücken im Durchsuchungsnetz ausgeschöpft wurden. Mit Ausnahme der unten erwähnten Punkte beansprucht diese Prosopographie damit, in einem für eine Dissertation möglichen Mass[3] sämtliche in diesem Schema nachgefragten Informationen zu den betreffenden Personen beschafft zu haben, d. h., dass unter den aufgestellten Kriterien mit grosser Wahrscheinlichkeit nicht mehr historische Daten als die hernach folgenden zu diesen Elitemitgliedern verfügbar sind.

Unter «Taufpaten» (2.) finden wir oftmals keine Einträge vor. Aufgrund des riesigen Aufwandes beim Auffinden der Taufpaten in den Kirchenarchiven wurde das entsprechende Gewicht auf die in der Arbeit unmittelbar relevanten Personen z.B. in Exponierungsfällen (Teil V) oder in Karrieremodellen (Teil III) gelegt. Dies betrifft knapp die Hälfte der prosopographierten Männer bzw. Familien. Auf das Auffinden der Patenschaften der übrigen wurde – abgesehen von der bis ca. 1540 problematischen Quellenlage – vorerst verzichtet, da die Prosopographien auch bei kurzem Studium generell erkennen lassen, dass sich die meisten Kleinräte prinzipiell und absichtlich miteinander verflochten. Dieses Faktum würde, wo kein unmittelbarer Fallzusammenhang der jeweiligen Personen besteht, durch die Angabe der Taufpaten lediglich zusätzlich untermalt.

Unter «Wohnorte» und «Sonstiger Immobilienbesitz» (29.) sind ebenfalls relativ viele Lücken auszumachen. Abgesehen von der Quellenproblematik gilt derselbe Erklärungsansatz wie für «Taufpaten».

Unter «Einkommen und Vermögen» (30.) finden wir ähnliche Verhältnisse vor. Sie basieren einerseits ebenfalls auf dem Prinzip für «Taufpaten», andererseits drücken sich Einkommen und Vermögen nicht nur in Zahlen oder Geldbeträgen aus, sondern gerade in Grundbesitz (s.o.; 29.) oder anderen Werten, die schwierig erfass- und messbar sind. Generell gilt für die Mitglieder der politischen Elite, dass sie sich wirtschaftlich und sozial gegenüber dem grossen Teil der Bevölkerung sowieso abhoben, also grundsätzlich als vermögend einzustufen sind.[4]

---

3 Im Gegensatz etwa zu einem konzertierten Forschungsprojekt m. mehreren Mitarbeiter/innen, entspr. Mitteln u. demgemäss nicht direkt vergleichbaren, umfangreicheren Anlagen z. Recherche.

4 Schüpbach 1991, S. 42ff.; Füglister, S. 19–35, 57, 64ff., 143; Röthlin, a.a.O., S. 47–169.

2.2 Begriffe

Für die Bezeichnungen sozialer Eigenschaften und der Ämter etc. in den Prosopographien verweisen wir analog zu neueren Arbeiten über das Basler Zunft- und Stadtregiment auf die Begrifflichkeit in der Basler Geschichte 2.[5]

Zusätzlicher Klärung bedürfen Standesbezeichnungen sowie die Bewertungen der familiären Hintergründe unter 3.–6.: Der Titel ‹Junker› ist ein Überbleibsel der Privilegien der HST und bedeutet «zum Einsitz als Ratsherr der HST in den KlR berechtigt».[6] Die Begriffe «Regiments-, Ratsgeschlecht, Ratsfamilie» bedeuten ‹konstante Vertretung im Kleinen Rat›, d.h. das wiederholte Stellen mindestens eines Ratsmitgliedes pro Generation aus derselben Familie. «Häuptergeschlecht» bezieht dasselbe auf die Ämter von Oberstzunftmeister und Bürgermeister. «Patriziergeschlecht» bezeichnet ein spätestens seit dem 15. Jh. ansässiges, primär nichtadliges Ratsgeschlecht, aus dem einzelne Vertreter in Basel auch in ministerialen Kreisen auftauchen konnten. «Oberschichts-, Elitegeschlecht; weitere Elite» beschreibt entweder Ratsgeschlechter oder Familien der alteingesessenen wirtschaftlichen und sozialen Oberschicht, die nicht konstant im Rat vertreten waren. Ein «oberschichtliches Handwerkergeschlecht» war demnach wirtschaftlich bedeutend, alteingesessen, übte meist handwerkliche Berufe aus und war handwerkszünftig, hatte aber keine konstante Vertretung im Kleinen Rat. Auf eine Familie können mehrere dieser Bezeichnungen zutreffen.

«Paritätisch» meint die Eigenschaft oder Gepflogenheit einer Handwerkszunft, auch Herrenzünftige aufzunehmen. Durch die herrenzünftigen Ratsmitglieder erhofften sie sich, ihre Chancen auf Mitbestimmung im Rat zu mehren, den erleichterten Zugang für andere Vertreter der eigenen Zunft zu lukrativen und politisch entscheidenden Ausschüssen sowie eine stärkere Vertretung ihrer Anliegen als Zunft im Rat. Das Öffnen dieser Kanäle wurde entsprechend honoriert.[7]

---

5 Stadtgeschichte 2; vgl. z.B. Füglister, a.a.O.; Röthlin, a.a.O.; Berner, «die gute correspondenz»; u.a.
6 Ochs Bd. VI, S. 174; Heinrich Petri [P 24] beispielsw. trug diesen Titel aufgrund s. Adelung 1556/1563, kam aber als RH s. Zunft HAU in den KlR.
7 S. z. B. Groebner, Ratsinteressen, Familieninteressen, insbes. S. 279ff.; sowie ders., Gefährliche Geschenke (wie Bd. 1, Teil III, Anm. 7), ebda.; vgl. konkrete Bsp. in Bd. 1, Teil III, 2.2, 4.

Zu Interpretationsunsicherheiten in der Terminologie der Eigentumsverhältnisse der politischen Elite in den Prosopographien unter 30. (s.o. Kommentare) sei klargestellt, dass Immobilienbesitz (29.) verschiedentlich (z.B. Wassernutzungsrechte) auch unter «Eigentum/Vermögen» subsummiert werden muss, wenn nicht der Grundbesitz, sondern nachweislich ein direkter Gewinn daraus, z.B. mittels Zinsen, im Vordergrund stand. Vielfach waren v.a. Kapital- und/oder Zinsforderungen und -gewinne an Immobilienbesitz gekoppelt, so dass die Entscheidung schwerfällt, ob entsprechende Informationen unter 29. oder 30. aufgeführt werden sollen, auch weil diese Studie nicht primär die komplizierten und vielschichtigen Besitzverhältnisse der reichen politischen Elite klären kann.[8]

2.3 Technisches zum prosopographischen Korpus und den Datenblättern

2.3.1 Problematik einer «Datenbank»

Für die sozialhistorische Analyse dieser Arbeit wurde angestrebt, den vorliegenden prosopographischen Korpus als relationale Datenbank zu konstruieren. Dies erfordert eine starke Fragmentierung und dadurch Quantifizierung der Informationen bei deren Ersteingabe (*tables*), die beliebige Verknüpfbarkeit dieser Fragmente bei deren Abruf (*queries*) sowie die Möglichkeit von Erweiterungen und Korrekturen auch nach der Erstellung des Grundgerüstes (*forms*), um die Datenbasis parallel zur Forschung wachsen lassen zu können. Das Experiment startete mit der Unterstützung des Institutes für Informatik Basel[9] und scheiterte an folgendem Hindernis: Herkömmliche Mittel vermochten den qualitativen Charakter des Inhalts innerhalb eines vernünftigen zeitlichen Rahmens nicht zu bewahren. Die Datenbank wäre benutzerorientiert zwar relational einsetzbar geworden, aber sie hätte sich doch in eine sehr quantitativ ausgerichtete Datenbasis gewandelt. Damit wäre der gerade so wichtige qualitative Inhalt der Informationen aus den Prosopoghraphien im Auswertungsprozess in Gefahr geraten.

8 Eine Aussage erzeugte auch Redundanz, da Füglister, a.a.O. u. Röthlin, a.a.O. hierzu exemplarisch sind.
9 Ehemals AfIBS (Amt für Informatik Basel-Stadt); ich lernte den Datenbank-Spezialisten u. Abteilungsleiter Herrn P. Gutbrod anlässlich von Access-Kursen kennen.

Das vorliegende Ergebnis aus dieser Erfahrung bedeutet einen Kompromiss in der Aufbereitung einer grossen Menge historischer Daten zu Personengruppen: Die Prosopographien sind zwar in datenbankähnlicher Struktur, d.h. mit durchgehender Repetitivität der Datenblätter dargestellt: Die Informationen werden auf jeder einzelnen Stufe vergleich- und messbar. Die Datenblätter formen hingegen nicht zugleich den Inhalt einer elektronisch aufgebauten und benutzbaren relationalen Datenbank.[10] Deshalb präsentiert sich diese Prosopographie als Datenkorpus und Sammlung von Informationen, die den Ansprüchen und Fragestellungen der Arbeit gerecht werden konnte, ohne aber elektronisch relationiert worden zu sein, wie dies ursprünglich beabsichtigt war.

2.3.2 Datentext

Um die grosse Informationsmenge übersichtlicher präsentieren zu können, wurden zusätzliche Abkürzungen stark benutzter Begriffe nötig, die im entsprechenden Verzeichnis aufgeführt sind.

Die Geschlechter werden nach Herkunft primär in der väterlichen Linie wiedergegeben, da es bei unseren Fragestellungen um die – ausnahmslos männlichen – Mitglieder des Kleinen Rates geht. Allerdings werden nach Möglichkeit der Quellen unterschiedslos jede Frau und jeder Mann aufgeführt, die bei den Verflechtungen eines Geschlechts eine folgenreiche Stellung einnahmen. Generell gilt für das Nicht-Auftauchen von Frauen und Frauenlinien in den Datenblättern, dass hier nicht entsprechende Informationen verschwiegen werden, sondern diese nicht überliefert sind.

Der Name eines Geschlechts erscheint pro titulierter Rubrik (z.B. 4.C, 6.B) nur einmal. Wenn also mehrere Vertreter/innen einer Familie genannt werden oder wenn – was meistens der Fall ist – Tochter oder Sohn und danach der Vater auftreten, so fällt der Geschlechtsname bei allen ausser beim letzten Genannten der Familie weg (z.B. «Maria, T. d. Nestlers Michel Göbel»).

---

10 Eine Berechnung im Feb. 1997 ergab einen bei diesem Umfang d. Prosopograhien nicht vertretbaren Aufwand im Rahmen einer Dissertation. Das Anliegen einer solchen Datenbank wäre jedoch weiter zu verfolgen m. dem Ziel, auf Basis relationaler Datenbanktypen (Windows Access, SQL Server, etc.) ein Datenbanksystem aufzubauen, das Zwecken wie demjenigen dieser Dissertation zu dienen u. generell den Ansprüchen vorab geisteswissenschaftl. Arbeiten zu genügen vermag, die eine quantitative u. relationale Auswertung v. Material ohne qualitativen Verlust verlangen.

Die Titel der einzelnen Rubriken der Datenblätter werden im Karriereteil (7.–28.) kurz wiederholt, um die Übersichtlichkeit gerade bei der Kumulation vieler Ämter zu wahren. Für die übrigen Titel verweisen wir auf das erklärende Schema und den Kommentar (s.o. 1–3.2). Zur Erleichterung der Lektüre der Prosopographien ist das entsprechende Schema zusätzlich als Einlageblatt beigelegt.

Von Rubrik 7 bis 23 sind mit «Jahre» jew. die Amtsjahre in einem bestimmten Ausschuss oder einer bestimmten Beamtung angegeben. Oft wird hier ein Jahr mehr angerechnet, als auf den ersten Blick zählbar ist. Dies liegt daran, dass der Ämterwechsel jew. am Ratswahltag, Samstag vor Johannis Baptistae (24. Juni), erfolgte. Falls der entsprechende Kleinrat zwischen dem 24. Juni und dem Jahresende verstarb, zählen wir auch sein letztes, nur begonnenes Amtsjahr dazu, da er ja für ein weiteres ganzes solches gewählt wurde und üblicherweise erst mit seinem Tod aus dem Amt schied, also das Mandat auch tatsächlich bis dahin versah.

2.3.3 Anmerkungen

Für sämtliche Abkürzungen gilt das Abkürzungsverzeichnis (s.o.).

Die Anmerkungen folgen der thematischen Unterteilung der Prosopographien. Demnach wird für ‹Übersicht›, ‹Taufpaten›, ‹Genealogie›, ‹politische Karriere› und ‹Immobilien und Vermögen› jeweils eine zusammenfassende Anmerkung gesetzt, was durch die fettgedruckten Nummern der Rubriken jeweils genau angegeben ist. Dies ermöglicht die Quellensuche bei allfälliger Weiterverwendung der Angaben grundsätzlich bequem.

Generell wird bei häufig zitierten Editionen oder Literatur die Angabe «S.» für «Seite» weggelassen, der wo immer möglich abgekürzten (s.o.) Angabe des Werks folgt direkt die jeweilige Seitenzahl.

3. Prosopographien

Bildnis der Familie des Basler Zunftmeisters Hans Rudolf Faesch, 1559,
Hans Hug Kluber, gefirnisste Tempera auf Leinwand; Öffentliche Kunstsammlung Basel.

Hohe Stube

1. Hiltbrand, Jacob

1. Kleinrat (Ratsherr), Landvogt; 1539–76; 1505 Basel–1583[1]

3. **A)** Basel; Liestal (uns.)   **B)** Junker   **D)** HST vor 1539

4. **A)** Achtburgergeschl., das auch herrenzünftig war; traditionell altgläubig.
   B) OZM Balthasar Hiltbrand (1486–1538), HST, SLS, HAU, SAF, Hauptmann eines Basler Auszugs n. Mailand 1523, Kriegsdienste f. d. frz. König, zwei Ges. z. Bischof v. Basel [Fü P 2]; u. Valeria, Schw. d. Lux Iselin d.R. SAF [Fü P 54], Grosstante d. Hans Lux Iselin d.R. [P 54]; s. Stiefmutter Brida, T. d. Ritters Hans v. Schlierbach, Wwe. d. Franz Offenburg, RH HST, Mutter d. Christoph Offenburg d.R. HST [Fü P 10], Tante d. BM Henman Offenburg HST (1480–1559), Grosstante d. Philipp Offenburg, LV [P 2]
   C) Hans Hiltbrand, Wechsler, ZM HAU 1484–1508

---

1   Lotz C 228.

I. Prosopographien: Hohe Stube

5. **A)** 1530 Dez. 21 Valeria, T. d. Gewandmanns Hans Bär, ZM SAF 1485–92, Schw. d. Tuchmanns Franz Bär d.R. SLS [Fü P 15], altgläubig, Schwägerin d. Lux Iselin d.R. [Fü P 54]. 1537 Aug. 08 Magdalena Mutschli v. Bremgarten (†ca. 1586)
B) S. Stiefbr. Christoph Offenburg wird d.R. HST [Fü P 10] (s.o. 4.B)

6. **A)** Küngold († 1564 Juni 10 Liestal, Pest) heir. 1551 in Liestal Jkr. Hans Philipp, S. d. BM Henman Offenburg, HST u. LV Farnsburg [P 2].[2]

7. **B)** RH HST 1539–43; 4 Jahre

10. **B)** Siebner 1540/42: 2 Jahre

12. **B)** Wardiner d. Silbermünze ca. 1540–42, 2–3 Jahre
C) Ladenherr ca. 1540–42, 2–3 Jahre

22. **A)** LV Waldenburg 1564–76, 12 Jahre

23. Vogt zu Schauenburg 1544–60, 16 Jahre[3]

29. **A)** Rittergasse 11, 1532, Eckhaus Rittergasse 21, 1532–49; Petersgraben 29 über Hofgarten anschl. an Stiftsgasse 13, 1539–60; Schloss Waldenburg 1564–76
B) 1544–60 Schloss Schauenburg (v. den Offenburg zu Lehen, vgl. [P 2]), evtl. auch danach

30. Vermögend durch Familienerbe[4]

2. Offenburg, (Hans) Philipp von

1. Landvogt; 1555–82; 1499 Jan. 1–1582 April 16 Liestal (LV Farnsburg)[5]

3. **A)** Basel (uns., s.u.)   **B)** Junker   **D)** HST 1526

4. **A)** Ehem. ministerialer Hochadel: Gotteshausdienstleute; Ritter, Achtburger u. Häupter d. HST seit d. 14. Jh. im Basler Rat; s. Ururgrossv.: BM u. Diplomat Ritter Henman Offenburg (1379–1459)
B) Jkr. Henman Offenburg (1480–1559), Ritter d.R. 1499, RH HST 1499–1501, LV Farnsburg 1504–07/1516–42, BM 1542–44, LV Farnsburg 1516–42/1544–50, Hptm d. Basler Einh. b. Marignano 1515; u. Maria († 1553), T. d. Ritters Hans v. Schlierbach u. d. Küngold v. Landenberg
C) Jkr. Hans Philipp Offenburg (1442–80) u. Agnes, T. d. Jkr. Conrad v. Laufen

---

2 **3.–6.:** Lotz ibid., -C 362; Rb L 2, -S 1,12; Wurstisen Chronik 537; Gast Tgb 374 A.5; Tonjola 327; Füglister 297f., 303f., 307f., 337f.; Berner 80.
3 **7.–23.:** Lotz C 228.; Rb L 2, -M 2, -M 3, -S 1,12; Finanz H.
4 **29./30.:** Lotz C 228; Rb S 1,12, HGB Rittergasse, -Petersgraben; vgl. [P 2]; vgl. Offenburg, Christoph, Die Offenburgische Familienchronik, in: BCh 5, 300–325.
5 Lotz C 362; Todesdat. errat.; richtig: Rb S 1,12: 16. April 1582.

I. Prosopographien: Hohe Stube

D) Christoph Offenburg (1509–52) RH HST 1532–45, Dreizehner, Chronist, d. Rats entsetzt (Pflichtversäumnis, Völlerei), LV Münchenstein 1552 [Fü P 10]. Elisabeth heir. in 3. Ehe BM Wilhelm Zeigler [Fü P 14], Bruder d. OZM Lux Zeigler [Fü P 13].

5. A) 1551 in Liestal Küngold (1564 Pest), T. d. Jkr. Jacob Hiltbrand d.R. [P 1] u. d. Valeria, Schw. d. Lux Iselin d.R. SAF [Fü P 54], Grosstante d. Hans Lux Iselin d.R. [P 54]. 1565 Margret (†1570), T. d. Ritters Ulrich Rappenburger, Burgvogt Rötteln u. d. Helena Klett, Wwe. d. Werner Wagner v. Mühlhausen. 1570 Susanna Höcklin v. Steinegg (†1626).
B) 11 Geschw.; Sechs Schwestern heir. adlige Dienstleute; s. jüngste Schwester unehelich. Hans Egloff (Eglin) (†1560/69; uns.) RH HST 1525–29, als Altgläubiger entsetzt [Fü P 11], m. BM Heinrich Meltinger [Fü P 8] u. Hans Bär, ZM SAF (s. Jacob Hiltbrand [P 1]) verschwägert. Sebastian wird österr. Statthalter u. Obervogt Pfeffingen. Ursula (†nach 1606) heir. 1562 Hieronymus Iselin (1522–84), Kaufmann, V. d. Hans Ludwig Iselin, LV Homburg, S. d. Lux Iselin d.R. [Fü P 54], Onkel d. Hans Lux Iselin d.R. [P 54].

6. A) 12 Kinder (8 M, 4 F).
Barbara (†1631) heir. 1577 Liestal Theodor Brand d.J.d.R., LV, Dreizehner, OZM [P 29], S. d. OZM Bernhard Brand [P 28]. Philipp (†1601) Hauptmann im Reich. Hans Jacob (†1579), österr. Hauptmann, Vogt zu Brunnstatt 1574, heir. Elisabeth (1551–vor 1598), T. d. Wernher Wölfflin d.R. [P 15]. Henman (1579–1633) Oberst in markgräfl. Diensten, LV v. Hochberg. Hans Heinrich (1581–1636) heir. Elisabeth v. Hoheneck, württemberg. Rat, OV v. Nagolt, letzter d. Geschl., das m. s. Tode erlosch. Hans Diebold (†nach 1625) österr. OV im Elsass (Breyheim; uns.).[6]

7. A) Geselle Rittergesellschaft z. Seufzen 1526ff.
B) HST 1526–55 bzw. –1582

22. A) LV Farnsburg 1555–82; 27 Jahre[7]

24. C) Untertanengeb./Landvogteien 1555–ca. 1580: ca. 25

26. Oberrhein (inkl. Markgrafschaft) –ca. 1580: ca. 12[8]

29. A) Petersgasse 40–44, 1516–97; Schloss Farnsburg 1555–82.
B) Schloss Schauenburg im Lehen d. Freiherren zu Falkenstein 1544; Schloss Waltighofen im Sundgau in österr. Lehen.

30. S. Fam. gibt Jacob Hiltbrand [P 1] Schloss Schauenburg zu Lehen 1544–60; vermögend durch Familienerbe; mehrere Tsd. *fl* liquid.[9]

---

6 **3.–6.:** Lotz ibid.; AdelsA O1,1 fasc.19/25; PrivatA 578 A1 bis 2; PrivatA 594, P 2 30,4/14; Rb L 2, -S 1,12; Zunftacten A, Hohe Stube 1515–1561, fasc.1–5; Tonjola 327; Offenburgische Familienchronik, in: BCh 5, 311; Füglister 302–306.
7 **7.–22.:** Rb L 2, -L 3, -M 2, -M 3, -S 1,12.
8 **24./26.:** Finanz G 16, -17.
9 **29./30.:** HGB St.Petersgasse; s. Offenburgische Familienchronik, 306 A.7; vgl. Schönberg, Gustav, Finanzverhältnisse der Stadt Basel im XIV. und XV. Jahrhundert, Tübingen 1879, S. 526, 584.

Schlüssel

3. Doppenstein, Sebastian

1. Kleinrat, Landvogt, Bürgermeister, 1531–70, 1497 Basel–1570 April 8 Basel (Münster), ein «strenger und würdevoller Mann»[1]

3. **A)** Basel   **B)** Tuchmann   **D)** E SLS 1518; K SAF 1525

4. **B)** Hans Doppenstein, Siebmacher d.R. (1456–1518) [Fü P 134], E SPI 1477, K SLS 1492; u. Dorothea Zangenberg
   C) Hans Doppenstein, Siebmacher, SPI

5. **A)** Vor 1526 Maria, T. d. Nestlers Michel Göbel u. d. Anna Winter. Vor 1538 Susanna, T. d. Melchior Hütschi d.R. [Fü P 18] u. d. Maria Rul. 1569 Margret Franck, Wwe. d. BM Franz Oberried (–1562, Br. d. BM Jacob Oberried [P 11]), u. Wwe. d. Caspar Tröli, Bischöfl. Schaffner

6. **A)** 5 Kinder (2 M, 3 F).
   Sebastian (1537–64) wird Gewandmann. Maria heir. 1550 d. Metzger Hans, Br. d. BM Caspar Krug [P 82]. Cleophe (†1564 Pest) heir. 1558 d. Gerber Jacob Strub (†1564 Pest) d.R. GER 1564, Br. d. Lienhard Strub d.R. [P 96], Schwiegereltern d. Jacob von Spyr d.R. WEB [P 168].
   B) Ottilia Doppenstein gen. Pfründ heir. 1551 Heinrich Besserer, Schneider d.R. [P 100].[2]

7. **A)** Sechser SLS 1551–52
   B) RS 1551; RH SLS 1552–60; OZM 1560–63; BM 1564–70, 20 Jahre

9. Dreizehner 1560–70, 10 Jahre

10. **B)** Siebner 1553, 55, 57/58, 1564–70, 11 Jahre

11. Wechselherr 1553–56, 4 Jahre

15. **A)** Appellationsherr 1554–58, 1561–69, 12 Jahre

19. Pfleger Spital 1566–68; zweite Pflegerei nach 1553–70, 18 Jahre

22. **A)** LV Waldenburg 1531–53; LV Riehen 1555–60, 27 Jahre[3]

24. **A)** Tagsatzung 1559–60: 5
    B) Evangel. Orte 1554–62: 3
    C) Untertanengeb./Landvogteien 1553–69: 23
    D) Übr. eidgenöss. 1539–53: 4

25. **A)** Bistum Basel 1555–58: 8

---

1 Lotz C 94 (irrt im Todesdat.); Rb L 2; Gast Tgb. 437.
2 **4.–6.**: Lotz ibid.
3 **7.–22.**: ibid.; Rb L 2; -M 3; -S 1,12; s. RS-Amt 1551 unsicher, aber da in Rb S 1,12 vermerkt, vielleicht Aushilfe in Vakanz möglich; Finanz H; -Y2; GerichtsA T 9; KlosterA Barfüsser J 2; mind. eine zweite Pflegerei ist in s. Karriere unbedingt anzunehmen (BM), das Ämterbuch fehlt 1553–71; Fabian 424f.

26. Oberrhein 1554–62: 7[4]

29. **B)** Besitzt als LV Waldenburg die Sennerei Hintere Allmatt oberhalb Lauwil, die er kurz nach 1550 David Joris alias Junker Jörg von Bruck (ndld. Brügge) verkauft.

30. Erwirbt 1563 Zinsen zu Maulburg in d. Markgrafschaft.[5]

4. Fürfelder, Christman

1. Kleinrat, Landvogt, Oberstzunftmeister, 1581–1602, 1545 Jan. 18 Augst–1602 Nov. 16 Basel[6]

2. Taufpaten s. S. Georgius 1572 Mai 22: Wernher Wölfflin d.R. [P 15], Hans Jacob Irmy d.R. [P 7][7]

3. **A)** Augst; Basel   **B)** Tuchmann; Kaufmann   **C)** K SAF u. K SLS 1563

4. **B)** Georg Fürfelder (–nach 1570), Gremper, Weinmann, Gerichtsbott, Wirt zu Augst a. d. Bruck, K GAR 1533, K WEI 1557; u. Margret Stein; s. Stiefmutter nach 1569: Verena Frölin

5. **A)** 1567 Anna, T. d. Ulrich Schuler, Enkelin d. Dreizehners Jacob Göbelin d.R. [P 169]. 1591 Margret Freuler, die als s. Wwe. 1607 d. Dreizehner Lux Hagenbach heir., Cousin d. Dreizehners Beat Hagenbach [P 17].[8]

7. **B)** ZM SLS 1581–1601; OZM 1601–02, 22 Jahre

9. Dreizehner 1595–1602, 8 Jahre

10. **B)** Siebner 1582/84/85/87/90/92/93/95/98/1600/1602, 11 Jahre

12. **C)** Ladenherr 1583–85, 3 Jahre

15. **A)** Appellationsherr 1601, 1 Jahr   **C)** Gericht KlBS 1592, 1 Jahr

16. **A)** Ehegericht 1589–91, 3 Jahre   **C)** Almosenherr 1589–1601, 13 Jahre

19. Pfleger Augustinern 1583–1600, 18 Jahre

22. **A)** Riehen 1592–1602, 11 Jahre[9]

---

4   **24.–27.:** EA 4. I, -II; Finanz G 17–20; Berner 80.
5   **29./30.:** AK 9, 570f., 575; Bruckner 1453f., 1878f.
6   Lotz C 151.
7   KirchenA W, 12, 1 (Taufreg. St. Martin) 157, 162v.
8   **3.–5.:** ZunftA SLS 12,III,79; ZunftA SAF 25, II, 125; Kölner, Schlüsselzunft, 167, 336f.; Lotz C 151; die Zunftkäufe durch s. Vater; Lotz C 151.
9   **7.–22.:** Lotz C 151; Rb L 2; -M 3; -S 1,12; Finanz H; Fabian 424ff.

24. A) Tagsatzung 1588: 2[10]

29. A) Haus «zum roten Berg», Eisengasse re. abw. 9

30. Erarb. Vermögen mind. ca. 4000 *fl* (v. s. Nachk. versteuert)[11]

5. Götz, Hans Jacob

1. Kleinrat, Landvogt, Bürgermeister, 1592–1614, 1555 Juli 2 Basel–1614 Juli 18 Basel[12]

3. A) Basel **B)** Gewandmann
D) E WEI 1575; K SLS 1576 durch s. Schwiegerv. Hans Scheltner; K SAF 1577; SNI 1583

4. B) Jacob Götz (1506–60), Schneider, Weinmann, SH GrBS 1541–55, Hauptmann, d.R., OZM, u. Anna (1530–1605), T. d. BM Theodor [Fü P 149], Schw. d. OZM Bernhard Brand [P 28]
C) Jacob Götz, Schneider, Weinmann, Stadtkäufer d.R. [Fü P 40]

5. A) 1575 Catharina (1546–1637), Enkelin d. Schirlitzwebers Balthasar Scheltner d. R. [Fü P 164] u. d. Elisabeth, T. d. Fridlin Feldbach d.R. [P 71], Schwägerin d. Jacob Scheltner d.R. [P 166]
B) Theodor (1559–1608) wird Weinmann u. Wagmeister.

6. A) 9 Kinder (7 M, 2 F).
Hans Balthasar (1576–1647) wird Tuchmann d.R. (ZM SLS 1621–47). Bernhard (1588–1630) wird Gewandmann, heir. 1611 Anna, Urenkelin d. Lux Iselin d.R. [Fü P 54], Nichte d. Hans Lux Iselin d.R. [P 54]. Anna (1578–1614) heir. 1598 Theodor Hertenstein d.R. [P 31], 1603 Sebastian Kühn d.R. REB. Catharina (1586–1656) heir. 1606 d. XIII Hans Heinrich Hoffmann d.R. SUM, heir. 1630 Prof. Jacob, S. d. Beat Hagenbach d.R. [P 17].[13]

7. A) Sechser SLS 1585–92
B) RH SLS 1592–1604; OZM 1604–12; BM 1612–14, 23 Jahre

9. Dreizehner 1596–1614, 19 Jahre

10. A) Dreier 1609–14, 5 Jahre
B) Siebner 1593/95/97/98/1600/03/12/13/14, zwei doppelt, 11 Jahre

11. Wechselherr 1608–14, 6 Jahre

12. C) Ladenherr 1595–98, 3 Jahre

13. Kaufhausherr 1608–14, 6 Jahre

---

10 EA 4.II.
11 **29./30.**: HGB Eisengasse; Platter Pest 418; Brenner 71, 89.
12 Lotz C 172; Rb L 3; -S 1,12.
13 **3.–6.**: Lotz C 172; Rb S 1,11; Füglister 327f., 337f., 385f., 395.

14. **A)** Bauherr 1604–14, 10 Jahre   **B)** Fünfer (Richter) 1601–04, 4 Jahre
    D) Kornherr 1612–14, 3 Jahre

15. **A)** Appellationsherr 1605/07/09/11/13, 5 Jahre

16. **A)** Eherichter 1598–1602, 5 Jahre   **B)** Unzüchter 1596–99, 4 Jahre

17. Deputat 1603, 1 Jahr

19. Pfleger Kartause 1593–1614; Klingental 1609–14, 28 Jahre

20. **A)** Bannerherr um 1602, mehrere Jahre
    B) Zeugherr 1597–1614, 18 Jahre

21. Oberster Schützenmeister 1594–96

22. **A)** LV Hüningen 1601–04, 4 Jahre[14]

24. **A)** Tagsatzung 1594–1604: 17
    B) Evangel. Orte 1596–1607: 8
    C) Untertanengeb./Landvogteien 1598: 1
    D) Übr. eidgenöss. 1603–12: 6

25. **B)** Bistum Konstanz 1597: 1

26. Oberrhein 1602–13: 5

27. **B)** Frankr. 1602–08: 4   **C)** It. 1594: 1   **D)** Österr. 1596: 1
    E) Dt. Reich 1612: 1[15]

29. **A)** Haus ‹zum Hermli›, Freie Str. alt 1624[16]

6. Huber, Hans Rudolf

1. Kleinrat, Landvogt, Bürgermeister, 1578–1601, 1545 Aug. 08 Basel–1601 Feb. 11 Basel[17]

2. Taufpate 1545 Aug. 8 St. Martin: Bonifacius Amerbach; s. Br. Wilhelm 1542 Feb. 7: OZM Marx Heydelin [Fü P 158]; s. T. Anna: RS Niclaus Werenfels [P 59]; s. Schw. Agnes 1563 Juli 23: BM Ulrich Schultheiss [P 12]; s. T. Margareta 1571 Nov. 2: OZM Bernhard Brand [P 28]; s. S. Hans Jacob 1577 Sept. 5: XIII Jörg Spörlin [P 145]: s. T. Dorothea 1581 Mai 22: BM Melchior Hornlocher [P 80]; s. S. Hans Rudolf 1584: XIII Hans Jacob Hoffmann [P 20], Prof. Felix Platter [P 183][18]

---

14 **7.–22.**: Rb L 2,-L 3; -M 2; -M 3; -S 1,12; Finanz H; Ryff Rappenkrieg 12ff.; Fabian 426f., Ochs Bd. 6, 544.
15 **24.–27.**: EA 4.II, -5.I; Finanz G 26–29; Fremde Länder: Frankreich B 2, 2; Rb D 4, 196v f., 403; Ochs Bd. 6, 540, 547.
16 Gast Tgb 437; HGB Freie Strasse.
17 Lotz C 242.
18 KirchenA W 12, 1 (Taufreg. St. Martin) 36r, 46, 56, 69, 75v, 126v; -X 8, 1 (Taufreg. St. Alban) 206v; -X 8, 2, ibid., 52r; -X 8, 2, ibid., 100r, 136r.

3. **A)** Basel
   B) Kaufmann
   D) K SLS 1571 durch s. Vetter Wernher Wölfflin d.R. [P 15]

4. **A)** Geschl. Ende 15. Jh. aus Ravensburg eingew.
   B) Prof. Dr. med. Johannes Huber, Stadtarzt (1506–71, E GAR 1535) u. 1541 Margret Wölfflin, (1. Frau d. Vaters: Barbara, Tochter d. Schuhmachers Hans Brand)
   C) Martin Huber (1460–nach 1544), Wirt zum Bock, in Basel 1499, Bürgerrecht Basel 1504 f. Kriegsdienst (Schwabenkrieg)

5. **A)** Vor 1571 Helena, Tante d. XIII Hans Ludwig Meyer zum Pfeil [P 57].
   B) Dr. med. Hans Wernhart heir. 1585 Christiana, Tochter d. Prof. Dr. med. Theodor Zwinger.
   C) Wernher Wölfflin d.R. [P 15].

6. **A)** Hans Rudolf (1584–1634), E SLS 1612, ist RH SLS 1628–34, 1633 Salzherr, heir. Ursula Peyer. Hans Wernhart (1578–1623), E SLS 1608, Gerichtsherr GrBs.[19]

7. **B)** RH SLS 1578–91; OZM 1592/93; BM 1594–1601, 24 Jahre

9. Dreizehner 1582–1601, 19 Jahre

10. **A)** Dreier 1590–1601, 12 Jahre
    B) Siebner 1579/80/82/86/89/94–1601, 6 J. doppelt, 21 Jahre

12. **C)** Ladenherr 1589/90, 2 Jahre

14. **C)** Lohnherr –vor 1601, mind. 5 Jahre
    D) Kornherr 1599/1600, 2 Jahre

15. **A)** Appellationsherr 1593–1600, 8 Jahre
    C) Gericht KlBS 1583, 1 Jahr

17. Deputat 1580–92, 13 Jahre

19. Pfleger Klingental 1579–1600, 22 Jahre[20]

22. **A)** LV Riehen 1589–92, 4 Jahre

24. **A)** Tagsatzung 1583–91: 5
    C) Untertanengeb./Landvogteien 1579–85: 2
    D) Übr. eidgenöss. 1584–98: 3

26. Oberrhein 1582–86: 2[21]

---

[19] **3.–6.**: Lotz ibid.; Beruf uns., s. ZA SLS 12, II, 92; Lotz C 336; Rb S 1,11; AK 6, 506f.; Strittmatter 125.

[20] **7.–22.**: Rb L 2; -M 3; -S 1,11 (Lohnamt: unregelmässig aktenkundig, aber erwähnte Amtsinhaber immer mehrjährig); Rb S 1,12; Finanz H; Fabian, 424ff.

[21] **24.–26.**: Finanz G 23–25; Rb M 7; unter **24.D** ist Huber 1598 Rechtsetzer bei d. Marchbereinigung Hallwyl zwischen d. Freiämtern Bern u. Aarau u. d. Herren v. Seengen. Eidgenöss. Kompetenzfunktion, als sehr wichtig einzustufen; EA 4.II/5.I.

29. A) Vorderer Ramsteinerhof, Rittergasse li. einw. 24/22.
Familienbesitz: «huberen haus», Hebelstrasse li. einw. 6.

30. Erarb. Vermögen ca. 10 000 fl (v. s. Schwiegert. versteuert)[22]

7. Irmy, Hans Jacob

1. Landvogt, Kleinrat (Zunftmeister) 1566–68/1576/77, 1533 Basel–1577 April 6 Basel[23]

3. **A)** Basel **B)** Gewandmann
   D) E SLS 1577 (durch s. Schwager Lux Gebhart [P 50]); E WEB 1558; E WEI 1570

4. **A)** Altes Basler Tuchgewerbegeschl., adlig seit Balthasar Irmy (s.u. 5.B; durch Kaiser Friedrich III. in Flandern)
   B) Niclaus Irmy (1508–53), Kaufherr d.R., Oberst, u. Anna (1513–58), T. d. BM Jacob Meyer z. Hasen [Fü P 31]
   C) Hans Fridolin Irmy (1478–1534), Kaufherr, u. Rosa Rul

5. **A)** 1557 Barbara (1536–87), Tochter d. Krämers Hans Rudolf v. Werenfels u. d. Christiana Murer gen. Roman, Tante d. Hans Heinrich Werenfels d.R. Barbara heir. als s. Wwe. Sebastian, Bruder d. BM Remigius Faesch [P 16].
   B) Balthasar (1541–91) heir. 1562 Anna, Schw. d. Wernher Wölfflin d.R. [P 15], hochrangiger Militärdiplomat Basels (zahlr. Gesandtsch. ins Dt. Reich), Hauptmann, durch Kaiser Friedrich III. in Flandern in d. erbl. Reichsadel erhoben. Hans Heinrich (1546–87, fällt in Calais) Hauptmann, heir. 1567 Catharina, Cousine d. Anna u. d. Wernher Wölfflin d.R. [P 15], zieht 1587 unter Oberst Friedrich Ryhiner [P 116] n. Frankreich für Heinrich v. Navarra. Rosina (1537–1609) heir. 1557 Johann Jacob, Sohn d. OZM Jacob Rüdin [Fü P 35], Eltern d. Wernhard Rüdin d.R., heir. 1567 BM Remigius Faesch [P 16]. Maria (1548–80) heir. 1565 d. Lützelschaffner Hieronymus, Br. d. BM Jacob Oberried [P 11], heir. 1573 d. Drucker Sebastian, Sohn d. Druckerherrn Heinrich Petri d.R. [P 24].

6. **A)** 2 Söhne, praktisch unbekannt geblieben[24]

7. **A)** Sechser SLS 1560–76 **B)** ZM SLS 1576–77, 2 Jahre

10. **B)** Siebner 1577 doppelt, 2 Jahre

15. **B)** Gericht GrBS 1569/70/75/76, 4 Jahre

22. **B)** LV Valle Maggia 1566–68, 2 Jahre[25]

---

22 **29./30.:** HGB Rittergasse, Hebelstr.; Platter Pest 176, 424; Brenner 81; Lotz C 242.
23 Lotz C 259.
24 **3.–6.:** Lotz C 259; Ochs Bd.6 165; Füglister 323.
25 **7.–22.:** Rb L 2; -M 3; -S 1,12; Finanz H; Ratsbüchlein 2, p. 14–27; Lotz C 259; EA 4.II.

8. Keller, Hans Jacob

1. Kleinrat (Zunftmeister), Landvogt; 1560–86, 1531 Basel–1603 (Liestal, uns.)[26]

3. A) Basel   **B)** Gewandmann   **D)** E SLS 1551; E SAF 1553

4. A) Tuchhändlergeschl. aus Freiburg i. Br.
B) Clemens Keller, Gewandmann (†1536), Bürgerrecht Basel 1498 u. K SAF, K SLS 1506; u. Catharina, Schw. d. Hans Lombard d.R. [Fü P 20], nach s. Vaters Tod m. OZM Bläsy Schölli [Fü P 23] bevogtet. S. Mutter Catharina Lombard heir. danach Simon Grynaeus, Eltern d. SYND Prof. Samuel Grynaeus [P 182], Onkel/Tante d. ANT Johann Jacob Grynaeus [P 181].

5. A) 1556 Barbara (*1539), T. d. Beat Meyer z. Pfeil u. d. Christiana Bischoff, Enkelin d. BM Bernhard Meyer z. Pfeil [Fü P 21], Nichte d. XIII Hans Ludwig Meyer z. Pfeil [P 57]
B) Andreas wird Gewandmann, OZM (†1555). Isaac wird Prof. Dr. med. Dorothea heir. d. Krämer Jacob, Br. d. OZM Franz Rechburger [P 25]. Anna heir. d. Ratssubstituten Israel Aschenberger, in 2. Ehe Dr. med. Jacob Wecker, Stadtphysicus v. Colmar.

6. A) 8 Kinder (4 M; 4 F)
Beat Ludwig wird Hauptmann in Frankreich. Hans Jacob wird SS Liestal 1603 als s. Nachfolger, danach RH SLS.[27]

7. A) Sechser SLS 1554–60   **B)** ZM SLS 1560–67; 1579–80, 9 Jahre

8. B) Oberschreiber im Spital 1597–1602: 5 Jahre, Bürgen: OZM Hieronymus Mentelin [P 10], XIII Hans Ludwig Meyer z. Pfeil [P 57], Hans Jacob Janns [P 65], SS Hans Rudolf Herzog [P 51]

10. B) Siebner 1561/63/64, 3 Jahre

17. Deputat 1579/80, 2 Jahre

19. Pfleger St. Martin 1564–66, 3 Jahre

22. A) LV Homburg 1567–79; LV Münchenstein 1580–86, 18 Jahre

23. SS Liestal 1602–03, 2 Jahre

24. A) Tagsatzung 1565: 2   **C)** Untertanengeb./Landvogteien 1564: 1[28]

---

26 Lotz C 271.
27 **3.–6.**: Lotz ibid.; Rb S 1,11; Bruckner 1050; Füglister 314f.
28 **7.–24.**: Lotz ibid.; Rb D 4, 352r L2; -S1,11; -S1,12; Finanz G 19; -H; KlosterA St. Martin F; Protokolle Öffnungsb IX p. 136, betr. SS Liestal uns., Dat. hinter Vermerk «obt/inuit/» fehlt, ebda. p.149; AK 6, 244.

9. Lutterburger, Heinrich

1. Kleinrat (Zunftmeister), 1578–1603, 1525 Basel–1603 April 21 Basel[29]

3. A) Basel **B)** Wollweber, Gewandmann
D) K WEB 1544; K SLS u. K SAF 1561; wechselt 1562 Hauptzunft von WEB zu SLS

4. B) Jacob Lutterburger († vor 1537, Metzger)

5. A) 1553 Magdalena, Tante d. Jacob Scheltner d.R. [P 166]. 1568 Salome Buchser. 1591 Elisabeth Scherer.
B) Jacob heir. Anna, Schw. d. Hans von Selz, Schneider d.R. [P 109].

6. B) Burkhart Lutterburger, Metzger d.R. [P 126].
Elisabeth Lutterburger (Schw. d. Burkhart) heir. vor 1576 Heinrich Schwingdenhammer d.R. GAR [P 119].[30]

7. B) ZM SLS 1578–1603, 25 Jahre

10. B) Siebner 1578/80/82/86/88/90/92/94/96, 9 Jahre

19. eine Pflegerei 1584–1603, 19 Jahre[31]

29. A) Haus Schneidergasse / Imbergässlein (uns. Besitzlage), brennt 1564 ab.

30. Erwirbt 1586 Anlage aus d. städt. Gütern z. jährl. Gewinn v. ca. 10 000 fl; 1587 Anlage f. jährl. ca. 5000 fl; 1589 dito; macht Ende 16. Jh. 3 Vergabungen im Wert von jew. über 3000 fl an die Schule auf Burg u. an SLS; erarb. liquides Vermögen ca. 10 000 fl (v. s. Nachk. versteuert).[32]

10. Mentelin, Hieronymus

1. Kleinrat, Oberstzunftmeister, 1595–1616, 1557 März 12 Basel–1616 Aug. 1 Basel.[33]

2. Taufpaten s. S. Hieronymus: BM Bonaventura von Brunn [P 13], XIII Laurenz Ulli [P 121]; s. S. Andreas 1558 Dez.: XIII Franz Jäckelmann [P 149], RS Hans Heinrich Bruckner, Elisabeth, Schw. d. Hans Lux Iselin [P 54]; s. S. Johannes: Prof. Felix Platter [P 183], Cossman Erzberger d.R. [P 88]; s. T. Anna 1562: Chrysosthomos Gengenbach; s. T. Martha 1567 Juni 3: Jacob Feldner d.R. [P 102], Ursula, T. d. BM Henman Offenburg, Elsbeth, T. d. Apollinaris Staehelin d.R. [P 42][34]

---

29 Lotz C 313.
30 **3.–6.:** Lotz ibid.
31 **7.–19.:** Lotz ibid.; Rb L 2; -M 3; -S 1,12; Finanz H.
32 **29./30.:** Urkundenbuch BS 581, 583, 604; Brenner 91; Kölner Schlüsselzunft, 167, 333ff.
33 Lotz C 323.
34 KirchenA AA 16 1, 130v, 153v; -AA 16 2, 25r, 39v, 67r (Taufreg. St. Peter I u. II).

3. **A)** Basel **B)** Tuchmann
   D) E SLS 1571; E SAF 1571, beide durch s. Vogt Andreas Von Spyr [P 98]

4. **A)** Begütertes Tuchhändlergeschl. aus Schlettstadt
   B) Hieronymus Mentelin, Gewandmann (†1571), E SLS, E SAF 1540; u. Anna Wild (1539–74)
   C) Lienhart Mentelin, Gewandmann v. Schlettstadt (†1536), Bürgerrecht Basel 1510, K SAF 1509, K SLS 1520, Unterkäufer im Kaufhaus, Schaffner St. Clara; u. Ursula Conrad
   D) Catharina Mentelin (†ca. 1576) heir. vor 1549 Georg, Br. d. Niclaus Dürr d.R. [P 49].

5. **A)** 1579 Sept. 14 Sara (1563–1644), T. d. Jacob, Cousine d. XIII Andreas Von Spyr [P 98] u. d. Jacob Von Spyr d.R. [P 168]
   B) Andreas wird Tuchmann, heir. 1579 Maria, T. d. Wollwebers u. Gewandmanns Heinrich Lutterburger d.R. [P 9]. Anna (1562–85) heir. 1584 Eisenkrämer Hans Ludwig Krug d.R., S. d. BM Caspar Krug [P 82]. Ursula (1565–94) heir. 1583 Adelberg d.R. [P 185], S. d. XIII Hans Ludwig Meyer z. Pfeil [P 57].[35]

7. **A)** Sechser SLS 1583–95 **B)** RH SLS 1595–1610, OZM 1610–16, 22 Jahre

9. Dreizehner 1601–16, 16 Jahre

10. **A)** Dreier 1604–16, 13 Jahre **B)** Siebner 1596/97/99/1602/03, 5 Jahre

11. Wechselherr 1608–16, 9 Jahre

12. **B)** Wardiner d. Silbermünze 1601–16, 16 Jahre
    C) Ladenherr 1598–1601, 4 Jahre

13. Kaufhausherr 1610–16, 7 Jahre

14. **A)** Bauherr 1611–16, 6 Jahre **D)** Kornherr 1615/16, 2 Jahre

15. **A)** Appellherr 1602–16, 15 Jahre **B)** Gericht GrBS 1584/1596–1600, 6 Jahre

17. Deputat 1604–11, 8 Jahre

19. Pfleger Spital 1597–1616; St. Alban 1611–16, 26 Jahre[36]

24. **A)** Tagsatzung 1600–06: 11 **B)** Evangel. Orte 1605–06: 4
    C) Untertanengeb./Landvogteien 1610–13: 2
    D) Übr. eidgenöss. 1601–12: 8

25. **A)** Bistum Basel 1606: 1 **B)** Bistum Sitten 1601: 1

26. Oberrhein 1604–13: 6

---

[35] **3.–5.:** Lotz C 323.
[36] **7.–19.:** Lotz ibid.; Rb L 2; -L 3; -M 2; -M 3; -S 1,12; Fabian 427f.

27. A) Dt. Reich 1612: 1   **B)** Frankr. 1605/06: 2   **D)** Oesterr. 1605: 1[37]

30. Vermögen: S. Kapitalanleihe f. den Herzog v. Württemberg v. 1730 *fl.* wird 1608 neu verbrieft. Gewährt dem Herzog 1608/09 eine neue Gülte v. 2000 *fl.*[38]

11. Oberried, (Hans) Jacob

1. Kleinrat, Landvogt, Bürgermeister, 1568–1608, 1523 Basel–1608 Nov. 7 Basel[39]

2. Taufpate s. T. Maria: Beat, Br. d. Christoph [P 156], Onkel d. Cossman Erzberger d.R. [P 88][40]

3. **A)** Basel   **B)** Gewandmann   **D)** E SAF, E SLS, E HAU 1554

4. **A)** Kaufmannsgeschl. aus Freiburg i. Br.; s. Urgrossv. Simon: Grossrat u. Gerichtsherr ebdort
   B) Hans Oberried (1499–1564), Kaufherr, HAU, SAF, SLS, GAR; u. Maria, T. d. Conrad David d.R. [Fü P 49]
   C) Hans Oberried, Kaufherr u. Wechsler d.R. (†1543), Bürgerrecht Basel 1492, SAF, SLS, GAR, HAU, ZM SAF 1513–29 [Fü P 57], u. Amalia, T. d. OZM Hans Zscheckapürli, als Altgläubiger d. Rats entsetzt, nach Freiburg i. Br. zurückgezogen
   D) BM Franz Oberried (1507–62). Margret Oberried heir. Onofrion Holzach d.R. [Fü P 52].

5. **A)** Vor 1558 Ursula, T. d. Druckerherrn Johannes Froben, Schwiegermutter d. Apollinaris Staehelin d.R. [P 42], Wwe. d. Veltin Irmy, Grossonkel d. Hans Jacob Irmy d.R. [P 7]
   B) Hieronymus (1544–72) wird Lützelschaffner, kaiserl. Notar, heir. Maria, T. d. Oberst Niclaus Irmy d.R., Schw. d. Hans Jacob Irmy d.R. [P 7], die als Wwe. 1573 Sebastian, S. d. XIII Heinrich Petri heir. [P 24].
   Salome heir. d. Lohnherrn Diebold, Onkel d. OZM Sebastian Beck [P 78].

6. **A)** Maria heir. 1582 Theodor Burckhardt d.R., Neffe d. OZM Bernhard Brand [P 28], Schwager d. SS Joh. Friedr. Menzinger [P 35], zweifacher Schwager d. Hans Lux Iselin [P 54], Schwager d. BM Lux Gebhardt [P 50], Schwager d. OZM Sebastian Beck [P 78], Gegenschwiegervater d. XIII Andreas Ryff [P 58]
   C) Hans Heinrich wird RH HAU, XIII, Albanschaffner.[41]

7. **B)** ZM SLS 1568–75; RH SLS 1576–77/1579–94; OZM 1595–1600; BM 1601–08, 39 Jahre

9. Dreizehner 1581–1608, 28 Jahre

---

37 **24.–27.**: Finanz G 27–29; EA 5.I; Ochs Bd.6, 547.
38 Württemberg C 1; vgl. Strittmatter, 225f.
39 Lotz C 358.
40 KirchenA W 12, 1, 111r (Taufreg. St. Martin).
41 **3.–6.**: Lotz ibid.; Gast Tgb. 107, 409; Füglister 300, 335f., 340.

10. **A)** Dreier 1593–1608, 16 Jahre
    B) Siebner 1569/71/74/76/80/81/84/86/87/89/91/96/1601–08, wovon 5 J. doppelt, 25 Jahre

11. Wechselherr 1591–1608, 18 Jahre

12. **B)** Wardiner d. Silbermünze 1572–76, 4 Jahre
    C) Ladenherr 1572–74, 2 Jahre

13. Kaufhausherr 1599–1607, 9 Jahre

15. **A)** Appellherr 1596–1603, 7 Jahre

16. **A)** Ehegericht 1583/84, 2 Jahre

19. Pfleger Münster 1572–88; St. Peter 1579–93; Spital 1589/90; St. Leonhard 1595–1600; Klingental 1601–08, 46 Jahre

20. **A)** Bannerherr 1583–87/1590–ca.1603, ca. 18 Jahre
    B) Zeugherr 1583–96, 13 Jahre

22. **A)** LV Münchenstein 1577–79, 2 Jahre[42]

24. **A)** Tagsatzung 1573–91: 12   **B)** Evangel. Orte 1587–1607: 13
    C) Untertanengeb./Landvogteien 1573–98: 18
    D) Übr. eidgenöss. 1580–94: 19

25. **A)** Bistum Basel 1580: 1

26. Oberrhein 1585–1605: 17

27. **A)** Dt. Reich 1605: 1   **B)** Frankr. 1580–1605: 7[43]

29. **A)** «Burgermeister Oberriedt huss», Rheinsprung 1 an d. Mittl. Brücke
    B) Haus ‹Gilgenstein› St. Martinsberg; Haus ‹zum Pfauen›, Freie Str. gegenüber Schol; Wasserrechte zu lebenslangem Lehen für 100 *fl* in Münz, Nutzungs- u. Verkaufsrechte auf Deichsystem St. Martinsberg 1590; Scheune ‹Blotzheim›, Spalenvorstadt; Weide- u. Nutzland auf d. Wasserfalle vom KlR zu Lehen 1598ff.

30. Erwirbt 1587 Anlage aus städt. Gütern z. jährl. Gewinn v. 5000 *fl*, zusätzl. legt er f. die SAF eine Anlage z. jährl. 500 *fl* Gewinn an. Erarb. Vermögen hoch; allein f. Immobilien in d. Spalenvorstadt über 2000 *fl* (v. s. Nachk. versteuert).[44]

---

42 **7.–22.:** Lotz C 358; Rb L 2; -M 2; -M 3; -S 1,12; Finanz H; EA 4.II; Fabian 424ff.
43 **24.–27.:** EA 4.II; -5.I; Rb D 4, 230v, 403; -M 7; -S 1,12; Finanz G 21–28; Ochs Bd.6, 542; zu 24.C: Oberried vermittelt als eidgenöss. Gesandter dreimal im Basler Rappenkrieg, in dem er selber als BM tief befangen ist, s. Bd. 1, Teil V, 4.
44 HGB Rheinsprung, -Freie Str.; Rb D 4, 153v–154v, 411f.; Platter Pest 446; Urkundenb BS 583; Brenner 58; AK 9, 552f.

12. Schultheiss, Ullrich

1. Kleinrat, Bürgermeister, 1558–99, 1533 Aug. 15 Basel–1599 Juli 22 Basel; enger Freund d. PHYS Prof. med. Felix Platter [P 183][45]

3. **A)** Basel **B)** Gewandmann **D)** E SLS 1549; E SAF 1553

4. **A)** Begütertes Tuchhändlergeschl. aus Ensisheim
   B) Ulrich Schultheiss (†1550), Gewandmann v. Ensisheim, Bürgerrecht Basel, K SLS u. K SAF 1518; u. Agnes Ratgeb (∞ 1518), Wwe. d. Bartlome Schmid, Gewandmann d.R. SLS, Gegenschwägerin d. OZM Jacob Rüdin [Fü P 35]

5. **A)** 1552 Barbara Heitzmann gen. von Brunn
   1578 Christina Hagenbach, Wwe. d. OZM Bläsy Schölli [Fü P 23] und d. Krämers Lienhard Lützelman d.R. [P 56], Tante d. XIII Beat Hagenbach d.R. [P 17]

6. **A)** Hans Ulrich wird Gewandmann, XIII, Taufpate d. BM Hans Rudolf Wettstein. Ursula (1553–76) heir. d. Gewandmann Hieronymus, S. d. Lienhard Wenz d.R.
   C) Hans Ulrich d.J. wird Gewandmann d.R., heir Catharina, T. d. Sebastian Falkner aus d. Ratsgeschl., Schwägerin d. BM H.R. Wettstein, städt. Münzmeister, verursacht Finanzskandal.[46]

7. **B)** ZM SLS 1558–60; RH SLS 1560–74; OZM 1575–79; BM 1579–99, 42 Jahre[47]

8. **B)** LV Hüningen 1571–74, 3 Jahre

9. Dreizehner 1569–99, 31 Jahre

10. **B)** Siebner 1559/60/63/65/66/68/71/73/74/79–99, 21 doppelt: 50 Amtsjahre

11. Wechselherr 1571–99, 29 Jahre

12. **A)** Wardiner Goldmünze 1574–99, 27 Jahre

13. Kaufhausherr 1579–99, 21 Jahre

14. **A)** Bauherr 1577–99, 23 Jahre **B)** Fünfer 1565–74, 9 Jahre
    D) Kornherr 1578–99, 22 Jahre

15. **A)** Appellherr 1572–99, 28 Jahre **C)** Gericht KlBS 1545–47, 2 Jahre

16. **A)** Ehegericht 1570–73, 3 Jahre

19. Pfleger Spital 1566–88; Domprobstei 1571–99; Klingental 1595–99, 51 Jahre

---

45 Lotz C 463; LP Ullrich Schultheiss, UBB KirchenA G X 1, 18, p. 14.
46 3.–6.: Lotz C 463; C 199.
47 7.–19.: Lotz ibid.; Rb L 2, -M 2, -M 3, -S 1,12; Finanz H; GerichtsA W, U 5/6, Ue 2; KlosterA Barfüsser J 2.

34   I. Prosopographien: Schlüssel

24. **A)** Tagsatzung 1568–91: 14   **B)** Evangel. Orte 1580: 1
   C) Untertanen (3 x Rappenkrieg) / Landvogteien 1562–92: 9
   D) Übr. eidgenöss.: 1

25. **A)** Bistum Basel 1575: 1   **B)** Bistum Chur 1566–71: 3

26. Oberrhein 1564–87: 9

27. **A)** Dt. Reich (Baldachinträger 1563 Kaiserbesuch in Basel) 1563/73: 2[48]

29. **A)** Hof ‹Zum Hagendorn›, Nadelberg-Petersberg; 1590 «Zerkindenhof», Nadelberg 10
   B) Schneidergasse li. abw. 28/26; Wasserrechte Deichsystem Petersberg für 100 *fl* in Münz zu lebenslangem Lehen (5000 *fl* jährl. Gewinn) inkl. Verkaufs- u. Nutzungsrechte am Wasser.

30. Erwirbt 1587 Anlage aus städt. Gütern z. 500 *fl* jährl. Gewinn. Vermögen mind. 10 000 *fl* liquid.[49]

13. Von Brunn, Bonaventura

1. Kleinrat, Bürgermeister, 1555–91, 1520 Basel–1591 Feb. 13 Basel (Barfüssern)[50]

3. **A)** Basel
   B) Gewandmann
   D) K SLS 1543; K SAF 1545 durch s. Stiefv. Michel Ströllin

4. **A)** Patriz. Basler Dienstmannsgeschl., diente bei Fam. Offenburg, seit 15. Jh. Achtburgergeschl.
   B) Urban von Brunn, Gerber d.R. (†1526), RH GER 1517–23, ZM GER 1523–26 [Fü P 92], u. Margret, T. d. Barthlome Briefer, Küfer d.R. [Fü P 133].
   C) Hans von Brunn, Gerber

5. **A)** 1543 Maria Harnister   **B)** Lux (Lucas) ist Gerber d.R. GER (†1562).

6. **A)** Hans Jacob (*1560) immatr. Univ. Basel 1579, heir. 1589 Anna, Cousine d. XIII Hans Ludwig Meyer z. Pfeil [P 57], ist 1623 «ohne Frau und ohne Amt». Bonaventura (1564–1618) immatr. Univ. Basel 1570, Gewandmann, Kartausenschaffner, RH SLS 1611–16, OZM 1616–18, heir. Anna Polybia, T. d. ANT Prof. theol. Johann Jacob Grynaeus [P 181]. Ursula heir. 1574 Hieronymus, Br. d. XIII Andreas von Spyr [P 98].
   B) Agnes heir. 1570 Oberst Friedrich Ryhiner [P 116], nach s. Tod m. XIII Andreas Von Spyr [P 98], ihre Kinder m. XIII Alexander Löffel [P 55] bevogtet.
   C) Samuel heir. 1650 Helena, Enkelin d. PHYS Prof. med. Felix Platter [P 183].[51]

---

48   **24.–27.**: EA 4.2, 5.1; Rb M 7; -S 1,12; Finanz G 19–23; Ochs Bd. 6 227f.
49   **29./30.**: Platter Pest 282, 328; Rb D 4, 148v–149v (Wasserrechte); Urkundenb BS 579, 607; Brenner 59; Lotz C 463.
50   Lotz C 541.
51   **3.–6.**: Lotz ibid.; MUB II, 275, 278; Heusler, 417; Kölner Schlüsselzunft 162, 320.

I. Prosopographien: Schlüssel 35

7. **B)** ZM SLS 1555–57; RH SLS 1557–64; OZM 1564–70, BM 1570–91, 36 Jahre

9. Dreizehner 1564–91, 27 Jahre

10. **A)** Dreier 1563–89, 26 Jahre
    B) Siebner 1556/57/59/61/64/70–91; 18 doppelt, 44 Jahre

11. Wechselherr 1561–90, 29 Jahre

12. **C)** Ladenherr 1561/62, 2 Jahre

13. Kaufhausherr vor 1571–90, mind. 20 Jahre

14. **A)** Bauherr vor 1571–88, mind. 18 Jahre
    B) Fünfer 1557–63, 7 Jahre

15. **A)** Appellherr 1563–89, 26 Jahre
    B) Gericht GrBS 1556–60, 4 Jahre
    C) Gericht KlBS 1548–52, 4 Jahre

16. **C)** Almosenherr 1560–64, 5 Jahre

19. Pfleger Spital 1569–88; St. Leonhard vor 1571–90, mind. 40 Amtsjahre

20. **B)** Zeugherr vor 1571–90, mind. 20 Jahre[52]

24. **A)** Tagsatzung 1559–82: 22   **B)** Evangel. Orte 1562–85: 8
    C) Untertanengeb./Landvogteien 1561–85: 4
    D) Übr. eidgenöss. 1562–80: 4

25. **A)** Bistum Basel 1555–85: 16   **B)** Bistum Chur 1566: 2

26. Oberrhein 1558–65: 7[53]

29. **A)** Münsterplatz Ost 3   **B)** Garten Ecke Theaterstr./Steinenberg

30. Erwirbt 1586 Anlage aus städt. Gütern z. jährl. Gewinn v. 1000 $fl.$[54]

---

52 **7.–20.**: Lotz C 541; Rb L 2; -M 2; -M 3; -S 1,12; Finanz H; -W 4, -W 6, -Y 2, -Y 3.1/3, -Y 6.1; Gerichts A W; -W1; Almosen D 1; -D 2; KlosterA Barfüsser J 2; Fabian 424ff.
53 **24.–26.**: Rb M 7; -S 1,12; Finanz G17–23; EA 4.1/5.2; Berner 79ff.
54 **29./30.**: Platter Pest 216, 436; Urkundenb BS 580.

14. Von Kilchen, Hieronymus

1. Kleinrat (Zunftmeister) 1565–77; 1532 Basel–1577 Dez. 23 Basel[55]

2. Taufpaten s. T. Justina 1568 Feb. 5: Andreas Spörlin, LV, d.R. [P 144], Magdalena, T. d. XIII Franz Jäckelmann [P 149], Gattin d. PHYS Prof. med. Felix Platter [P 183][56]

3. A) Basel   **B)** Kaufmann (uns.)
D) E SLS 1533 (durch s. Stiefvater Lienhard Lützelmann d.R., s.u.); u. E HAU

4. B) Hieronymus von Kilch (1499–1538), Kaufmann d.R., XIII [Fü P 57] u. Barbara, T. d. Gregor Kern v. Konstanz. S. Stiefvater (oo 1541) Lienhard Lützelmann d.R. [P 56]
C) Jacob von Kilch, Kaufherr d.R.
D) Jacob von Kilch (1497–1525), Stadtgerichtsherr

5. A) 1553 Maximilla (1537–77), T. d. BM Adelberg Meyer z. Pfeil [Fü P 56] u. d. Catharina, T. d. Wechslers Andreas Bischoff d.R. [Fü P 27]
B) Gregor (*1538), Stadtwechsler, Unterkäufer im Kaufhaus

6. A) 11 Kinder (5 M; 6 F).
Bernhart (1554–82) Dr. med.; Adelberg (1561–1625) SH, St. Johann-Schaffner. Hieronymus (1572–1616) Schaffner St. Peter, heir. 1596 Elisabeth, T. d. Goldschmieds Theobald, S. d. XIII Ulrich Merian d.R. [P 140]. Maximilla (1555–77) heir. 1576 d. Goldschmied Samuel, S. d. XIII Hans Jacob Hoffmann d.R. [P 20].[57]

7. A) Sechser SLS 1557–65   **B)** ZM SLS 1565–77, 13 Jahre

15. C) Gericht Kleinbasel 1568–76, 9 Jahre

19. Pfleger Domprobstei 1573–77, 5 Jahre[58]

15. Wölfflin, Wernher

1. Kleinrat (Zunftmeister, Ratsherr) 1557–78, 1526 Basel–1578 April 30 Liestal; Ratsbusse 1577 um 300 lb (Unzucht), behält Ratssitz.[59]

2. Taufpatin s. T. Elisabeth 1551 Juli 10: Anna, Schw. d. Baptista Gengenbach SLS [P 184][60]

---

55 Lotz C 544; Rb L 2; -S 1,12.
56 KirchenA X 8,1 (Taufreg. St. Alban) 181r.
57 **3.–6.:** Lotz ibid.; Rb S 1,11; unter 5.A nimmt Füglister 338 dagegen an, Maximilla Meyer z. Pfeil sei s. Mutter, Lotz ibid. p.12 ist aber eindeutig, ebenso AK 8, 228.
58 **7.–19.:** Lotz ibid.; Rb L 2; -M 3; -S 1,12.
59 Lotz C 577; Rb D 3, p. 30v.
60 KirchenA W 12, 1 (Taufreg. St. Martin) 84.

3. **A)** Basel; 1563 von Kaiser Ferdinand I. geadelt **B)** Gewandmann
   C) 1564 «Mitgemeinder» (Teilhaber) d. Seidengewerbsgemeinsch. m. Oswald, S. d. Hieronymus Mueg d.R. FIS, u. Hans Rudolf, Vater d. Marx Schenk d.R. SMI [P 118], Schwiegers. d. OZM Marx Heidely [Fü P 158], Schwager d. Hans Jacob Heydelin d.R. [P 52], Enkel d. Lienhart Schenk d.R. SMI [P 84]: gemeinschaftl. Immobilienhandel
   D) E SLS 1549; K SAF 1550 (durch s. Bruder Peter Wölfflin, s.u. 5.B)

4. **A)** Geschl. im 15. Jh. aus Rothenburg eingew., s. Urgrossvater Prof. Dr. med. Wernhart Wölfflin (– ca.1496), Stadtarzt, Rektor Univ. Basel u. Statutarius
   B) Wilhelm Wölfflin (1500–33), Gewandmann; u. Anna Ehrenfels (1505–67). S. Stiefvater 1534ff. ist d. spät. OZM Jacob Rüdin († 1573 [Fü P 35]).
   C) Dr. med. Peter Wölfflin (ca. 1470–ca. 1525).
   D) Maria heir. 1515 BM Bernhard Meyer [Fü P 21], Onkel d. XIII Hans Ludwig Meyer z. Pfeil [P 57].

5. **A)** 1550 Catharina (1528–52), T. d. Lux Iselin d.R. [Fü P 54], Schw. d. Hieronymus (s.u.), Tante d. Hans Lux Iselin d.R. SAF [P 54] u. d. Hans Ludwig Iselin, LV Homburg. Wölfflin ist 1561ff. Vogt s. verwitw. Schwiegermutter Elisabeth Iselin-Bär.
   B) Peter ist Sechser SLS 1548–57.
   Agnes († 1559/62) heir. 1546 d. Kaufmann Hieronymus Iselin (1522–84), Eltern d. Hans Ludwig Iselin, Vogt Homburg, S. d. Lux Iselin d.R. SAF [Fü P 54], Onkel d. Hans Lux Iselin d.R. [P 54].
   C) Mit Catharina stirbt dieser Zweig d. Familie Wölfflin 1598 aus.

6. **A)** Elisabeth (1551–vor 1598) heir. Jkr. Hans Jacob Offenburg († 1579), Vogt Brunstatt, Sohn d. Jkr. Philipp von Offenburg, LV [P 2], Enkel d. BM Jkr. Henman Offenburg.
   B) Maria Meyer z. Pfeil (1538–ca. 1559) heir. 1557 BM Lux Gebhart [P 50], Cousin d. XIII Lienhart Gebhart [P 157].[61]

7. **A)** Sechser SLS 1556–57
   B) ZM SLS 1557–65; RH SLS 1565–78, 21 Jahre

10. **B)** Siebner 1558/59/62/63/66/68/70/72/73/76/77, 11 Jahre

11. Wechselherr 1576/77, 1 Jahr

12. **B)** Wardiner d. Silbermünze vor 1571–78, mind. 9 Jahre

16. **C)** Almosenherr vor 1571–78, mind. 9 Jahre

19. Pfleger Augustinern 1562/63; Domprobstei 1568–71; Münster 1571–78, 12 Jahre

23. Wirt zu Augst an der Bruck –1556/57, ca. 5–10 Jahre[62]

---

[61] 3.–6.: Lotz C 577, -C 362, C 336; AK 9, 552f.; Ochs Bd.6, 225f.; Füglister 312f., 337.
[62] 7.–23.: Rb L 2; -M 3; -S 1,12; KlosterA August. F 1, -Domstift HH 1; Finanz H.

24. A) Tagsatzung 1564–78: 32   **B)** Evangel. Orte 1568–76: 5
C) Untertanengeb./Landvogteien: 1562/77: 2
D) Übr. eidgenöss. 1564–73: 8

25. B) Bistum Konstanz 1571: 1

26. Oberrhein 1561–76: 4

27. A) Dt. Reich 1563/74 (Prinz v. Karden): 2
B) Frankr. 1561/65/75: 4[63]

29. A) ‹Zum Root huus›, Basel
B) Geschäftssitz d. Seidengewerbsgemeinsch. ‹Zum kleinen Brunnen› b. Salzturm; Landsitz m. grossem Umschwung u. Geflügelhaltung in Augst

30. Gewinne aus Seiden- u. Immobilienhandel; Zehnten- u. Holzsteueranteile d. Landvogtei Farnsburg. Zinsen, Zehnten, Gefälle u. Nutzungsrechte d. Basler Gutsbetriebes in Augst. Div. kostbare Gesandtengeschenke, die er einbehalten durfte.[64]

---

[63] **24.–27.:** Finanz G 18–22; EA 4.II; Ochs Bd.6, 225f., 235; Plechl, H. (hrsg.): Orbis latinus, Grossausg., Braunschweig 1974, S.428; vgl. Oesterley, H.: Histor.-geograph. Wörterbuch d. Dt. Mittelalters, Gotha 1883, S.332.
[64] **29./30.:** Rb S 1,12 p.30; Protokolle Öffnungsb IX p.52; AK 9, 552f.; Ochs Bd.6, 235.

Hausgenossen

16. Faesch, Remigius

1. Kleinrat, Bürgermeister; 1573–1610; 1541 Feb. 06 Basel (St. Peter)–1610 Dez. 22 Basel (Pest).[1]

2. Taufpaten s. T. Rosa: BM Melchior Hornlocher [P 80], Magdalena, T. d. XIII Franz Jäckelmann [P 149], Frau d. PHYS Prof. med. Felix Platter [P 183]; s. S. Emanuel: BM Ullrich Schultheiss [P 12], Theodor Hertenstein d.R. [P 33]; s. T. Anna 1569 März 27: XIII Alexander Löffel [P 55], Anna, Schw. d. XIII Mathäus Büchel [P 47][2]

3. **A)** Basel **B)** Goldschmied (nicht ausgeübt), Wirt z. Krone, Politiker **D)** E HAU 1562

4. **A)** Geschlecht aus Freiburg i. Br.; in Basel 1404, Bürgerrecht 1409, s. Urgrossvater Ruman (Romey, Remigius, †1533) Maurer, Werkmeister Basler Münster u. Thann, ZM SPI 1491/92
   B) Hans Rudolf Faesch d.Ä. (1510–64 Pest) Goldschmied d.R. HAU, XIII, LV Waldenburg, 1563 geadelt; u. Anna (†1578), T. d. Anton Glaser, SH GrBS
   C) Paul Faesch (1482–1524) Steinmetz, Werkmeister auf Burg, SPI, u. Ottilia, Schw. d. BM Sebastian Doppenstein [P 3]

5. **A)** 1562 Anna (†1564 Pest), T. d. Oswald Wachter v. Mühlhausen, Wwe d. Mathis Bomhart d.R., Wirt z. Krone, bringt durch Heirat Basels vornehmste Herberge z. Krone an die Faesch. 1567 Rosina, Schw. d. OZM Sebastian Beck [P 78], bis z. Heirat m. XIII Heinrich Petri bevogtet [P 24], Wwe d. Ezechiel Kascher, Wirt z. Krone (s.o.). 1576 Rosa, Schw. d. Hans Jacob Irmy d.R. [P 7], Wwe. d. Wechslers Johann Jacob Rüdin, Schwägerin d. OZM Jacob Rüdin [Fü P 35].
   B) Johann Rudolf II (1531–66) wird LV Waldenburg. Sebastian (1543–98) Wirt z. Blume, heir. vor 1580 Barbara Werenfels, Tante d. RS Niclaus Werenfels [P 59]. Jeremy (1554–1632) goldsmith, city councillor to the guild of Housefellows, governor at Homburg, marries in 1579 Anna (1562–1640), daughter of Lower Basel's City Secretary Henry Koch and of Dorothy Ergenstein. Ursula (*1552) heir. 1571 Dr. theol. Ulrich Koch, Vater d. Theobald Koch d.R.

6. **A)** Johann Jacob (1570–1652), Prof. Dr. iur., Begleiter, jurist. Berater u. Dolmetscher v. BM Melchior Hornlocher [P 80] zu Kg. Heinrich IV., 1613 ff. SYND. Hans Rudolf d.J. (1572–1659) Politiker, d.R. HAU, BM 1619–59, heir. Anna (1577–1654), T. d. Albrecht Gebweiler, Burgvogt Lörrach, u. d. Anna Rüdin, s. eig. Cousine (T. d. Valeria Rüdin, Schw. d. 2. Frau s. V. BM Remigius Faesch, die 1578 Sept. 22 SYND Samuel Grynaeus [P 182] heir.), ihr Grossv. Carl Gebweiler Dr. iur., fürstl. Markgräfl. Badendurlach. Geheimrat u. Kanzler, ihre Br. Albrecht adlig, Michael v. Rappenberg, markgräfl. Schloss Oetlingen. Emanuel (1578–1651) Kaufmann, heir. 1603 Helena, T. d. BM Lux Gebhart [P 50], Nichte d. OZM Franz Rechburger [P 25]. Anna (1569–1634) heir. 1589 d. spät. OZM Hans Jacob Gernler, Neffe d. Metzgers Hans Gernler d.Ä. d.R. [P 124], Cousin d. Webers Michael Gernler d.R. [P 158].

---

1 Lotz C 123; Platter Pest 180.
2 KirchenA AA 16 2, 116v, 123r (Taufreg. St. Peter); KirchenA W, 12, 1, 149 (Taufreg. St. Martin).

I. Prosopographien: Hausgenossen

B) Hans Caspar wird LV Homburg
C) Remigius (1595–1667) Prof. Dr. iur., der berühmte Kunstsammler (Faeschsches Kabinett u. Fideikommiss am Petersplatz). Johann Wernhart wird Albanschaffner d.R. Sebastian (1605–70), Schaffner, heir. 1635 Margret, Enkelin d. OZM Sebastian Beck [P 78]. Niclaus heir. 1647 Magdalena, Enkelin d. BM Sebastian Spörlin [P 146].[3]

7. **B)** ZM HAU 1573–93; OZM 1593–1601; BM 1601–10, 38 Jahre

9. Dreizehner 1579–1610, 32 Jahre

10. **B)** Siebner 1576/78/80/82/83/86/88/90/91/94/1602/04–10, 7 mehrfach, 25 Amtsjahre

11. Wechselherr 1600–07, 7 Jahre

12. **A)** Wardiner der Goldmünze 1579–1610, 32 Jahre

13. Kaufhausherr 1595–1609, 14 Jahre

14. **A)** Bauherr 1600–10, 11 Jahre   **B)** Fünfer 1579–93, 14 Jahre

15. **A)** Appellationsherr 1595–1607, 12 Jahre

16. **C)** Almosenherr 1578–88, 10 Jahre

19. Pfleger St. Peter 1578/79; Gnadental 1581–88; Spital 1589–96; St. Alban 1598–1610, 29 Jahre[4]

24. **A)** Tagsatzung 1577–93: 38   **B)** Evangel. Orte 1582–1607: 10
    C) Untertanengeb./Landvogteien 1576–1603: 7
    D) Übr. eidgenöss. 1578–89: 7

25. **A)** Bistum Basel 1573–94: 14

26. Oberrhein 1585: 3

27. **B)** Frankr. 1586/1604: 2[5]

29. **A)** «Feschen haus», «zum Roseneck»/«zum Steg», Stadthausgasse li. einw. 2/Eck Eisengasse; dann Umzug Petersplatz 12 (Eck Peterspl./Petersgraben); später Münsterplatz Süd 10: Regisheimer Hof. Hebelstr. re. einw. 21–17; Wasser- u. Brunnenrechte am Wohnort Münsterplatz, eigener Brunnen m. fliessendem Wasser vor s. Haus ab 1601; viel Rebland u. ausgedehnte Waldflächen im Elsass, Ensisheim/Murbach/Habsheim.

---

3   **3.–6.:** Lotz ibid.; Lotz C 261; PrivatA 399 D 3, 43ff.; Füglister 247, 323f.
4   **7.–19.:** Lotz ibid.; Rb L 2; -M 3; -S 1,12; Finanz H; Fabian 424ff.
5   **24.–27.:** Finanz G 22–28; Rb D 4, 244v ff.; EA 4.II/5.I; Platter Tgb. 381; Berner 80, 82.

I. Prosopographien: Hausgenossen 41

30. 1587 Kauf einer Anlage in Stadtgütern m. jährl. Gewinn v. 5000 *fl*; vor 1583 Anleihe an Landschaft Rötteln 2500 *fl.*, um 1583 zusätzl. 3000 *fl*; verfügt um ca. 1603 über liquides Vermögen von ca. 100 000 *fl* (v. s. S. BM Hans Rudolf Faesch versteuert); muss als zu s. Zeit reichster Basler gelten.[6]

17. Hagenbach, Beat

1. Kleinrat (Zunftmeister), Dreizehner, Landvogt; 1588–1631; 1557 Sept. 12 Basel (Alban)–1631 Okt. 17 Basel[7]

2. Taufpaten s. S. Jacob 1595 Feb. 18: BM Hans Rudolf Huber [P 6], BM Melchior Hornlocher [P 80]; s. S. Beat 1601 Dez. 24: OZM Christman Fürfelder [P 4], Hans Jacob Beck d.R., S. d. OZM Sebastian Beck [P 78][8]

3. **A)** Basel **B)** Goldschmied
   C) Goldschmiedegeselle in Strassburg, Sachsen, Brandenburg, Schlesien
   D) 1582 E HAU; 1591 E WEB

4. **A)** Geschl. aus Müllhausen; s. Urgrossv. Franz Hagenbach (1480–1554), Gewandmann, Hauptmann v. Mühlhausen, Bürgerrecht Basel 1524
   B) Jacob Hagenbach (1532–71), im Dienst v. Kaiser Maximilian II, Goldschmied HAU, WEB
   C) Martin Hagenbach, LV Homburg, Schaffner St. Alban; s. Grosstante Christiana heir. in 2. Ehe OZM Bläsi Schölli SLS [Fü P 23], Onkel u. Tante d. Hans Schölli d.J. d.R. HIM [P 153].
   D) Niclaus Hagenbach, Maler, heir. 1567 Ursula, T. d. Conrad Schlicklin d.R. SPI [P 143].

5. **A)** Ursula Goba; vor 1594 Catharina, Enkelin d. XIII Diebold Henk [P 90]
   C) Lux Hagenbach (1554–1624) d.R. SLS 1604–24, 13 Jahre lang XIII zus. m. Beat, Schützling v. Hans Lux Iselin d.R. [P 54], der f. ihn 1581 die SAF erneuert.

6. **A)** Jacob wird Prof. med., Dr. phil., Rektor Univ. Basel 1643/44, heir. 1630 Catharina, T. d. BM Jacob Götz [P 5], heir. nach 1630 Barbara, Grossnichte d. Hans Jäcklin d.R. [P 172]. Beat d.J. (1601–19) heir. eine Tochter d. BM Melchior Hornlocher [P 80].[9]

7. **B)** ZM HAU 1588–1631, 43 Jahre

9. Dreizehner 1606–31, 26 Jahre

---

6 **29./30.**: Rb B 5, 90r/v; Baden D 2; vgl. Strittmatter 203ff.; Platter Pest 176, 180, 342f., 432; Urkundenbuch BS 583; Brenner 88, der Wert s. Vermögens entspr. ca. 15 Mio SFr., s. V. Lötscher, in: Platter ebda.; Lotz C 123.
7 Lotz C 199.
8 KirchenA W, 12, 2 (Taufreg. St. Martin) 136v, 180v; -X 8, 2 (Taufreg. St. Alban) 230r.
9 **3.–6.**: Lotz ibid.; Lotz C 226; Leichenpredigt Beat Hagenbach, UBB aleph E XII 32, 12.

10. **B)** Siebner 1589/90/92/94/97/99/1601/02/04/07/09/10/12/15/17/18/20/22, 1 doppelt, 19 Jahre

12. **B)** Wardiner der Silbermünze 1591–1631, 40 Jahre
    C) Ladenherr 1593–95, 2 Jahre

14. **B)** Fünfer 1604–23, 19 Jahre

15. **A)** Appellationsherr 1609–31, 22 Jahre
    B) Gericht Grossbasel 1599, 1 Jahr
    C) Gericht Kleinbasel 1592, 1 Jahr

19. Pfleger St. Jacob 1591/92; Klingental 1593–1631, 40 Jahre

22. **A)** LV Riehen 1618–26, 8 Jahre[10]

24. **A)** Tagsatzung 1595–1603: 3   **B)** Evangel. Orte 1603: 1
    C) Untertanengeb./Landvogteien 1605: 2
    D) Übr. eidgenöss. 1603: 2

25. **B)** Sitten 1603: 1

27. **B)** Frankr. 1605: 2[11]

29. **A)** «Hagenbachs haus», Hebelstr. li. einw. 18/16
    B) «Wettingerhof» (Burgvogtei), Ob. Rebgasse re. ausw. 12/14 («Volkshaus»)

30. Erben haben Schuldzinsforderungen auf Kapitaldarlehen an d. Markgrafen v. Baden über 6000 fl[12]

18. Henricpetri, Adam

1. Stadtschreiber; 1584–86; 1543 Jan. 17 Basel–1586 April 27 Basel[13]

3. **A)** Basel; civis universitatis   **B)** Prof. Dr. iur., Notar
   D) E HAU 1565; E SAF 1566

4. **A)** Basler Druckergeschlecht d. 15. Jh., erster: Johannes Petri, einer d. «drei Hansen» (Amerbach, Froben, Petri), die in Basel das Druckgewerbe einführten.
   B) Heinrich Petri, Drucker, XIII [P 24] u. Dorothea († 1564 Pest), T. d. Melchior Hütschi d.R. [Fü P 18] u. d. Maria Rul, Nonne d. Steinenklosters –1525, Schwägerin d. BM Sebastian Doppenstein [P 3]; s. Stiefm. Barbara (1520–91), T. d. BM Theodor Brand [Fü P 149], Schw. s. Freundes OZM Bernhard Brand [P 28], Tante d. BM Hans Jacob Götz [P 5]

10 **7.–22.**: Lotz C 199; Rb L 2; -L 3; -M 3; -M 4; -S 1,12; Finanz H; Bruckner 748.
11 **24.–27.**: EA 5.I; Finanz G 27; Ochs Bd.6 547f.
12 Baden D 2, vgl. Strittmatter 206.
13 Lotz C 373.

I. Prosopographien: Hausgenossen 43

C) Adam Petri (1454–1525), 1507 Bürger v. Basel u. K SAF, u. Anna (†ca. 1552), T. d. Sixt Selber, bischöfl. Fiskal, ihr 2. Ehemann 1530 Prof. theol. Sebastian Münster, Kosmograph.
D) Samuel, stud.art. in Basel u. Bourges (†1555), löst die Schuldenaffäre aus, die den KlR Basels in eine peinl. aussenpolit. Situation bringt. Hieronymus (†ca.1570) wird Goldschmied in Nürnberg.

5. **A)** 1566 Catharina Rieher aus d. Regimentsfamilie [s. Fü P 161]
   B) Sebastian Heinrich (1546–1627) wird Drucker d.R. HAU 1609–27, heir. 1583 Elisabeth, T. d. XIII Alexander Löffel [P 55]. Sixt Heinrich (1547–79) wird Drucker, führt die Offizin s. Vaters. Johann Heinrich (1553–81) wird Apotheker. Anna (†1564) heir. 1545 d. Drucker Hieronymus Curio. Dorothea (1532–64) heir. 1562 Niclaus Marbach d.R. [P 150]. Veronica heir. 1553 Niclaus Dürr d.R. [P 49].

6. **A)** Jacob wird Dr. iur., kaiserl. Hofrat, heir. 1592 Anna, T. d. OZM Bernhard Brand [P 28], Enkelin s. Stiefgrossmutter (s.o. 4.B). Maria heir. 1587 d. Weinman Ulrich Scherb d.R. WEI.
   B) Emanuel (*1605) wird eidgenöss. Oberst, Gutsbesitzer Rütihard b. Muttenz. Barbara (*1596) heir. 1639 Christoph Burckhardt d.R.[14]

7. **A)** Sechser HAU –1586 **B)** SS 1584–86, 2 Jahre

9. (Stadtschreiber: im Dreizehnerrat präsent)

17. Deputat ex officio 1584–86; 2 Jahre

18. **A)** Immatr. Univ. Basel 1560; stud. art. et iur. im Dt. Reich, F, I 1560–64, Dr. iur. Univ. Ferrara 1564; Prof. iur. inst. Univ. Basel 1565–71; Prof. iur. cod. Univ. Basel 1571–84; 20 Jahre

19. Pfleger Spital 1584–86, 2 Jahre

23. Kaiserl. Notar[15]

27. **B)** Frankreich 1570 (Pensionen/Reislauf, m. Thertulian Ruch [P 26]): 1
    E) Ferrara 1564: 1[16]

29. **A)** s. [P 24]

30. Grosses Familienvermögen ([P 24])

---

14   3.–6.: Lotz C 373; -398; MUB II, 124; AK 7, 337f.; Füglister 224, 245, 393; 4.D z. Schuldenaffäre m. Bourges s. Bd. 1, Teil V, 2.A.
15   7.–23.: Lotz C 373; Rb B 4, -B 5, -M 3; MUB II 124, Kölner, Safranzunft 409.
16   27.–30. : MUB II, 124; Rb D 3, 137v f.

19. Herr, Johann

1. Kleinrat, Landvogt, Oberstzunftmeister; 1595–1628; 1553 Juni 20 Basel (St. Martin) –1628 Juni 8 Basel (Todesumstände ungeklärt, begr. Barfüssern); sehr beliebter Politiker[17]

3. **A)** Basel **B)** Goldschmied **D)** E HAU 1578

4. **B)** Niclaus Herr, Goldschmied (†1565), u. Maria, Schw. d. XIII Laurenz Ulli [P 121]; s. Stiefvater 1565 ff. Anton von Gart gen. Burckhardt d.R. [P 97]; s. Vogt 1567–73: XIII Laurenz Ulli (s.o.)
   C) Ludwig Herr, Gremper d.R. GAR –1569 u. Stadtgerichtsvogt

5. **A)** 1577 Barbara (1557–1634), T. d. Schuhmachers Stephan Ruchti

6. **A)** 6 Kinder (2 M; 4 F).
   Magdalena (1581–1635) heir. 1604 Marx Schwarz, S. d. Hans Schwarz d.R. [P 40]. Agnes (1593–1641) heir. 1619 d. Kartausenschaffner Hieronymus, S. d. OZM Bonaventura d. J., Enkel d. BM Bonaventura von Brunn [P 13].[18]

7. **A)** Sechser HAU 1582–95
   B) ZM HAU 1595–1600; RH HAU 1610–16; OZM 1616–28, 23 Jahre

9. Dreizehner 1611–28, 17 Jahre

10. **B)** Siebner 1596/98/1600/12/15, 5 Jahre

11. Wechselherr 1617–28, 11 Jahre

12. **B)** Wardiner d. Silbermünze 1617–28, 11 Jahre

13. Kaufhausherr 1620–28, 8 Jahre

14. **A)** Bauherr 1620–28, 8 Jahre

15. **A)** Appellationsherr 1612–14/1617–27, 12 Jahre

16. **A)** Ehegericht 1599–1600, 1 Jahr **B)** Unzüchter 1597–1600, 3 Jahre

19. Pfleger Gnadental 1596–1600/1611–28; Kartause 1616–23; Steinen 1623–28; 33 Jahre

22. **A)** LV Farnsburg 1600–10, 10 Jahre[19]

24. **C)** Untertanengeb./Landvogteien 1614/24: 2
    D) Übr. eidgenöss. 1622 (ZH/BS): 1

26. Oberrhein 1612/17/20: 3[20]

---

17 Lotz C 218; Rb L 3; Ochs Bd.6, 307ff.; Buxtorf-Falkeisen H. 1 70f.
18 **3.–6.:** Lotz ibid., -C 419.
19 **7.–22.:** Lotz C 218; Rb L 2, -L 3, -M 3, -S 1,12; Finanz H; Fabian 427f.
20 **24./26.:** Finanz G 29–32; EA 5.I/-II.

20. Hoffmann, Hans Jacob

1. Kleinrat (Ratsherr), Dreizehner; 1573–99; 1544 Basel–1599 Okt. 14 Basel[21]

2. Taufpate s. T. Anna 1568 Nov.10: BM Melchior Hornlocher [P 80]; Hoffmann u. s. Frau ernennen ihren Vetter, XIII Hans Rudolf Kuder SNI [P 107] (s.u. 5.C) zu ihrem Testamentarier.[22]

3. A) Basel **B)** Goldschmied **D)** E HAU 1565

4. A) Geschlecht aus Stollberg in Preussen.
  B) Jacob Hoffmann (1520–72), Goldschmied d.R. HAU [P 21]; u. Catharina Spul (ibid.)
  C) Martin Hoffmann v. Stollberg († 1532), Bildhauer, Bürgerrecht Basel u. K SPI 1507; u. Ursula Keller († ca. 1536), heir. in 2. Ehe Ursula Faesch, Grosstante d. BM Remigius Faesch [P 16].
  D) Christian († 1545) fürstl. preuss. Baumeister. Paul wird Goldschmied in Königsberg (Preussen). Margret (1519–84) heir. vor 1545 d. Schneider Daniel Kuder, Eltern d. XIII Hans Rudolf Kuder SNI [P 107], heir. 1565 Beat Hug d.R. FIS [P 171]. Barbara († nach 1553) heir. Batt Scholer, Eltern d. Christoph Scholer d.R. SUM [P 94].

5. A) 1567 Anna, Schw. d. ANT Prof. theol. Johann Jacob Grynaeus [P 181].
  B) Martin († ca. 1590) heir. 1572 Maria Salome Marschalk aus d. Adelsgeschlecht. Samuel (1555–77) heir. 1576 Maximilla, T. d. Hieronymus von Kilchen d.R. SLS [P 14].
  C) BM Remigius Faesch [P 16]. Hans Rudolf Kuder, XIII SNI [P 107], sein Testamentarier (s.o. 2.)

6. A) Mehrere Kinder, mind. ein verheirateter Sohn
  B) Catharina Hoffmann (1577–1638) heir. 1593 RS Niclaus Werenfels [P 59].[23]

7. B) RH HAU 1573–99, 27 Jahre

9. Dreizehner 1579–99, 21 Jahre

10. A) Dreier 1590–99, 10 Jahre **B)** Siebner 1575/77/79/81/83/85/88/89, 8 Jahre

11. Wechselherr 1577–91, 14 Jahre

12. C) Ladenherr 1573–76, 3 Jahre

14. A) Bauherr 1583–99, 17 Jahre

15. B) Gericht Grossbasel 1568/74, 2 Jahre

16. A) Ehegericht 1579–82, 3 Jahre

---

21 Lotz C 234.
22 KirchenA W 12, 1 (Taufreg. St. Martin) 147v; Lotz C 234, 25.
23 **3.–5.:** Lotz ibid.

46   I. Prosopographien: Hausgenossen

17. (Vorsitzender) Deputat 1584–99, 16 Jahre

19. Pfleger Kartause 1574–99, 26 Jahre[24]

24. A) Tagsatzung 1578–95: 15   **B)** Evangel. Orte 1584–90: 21
C) Untertanengeb./Landvogteien 1578–81: 2
D) Übr. eidgenöss. 1583–88: 7

25. A) Bistum Basel 1580–82: 3

26. Oberrhein 1573–90: 23

27. D) Österr. 1596 (Erzherzog Mathias): 1[25]

29. A) Wohnhaus s. Vaters ‹zum Danz›, Eisengasse 20

30. Erwirbt 1585 je eine Anlage aus Stadtgütern z. jährl. Gewinn v. 500 *fl* resp. 1000 *fl*; liquides Vermögen mind. ca. 10 000 *fl* (v. s. Schwiegertochter versteuert)[26]

21. Hoffmann, Jacob, gen. der Goldschmied zum Tanz

1. Kleinrat (Zunftmeister); 1567–72; 1520–1572 Dez.12 Basel (St. Martin)[27]

2. Taufpaten s. S. Samuel 1555: XIII Heinrich Petri [P 24], Anna Wachter, Frau d. BM Remigius Faesch [P 16][28]

3. A) Basel   **B)** Goldschmied
C) 1555–60 verschiedentl. als Goldschmied i. A. v. SYND Bonifacius u. SYND Basilius Amerbach [P 180] f. die Universität tätig.
D) K HAU 1543

4. A) Geschlecht aus Stollberg in Preussen
B) Martin Hoffmann v. Stollberg (†1532), Bildhauer, Bürgerrecht Basel u. K SPI 1507; u. Ursula Keller (†ca. 1536), heir. in 2. Ehe Ursula Faesch, Grosstante d. BM Remigius Faesch [P 16].

5. A) 1543 Aug. 6 Catharina, T. d. Goldschmieds Hans Spul d.R. [Fü P 37] u. d. Veronica, Schw. d. Balthasar Angelrot d.R. [Fü P 25]
B) Christian (†1545) fürstl. preuss. Baumeister. Paul wird Goldschmied in Königsberg (Preussen). Margret (1519–84) heir. vor 1545 d. Schneider Daniel Kuder, Eltern d. XIII Hans Rudolf Kuder SNI [P 107], heir. 1565 Beat Hug d.R. FIS [P 171]. Barbara (†nach 1553) heir. Batt Scholer, Eltern d. Christoph Scholer d.R. SUM [P 94].

---

24 **7.–19.:** Lotz ibid.; Rb L 2; -M 3; -S 1,12; Finanz H; LP Hans Jacob Hoffmann, UBB aleph E XII. 8, 19; Fabian 424ff.
25 **24.–27.:** Finanz G 21–25; EA 4.II/5.I; Bruckner, 865. Ochs Bd.6 336ff.
26 **29./30.:** HGB Eisengasse; Platter Pest 135; Urkundenbuch BS 578; Brenner 72; AK 9, 441.
27 Lotz C 234.
28 KirchenA W 12, 1 (Taufreg. St. Martin) 97v.

6. **A)** Hans Jacob (1544–99) wird Goldschmied d.R. HAU, XIII [P 20]. Martin (†ca. 1590) heir. 1572 Maria Salome Marschalk aus d. Adelsgeschlecht. Samuel (1555–77) heir. 1576 Maximilla, T. d. Hieronymus von Kilchen d.R. SLS [P 14].
B) BM Remigius Faesch [P 16]. Hans Rudolf Kuder, XIII SNI [P 107].
C) Catharina Hoffmann (1577–1638) heir. 1593 RS Niclaus Werenfels [P 59].[29]

7. **B)** ZM HAU 1567–72, 6 Jahre

10. **B)** Siebner 1568/69/72, 3 Jahre

15. **B)** Gericht Grossbasel 1553–72, 20 Jahre
C) Gericht Kleinbasel 1549–53, 4 Jahre

16. **A)** Ehegericht 1570–72, 3 Jahre

19. Pfleger St. Martin 1569–72, 4 Jahre[30]

29. **A)** Haus ‹zum Danz›, Eisengasse 20

30. S. [P 20][31]

22. Merian, Barthlome

1. Kleinrat (Ratsherr); 1580–1609; 1541 Juni 07 Basel–1609 April 29 Liestal[32]

3. **A)** Basel   **B)** Goldschmied   **D)** K HAU 1567; K SAF 1585

4. **A)** Meyersgeschl. aus Lütensdorf, Basler Stammvater ist Schiffmann Theobald Merian v. Lütensdorf (1475–1544), Bürgerrecht Basel 1498, seit Mitte 16. Jh. meist handwerkszünftiges Ratsgeschl., einflussreich, wohlhabend, prosperiert v.a. im 17. Jh.
B) Jacob Merian (1512–51), Schiffmann, Fischkäufer
C) Johann Peter Merian, Meyer v. Lütensdorf; s. Grossonkel Theobald Merian (s.o.)
D) Ullrich Mcrian d.R. [P 140], LV, XIII. Theodor Merian (1514–66), ZM HAU, geadelt. Erhart Merian, Schiffmann d.R. SIF.

5. **A)** 1567 Jacobea, Schw. d. OZM Sebastian Beck [P 78]. Anastasia Schöttlin. Vor 1602 Margret Von Hellstatt.
C) Johann Rudolf Merian d.R. [P 72]

6. **A)** Kinder namentl. bekannt
B) Ursula Merian heir. 1576 d. Schneider Hans Rudolf Kuder, XIII [P 107].[33]

---

29 **3.–6.:** Lotz ibid.; AK 9, 441; Füglister 316, 325.
30 **7.–19.:** Lotz ibid.; Rb L 2; -M 3; -S 1,12; Finanz H; GerichtsA U e 2; KlosterA St. Martin F.
31 **29./30.:** [P 20] Anm. 26.
32 Lotz C 327; Kölner, Safranzunft 434.
33 **3.–6.:** Lotz ibid.

48 I. Prosopographien: Hausgenossen

7. **B)** RH HAU 1580–1609, 29 Jahre

10. **B)** Siebner 1581/82/86/88/90/92/95/97/99/1601/02/04, 12 Jahre

12. **B)** Wardiner d. Silbermünze 1584–1608, 25 Jahre
    C) Ladenherr 1584–86, 3 Jahre

15. **B)** Gericht Grossbasel 1585, 1 Jahr

16. **A)** Ehegericht 1591–93, 3 Jahre   **B)** Unzüchter 1588–90, 3 Jahre

19. Pfleger Münster 1582–1606, 25 Jahre[34]

24. **A)** Tagsatzung 1586/89: 3   **D)** Übr. eidgenöss. 1589: 1

30. Erwirbt 1587 Anlage aus d. städt. Gütern z. jährl. Rendite v. 1000 *fl.*[35]

23. Meyer von Muespach gen. Stampf(l)er, Hans

1. Kleinrat (Ratsherr), Dreizehner; 1552–71; †1571 Dez. 11 Basel[36]

3. **A)** Basel **B)** Goldschmied
   D) K HAU 1531; K GAR 1533 trotz Verbot d. Doppelzünftigkeit (Gewerbeordnung 1526–52)

4. **A)** Geschlecht aus Muespach im Elsass eingew.
   B) Burkhart Meyer v. Muespach, Zapfengiesser, Gremper u. Stampfer d.R. GAR (†1543) v. Muespach, 1488 Bürrgerrecht Basel [Fü P 122]

5. **A)** Vor 1536 Anna Isenflam. Vor 1539 Magdalena (†ca. 1558), die bereits verw. T. d. Weinmanns Jacob Reichart, Onkeld. Spitalmeisters Laurenz Reichart d.R. [P 151]. Vor 1569 Elisabeth (1502–78), T. d. Tuchscherers Hans Linder.
   B) 12 Geschwister. Hedwig heir. Thoman Hertenstein d.R. [Fü P 139].

6. **A)** 2 od. 3 Kinder (uns., 2 M).
   Hans Jacob (1547–72) herrenzünftig, heir. 1567 Salome (1551–83), T. d. SS Heinrich Falkner; Schwager d. XIII Ullrich Merian, LV [P 140]. S. zweiter Sohn ist herrenzünftig.
   B) Sebastian Hertenstein d.R. SPI [Fü P 138] u. d. Veltin (Valentin) d.R. SPI 1554–64; Theodor Hertenstein d.R. [P 33] u. Thoman Hertenstein d.R. [P 91]. Magdalena heir. Hans Jacob Wild d.R. WEI 1546/47.[37]

7. **B)** RH HAU 1552–71, 20 Jahre

9. Dreizehner vor 1569–71, mind. 3 Jahre

34 **7.–19.**: Lotz ibid.; Rb L 2, -L 3, -M 3, -S 1,12; Finanz H.
35 **24.–30.**: EA 4.II; Urkundenbuch BS 583.
36 Rb L 2, -S 1,12.
37 **3.–6.**: Lotz C 335; Rb S 1,12; Füglister 381f.

I. Prosopographien: Hausgenossen 49

10. B) Siebner 1552/55/57/59/61/63/65/67/69/71, 10 Jahre

12. B) Wardiner d. Silbermünze vor 1570–71, mind. 2 Jahre

14. Mind. 1 wirtschaftspolit. Ausschuss 1553–70, ca. 5 Jahre

15. B) Gericht Grossbasel 1539/49/62–66, 6 Jahre

16. Mind. 1 sozialpolit. Ausschuss 1553–70, ca. 4–6 Jahre

17. Deputat 1557–71, 14 Jahre

19. Pfleger St. Martin 1553–68, Münster 1568–71, Kartause dito, mind. 23 Jahre[38]

24. C) Untertanengeb./Landvogteien 1562: 1

26. Oberrhein 1561–70: 5[39]

24. Petri, Heinrich

1. Kleinrat (Zunftmeister), Dreizehner; 1554–79; 1508 Basel–1579 März 24 Basel[40]

2. Taufpate s. T. Justina: Prof. Vitus Ardüser; s. S. Adam [P 18] 1543 Juni 17: Prof. Alban Torinus, Ursula, Mutter d. BM Hans Rudolf Huber [P 6]; weitere Paten s. Kinder in Drucker- u. Gelehrtenkreisen; s. S. Hans Heinrich 1553: Severin Erzberg, Onkel d. Christoph Erzberg [P 156], Grossonkel d. Cossman Erzberg [P 88][41]

3. **A)** Basel; 1556 v. Karl V. u. 1563 v. Ferdinand I. erbl. geadelt   **B)** Drucker; Jkr
   C) Div. Druckergemeinschaften, u.a.m. Thomas I Platter, Vater d. PHYS Felix Platter [P 183]
   D) E SAF 1528; K HAU 1530 trotz Verbot d. Doppelzünftigkeit (Gewerbeordnung 1526–52)

4. **A)** Basler Druckergeschl. d. 15. Jh., erster: Heinr. Petris Urgrossv. Johannes, einer d. «drei Hansen» (Amerbach, Froben, Petri), die in Basel das Druckgewerbe einführten; eröffnete s. Offizin 1488.
   B) Adam Petri (1454–1525), Bürger v. Basel u. K SAF 1507, u. Anna († ca. 1552), T. d. Sixt Selber, bischöfl. Fiskal, die in 2. Ehe 1530 Prof. theol. Sebastian Münster, Kosmograph, heir.
   C) Petrus Petri gen. Eitelpeter u. Veronica, Schw. d. Druckers Johannes Froben (s.o.)

---

38 **7.–19.:** Lotz ibid.; Finanz H; KlosterA Domstift HH 1, St. Martin F; Rb L 2, -M 3, -S 1,12; Fabian 423ff.
39 **24./26.:** Finanz G 18–20.
40 Rb L 2; Lotz C 373 (irrt im Todesdat.).
41 KirchenA W 12, 1 (Taufreg. St. Martin) 24v, 42r, 56, 62, 67, 73, 83; -X 8, 1 (Taufreg. St. Alban) 96r.

5. **A)** 1529 Dorothea († 1564), T. d. Melchior Hütschi d.R. [Fü P 18] u. d. Maria Rul, Nonne d. Steinenklosters –1525, Schwägerin d. BM Sebastian Doppenstein [P 3], Schw. d. Wolfgang Hütschi d.R. SLS [Fü P 19] u. d. Catharina Hütschi, Gattin d. BM Adelberg Meyer z. Pfeil [Fü P 56], Eltern d. XIII Hans Ludwig Meyer z. Pfeil [P 57]. 1565 Barbara (1520–91), T. d. BM Theodor Brand [Fü P 151], Schw. s. Freundes OZM Bernhard Brand [P 28], Tante d. BM Hans Jacob Götz [P 5].
B) Hieronymus († ca.1570) wird Goldschmied in Nürnberg. Samuel (ca. 1523/24–1552), b.a., m.a. Univ. Basel, Doktorstudium in Bourges u. Poitiers.

6. **A)** 13 Kinder (8 M; 5 F).
Adam Heinrich (1543–86) wird Prof. Dr. iur., SS [P 18]. Sebastian Heinrich (1546–1627) wird Drucker d.R. HAU 1609–27, heir. 1583 Elisabeth, T. d. Alexander Löffel d.R. [P 55]. Sixt Heinrich (1547–79) wird Drucker, führt d. Offizin s. Vaters. Johann Heinrich (1553–81) wird Apotheker. Anna († 1564) heir. 1545 d. Drucker Hieronymus Curio. Dorothea (1532–64) heir. 1562 Niclaus Marbach d.R. [P 150]. Veronica († 1573) heir. 1553 Niclaus Dürr d.R. [P 49].
B) Hans Ludwig Meyer z. Pfeil, XIII [P 57]
C) Jacob heir. 1592 Anna, T. d. OZM Bernhard Brand [P 28], Dr. iur., kaiserl. Hofrat Emanuel (*1605) wird eidgenöss. Oberst, Gutsbesitzer Rütihard b. Muttenz. Maria heir. 1587 d. Weinman Ulrich Scherb d.R. WEI. Barbara (*1596) heir. 1639 Christoph Burckhardt d.R.[42]

7. **B)** ZM HAU 1554–79, 25 Jahre

9. Dreizehner ca. 1561–79, ca. 18 Jahre

10. **B)** Siebner 1554/56/58/61/65/67/75/76/78, 9 Jahre

15. **B)** Gericht Grossbasel 1546/47, 2 Jahre

17. Deputat 1559–79, 20 Jahre

18. **A)** Stud. Univ. Wittenberg 1523/24, Artist ohne akadem. Grad

19. Pfleger Predigern 1558–62; Klingental 1556–79, 27 Jahre[43]

24. **C)** Untertanengeb./Landvogteien 1562: 1

25. **B)** Bistum Sitten (Probst v. Münster) 1563: 1

26. Oberrhein 1561–72: mind. 10

27. **A)** Dt. Reich 1563–73 (Kaiser, Pfalzgrafschaft): 4[44]

---

42 3.–6.: Lotz ibid.; Rb L 3; -M 3; -S 1,12; AK 7, Nr. 3212, p. 337; AK 8 passim; Füglister 309, 327, 385.
43 7.–19.: Lotz ibid.; Rb L 2; -M 3; -S 1,11; -S 1,12; Finanz H; KlosterA Klingental FF 1; -Prediger L 1; AK 8 passim, Petri erwarb nie einen akad. Grad, s. ibid.; Fabian 423ff.
44 24.–27.: Finanz G 19–21; Missiven A 38, No. 447, 513, 514; -B 12, No. 385f., 395f. 405–408, 416f.; EA 4.I/II; Ochs Bd.6, 225f.

29. A) Wohnhaus im Kleinbasel –1572; Haus ‹Zum langen Pfeffer›, Weisse Gasse 28
B) Nachbarhaus ‹Zur Ax›, Weisse Gasse; Familienbesitz (s. Vater Adam bzw. s. Schwiegerv. Sixt Selber) Haus ‹z. Mühlbaum›, Bäumleingasse 4, Verkauf nach 1535 an Theobald, Vater d. XIII Andreas Ryff [P 58]; Papiermühlenbetrieb im grenznahen Markgräflerland

30. Schwerreich u. vermögend[45]

25. Rechburger, Franz

1. Kleinrat, Oberstzunftmeister; 1566–89; 1523 Basel–1589 Okt. 19 Basel[46]

2. 1567 Taufpate v. Franz Jacob, S. d. Goldschmieds Urs Schweiger u. d. Anna Gelenius aus d. Druckergeschl., zusammen m. Salome, T. d. BM Sebastian Doppenstein [P 3][47]

3. A) Basel **B)** Goldschmied, 1544 Gesellenjahr in Strassburg
C) Testamentarier d. reichen Maximilian Jerger mit Bonifacius, Vater d. Basilius Amerbach [P 180] u. Hans Sandler d. R. FIS [P 177]
D) K HAU 1545

4. A) Geschlecht ursprüngl. adlig, ‹Von Rechberg› in den habsburg. Landen; Stammväter Hans d. J. u. Christoph von der Hohenrechberg, beide Ritter daselbst
B) Jacob Rechburger von Zurzach († 1542), Pulverkrämer, Bürgerrecht Basel 1504, K SAF 1505, Sechser SAF; u. Margret (oo 1505), T. d. Druckerherrn Johannes, Schw. d. berühmten Prof. iur. u. SYND Bonifacius Amerbach, Tante d. SYND Basilius II Amerbach [P 180]
C) Cupolt Rechburger, Vogt zu Klingnau; Johannes Amerbach, Druckerherr zu Basel
D) Bonifacius Amerbach, Humanist, Rektor d. Universität, SYND (s.o.)

5. A) 1566 Salome, Tante d. Hans Lux Iselin d. R. [P 54], T. d. Lux Iselin d. R. SAF [Fü P 54], durch sie verschwägert m. Wernher Wölfflin d. R. [P 15]
C) Basilius II Amerbach, Prof. iur., SYND, Rektor d. Universität [P 180]

6. A) Elisabeth heir. 1579 Lucas, S. d. BM Lux Gebhart [P 50], heir. 1585 Hans Ludwig d. R., S. d. BM Caspar Krug [P 82]. Margret heir. 1583 d. spät. OZM Hans Jacob Beck, S. d. OZM Sebastian Beck [P 78].[48]

7. B) RH HAU 1566–79; OZM 1579–89, 24 Jahre

9. Dreizehner 1578–89, 12 Jahre

---

[45] **29./30.:** Missiven A 38, No. 673; Rb C 7: Urkundenbuch VII, 210r–213r; HGB Weisse Gasse, -Bäumleingasse 4; UBB Mscr. C.D. I.8; AK 7, 180f.
[46] Lotz C 389.
[47] AK 9, 263f., 348, 386–599 passim.
[48] **3.–6.:** Lotz ibid.; BCh IV, 55, Anm. 8; AK 7, 389f., 398f., 435; Füglister 337.

10. **B)** Siebner 1567/68/70/75/77/78, 6 Jahre

12. **B)** Wardiner d. Silbermünze vor 1570–72, mind. 3 Jahre

15. **A)** Appellationsherr 1580–88, 8 Jahre
    B) Gericht Grossbasel 1567–71, 14 Jahre

16. **A)** Ehegericht 1577, 1 Jahr

17. Deputat 1572–80, 8 Jahre

19. Pfleger St. Alban 1571–85, 14 Jahre[49]

24. **A)** Tagsatzung 1569–81: 20 **B)** Evangel. Orte 1572–87: 6

25. **A)** Bistum Basel 1566–84: 4

26. Oberrhein 1572–87: 16

27. **A)** Dt. Reich 1568 (Pfalzgraf): 1[50]

29. **A)** Spalenberg li. einw. 60
    B) Grundbesitz in den habsburg. Landen u. d. zentralen Eidgenossenschaft (Familienbesitz)

30. S. Vater Jacob hält 1544 Rente v. 500 *fl* d. RH HST Heinrich Hug; Lehen u. Pfründen in den habsburg. Landen u. d. zentralen Eidgenossenschaft (Familienbesitz).[51]

26. Ruch, Thertulianus

1. Kleinrat (Zunftmeister); 1580–82; vor od. 1529–1582 Aug. 12 Basel (St. Martin)[52]

3. **A)** Basel **B)** Korrektor
   C) Geschäftsbeziehungen zu Druckerkreisen durch s. Schwägerin Elsbeth Senger, die d. Drucker Sigismund Gelenius heir. Kommt durch s. 2. Frau Margret Rapp an das Amt d. Eptinger Schaffners, das sie als Wwe. s. Vorgängers in die Ehe bringt (s.u.).
   D) E HAU 1554

4. **A)** Familie aus dem Badischen eingew.
   B) Balthasar Ruch v. Wangen i/Kornthal (†1540/41 Pest), Drucker, Bürgerrecht Basel u. K HAU 1535; u. Anna (†ca. 1543), T. d. Druckers Jacob Wolf v. Pforzheim u. d. Dorothea, Schw. d. Heinrich David d.R. [Fü P 28], d. Conrad David d.R. [Fü P 49], Grosstante d. Lienhard David d.R. [P 123] u. d. Hans Jacob David d.R. SAF

---

49 **7.–19.**: Rb L 2, -M 2, -M 3, -S 1,11, -S 1,12; Finanz H; Fabian 424ff.
50 **24.–27.**: Rb S 1,12; Finanz G 20–24; EA 4.II/-5.I; Berner 79ff.
51 **29./30.**: HGB Spalenberg; Platter Pest 294; AK 8, 12f.; Füglister 97.
52 Lotz D 266.

I. Prosopographien: Hausgenossen

5. **A)** 1547 Aug. 8 Margret Senger. Vor 1553 Margret Rapp (†1559/64), uneheliche T. eines Vetters v. Jacob Rapp d.R. MEZ u. d. Anna Schellengern; Wwe. d. Eptinger Schaffners Hans Kanzler. Vor 1576 Ursula Weber (†ca. 1579), Wwe. d. Diebold Dussman.
   B) 3 Geschwister

6. **A)** 2 Kinder (1 M; 1 F).
   Balthasar (*1548) heir. vor 1572 Margret Bertler, wird Bärenfels-Schaffner.[53]

7. **A)** Sechser HAU 1580   **B)** ZM HAU 1580–82, 3 Jahre

10. **B)** Siebner 1581, 1 Jahr

15. **C)** Gericht Kleinbasel 1581–82, 2 Jahre

16. **A)** Ehegericht 1582, 1 Jahr

23. Eptinger Schaffner –1580, ca. 10–20 Jahre[54]

27. **B)** Frankreich 1570 als Dolmetsch m. SS Adam Henric Petri [P 18] (Reislauf): 1[55]

27. Wix, Hieronymus

1. Schultheiss, Kleinrat (Zunftmeister, Ratsherr), Landvogt, Dreizehner; 1584–1607; 1546 Nov. 09 Basel–1607 Juli 07 Basel[56]

3. **A)** Basel   **B)** Goldschmied   **D)** K HAU 1569

4. **A)** Geschlecht aus Frankfurt a.M. eingew.
   B) Gallus (gen. Galli) Wix (†1575), Schneider, Stadtkäufer, Büchsenmeister, K SNI 1532, Amtmann GrBS 1536–44
   D) Jacob Wix, Tischmacher v. Frankfurt (†1540)

5. **A)** 1569 Verena, T. d. Lohnherrn Eucharius Rieher, Sechser SLS 1529–52
   C) Jacob Wix, Schiffmann d.R. [P 179]

6. **A)** Hans Jacob wird Seckler, Schaffner St. Martin 1606–19, heir. 1600 Dorothea, T. d. Niclaus Hönn d.R. SNI [P 106]. Elisabeth heir. 1612 Jacob Im Hof, später d.R.
   B) Chrischona Wix heir. d. Claraschaffner Ernst Biermann. Eufrosina Wix heir. Ulrich Falkner, Pfr. St. Peter u. Barfüsser, S. d. Beat Falkner d.R. WEI, Enkel d. OZM Ulrich Falkner [Fü P 39], Neffe d. SS Heinrich u. Onkel d. Daniel Falkner d.R. WEI.[57]

---

53 **3.–6.:** Lotz ibid.; AK 9, 346.
54 **7.–23.:** Lotz ibid.; Rb L 2, -M 2, -S 1,12; Finanz H.
55 **27.–30.:** Rb D 3, 137v f.
56 Lotz C 576.
57 **3.–6.:** Lotz ibid.; Rb S 1,11; Füglister 326f.

54 I. Prosopographien: Hausgenossen

7. **A)** Sechser HAU 1580–84
   B) SH GrBS 1583/84; ZM HAU 1584–86; RH HAU 1601–07, 10 Jahre

8. **B)** Hauptmann im Werkhof 1604–07, 3 Jahre

9. Dreizehner 1603–07, 5 Jahre

10. **B)** Siebner 1602/03/05, 3 Jahre

12. **C)** Ladenherr 1603–05, 2 Jahre

15. **A)** Appellationsherr 1604–06, 2 Jahre
    B) Gericht Grossbasel 1580/1601, Stadtgerichtsvogt (SH) 1583–84, 4 Jahre

16. **A)** Ehegericht 1599–1604, 5 Jahre

19. Pfleger Elendherberge 1602–07, 5 Jahre

22. **A)** LV Waldenburg 1587–97, 10 Jahre[58]

24. **B)** Evangel. Orte 1605: 2
    C) Untertanengeb./Landvogteien 1596/1603–06: 6
    D) Übr. eidgenöss. 1606: 1

26. Oberrhein 1605/06: 4 (Ensisheimer Münztage)

27. **B)** Frankr. 1605 (Kriegskosten, in SO): 1[59]

30. **A)** ‹Wigsen haus›, Nadelberg 26; wie s. Vetter Jacob Wix d.R. SIF [P 179] (s.o. 5.C)[60]

---

58 **7.–22.**: Protokolle Öffnungsb IX, 76; Rb L 2, -M 3, -S 1,11, -S 1,12; Finanz H; Fabian 424ff.
59 **24.–27.**: EA 5.I/II; Rb D 4, 224v ff.; Finanz G 27/-28.
60 **29./30.**: HGB Nadelberg; Platter Pest 284.

Weinleuten

28. Brand, Bernhard, der Ältere

1. Kleinrat, Landvogt, Oberstzunftmeister, 1560–94; 1523 Aug. 23 Basel–1594 Juli 13 (Pest).[1]

2. Taufpaten s. T. 1550 Nov.: Simon Albrecht d.R. [Fü P 48], s. T. Elisabeth 1554 Juli: OZM Bläsi Schölly [Fü P 23]; s. S. Theodor 1559 Juni 11: SYND Bonifacius Amerbach, BM Lux Gebhart [P 50]; s. T. Rahel 1562 Juni: Anna, T. d. BM Caspar Krug [P 81], Frau d. RS Emanuel Ryhiner [P 115]; s. S. Bernhard d.J. 1563 Sept.: BM Ullrich Schultheiss [P 12], Urban Schwarz d.R. [P 41]; s. T. Christina: XIII Hans Esslinger [P 70], Johann Jacob, S. d. BM Bonaventura von Brunn [P 13]; s. T. Margret: Lienhard Pfründ d.R. [P 131][2]

3. **A)** Basel; 1563 v. Kaiser Ferdinand I. geadelt **B)** Prof. Dr. iur. **D)** 1551 K WEI

4. **A)** Ursprüngl. adlige Gelehrtenfam., aber seit d. 15. Jh. v.a. oberschichtl. Handwerksgeschl., das Anfang 16. Jh. wieder in d. HEZ aufsteigt.
   B) BM Theodor Brand (1488–1558), Scherer [Fü P 149]; u. Chrischona Kösy aus d. Regimentsfam.
   C) Bernhard Brand, Scherer d.R. GST 1496–1519 [Fü P 148].

5. **A)** 1548 Juni 13 Rahel, T. d. Gelehrten u. Druckers Johann Herwagen u. d. Getrud Lachner; 1568 Margret Wagner
   B) Margret heir. 1542 Jkr. Jacob Russinger (†1557), SS KlBS, d.R. WEI, Eltern d. XIII Theodor Russinger [P 38] (1566 m. Bernhard Brand bevogtet), Stiefmutter d. Marx Russinger d.R. [P 37], Margret heir SS Heinrich Falkner, als Wwe. nach 1567 XIII Hans Esslinger [P 70] (s.o. 2). Anna heir. 1550 Jacob Götz (1506–60), SH u. d.R. WEI, Eltern d. BM Hans Jacob Götz [P 5].

6. **A)** 16 Kinder.
   Theodor II (1559–1635) Weinmann d.R. [P 29], XIII, LV Homburg, Lugano u. Farnsburg, heir. 1577 Barbara, Enkelin d. BM Henman Offenburg, Nichte d. Hans Philipp Offenburg [P 2]. Bernhard d.J. (1588–1650) Weinmann, XIII, LV Waldenburg, OZM, heir. 1613 Dorothea Müller, Enkelin d. BM Sebastian Doppenstein [P 3], heir. 1639 Catharina Seiler, Nichte d. Reinhart Karger d.R. Rahel (1562–1601) heir. 1578 Ritter Bernhard Staehelin, Hauptmann, Br. d. Apollinaris Staehelin d.R. WEI [P 42]. Anna (1575–98) heir. 1592 Prof. iur. Jacob Henricpetri, S. d. SS Adam Henricpetri [P 18], Enkel d. XIII Heinrich Petri [P 24]. Judith (1577–1610) heir. 1596 Dr. med. u. Prof. graec. Jacob Zwinger, heir. 1599 d. markgfl. Rat Eglinger in Weil. Sara (1582–1648) heir. 1624 Niclaus Rippel, BM, Enkel d. Hans Burkhart Rippel [P 112]. Maria (1584–1650) heir. 1606 Dr. theol. Wolfgang Meyer z. Hirzen, Archidiakon, Enkel d. BM Jacob Meyer z. Hirzen [Fü P 32].

---

1 Lotz C 49.
2 KirchenA AA 16 1, p. 66r, 102r; -16 2, p. 6r, 36v, 45v, 56r, 78v, 98r (Taufreg. St. Peter I u. II); Füglister 314f.

B) Theodor Russinger [P 38], XIII, ab 1566 bis Volljährigkeit unter s. Vormundschaft.
C) Bernhard III (1580–1647) wird Hauptmann. Bernhard IV (1616–55) Schaffner, heir. Anna Battier aus d. reichen Seidenhändlergeschl. Margret (1618–1708) heir. Hans Rudolf, S. d. SS u. OZM Hans Rudolf Burckhardt.[3]

7. **B)** RH WEI 1560–70/1586–88; OZM 1570–76/1590–94, 23 Jahre

8. **B)** Stiftsherr St. Peter

9. Dreizehner 1570–77/1590–94, 12 Jahre

10. **A)** Dreier 1564–77, 13 Jahre   **B)** Siebner 1561/62/64/67/69, 5 Jahre

13. Kaufhausherr 1591–94, 4 Jahre

14. **A)** Bauherr 1573–76, 3 Jahre   **D)** Kornherr 1573–76, 3 Jahre

15. **A)** Appellationsherr 1571–76/1592, 6 Jahre   **B)** Gericht Grossbasel 1565, 1 Jahr

16. **C)** Almosenherr 1570/71, 1 Jahr

17. Deputat 1563–70, 7 Jahre

18. **A)** Stipendiat d. Basler Rats in Paris 1540 u. 1544; Erasmus-Stipendiat; Stipendiat d. frz. Königs; stud. iur. 1544–48 in Paris; 1546 in Poitiers; 1548 lic. iur. Univ. Basel; Prof. iur. inst. Univ. Basel 1548–57, 9 Jahre

19. Pfleger Spital 1571/72; Elendherberge 1572–77; St. Leonhard 1591–94; Klingental 1593/94, 12 Jahre

21. Fähnrich vor 1567; Stadthauptmann 1567

22. **A)** LV Homburg 1553–57; LV Farnsburg 1577–86/1588–90, 15 Jahre[4]

24. **A)** Tagsatzung 1562–71: 9   **C)** Untertanengeb./Landvogteien 1561–94: 8
    D) Übr. eidgenöss. 1565–67: 4

25. **A)** Bistum Basel 1560–76: 4

26. Oberrhein 1564–70: 13

27. **A)** Dt. Reich 1563 (Kaiser Ferdinand I.): 2

28. Offizier unter Oberst Niclaus, Vater d. Hans Jacob Irmy d.R. SLS [P 7] in franz. Diensten 1557–60, 3 Jahre[5]

---

3 **3.–6.:** Lotz ibid.; Lotz C 172; -358; Rb L 2; -L 3; -M 3; -S 1,12; Missiven A 36, Nr. 131; Gast Tgb., 331f.; Ochs Bd. 6, 349; AK 6, 33; Füglister 321f., 385f.

4 **7.–22.:** Lotz ibid.; Rb L 2; -M 3; -S 1,11; -S 1,12; GerichtsA T 9-11; -U e.2; AK 6, 133, 172, 360ff.; Gast Tgb. 326f., 330f.; Ochs Bd.6, 357; Fabian 424ff.

5 **24.–28.:** Finanz G 19/20/22; EA 4.II; Ryff Rappenkrieg 12ff.; Platter Tgb. 367ff.; MUB II, 37; Gast Tgb. 424f.; Ochs Bd.6, 225–229; Berner 79.

29. **A)** nach 1549 Haus Aarburg, Nadelberg
    B) 1567 Haus ‹z. Vorgasse›, Petersgasse 5; 1567 Schloss Wildenstein

30. 1544–48 Pfrund u. Pension St. Peter-Stift; 1582 Guthaben v. 500 *lb* beim Markgrafen v. Baden, liquides Vermögen mind. ca. 20 000 *fl* (v. s. S. Bernhard d.J. u. dessen Frau Dorothea Müller versteuert)[6]

29. Brand, Theodor, der Jüngere

1. Kleinrat (Ratsherr, Zunftmeister), Landvogt, Dreizehner; 1595–1635; 1559 Juni 2 Basel (Peter)–1635 Mai 24 Basel[7]

2. Taufpaten St. Peter 1559 Juni 11: Bonifacius Amerbach, Vater d. SYND u. Rektors d. Univ. Prof. iur. Basilius Amerbach [P 180]; BM Lux Gebhart [P 50][8]

3. **A)** Basel **B)** Weinmann **D)** E WEI 1581

4. **A)** Ursprüngl. adlige Gelehrtenfam., aber seit d. 15. Jh. v.a. oberschichtl. Handwerksgeschl., das Anfang 16. Jh. wieder in d. HEZ aufsteigt.
    B) OZM Prof. iur. Bernhard Brand [P 28] u. Rahel Herwagen aus d. Gelehrten- u. Druckergeschl.
    C) BM Theodor Brand (1488–1558), Scherer [Fü P 149]; u. Chrischona Kösy aus d. Regimentsfam.
    D) Margret Brand heir. 1542 Jkr. Jacob Russinger (†1557), SS KlBS, d.R. WEI, Eltern d. Theodor Russinger d.R. [P 38], Stiefmutter d. Marx Russinger d.R. [P 37]. Anna Brand heir. 1550 Jacob Götz, SH u. d.R. WEI, Eltern d. Hans Jacob Götz d.R. [P 5].

5. **A)** 1577 (Liestal) Barbara, T. d. Jkr. Hans Philipp von Offenburg [P 2] u. d. Küngold Hiltbrand, Enkelin d. Jkr. BM Henman Offenburg u. d. Jkr. Jacob Hiltbrand d.R., LV [P 1]
    B) 15 Geschwister.
    Bernhard d.J. (1588–1650) Weinmann, XIII, LV Waldenburg, OZM, heir. 1613 Dorothea Müller, Enkelin d. BM Sebastian Doppenstein [P 3], heir. 1639 Catharina Seiler, Nichte d. Reinhart Karger d.R., Wwe. d. Emanuel Ryhiner, Enkel d. RS Emanuel [P 115], Neffe d. Friedrich Ryhiner d.R. [P 116]. Rahel (1562–1601) heir. 1578 Ritter Bernhard Staehelin, Hauptmann, Br. d. Apollinaris Staehelin d.R. WEI [P 42]. Anna (1575–98) heir. 1592 Prof. iur. Jacob Henricpetri, S. d. SS Adam Henricpetri [P 18], Enkel d. XIII Heinrich Petri [P 24]. Judith (1577–1610) heir. 1596 Dr. med. u. Prof. graec. Jacob Zwinger. Sara (1582–1648) heir. 1624 Niclaus Rippel, BM, Enkel d. Hans Burkhart Rippel [P 112]. Maria (1584–1650) heir. 1606 Dr. theol. Wolfgang Meyer z. Hirzen, Archidiakon, Enkel d. BM Jacob Meyer z. Hirzen [Fü P 32].
    C) Hans Jacob Götz d.R. [P 5]; Marx Russinger d.R. [P 37]; Theodor Russinger d.R. [P 38]

---

6 **29./30.:** HGB Nadelberg u. Petersgasse; AK 6, 172, 360f.; Baden D 2, Debitwesen (alter Band), vgl. Strittmatter 208; Lotz ibid.
7 Lotz C 49; Rb L 3.
8 KirchenA AA 16 2, 6r (Taufreg. St. Peter).

6. **A)** 7 Kinder (4 M, 3 F).
   Bernhard (1580–1647) wird Hauptmann. Barbara heir. 1620 Pfr. Heinrich Strübin zu Liestal u. Dübendorf.
   B) Bernhard (1616–55) wird Schaffner, heir. 1638 Anna Battier aus d. schwerreichen hugenottischen Seidenkrämergeschl. Margret (1618–1708!) heir. 1636 Hans Rudolf, S. d. SS u. OZM Hans Rudolf Burckhardt, heir. 1663 Hans Jacob Battier, Cousin ihrer Schwägerin Anna (s.o.).[9]

7. **A)** Sechser WEI 1602
   B) RH WEI 1602–06; ZM WEI 1610–11; RH WEI 1625–35, 15 Jahre

9. Dreizehner 1631–35, 4 Jahre

10. **B)** Siebner 1603/04/10/25/28/29/31/34, 8 Jahre

15. **B)** Gericht Grossbasel 1605/06, 2 Jahre

19. Pfleger Predigern 1603/04, St. Peter 1604–06, Steinen 1627–35, 11 Jahre

21. Schützenmeister am Grossen Gesellenschiessen in Basel 1605 (mit Marx Schenk d.R. [P 118]).

22. **A)** LV Homburg 1595–1602; Farnsburg 1611–24, 20 Jahre
    B) Lowis 1606–10, 4 Jahre[10]

24. **A)** Tagsatzung 1604: 2   **C)** Untertanengeb./Landvogteien 1603: 1

26. Oberrhein 1604: 1[11]

29. **B)** Schloss Wildenstein (vgl. [P 28])

30. (s. [P 28])

30. Dütelin, Conrad

1. Kleinrat (Ratsherr), Dreizehner; 1575–85; vor 1525–1585 Mai 13 Basel[12]

2. Taufpate s. T. Ursula: Hans Schwarz d.R. [P 40]; s. S. Jacob 1547 Nov: BM Jacob Götz [P 5]; s. S. Zachäus: Zachäus, Onkel d. Hans Jacob Keller d.R. [P 8][13]

3. **A)** Basel   **B)** Karrer, Weinleger, Weinschenk   **D)** 1549 E WEI

4. **B)** Claus Dütteli (†1525) Karrer, 1502 E WEI

---

9   **3.–6.:** Lotz ibid.; C 362; C 17; Füglister 321f., 385f.
10 **7.–22.:** Rb L 3, -M 3, -M 4, -S 1,12; Finanz H; Buxtorf-Falkeisen, 17. Jh., H.1, S. 11; Fabian 429.
11 **24./26.:** EA 5.II/-6.I; Finanz G 27.
12 Lotz D 103.
13 KirchenA BB 23 (Taufreg. St. Leonhard) 113; -W 12, 1 (Taufreg. St. Martin) 67, 75r.

5. **A)** 1542 Eufrosina Winder; Margret, Schw. d. Hans Schwarz d.J. «zum roten Haus» d.R. [P 40]

6. **A)** 12 Kinder; ein Sohn wird Weinmann.[14]

7. **B)** RH WEI 1575–85, 10 Jahre

8. **A)** Schaffner Gnadental 1557–60, 3 Jahre
   B) Herbergsmeister 1551–57, 6 Jahre

9. Dreizehner 1575–78, 3 Jahre

14. **C)** Lohnherr 1567–85, 18 Jahre

15. **B)** Gericht Grossbasel 1554–56/66, 5–6 Jahre

16. **C)** Almosenherr 1567–69, 3 Jahre

19. Pfleger Elendherberge 1571–78, 7 Jahre[15]

29. **A)** Haus «zum Werdenberg» u. Weinschenke, Spalenberg li. einw. 48[16]

31. Frey, Hans Jacob

1. Kleinrat (Zunftmeister); 1598–1606; 1533 Juli 28 Basel (St. Leonhard)–1606 Jan. 12 Basel[17]

3. **A)** Basel **B)** Würzkrämer; Weinmann **D)** 1552 E SAF; 1573 K WEI

4. **B)** Hans Werner Frey (1502–50) Würzkrämer, E SAF 1523, u. Barbara (†1558), T. d. Eucharius Nussbaum u. d. Verena Rys, ihr Stiefvater 1523 OZM Bläsi Schölly [Fü P 23]; s. Stiefvater 1553 Lux Ersam d.R. [Fü P 135]
   C) Hans Rudolf Frey (†1551), Kaufmann d.R., XIII, Deputat, Diplomat [Fü P 17]

5. **A)** 1552 Juli 15 Ursula Kurmann v. Strassburg (†1564). 1566 Okt. 20 Susanna v. Waldkirch v. Schaffhausen. 1585 Maria (†1624 ca.), T. d. Ludwig v. Diesbach u. d. Françoise de Noirmont, Schwester d. BM Henman Offenburg, Tante d. Jkr. Hans Philipp von Offenburg [P 2].
   B) Hans Ulrich (1541–70) heir. 1566 Agnes, T. d. BM Lux Gebhart [P 50]. Tobias (1546–1606), Sechser WEI, Gerichtsherr GrBS, zieht 1587 als Hauptmann m. Oberst Friedrich Ryhiner [P 116] n. Frankreich zu Heinrich v. Navarra, verlässt Basel nach schlechter Behandlung durch den KlR, 1588 kaiserl. Hauptmann in Augsburg. Regula (†1579) heir. 1549 d. Stadtnotar Niclaus Im Hof, heir. 1571 Dr. Niclaus Stupanus.

---

14 **3.–6.:** Lotz ibid., C 464.
15 **7.–19.:** Lotz ibid.; Rb L 2; -M 3; -S 1,11; -S 1,12; Protokolle Öffnungsbücher VIII, 138, 174; -IX, 10; Almosen D 2,1; GerichtsA W 1; BAU B 9; Fabian 424ff.
16 **29./30.:** HGB Spalenberg; Platter Pest 294.
17 Lotz C 141.

6. A) 13 Kinder (8 M; 5 F).
Elisabeth heir. 1604 Marx, S. d. Marx Russinger d.R. [P 37], Neffe d. XIII Theodor Russinger [P 38] aus dem Landvogts- u. Militärgeschl.[18]

7. A) Sechser WEI 1580–98   **B)** ZM WEI 1598–1606, 8 Jahre

10. B) Siebner 1599/1600/02/04, 4 Jahre

12. C) Ladenherr 1600–03, 3 Jahre

15. B) Gericht Grossbasel 1579–1606, 27 Jahre

16. A) Ehegericht 1600–03, 3 Jahre   **B)** Unzüchter 1599–1602, 3 Jahre

19. Pfleger St. Clara 1600–06, 6 Jahre

28. Z. Hauptmann gewählt unter Oberst Friedrich Ryhiner d.R. [P 116] f. den Navarrischen Feldzug 1587, zus. m. s. Bruder Tobias (s.o. 5.B) u. Hans Dottinger d.R. SNI [P 101], vom KlR verboten, Berufung zurückgezogen.[19]

29. B) Hofgut ‹Freihof› in Hüningen (schliesst viele dazugehörende zusätzl. Güter u. beträchtl. Umschwung m. hohem Gewinn durch Bewirtschaftung u. an das Gut gebundene Zinsen ein) zu Lehen vom KlR 1597 auf 25 Jahre.

30. S.o. 29.B; transferiert nach 1566 das beträchtliche Vermögen s. Ehefrau Susanna Waldkirch offiziell v. Schaffhausen nach Basel.[20]

32. Gleser, Carol

1. Kleinrat (Zunftmeister), Landvogt, Schultheiss; 1569–91; 1528–1591 Sept. 17 Basel[21]

2. Taufpaten s. Kindes 1566 Jan. 27: Dr. Heinrich Pantaleon, Samuel, Br. d. SS Christian Wurstisen [P 44], Anna, Schw. d. BM Hans Rudolf Huber [P 6]; s. S. Martin Georg 1567 Jan. 26: OK Augustin Steck [P 120], Anna, T. d. BM Caspar Krug [P 83]; s. S. Carol 1568 Feb. 8: Ritter Bernhard, Br. d. Apollinaris Staehelin d.R. [P 42], XIII Franz Jäckelmann [P 151], Rahel Herwagen, Frau d. OZM Bernhard Brand [P 28]; s. T. Elisabeth 1573 Feb. 15: Timotheus Schauber [P 117]; s. S. Hans Lienhard 1574 Juli 4: XIII Jörg Spörlin [P 145], RS Samuel Übelin [P 43]; s. Kind 1575 Nov. 22: Friedrich Ryhiner d.R. [P 116], Jacob Schweizer d.R. [P 155]; s. T. Margaretha (get. Waldenburg) 1579 Juli 19: SS Hans Rudolf Herzog [P 51].[22]

---

18 **3.–6.:** Lotz ibid.; Füglister 308f., 314, 379f.
19 **7.–28.:** Protokolle Öffnungsb IX, p.97; Ratsbüchlein 2, p. 26; Ochs Bd. 6, 306.
20 **29./30.:** Missiven A 39; Rb D 4, 360r ff.; AK 9, LXII.
21 Lotz C 169; Rb L 2.
22 KirchenA X 8, 1 (Taufreg. St. Alban) 167v, 174r, 181r, 187r; -X 8, 2, ibid., 8v; -X 8, 2, ibid., 21v, 33r, 76v.

3. **A)** 1555 Basel **B)** Weinmann, Akademiker (Artist)
   C) Kauft zus. m. Lienhard Pfründ [P 131] u. Jacob Engel 1566 Weiherschloss Bottmingen, Besitzer-, Nutzniesser- u. Bewirtschaftungsgemeinschaft, verkauft s. Anteil an Pfründ 1576.
   D) 1555 K WEI

4. **A)** Geschl. aus d. Markgrafschaft eingew.
   B) Georg Gleser gen. von Hoew ‹der Sternenseher› aus d. Markgrafschaft, Bürgerrecht Basel 1530, u. Anna, Tante d. Hans Lux Iselin d.R. [P 54].

5. **A)** 1546 Margret Gysin, Wwe. d. Metzgers Heinrich Harnister d.R. [Fü P 129]. 1564 (uns.) Heiratsversprechen m. Theodosia, Tochter d. Stadtarztes Dr. med. Oswald Bär, doch sie stirbt vor der Heirat (1564, Pest; uns.) 1565 Elisabeth, T. d. Reformators Martin Butzer (Bucer) v. Strassburg.

6. **A)** Martin Georg wird OK.
   Albert wird Dr. iur., Notar u. Amtmann.[23]

7. **A)** Sechser WEI ca. 1570–86   **B)** ZM WEI 1586–91, 6 Jahre

8. **B)** Stadtgerichtsvogt Grossbasel 1569–75, 6 Jahre

10. **B)** Siebner 1591, 1 Jahr

12. **C)** Ladenherr 1588–90, 2 Jahre

15. **B)** Gericht Grossbasel 1566–67/76–77/87–88, 3 Jahre

16. **A)** Ehegericht 1590/91, 2 Jahre

18. **A)** Univ. Basel b. a. 1556

19. Pfleger Gnadental 1590/91, 2 Jahre

22. **A)** LV Waldenburg 1576–86 (Bürgschaftsbrief 1576 Aug. 8)[24]

29. **A)** Haus «Paradis», Elisabethenstr. li. einw. 34–30
    B) Anteil Schloss Bottmingen 1566/67 zu 2100 *fl*; Verkauf an Lienhard Pfründ d. R. [P 131].

30. Dorf Adelschwiler u. dortigen Wein- u. Kernzins zu Lehen durch Vermittlung d. Stadt Ensisheim.[25]

---

[23] **3.–6.:** Lotz ibid.; Rb L 2; Staatsurkunden No. 3219; Rb D 3, 74ff.; Merz, Burgen des Sisgaus Bd.1, 192–196; Füglister 376.

[24] **7.–22.:** Lotz ibid.; Rb D 3, 247v–249r; -L 2; -M 3; -S 1,11; -S 1,12; Protokolle Öffnungsb IX p.20, 30; MUB II, 49; Bruckner 1454.

[25] **29./30.:** HGB Elisabethenstr.; Missiven A 36, 7; Platter Pest 218; Merz, Burgen des Sisgaus, ebda.

33. Hertenstein, Theodor

1. Kleinrat (Zunftmeister); 1574–86; 1543 Jan. 27 Basel–1586 Juni 03 Basel[26]

2. Testamentarier v. BM Melchior Hornlocher [P 80][27]

3. A) Basel   **B)** Weinmann   **D)** K WEI 1560

4. A) Altes regimentsfähiges Basler Handwerksgeschl.
B) Valentin (Veltin) Hertenstein (1519–64 Pest), Dreher d.R., E SPI 1540, RH SPI 1554–64; u. Dorothea, T. d. Schlossers Anton Dichtler d.Ä. (†1539) d.R. SMI 1515–39, Fünfer, Lt u. Hptm im Dienst d. frz. Königs [Fü P 80]. S. Mutter Dorothea Dichtler E SPI als Wwe. 1564.
C) Thoman Hertenstein (1471–1524), Dreher d.R. SPI [Fü P 139]; u. Hedwig Meyer, Tante d. XIII Hans Meyer v. Muespach [P 23].
D) Sebastian Hertenstein (†1550), Dreher d.R. SPI [Fü P 138]. Magdalena Hertenstein heir. Hans Jacob Wild d.R. WEI 1546–47. Elisabeth Hertenstein ist die Grossmutter d. Niclaus Dürr d.R. [P 49]. XIII Hans Meyer v. Muespach gen. Stampfer [P 23].

5. A) Vor 1572 Adelheid Hüglin (Hug; *1549), T. d. Fischkäufers Beat Hug d.R. FIS [P 171]
B) Melchior Hertenstein d.R. WEI 1611–20, heir. Ursula, T. d. SS Christian Wurstisen [P 44].
C) Thoman Hertenstein d.R. SUM [P 91]

6. A) Anna heir. 1587 Emanuel Scherb, Weinmann, später d.R. WEI. Catharina heir. 1595 Ulrich Scherb, Weinmann, später d.R. WEI, Br. d. Emanuel Scherb (s.o.). Sebastian wird vor 1597 Gnadentalschaffner. Theodor d.J. wird Schaffner St. Martin 1601.[28]

7. B) ZM WEI 1574–86, 12 Jahre

8. A) Schaffner St. Martin 1577–86, 9 Jahre

10. B) Siebner 1575/76/78/80/82, 5 Jahre

12. C) Ladenherr 1576–78, 2 Jahre

16. A) Ehegericht 1579–81, 2 Jahre

19. Pfleger St. Martin 1577–85, 8 Jahre[29]

24. A) Tagsatzung 1582: 2   **D)** Übr. eidgenöss. 1578: 1[30]

---

26 Lotz C 221; Gast Tgb. 210.
27 Lotz C 239.
28 **3.–6.:** Lotz ibid.; Füglister 351, 381f.
29 **7.–19.:** Rb L 2, M 3, S 1,12.
30 **24.–27.:** Finanz G 22; EA 5.I; Geograph. Lexikon d. Schweiz I, 188f.

34. Menzinger, Hieronymus

1. Ratschreiber, Stadtschreiber, Kleinrat (Ratsherr); 1579–1600; 1559 Feb. 10 Basel–1600 Juni 20 (in d. unt. Elsässer Hard nahe Blotzheim auf Rückweg v. Ratsgesandtschaft ermordet).[31]

2. Taufpaten s. T. Katherina 1585 Feb. 9: OZM Christman Fürfelder [P 4], Maria, T. d. XIII Alexander Löffel [P 55]; s. T. Magdalena 1586 März 15: Hans Grünenwald d.R. [P 89], Salome, T. d. BM Jacob Oberried [P 11]; s. T. Juliana 1592 Jan. 9: Rudolf Schlecht d.R. [P 152]; s. S. Hans Friedrich 1588: Lienhard Pfründ d.R. [P 131], Alexander d.J., S. d. XIII Alexander Löffel (s.o.)[32]

3. **A)** Basel **B)** Schreiber, Kanzleibeamter **D)** vor 1579 K od. E WEI

4. **B)** Johann Friedrich Menzinger, Stadtschreiber [P 35] u. Catharina Burckhardt (ibid.).

5. **A)** Vor 1582 Juliana von Hochstatt aus Colmar; vor 1588 Maria Mygel
   B) Onofrion (1556–1630) wird Hauptmann in franz. Diensten u. in Württembrg, frz. Statthalter in Mömpelgard. Hans Rudolf (1572–1627) wird Gewandman d. R. SLS, XIII, heir. vor 1598 Agnes Merede, Nichte d. BM Caspar Krug [P 82], Cousine d. Sebastian Krug d.R. SMI [P 83]. Hans Jacob wird Stadtgerichtsvogt 1596–1605. Ottilia (1564–1611) heir. d. Stadtnotar Hans Heinrich Im Hof. Ursula (1565–1611) heir. 1591 Caspar Koch, Jurist u. Notar.
   C) Georg Jeuchdenhammer, ZM SMI [P 81] (2. Grades)

6. **B)** Catharina (1600–29) heir. 1621 d. Würzkrämer Hans Stehelin d.R. SAF. Hans Rudolf (1605–36) wird Gewandmann, heir. 1626 Catharina Wenz. S. Grossneffe Hieronymus wird SH Liestal u. d.R. GAR.[33]

7. **B)** Ratssubstitut 1579–84; RS 1584–92/1593–99 (teilw. zus. m. RS Niclaus Werenfels [P 59] od. erneut Ratssubstitut, uns.); SS 1592; RH WEI 1599–1600, 21 Jahre

9. (Ratschreiber, Stadtschreiber 1584–92: im Dreizehnerrat präsent, 8 Jahre)

10. **B)** Siebner 1600, 1 Jahr

18. **A)** Stud. Univ. Basel 1575/76

19. Pfleger St. Jacob 1584–99, 15 Jahre[34]

26. Oberrhein: mehrere Gesandtsch. als RS u. RH; 1600 Ensisheim (auf Rückweg ermordet): ca. 10

---

31 Lotz C 324; MUB II, 234; Protokolle Kleiner Rat, p. 239r, Missiven B 20, p. 16v, 17r.
32 KirchenA W 12, 2 (Taufreg. St. Martin) 73r, 80r, 116r, 177r.
33 **3.–5.:** Lotz ibid.; Rb S 1,11.
34 **7.–22.:** Lotz ibid.; Rb L 2; -M 3; -S 1,11; -S 1,12; Finanz H; MUB II, 234; die Quellenlage ist f. Menzingers RS-Posten 1593–99 nicht eindeutig; wahrscheinlich war er dritter Kanzleivorsteher (Substitut) od. mind. weiterhin Kanzleibeamter.

27. **D)** Österr. 1596 (Erzherzog Mathias): 1[35]

29. **A)** Lichtenfelserhof, Münsterberg 7/9
    B) Haus «zur goldenen Münze», Sporengasse re. abw. 1 (ehem. Stück d. Eisengasse)

30. Grosses Familienvermögen (vgl. [P 35]): 1583 Gläubiger d. Colmarer Rats Sebastian Wilhelm Link um 2500 *fl* zu jährlichen 120 *fl* Zins an ihn; s. Sohn Hieronymus gewährt 1626 ein Darlehen von 4400 *fl* an den Herzog v. Württemberg.[36]

35. Menzinger, Johann Friedrich

1. Ratschreiber, Stadtschreiber; 1553–84; 1520–1584 Sept. 6 Basel (St. Martin)[37]

2. Taufpate s. S. Johann Friedrich 1567 April 20: XIII Jörg Spörlin [P 145][38]

3. **A)** Basel vor 1553; v. Kaiser Ferdinand I. geadelt 1563
   B) Schreiber, Notar   **D)** 1552 K WEI

5. **A)** 1554 Juli 23 Catharina (1528–1601), T. d. Krämers Christoph Burckhardt u. d. Ottilia von Mechel; verschwägert sich so mit BM Lux Gebhart [P 50], OZM Sebastian Beck [P 78], Theodor Burckhardt d.R. SAF u. Bernhard Burckhardt d.R. SLS.
   C) Hans Jeuchdenhammer d.R. SMI, V. d. Georg Jeuchdenhammer d.R. [P 81]

6. **A)** 10 Kinder (7 M; 3 F).
   Onofrion (1556–1630) wird Hauptmann in franz. Diensten u. in Württembrg, franz. Statthalter in Mömpelgard. Hieronymus (1559–1600) wird RS, d.R. WEI [P 34]. Hans Rudolf (1572–1627) wird Gewandmann d.R. SLS, XIII, heir. vor 1598 Agnes Merede, Nichte d. BM Caspar Krug [P 82], Cousine d. Sebastian Krug d.R. SMI [P 83]. Hans Jacob wird Stadtgerichtsvogt 1596–1605. Ottilia (1564–1611) heir. d. Stadtnotar Hans Heinrich Im Hof. Ursula (1565–1611) heir. 1591 Caspar Koch, Jurist u. Notar.
   C) Catharina (1600–29) heir. 1621 d. Würzkrämer Hans Stehelin d.R. SAF. Hans Rudolf (1605–36) wird Gewandmann, heir. 1626 Catharina Wenz. S. Urenkel Hieronymus wird SH Liestal u. d.R. GAR.[39]

7. **A)** Sechser WEI 1555–84
   B) Ratssubstitut vor 1544–53; RS 1553–69; SS 1569–84, 41 Jahre

---

35 **26./27.:** Rb S 1, 12; Protokolle Kleiner Rat 6, p. 239r, Missiven B 20: 6 Missivschr. Juni 21–Juli 28; Ochs Bd.6, 336ff.; Bruckner, 865.
36 **29./30.:** HGB Münsterberg u. Sporengasse; Platter Pest 416; AK 9, 308f.; Württemberg C 1, vgl. Strittmatter 228.
37 Lotz C 324.
38 KirchenA W 12, 1 (Taufreg. St. Martin), 142r.
39 **3.–6.:** Lotz ibid. u. 65; Rb C 7 (Urkundenbuch VII) 121r, S 1,11; Fabian 424ff.

8. **A)** Schaffner Steinen 1550–53, 3 Jahre

18. **A)** Univ. Basel immatr./stud. 1535–38, b. a. 1538

19. Pfleger St. Jacob 1553–69; Spital 1566–84, 34 Jahre

23. Kaiserl. u. bischöfl. Notar vor 1553[40]

24. **C)** Untertanengeb./Landvogteien 1557–84: 8

25. **A)** Bistum Basel 1554–59: 7

26. Oberrhein 1566/68: 2

27. **A)** Dt. Reich 1563 (Kaiserbesuch Basel): 1[41]

29. **A)** Lichtenfelserhof, Münsterberg 7/9

30. Grosses Familienvermögen: 1544 erblicher Schuldbrief an d. Schaffnei St. Alban v. jährl. 75 *fl* Gold, Zinsen sowie weiteren Gefällen; 1550 Schuldbrief v. Johann, V. d. Georg Jeuchdenhammer d.R [P 81] v. 40 Goldsonnenkronen; Inhaber gewichtiger Schuldverschreibungen prominenter Privatpersonen u. städt. Institutionen; grössere Anleihen bei prominenten Basler Geldgebern; gewinnbringende Debit- und Kreditgeschäfte.[42]

36. Ringler, Ludwig

1. Kleinrat (Ratsherr), Landvogt, Dreizehner; 1565–1605; vor 1535–1605 Aug. 15 Basel[43]

3. **A)** Basel   **B)** Glasmaler   **D)** K HIM 1558; E SAF 1559; K WEI 1578

4. **B)** Balthasar Ringler, Zunftknecht SAF, 1530 bekehrter Nichtkommunikant

5. **A)** 1561 Elisabeth (1535 Okt.–1610 März 9 Pest), T. d. Augustin Schmid v. Ensisheim (Scherer, Amtmann Stadtgericht GrBS, Grundbesitzer), Wwe. d. Würzkrämers Lux Iselin d.R. SAF [Fü P 54], Grossv. d. Hans Lux Iselin d.R. [P 54]

6. **A)** Johann Wernhard (1570–1630) ist RH WEI 1606–12, XIII, OZM 1612–16, BM 1616–30. Ursula heir. vor 1593 Lienhard Pfründ d.R. [P 131], ihr Testamentarier 1594 nach dessen Tod (1593): Balthasar Merckt d.R. GAR [P 112]; sie heir. vor 1599 Marx Schenk d.R. GAR [P 118]. Anna (1568–nach 1615) heir. d. Gewandmann Hans Ludwig Iselin, LV Homburg, Reichsvogt.

---

40 **7.–23.**: Lotz ibid.; Rb M 3; -S 1,12; Protokolle Öffnungsb VIII p.133/154; KlosterA Barfüsser J 2; MUB II, 8; AK 4, 436.
41 **24.–27.**: Finanz G 18–20; Rb M 7; Berner 82.
42 **29./30.**: HGB Münsterberg; Rb C 7: Urkundenb VII, 46f., 121r, 136r; Rb D 4, 38r–39r; AK 9, 308f.; Württemberg C 1, vgl. Strittmatter 228.
43 LOTZ C 402.

C) Elisabeth Ringler (1596–1628) heir. 1616 d. Albanschaffner Hans Jacob, S. d. Wernhard Rüdin d.R. SLS. Angela Ringler (1598–1652) heir. 1618 d. Gnadentalschaffner Valentin, S. d. OZM Sebastian Beck [P 78]. Margret Ringler (1608–47) heir. ca. 1631 d. städt. Münzmeister Hans Ulrich d.J. d.R., Enkel d. BM Ullrich Schultheiss [P 12].[44]

7. B) RH HIM 1565–82; SH KlBS (Jahre uns.); RH WEI 1585–1605, mind. 37 Jahre

9. Dreizehner 1579–82/1593–1605, 16 Jahre

10. B) Siebner 1565/69/72/73/76/77/80/85/87/90/91/93/95/97/99/1601, 16 Jahre

12. C) Ladenherr 1575–82/1584–88, 11 Jahre

14. A) Bauherr 1575–81, 6 Jahre   **B)** Fünfer 1575–81/1594–1600, 12 Jahre

15. A) Appellationsherr 1593/1600, 2 Jahre
 B) Gericht Grossbasel 1568–70/1586, 3 Jahre

16. A) Ehegericht 1571–82/1584–88, 15 Jahre
 B) Unzüchter vor 1571–72, ca. 2 Jahre

19. Pfleger St. Martin 1573–80, Münster 1577–81, Predigern 1593–1602, 20 Jahre

22. A) LV Hüningen 1575–81, 6 Jahre   **B)** LV Lowis 1582–84, 2 Jahre[45]

24. A) Tagsatzung 1580–90: 5
 C) Untertanengeb./Landvogteien 1579: 1
 D) Übr. eidgenöss. 1574 (Chur): 1

25. A) Bistum Basel 1565–82: 4

26. Oberrhein 1581–89: 4[46]

29. A) Haus «zum Agstein», Sporengasse re. abw. 7, sowie ‹Burghof›, «inneren Stadtgraben, vorusser dem tutschen huss» (St. Alban-Graben), Brunnen- u. Wassernutzungsrechte ebdort.
 B) kauft vor 1593 von BM Lux Gebhart [P 50] Haus «zum Kranich Streyt», Rheinsprung re. aufw. 7; Grundstück Margrethenberg u. Kirchhof St. Margrethen.

30. S. S. BM Johann Wernhard Ringler versteuert ein liquides Vermögen v. mind. 10 000 *fl*.[47]

---

44 **3.–6.**: Lotz ibid.; Rb L 2, -L 3, -S 1,12; AK 9, 523ff.; Füglister 337f.; Akten Ref IV., Dok. 547d, S.485.
45 **7.–22.**: Rb L 2, -M 3, -S 1,12; Finanz H; GerichtsA Ue 2; Fabian 424ff.; Berner 80.
46 **24.–27.**: Finanz G 22–25; EA 5.I.
47 **29./30.**: HGB Sporengasse, -St. Alban-Graben, -Rheinsprung; Platter Pest 416, 446; Rb D 4, 124v–126r: Neuregelung d. Besitzverhältnisse zw. Ringler u. d. Gden. Binningen u. Bottmingen, 19.4.1589; «Dachziegel bezeugt Hausbesitzer», in: BaZ 30.7.1998, S. 25; Reicke, Daniel: «Rheinsprung 7, unpubl. Baugeschichtl. Bericht», Basler Denkmalpflege, Basel 5.8.1998; Brenner 51.

37. Russinger, Marx

1. Kleinrat (Zunftmeister, Ratsherr), Landvogt; 1570–83; 1540 Mai 23 Basel–1583 Sept. 02 Frankfurt a.M.[48]

3. **A)** Basel **B)** Buchhändler; Weinmann; Jkr.
   C) Kauf d. Schlosses Wildenstein vor 1530 v. OZM Balthasar Hiltbrand [Fü P 2], Vater d. Jacob Hiltbrand d.R. [P 1], Verkauf 1567 an Fam. Brand [P 28] [P 29]
   D) E WEI 1562

4. **A)** Junkergeschl., SH u. Vögte in Rapperswil, Militär- u. Schreibertradition, ennetbirg. Engagement
   B) Jkr. Jacob Russinger (†1557), Gerichtsschreiber u. SH KlBS d.R. WEI; u. Küngold, Tante d. Hans Jacob Irmy d.R. [P 7]; s. Stiefmutter Margareta, Schw. d. OZM Bernhard Brand [P 28]; S. Stiefvater 1567 ff.: XIII Hans Esslinger [P 70]
   C) Jkr. Marx Russinger, SH v. Rapperswil (†1531), gefallen in d. Schlacht am Gubel, Besitzer Schloss Wildenstein; u. Verena (†1533/34), T. d. Bremgartner SH Jacob Mutschlin
   D) Thoman v. Tunsel gen. Silberberg d.R. u. Anna Russinger

5. **A)** Erste Ehefrau namentl. unbekannt. 1564 Nov. 27 Margret (†1572/78), T. d. Metzgers Lienhard Gyssler u. d. Ursula David, Tante d. Lienhard David d.R. [P 123], Wwe. d. Gerichtssubstituten Niclaus Wolleb. 1578 Nov. 30 Margret (1551–1625), T. d. Hochstiftschaffners Johann Spirer, Wwe. d. Goldschmieds Andreas Koch, S. d. Caspar Koch d.R. [Fü P 151].
   B) Theodor wird Weinmann d.R., XIII [P 38].
   Verena (1549–84) heir. 1569 Hans Ludwig Iselin (1548–1610), Reichsvogt u. LV Homburg, Cousin d. Hans Lux Iselin d.R. [P 54].

6. **A)** 8 Kinder (3 M, 5 F).
   Margret (1572–1640) heir. vor 1594 Niclaus d.J., S. d. Spitalscherers Niclaus Marbach d.R. GST [P 150]. Marx (†1581) wird LV, heir. 1604 Elisabeth, T. d. Hans Jacob Frey d.R. [P 31]. Emanuel wird Weinmann d.R. (RH WEI 1638 ff.), LV Lugano.
   B) Anna heir. 1609 Ludwig, S. d. Adelberg d.J. [P 185], Enkel d. XIII Hans Ludwig Meyer z. Pfeil [P 57]. Margret heir. 1657 Hieronymus Linder d.R., Grossneffe d. Lux Linder [P 162].[49]

7. **A)** Sechser WEI 1565–70
   B) ZM WEI 1570–72 (stillgestellt) /1577–79, RH WEI 1579–83, 8 Jahre

10. **B)** Siebner 1571/73/78/79/82, 5 Jahre

12. **C)** Ladenherr 1579–82, 3 Jahre

15. **B)** Gericht Grossbasel 1565/72/78/83, 4 Jahre

---

48 Lotz C 424.
49 **3.–6.:** Lotz ibid.; Rb S 1,12; Gast Tgb 213; MUB II, 71; Bruckner 1780ff.; Landvogtei s. S. Marx unter 6.A) nicht genau eruierbar, evtl. auswärtig (Lehensvogtei), was bei den Feudalbeziehungen d. Geschl. sehr wahrscheinl. wird, s. o. ebda.

17. Deputat 1579–83, 4 Jahre

18. **A)** Univ. BS 1551/52

19. Pfleger Kartause 1572–74, Elendherberge 1579–83, 6 Jahre

20. **B)** Zeugherr 1579–83, 4 Jahre

22. **B)** Locarno 1574–76, 2 Jahre[50]

24. **A)** Tagsatzung 1572–83: 6   **C)** Untertanengeb./Landvogteien 1581: 1

26. Oberrhein 1581: 2 (Mülhausen Finingerhandel)

27. **B)** Frankr. 1583 (Kg.): 1   **E)** Graf v. Kastilien u. Laval 1573: 1[51]

29. **B)** Schloss Wildenstein (Familienbesitz)

38. Russinger, Theodor

1. Kleinrat (Zunftmeister, Ratsherr), Landvogt, Dreizehner; 1590–1610; 1553 Okt. 22 Basel–1610 Nov. 02 Basel (Pest; Münster)[52]

3. **A)** Basel   **B)** Weinmann
   D) E WEI 1576 durch s. Br. Marx Russinger [P 37]

4. **A)** Junkergeschl., SH u. Vögte in Rapperswil, Militär- u. Schreibertradition, ennetbirg. Engagement
   B) Jkr. Jacob Russinger (†1557), Gerichtsschreiber u. SH KlBS d.R. WEI; u. Margareta, T. d. BM Theodor Brand [Fü P 149], Schw. d. OZM Bernhard Brand [P 28], der 1566 Theodors Vormund wird. S. Stiefvater 1567 ff.: XIII Hans Esslinger [P 70].
   C) Jkr. Marx Russinger, SH v. Rapperswil (†1531), gefallen in d. Schlacht am Gubel, Besitzer Schloss Wildenstein; u. Verena (†1533/34), T. d. Bremgartner SH Jacob Mutschlin
   D) Thoman v. Tunsel gen. Silberberg d.R. u. Anna Russinger; s. Vormund: OZM Bernhard Brand [P 28]

5. **A)** 1576 Okt.15 Anna Wagner v. Schopfheim (1558–1630), T. d. Werner Wagner, Amtmann zu Binzen u. d. Margret Rappenberger
   B) Marx wird Weinmann d.R., LV [P 37].
   Verena (1549–84) heir. 1569 Hans Ludwig Iselin (1548–1610), LV Homburg, Cousin d. Hans Lux Iselin d.R. [P 54].

---

50 **7.–22.:** Lotz ibid.; Rb L 2, -M 3, -S 1,12; Finanz H; MUB II, 71.
51 **24.–26.:** Finanz G 21–23; EA 5.I.
52 Lotz C 424; Rb L 3.

6. **A)** 10 Kinder (5 M; 5 F), wovon fünf die Pest 1594 bzw. 1610 nicht überleben. Anna heir. 1609 Ludwig, S. d. Adelberg d.J. [P 185], Enkel d. XIII Hans Ludwig Meyer z. Pfeil [P 57]. Margret heir. 1657 Hieronymus Linder d.R., Grossneffe d. Lux Linder [P 162].
   B) Margret (1572–1640) heir. vor 1594 Niclaus d.J., S. d. Spitalscherers Niclaus Marbach d.R. GST [P 150]. Marx (†1581) wird LV, heir. 1604 Elisabeth, T. d. Hans Jacob Frey d.R. [P 31]. Emanuel wird Weinmann d.R. (RH WEI 1638 ff.), LV Lugano.[53]

7. **A)** Sechser WEI 1585–90
   B) ZM WEI 1592–98/1601–07; RH WEI 1607–10, 16 Jahre

8. **A)** Schaffner auf Burg 1579–90, 11 Jahre
   B) Kornmeister ca. 1607–10, 4 Jahre

9. Dreizehner 1604–10, 7 Jahre

10. **B)** Siebner 1594/95/97/1601/03/06/08, 7 Jahre

11. Wechselherr 1608–10, 3 Jahre

12. **C)** Ladenherr 1605–08, 3 Jahre

15. **A)** Appellationsherr 1608, 1 Jahr   **B)** Gericht Grossbasel 1602/03, 2 Jahre

16. **B)** Unzüchter 1607–10, 4 Jahre   **C)** Almosenherr 1602–10, 9 Jahre

19. Pfleger St. Martin 1595–98, St. Leonhard 1603–10, 11 Jahre

22. **B)** LV Valle Maggia 1590–92; Locarno 1598–1600, 4 Jahre[54]

24. **A)** Tagsatzung 1602/05: 3[55]

29. **B)** Familienbesitz Schloss Wildenstein (s. [P 38] 3.C u. 29.B)

39. Schenklin, Bläsi, gen. Gerster

1. Kleinrat (Zunftmeister); 1579/83–92; ca. 1515–1592 Sept. 17 Basel.[56]

2. Taufpaten s. S. Hans Heinrich 1565 Nov.1: RS Hans Friedrich Menzinger [P 35], Jacob Schweizer d.R. [P 154], Salome, T. d. SS Heinrich Falkner; s. S. Hans Bernhard 1571 Juli 22: OZM Bernhard Brand [P 28], Jacob Feldner d.R. [P 102], Elisabeth, T. d. SH KIBS Oswald Syff; s. T. Salome 1572 Mai 14: Lienhard Nübling d.R. [P 128]; s. S. Hans Jacob 1577 Okt. 22: BM Lux Gebhard [P 50].[57]

---

53 3.–6.: Lotz ibid.; Missiven A 36, Nr. 131; Füglister 385f.
54 7.–22.: Lotz ibid.; Rb L 2, -L 3, -M 3, -S 1,12; Finanz H; Fabian 427; Protokolle Öffnungsb IX, p.63, 181.
55 Finanz G 23; EA 5.II.
56 Lotz C 439; MUB II, 5; Rb L 2.
57 KirchenA CC 11 a (Taufreg. St. Theodor) 156, 176, 181, 195.

3. **A)** Basel **B)** Weinmann **D)** E WEI 1565

4. **A)** Geschlecht aus dem Thurgau eingew.
   B) Joachim Schenklin († 1543/44) aus d. Thurgau, K WEI 1517, Ratssubstitut 1518, Diener d. Richthauses 1519

5. **A)** 1560 Salome Baur
   B) Anna heir. 1541 Ritter Bernhard Staehelin, Br. d. Apollinaris Staehelin d.R. [P 42].[58]

7. **B)** ZM WEI 1579/83–92, 11 Jahre

8. **A)** Schaffner Klingental 1564–83, 19 Jahre

10. **B)** Siebner 1584/86/88/89, 4 Jahre

16. **B)** Unzüchter 1587–89, 2 Jahre

18. **A)** Univ. Basel immatr./stud. 1533/34

19. Pfleger Klingental 1587–92, 6 Jahre

23. Schaffner d. Olsbergischen Klostergutes vor 1579[59]

24. **C)** Untertanengeb./Landvogteien 1582: 2 (Giebenacher-Olsbergischer Streit)[60]

40. Schwarz, Hans, der Jüngere, gen. «Weinmann zum roten Haus»

1. Kleinrat (Ratsherr, Zunftmeister), Schultheiss, Landvogt; 1538–84; † 1584 Nov. 02 Basel (Martin)[61]

2. Taufpate s. S. Hans Rudolf 1555: XIII Franz Jäckelmann d.R. [P 149][62]

3. **A)** Basel **B)** Weinmann, Weinschenk zum roten Haus **D)** E WEI 1537

4. **A)** Familie aus Mülhausen stammend, Bürgerrecht Basel 1481
   B) Urban Schwarz d.Ä., Weinmann d.R. [Fü P 45]; u. Agatha, Schw. d. Weinmanns Balthasar Jugent d.R. [Fü P 42].
   C) Weinmann Hans Schwarz d.Ä.
   D) Hans Rülin (Rul) d.R. SPI [Fü P 143].

---

58 **3.–5.**: Lotz ibid.; ZunftA WEI 4.II p. 54; MUB II, 5.
59 **7.–23.**: Rb D 3, 56ff.; -L 2; -M 3; -S 1,11; -S 1,12; Protokolle Öffnungsb VIII, p.219; KlosterA Klingental FF 1; Rb S 1,11; Klöster O 1, 3; Finanz H; MUB II, 5.
60 Bruckner 1243.
61 Lotz C 464.
62 KirchenA W 12 1, 97r (Taufreg. St. Martin).

I. Prosopographien: Weinleuten 71

5. **A)** 1537 Aug. 14 Bryda Wildysen (†1540 Pest). 1541 Feb. 28 Ursula (†1552), T. d. Metzgers Wolfgang Harnist [Fü P 130], Schw. d. Walter Harnasch d.R. 1552 Jan. 21 Maria (†1566), T. d. BM Franz Oberried, Cousine d. BM Jacob Oberried [P 11]. 1567 Juni 10 Alberta (†1610), T. d. Johann Zäch, Landschreiber zu Rötteln, Hofprocurator zu Ensisheim.
B) Urban d.J. wird Weinschenk d.R. [P 41]. Margret heir. XIII Conrad Dütelin [P 30].

6. **A)** 17 Kinder (8 M; 7 F).
Margret (1542–80) heir. vor 1575 Jost Dürst d.R. [P 69]. Anna (1545–81) heir. 1567 d. Fischkäufer Hans Klein d.R. [P 173]. Franz (1553–1626) wird Reichsvogt. Marcus (1568–1634) wird Claraschaffner, heir. 1604 Magdalena, T. d. OZM Johann Herr [P 19].
B) 12 Neffen u. Nichten[63]

7. **A)** Sechser WEI 1538
B) RH WEI 1538–57; SH GrBS 1548/1562–81; ZM WEI 1581–84, 42 Jahre

10. **B)** Siebner 1540/42/44/46/48/51/52/54/56, 9 Jahre

12. **C)** Ladenherr 1547–51/61/62, 6 Jahre

14. **C)** Lohnherr 1553, 1 Jahr

15. **B)** Gericht Grossbasel 1547–57/61, 11 Jahre
C) Gericht Kleinbasel 1543–46, 3 Jahre

16. **A)** Ehegericht 1548–52, 4 Jahre   **C)** Almosenherr 1557/58, 2 Jahre

19. Pfleger Augustinern 1541– nach 1552, Klingental 1548–57, mind. 21 Jahre

22. **B)** Lugano 1558–60, 2 Jahre[64]

24. **A)** Tagsatzung 1557–59: 6   **C)** Untertanengeb./Landvogteien 1552–57: 4[65]

29. **A)** «Rotes Haus», Sporengasse neu 3
B) «Hinteres rotes Haus», Martinskirchplatz; Haus «z. roten Fahnen», Freie Str. neu 43[66]

---

63   3.–6.: Lotz ibid.; AK 8, 69ff.
64   7.–22.: Lotz ibid.; Rb L 2, -M 3, -S 1,11/-12; Protokolle Öffnungsb VIII, 191; Finanz H, G 17, W 6 (Ladenamt, Siegelgeldbuch); GerichtsA W 1.
65   Finanz G 17/18; EA 4.II.
66   HGB; Gast Tgb 305.

41. Schwarz, Urban, der Jüngere

1. Kleinrat (Zunftmeister, Ratsherr); 1558–79; †1579 Juli 6 Basel.[67]

2. Taufpaten s. T. Anna 1555: Jacob d. R., S. d. OZM Jacob Rüdin [Fü P 35], Schwager d. BM Lux Gebhart [P 50], Stiefsohn d. Wernher Wölfflin d. R. [P 15], u. Barbara, Schw. d. Andreas Spörlin d. R., Tante d. XIII Jörg, Grosstante d. BM Sebastian Spörlin [P 144], [P 145], [P 146][68]

3. A) Basel   **B)** Weinschenk «zum roten Hus» / «zur roten Fahne»   **D)** E WEI

4. A) Familie aus Mülhausen stammend, Bürgerrecht Basel 1481
   B) Urban Schwarz d. Ä., Weinmann d. R. [Fü P 45]; u. Agatha, Schw. d. Weinmanns Balthasar Jugent d. R. [Fü P 42]
   C) Weinmann Hans Schwarz d. Ä.
   D) Hans Rülin (Rul) d. R. SPI [Fü P 143]

5. A) Vor 1541 Barbara (†ca. 1552), T. d. Messerschmieds Hans Zwicker. Eine zweite Ehe ist anzunehmen; Ehefrau namentl. unbekannt.
   B) Hans d. J. wird Weinmann, Weinschenk «zum roten Haus» d. R. [P 40]. Margret heir. XIII Conrad Dütelin [P 30].

6. A) 12 Kinder (5 M; 7 F), namentl. praktisch unbekannt.
   B) Margret (1542–80) heir. vor 1575 Jost Dürst d. R. [P 69]. Anna (1545–81) heir. 1567 d. Fischkäufer Hans Klein d. R. [P 173]. Franz (1553–1626) wird Reichsvogt. Marcus (1568–1634), Claraschaffner, heir. 1604 Magdalena, T. d. OZM Johann Herr [P 19].[69]

7. A) Sechser WEI 1551–58
   B) ZM WEI 1558–70; RH WEI 1570–79, 22 Jahre

10. B) Siebner 1558/60/63/65/66/68/71/72, 8 Jahre

15. C) Gericht Kleinbasel 1559–74, 15 Jahre

19. Pfleger S. Clara 1560–64/vor 1571–79, mind. 13 Jahre.[70]

29. A) «Rotes Haus», Sporengasse neu 3
   B) «Hinteres rotes Haus», Martinskirchplatz; Haus «z. roten Fahnen», Freie Str. neu 43[71]

---

67   Lotz C 464.
68   KirchenA W 12 1, 97v (Taufreg. St. Martin); Füglister 323f.
69   **3.–6.**: Lotz ibid.; AK 8, 69ff.
70   **7.–19.**: Rb L 2, -M 3, -S 1,12; Finanz H; KlosterA St. Clara Q 1.
71   HGB; Gast Tgb 305.

42. Staehelin, Apollinaris

1. Kleinrat (Ratsherr); 1588–91; 1526 Basel–1591 Aug. 09 Basel[72]

2. Taufpate s. T. Gertrud 1571 Aug. 12: XIII Hans Meyer v. Muespach [P 23][73]

3. A) Basel **B)** Scherer, Weinmann **D)** E GST 1547; K WEI 1554

4. A) Familie aus Schlettstadt; homines novi: sozialer Aufstieg v. einem niedrigen Handwerks- in d. Herrenstand, in militär. Ehren u. ins Regiment
B) Heinrich Staehelin (†ca. 1552), Bader v. Schlettstadt, Bürgerrecht Basel 1524, Amtmann KlBS, Meister d. Baderbruderschaft, Schaffner auf Burg 1535–ca. 1552, seit März 1546 halbseitig gelähmt

5. A) Juli/Aug. 1548 Abigail (12.7.1531–64 Pest), T. d. Pfr. St. Martin, Johannes Gast.[74] Vor 1567 Gertrud (†1606), T. d. Gewandmanns Veltin Irmy, Stieftochter d. BM Jacob Oberried [P 11], Grossnichte d. Hans Jacob Irmy d.R. [P 7], Enkelin d. Druckerherrn Johannes Froben.
B) Bernhard (†1570) wird Hauptmann 1552, Ritter 1554, Oberst unter d. frz. König Heinrich II., heir. 1541 Anna, Schw. d. Bläsi Schenklin d.R. [P 39]. Barthlome wird Almosenschaffner 1560–64. Apollonia ist Taufpatin d. S. v. Baptista Gengenbach [P 184].

6. A) Margret heir. 1567 d. Goldschmied Samuel Merian, Cousin d. Bartlome d.R. [P 22] u. d. Johann Rudolf Merian d.R. [P 72], Neffe d. XIII Ullrich Merian [P 140]. Hans Bernhard wird Hauptmann, 1587 Hptm unter Oberst Friedrich Ryhiner [P 116] im Navarrischen Feldzug nach Frankreich, heir. 1578 Rachel, T. d. OZM Bernhard Brand [P 28].[75]

7. B) RH WEI 1588–91, 4 Jahre

8. A) Schaffner d. Domstifts vor 1553–69, mind. 17 Jahre

10. B) Siebner 1589, 1 Jahr

15. B) Gericht Grossbasel 1584, 1 Jahr

16. A) Ehegericht 1583, 1 Jahr

19. Pfleger Münster 1589–91, 3 Jahre[76]

29. A) Haus u. Grundstück St. Alban-Vorstadt li. einw. 78[77]

---

72 Lotz C 488.
73 KirchenA W 12 1, 159v (Taufreg. St. Martin).
74 Autor d. Tagebuchs (Gast Tgb.), BCh VIII, hier S. 104ff., 166f.
75 **3.–6.:** Lotz ibid.; GerichtsA W 1 (Almosen/Waisen); Gast Tgb. 107, 265, 409; Buxtorf-Falkeisen 16. Jh. H. 3, 2f.
76 **7.–19.:** Lotz ibid.; Rb L 2, -M 3; Finanz H; KlosterA Domstift HH 1.
77 HGB St. Alban-Vorstadt; Platter Pest 236.

43. Uebelin, Samuel

1. Kleinrat (Ratsherr), Landvogt; 1592–1609; 1541 Mai 06 Basel (St. Alban)–1609 Juli 26 Münchenstein[78]

3. A) Basel **B)** Schreiber **D)** K WEI 1566

4. B) Johannes Uebelin (1507–42), RS, SPI, Praeceptor Predigerkloster; u. Ursula (1516–80), T. d. Metzgers Lienhard Pfirter
C) Hafner Niclaus Uebelin; u. Margret Fischer

5. A) 1564 Juni Anna (†1587), T. d. Sattlers Caspar Schölli d.R., Enkelin d. Hans Schölli d.R. [Fü P 155], Grossnichte d. OZM Bläsy Schölli [Fü P 23], Nichte d. Hans Schölli d.R. [P 153], Wwe. d. Hans Werner Battmann, SS Liestal. 1588 Feb. 5 Chrischona (1571–1632), T. d. Papierers Jacob Turneisen u. d. Christina Pantaleon, Nichte d. Wilhelm Turneisen d.R. [P 155].

6. A) 14 Kinder (8 M; 6 F).
Hans Jacob (1590–1648) wird Weinmann d.R., LV Farnsburg, heir. 1614 Maria, T. d. XIII Hans Heinrich Oberried SLS, Urenkelin d. BM Jacob Oberried [P 11]. Hans Rudolf (†1649) wird Tuchmann u. Stadtsöldner, heir. Elisbaeth, T. d. Oberst Johannes Eckenstein, Br. d. Apollinaris Eckenstein d.R. WEI. Maria (1607–41) heir. d. Weinmann Hans Ulrich Scherb d.R. WEI.[79]

7. A) Sechser WEI 1571–92 **B)** RH WEI 1592–1601, 9 Jahre

8. A) Schaffner Gnadental 1564–70, 6 Jahre
B) Ratsbote; Gerichtsschreiber GrBS 1570–92, 12 Jahre

10. B) Siebner 1593/94/96/99/1600, 5 Jahre

12. C) Ladenherr 1594–97, 3 Jahre

15. B) Gericht Grossbasel 1593–1601, 8 Jahre

18. A) Immatr. Univ. BS 1558 (art.)

19. Pfleger Gnadental 1594–1601, 7 Jahre

22. A) LV Münchenstein 1601–09, 9 Jahre[80]

24. A) Tagsatzung 1597: 2[81]

29. B) Grundstück m. Scheune St. Alban-Vorstadt

30. Gewährt 1609 Darlehen v. ca. *fl* 1000 an Herzog v. Württemberg (1660 Restkapital d. Erben: 626 fl).[82]

---

78 Lotz C 528.
79 **3.–6.**: Lotz ibid.
80 **7.–22.**: Protokolle Öffnungsb IX, 2/26; KlosterA Gnadental G; Rb D 5, 25f., -L 2, -M 3, -S 1,11, -S 1,12; MUB II, 108
81 EA 5.I.
82 **29./30.**: Rb B 5: Erkanntnisb V, 61; Württemberg C 1; Strittmatter 230.

44. Wurstisen, Christian

1. Stadtschreiber; 1586–88: 1544 Dez. 23 Liestal–1588 März 30 Basel[83]

2. Taufpaten s. S. Emanuel 1572 Nov. 13: RS Emanuel Ryhiner [P 115]; s. T. Juliana 1575 Feb. 8: Basilius Amerbach [P 180], Prof. Lepusculus (Häslin), Salome, Frau d. Bläsi Schenklin [P 39]; s. T. Ursula 1579 März 3: Laurenz Reichart d.R. [P 153]; s. S. Hans Rudolf 1583 Dez. 23: BM Hans Rudolf Huber [P 6].[84]

3. **A)** Basel; Liestal   **B)** Prof. Dr. math; Prof. Dr. theol.; Chronist
   D) 1566 E WEI

4. **A)** Geschlecht aus Liestal, ursprüngl. aus Südfrankreich eingew.
   B) Pantaleon Wurstisen ‹der Welsche› v. Liestal (1500–75) d.R. WEI [P 46]; u. Bryda Zeller (ibid.)

5. **A)** 1570 Valeria, Schw. d. Christen Maurer d.R. SUM [P 93]
   B) Samuel (1536–82) wird Dreher, Weinmann, Lohnherr zu Liestal. Erasmus (1546–1614) wird Weinmann d.R. WEI u. REB, LV [P 45]. Christina (1549–1609) heir. Hiob (Jopp) Ritter d.R. GAR, LV [P 114].

6. **A)** Emanuel (*1572) Univ. Basel 1590 b.a., 1593 m.a., 1594–96 stud. med. Orléans, Arzt in Biel. Rudolf (1583–1635) Univ. Basel 1601ff., Apotheker.
   B) Ursula heir. 1600 d. OK Christian Wolleb.[85]

7. **A)** Sechser WEI   **B)** SS 1586–88, 2 Jahre

8. **B)** Diakon St. Theodor 1564–66, 2 Jahre

9. (Stadtschreiber 1586–88: im Dreizehnerrat präsent, 2 Jahre)

17. Deputat ex officio 1586–88, 2 Jahre

18. **A)** Stud. art. Univ. Basel 1558–62; magister artium u. stud. theol. 1562; Univ. Basel Prof. math. 1564–84; Prof. theol. AT 1585–86, 22 Jahre; Hrsg. Epitome historiae basiliensis 1577, Verf. Basler Chronik 1580[86]
    B) Rektor 1577/78; 1583/84; 1584/85, mehrere Dekanate, mind. ca. 5 Jahre

19. Pfleger Spital 1586–88, 2 Jahre

23. Prediger Hüningen 1563–64, 2 Jahre[87]

---

83 Lotz C 582; MUB II, 109; LP Christian Wurstisen, UBB aleph E XII 10, 7, p. ccxx; Teuteberg, René: Berühmte Basler und ihre Zeit, Christian Wurstisen, Basel 1976, S. 27.
84 KirchenA X 8, 2 (Taufreg. St. Alban) 7r, 27v, 71v, 129v.
85 3.–6.: Lotz ibid.; MUB II, 347, 502.
86 Wurstisen, Christian (Prof. math.), Baszler Chronick [...] (ganzer Titel s. Quellenverzeichnis), Basel 1580.
87 7.–23.: Lotz ibid.; Rb M 3; -S 1,12; KirchenA A 24: Synodalakten; Deputaten A 1; MUB II, 109; Ochs Bd. 6, 389.

26. Oberrhein 1587: 4[88]

29. **A)** Haus «zum Löwenkopf» / «Urstisii haus», Rittergasse 6
    B) «Lichtfelserhof», Münsterberg re. abw. 9/7

30. Erwirbt 1587 Anlage aus Stadtgütern z. jährl. Gewinn v. 500 $fl.$[89]

45. Wurstisen, Erasmus (Hans Asimus)

1. Kleinrat (Zunftmeister, Ratsherr), Landvogt; 1592–1614; 1546 Nov. 6 Basel–1614 März 7 Basel[90]

3. **A)** Basel   **B)** Weinmann (uns.)   **D)** 1566 E WEI; K REB

4. **A)** Geschlecht aus Liestal, ursprüngl. aus Südfrankreich eingew.
   B) Pantaleon Wurstisen ‹der Welsche› v. Liestal (1500–75) d.R. WEI [P 46]; u. Bryda Zeller (ibid.)

5. **A)** 1572 Jan. 2 Margareta (*1544), T. d. OZM Marx Heydelin [Fü P 158] u. d. Margarethe Respinger (Regimentsgeschl.), Schw. d. Hans Jacob Heydelin d.R. [P 52]. Vor 1586 Cleophe (1536–1607), T. d. Johanniterschaffners Johann Spirer.
   B) Samuel (1536–82) wird Dreher, Weinmann, Lohnherr zu Liestal. Christian (1544–88) wird Prof. math., Prof. theol., Chronist u. SS [P 44]. Christina (1549–1609) heir. Hiob (Jopp) Ritter d.R., LV [P 114].

6. **A)** Ursula heir. 1600 d. OK Christoph Wolleb.
   B) Emanuel (*1572) Univ. Basel 1590 b.a., 1593 m.a., 1594–96 stud.med. Orléans, Arzt in Biel. Rudolf (1583–1635) Univ. Basel 1601ff., Apotheker.[91]

7. **A)** Sechser WEI 1583–92
   B) ZM WEI 1592–98; RH REB 1605–14, 15 Jahre

10. **B)** Siebner 1592/95/96/1606/08, 5 Jahre

15. **B)** Gericht Grossbasel 1587/93–98/1606–12, 12 Jahre

16. **B)** Unzüchter 1593–98, 5 Jahre

19. Pfleger Münster 1607–14, 7 Jahre

22. **A)** LV Waldenburg 1600–05, 5 Jahre
    B) LV Locarno 1598–1600, 2 Jahre[92]

---

88 EA 5.I; Finanz G 29.
89 **29./30.**: HGB Rittergasse, -Münsterberg; Platter Pest 428, 438; Urkundenbuch BS 583.
90 Lotz C 582; MUB II, 109.
91 **3.–6.**: Lotz ibid.; MUB II, 109, 347, 502; Füglister 391f.
92 **7.–22.**: Lotz ibid.; Rb L 2; -M 3; -S 1,12.

24. A) Tagsatzung 1596/1610: 3   **C)** Untertanengeb./Landvogteien 1610: 2[93]

29. S. [P 44].

30. dto.[94]

46. Wurstisen, Pantaleon, gen. Walch («Welsch») von Liestal

1. Kleinrat (Zunftmeister, Ratsherr); 1557–75; 1500 Frankreich–1575 Juni 6 Basel[95]

3. A) Liestal; 1545 Okt.3 Basel   **B)** Wurster, Weinmann, Salpetermacher
D) 1545 K WEI

4. A) Geschl. stammt aus Südfrankreich; er nach Liestal eingew., s. sein Beiname.

5. A) Vor 1536 Bryda Zeller von Liestal († 1558 ca.), T. d. Adam Zeller u. d. Bryda von Stahl.

6. A) 7 Kinder (4 M; 3 F).
Samuel (1536–82) wird Dreher, Weinmann, Lohnherr zu Liestal. Christian (1544–88) wird Prof. math., Prof. theol., Chronist, SS [P 44]. Erasmus (1546–1614) wird Weinmann d.R. WEI u. REB, LV [P 45]. Christina (1549–1609) heir. Hiob (Jopp) Ritter, Gremper d.R. GAR, LV [P 114].
C) Ursula heir. 1600 d. OK Christoph Wolleb. Emanuel (*1572) Univ. Basel 1590 b.a., 1593 m.a., 1594–96 stud. med. Orléans, Arzt in Biel. Rudolf (1583–1635) Univ. Basel 1601ff., Apotheker MUB II, 347, 502.[96]

7. A) Sechser WEI 1555–57   **B)** ZM WEI 1557–61; RH WEI 1561–75, 18 Jahre

10. B) Siebner 1558/60/62/63/65/67/70/71, 8 Jahre

19. Pfleger St. Clara 1558–71, 13 Jahre[97]

29. S. [P 44].

30. dto.[98]

---

93 EA 5.I; Finanz G 28.
94 **29./30.:** [P 44] Anm. 89.
95 Lotz C 582; MUB II, 109.
96 **3.–6.:** Lotz ibid.; MUB II, 109.
97 **7.–19.:** Lotz ibid.; Rb L 2; -M 3; -S 1,12; KlosterA St. Clara Q 1.
98 **29./30.:** [P 44] Anm. 89.

Safran

47. Büchel, Mathäus

1. Kleinrat (Zunftmeister), Dreizehner, 1579–1609; 1531 Okt. 20 Basel–1609 Feb. 24 Basel[1]

2. Simon Albrecht d.R. [Fü P 48]; Taufpate s. T. Anna: SH Hans Nager [Fü P 93]; s. S. Matheus: Theodor Merian d.R. HAU; s. S. Leonhard: Jacob Wix d.R. [P 179]; s. T. Maria: Agnes Herr, Mutter d. OZM Johann Herr [P 19], Apollonia, Schw. d. XIII Andreas Ryff [P 58][2]

3. A) Basel   B) Hutmacher   D) E SAF 1553

4. A) Geschlecht aus Ruffach im Elsass eingew.
   B) Matheus Büchel (1482–1564), Hutmacher v. Ruffach, 1511 K SAF, Bannherr St. Leonhard

5. A) 1553 Chrischona, T. d. Metzgers Jacob Rapp d.R. MEZ

6. A) 10 Kinder; Mathäus Büchel überlebt alle ausser einer Tochter[3]

7. B) ZM SAF 1579–1609, 30 Jahre

8. B) Unterkäufer im Kaufhaus 1570–79, 9 Jahre

9. Dreizehner 1592–1609, 17 Jahre

10. B) Siebner 1580/81/84/85/87/89/92/94/96/97/99/1601/03/05/07, 15 Jahre

12. C) Ladenherr 1587–89, 2 Jahre

14. B) Fünfer 1583–1607, 24 Jahre

15. A) Appellationsherr 1591–1607, 16 Jahre
    B) Gericht Grossbasel 1580: 1 Jahr

16. A) Ehegericht 1585–87, 2 Jahre   B) Unzüchter 1581–83, 2 Jahre
    C) Almosenherr 1595–1607, 12 Jahre

17. Deputat vor 1587–1607, mind. 20 Jahre

19. Pfleger St. Leonhard 1581–1607, 26 Jahre

21. Schützenmeister 1580; Wachtkommandant Rappenkrieg 1594[4]

---

1 Lotz C 62.
2 KirchenA BB 23 (Taufreg. St. Leonhard) 29, 271, 285, 300; Füglister 332f.; PrivatA 355 A.
3 3.–6.: Lotz ibid.
4 7.–21.: Lotz ibid.; Rb L 2; -L 3; -M 3; -S 1,12; Protokolle Öffnungsbücher IX p.23; Finanz H; -G 23; Fabian 424ff.; Ryff Rappenkrieg 12ff.

24. C) Untertanengeb./Landvogteien 1580: 1[5]

29. A) «Bühells ds hutmachers hus» Hutgasse re. abw. 17
B) Spalenvorstadt li. einw. 20/18

30. Erwirbt 1586 Anlage aus städt. Gütern z. jährl. Gewinn v. 1000 *fl.*[6]

48. Colly (A Collebus, Collibus), Hippolit

1. Stadtschreiber, Geheimer Rat; 1589–1612; 1561 Feb. 20 Zürich–1612 Feb. 02 in d. Pfalz[7]

2. Taufpatcn s. T. Laurentia: SYND Samuel Grynaeus [P 182], Cousin d. ANT Joh. Jacob Grynaeus [P 181], Barbara Henricpetri-Brand, Frau d. SS Adam Henricpetri [P 18], Schw. d. OZM Bernhard Brand [P 28]; s. T. Esther: Barbara, T. d. XIII Beat Hagenbach [P 17][8]

3. **A)** 1579 Basel   **B)** Prof. Dr. iur, Notar   **D)** K SAF 1589

4. **A)** Altes italienisches Adelsgeschl. gen. A Colle, Glaubensflüchtlinge in Zürich
   B) Paul A Collibus, Edelmann und Seidenhändler aus Alessandria (Lombardei), in die reformierte Eidgenossenschaft nach Zürich geflüchtet, Bürgerrecht Basel 1579 zusammen m. s. Söhnen.

5. **A)** Francisca de Monteau (in der Pfalzgrafschaft).

6. Familie und Verschwägerungen ab 1593 in Anhalt u. d. Pfalz.[9]

7. **A)** Sechser SAF 1589–93   **B)** SS 1589–93, 4 Jahre

9. (Stadtschreiber 1589–93: im Dreizehnerrat präsent, 4 Jahre); Geheimer Rat (wie Dreizehner) d. Kurfürsten Friedrich IV. v. d. Pfalz 1597–1612, 19 Jahre

15. **A)** Kaiserl. Hofrichter 1597–1612, 15 Jahre

17. Deputat 1589–93 (als SS), 4 Jahre

18. **A)** Immatr. Univ. Basel u. b.a.; Dr. iur. 1583; Prof. iur. inst. 1584–86; Prof. iur. Univ. Heidelberg 1586–89, 5 Jahre
    B) Rektor Univ. Heidelberg 1587/88, 1 Jahr

19. Pfleger Spital 1589–93, 4 Jahre[10]

---

5 Finanz G 23.
6 **29./30.:** Platter Pest 186, 336; Urkundenbuch BS 580.
7 Rb S 1,12; MUB II, 249; Weiss-Frei, Bürgerrechtsaufnahmen Bd.II, 404f.
8 In Zürich zwinglianisch getauft; muss aufgrund s. Herkunft angenommen werden; KirchenA AA 16 2, 148r; -AA 16 3, 7v (Taufreg. St. Peter I).
9 **3.–6.:** KirchenA AA 16 2, 148r (Taufreg. St. Peter II); MUB II, 249; Weiss-Frei ibid. Bd. I, 13, 21; Ochs Bd.6 392f.
10 **7.–19.:** MUB II, 249; Rb M 3; -S 1,12.

80   I. Prosopographien: Safran

23. Kanzler d. Fürsten v. Anhalt 1593–97, 4 Jahre

24. B) Evangel. Orte 1590: 3   **D)** Übr. eidgenöss. 1590–91: 4

27. A) Dt. Reich u. England, Königin Elisabeth I. (Diplomat d. dt. evangel. Fürsten) 1597 ff.: mind. 3
B) Frankr. 1585/92 (Lyon/Heinrich IV.): 2

28. Kriegsrat d. fürstl. Truppen f. König Heinrich IV. v. Frankr. 1593–97, 4 Jahre[11]

49. Dürr, Niclaus

1. Kleinrat (Ratsherr); 1566–73; ca. 1507/09 Rütlingen (uns.)–1573 Juni 2 Basel, 1530 gefügiger Nichtkommunikant zus. m. s. Vater (s. u.)[12]

3. A) Basel 1527 Feb. 25   **B)** Papierer   **D)** K SAF 1527

4. A) Gewundener Aufstieg d. Geschl. aus sozial niedrigeren Schichten
B) Georg Dürr († ca. 1529), Papierer v. Rütlingen, Bürgerrecht v. Basel 1511, vor 1530 SAF, 1530 gefügiger Nichtkommunikant
C) Hintersasse Martin Dürr u. Elisabeth, Tante d. Theodor Hertenstein d.R. [P 33], Nichte d. Thoman Hertenstein d.R. [P 91]

5. A) Vor 1531 Anna Kühlhammer († ca. 1535), T. d. Papierers Hans Kühlhauer gen. Schaffhuser; vor 1553 Veronica († 1573), T. d. XIII Heinrich Petri [P 24] u. d. Dorothea Hütschi (ibid.); 1565 Clara, Schw. d. Webers Jacob Scheltner d.R. [P 166]
B) Georg († ca. 1569) heir. vor 1549 Catharina Mentelin († ca. 1576), Tante d. OZM Hieronymus Mentelin [P 10].

6. A) Adam (*1536), im weiteren n. bekannt[13]

7. B) RH SAF 1566–73, 7 Jahre

10. B) Siebner 1567/69/70/72, 4 Jahre

15. B) Gericht Grossbasel 1567–73, 6 Jahre

19. Pfleger Augustinern vor 1571–73, St. Jacob 1572/73, mind. 4 Jahre

24. A) Tagsatzung 1571: 2[14]

---

11   **24.–28.:** Finanz G 28; Rb D 4, 64; MUB II, 249; EA 5.I; Ochs Bd.6, 315, 325, 392f.
12   Lotz C 99; Rb L 2; Akten Ref IV., Dok. 547d, S. 485.
13   **3.–6.:** Lotz ibid., -C 222, -C 323; Akten Ref IV. ebda.
14   **7.–24.:** Lotz ibid.; Rb L 2, -M 3, -S 1,12; Finanz H; EA 4.II.

50. Gebhart, Lux

1. Kleinrat, Dreizehner, Bürgermeister; 1554–93; 1523 Nov. Basel–1593 Juli 14 Basel[15]

2. Taufpate s. S. Wernhart: s. Schwager u. Freund Wernher Wölfflin [P 15][16]

3. **A)** Basel **B)** Würzkrämer
   D) K SAF 1546 (durch s. Vogt Joseph Sundgauer); K WEI 1555; K SLS 1565.

4. **A)** Altes Oberschichtsgeschl. aus d. Tuchgewerbe, Regimentsgeschl. in Basel seit Ende 15. Jh.
   B) Niclaus Gebhart d.J. († 1526) d.R. KÜR [Fü P 103]; u. Margret am Rhein
   C) Niclaus Gebhart d.Ä. d.R. KÜR (ZM KÜR 1484–1507)
   D) Hans Heinrich Gebhart d.R. KÜR († 1544, 1521 als Pensionenempfänger aus d. Rat ausgeschl., 1529 erneut RH KÜR), Militär, Gerichtsherr [Fü P 104]. Mathäus Gebhart d.R. KÜR 1537–50

5. **A)** Dorothea Respinger; 1557 Maria, T. d. BM Bernhard Meyer [Fü P 21] u. d. Maria, Tante d. Wernher Wölfflin [P 15], Cousine d. XIII Hans Ludwig Meyer z. Pfeil [P 57]; 1557 Barbara († ca. 1565/66), T. d. Wechslers u. OZM Jacob Rüdin (ca. 1500–73) [Fü P 35] u. d. Anna Ehrenfels, Stiefmutter d. Wernher Wölfflin d.R. [P 15]; vor 1567 Helena Surgant; 1590 Maria Burckhardt, Nichte d. OZM Bernhard Brand [P 28], Wwe. d. Würzkrämers Hans Lux Iselin d.R. [P 54]
   C) Jacob Gebhart d.Ä. d.R. [P 103]; XIII Lienhart Gebhart [P 157]

6. **A)** 5 Kinder (3 M; 2 F).
   Lucas (1556–85) heir. 1579 Elisabeth, T. d. OZM Franz Rechburger [P 25]. Hans Wernhart (1558–1605) wird Hauptmann. Agnes (1549–1600) heir. 1566 Hans Ulrich, Br. d. Hans Jacob Frey d.R. [P 31]; heir. 1571 XIII Balthasar Han [P 147].
   B) Jacob Gebhart d.J. d.R. [P 104].
   C) Helena (1583–1610) heir. 1603 d. Kaufmann Emanuel, S. d. BM Remigius Faesch [P 16]. Barbara (1584–1629) heir. 1603 d. Bäcker Christoph Halter d.R. Lucas (1585–1642) wird Kaufhausschreiber, Unterkäufer daselbst, SAF u. SLS, heir. in die Fam. Ottendorf (Gewandleute), Battier (Seidenhandel) u. Burckhardt; s. T. Anna heir. 1656 Sebastian, S. d. BM Sebastian Spörlin [P 146].[17]

7. **B)** RH SAF 1554–78; OZM 1578–91; BM 1591–93, 40 Jahre

9. Dreizehner 1569–93, 25 Jahre

10. **A)** Dreier 1570–93, 24 Jahre
    B) Siebner 1555/57/59/61/62/65/67/68/75/77/92/93, 12 Jahre

---

15 Lotz C 154.
16 Uns., muss aufgrund s. Verbindung zu Wölfflin und dem Namen s. Sohnes fast zwingend angenommen werden.
17 **3.–6.:** Lotz ibid., C 389; Füglister 323f.

11. Wechselherr 1571–75, 4 Jahre

15. A) Appellationsherr 1579–91, 12 Jahre
B) Gericht Grossbasel 1565, 1 Jahr

16. C) Almosenherr 1571–77, 6 Jahre

17. Deputat 1571–78, 7 Jahre

19. Pfleger Predigern 1553/1558–93; Klingental 1574–93, 57 Jahre

20. B) Zeugherr 1572–90, 18 Jahre

24. A) Tagsatzung 1560–71: 11   **B)** Evangel. Orte 1582: 1
C) Untertanengebiete/Landvogteien 1571–85: 8
D) Übr. eidgenöss. 1570/73: 2

25. A) Bistum Basel 1554–85: 11

26. Oberrhein 1565–87: 5

27. A) Dt. Reich 1575 (Markgraf v. Brandenburg): 1
D) Österr. 1573 (Habsb.–Laufenb.): 1
E) Kastilien: Laval 1573: 1[18]

29. A) 1563 Besitzer Haus «zum Kranichstreyt», Rheinsprung re. aufw. 7, das er vor s. Tod 1593 an den XIII Ludwig Ringler d.R. [P 36] weiterverkauft; danach Olsbergerhof, Rittergasse re. einw. 27; 1590 Schierbacher Hof, St. Johanns-Vorstadt.
B) 1590 Wasser- u. Brunnenrechte der neuen Gewerbekanäle in der St. Johanns-Vorstadt («das erste wasser in den Deuchen» für 100 *fl* «in Münz» um seiner Verdienste für die Stadt willen zu lebenslangem Lehen und Nutzen, hier auch zum Verkauf weiterer Nutzungsrechte an dort wohnhafte Personen (jährl. Gewinn mind. ca. 1000 *fl*)

30. Kauft 1585 eine Anlage in Stadtgütern zu jährl. Gewinn v. ca. 1000 *fl*; kauft 1587 zwei Anlagen in Stadtgütern zu jährl. Gewinn v. ca. 10 000 *fl*.[19]

51. Herzog, Hans Rudolf, akad. gen. «Salcensis Thuringus»

1. Rat- u. Stadtschreiber; 1568–1603; 1548 Nov. 25 Basel (St. Martin)–1603 Sept. 12 Basel (St. Peter)[20]

3. A) Basel   **B)** Dr. iur.; Schreiber   **D)** E SAF 1572

---

18 **24.–27.**: Finanz G 18-24; Rb M 7; EA 4.II/-5.I.
19 **29./30.**: Rb D 4, 147v–148v; HGB Rheinsprung; «Dachziegel bezeugt Hausbesitzer», in: BaZ 30.7.1998, S. 25; Reicke, Daniel: Rheinsprung 7, Baugeschichtl. Bericht, Basel 5.8.1998, (s. [P 36] Anm. 47); Platter Pest 426; Urkundenbuch 578f., 583f.
20 Lotz C 224.

4. **A)** Geschl aus Rheinfelden eingew.
   B) Erasmus Herzog (†1574) v. Rheinfelden, Bürgerrecht Basel 1541; u. Chrischona (†1572), T. d. Tuchscherers Lienhard Wenz (s. 4.C).
   C) Mütterlicherseits: Lienhart Wenz, Tuchscherer d.R. SMI 1536–51.

5. **A)** 1572 Anna Sulzberger (1552–1626).
   B) Erasmus (Asimus) wird Wollweber d.R. WEB.

6. **A)** 7 Kinder (2 M; 5 F).
   Hans Rudolf d.J. wird Ratssubstitut 1614–23, Steinenschaffner 1622 ff. Ursula (1578–1629) heir. Hans Rudolf Schlecht d.J. d.R., S. d. Rudolf Schlecht d.R. [P 152].[21]

7. **A)** Sechser SAF 1594–1603
   B) Ratssubstitut 1568–79; RS 1592/93; SS 1593–1603, 24 Jahre

17. Deputat ex officio 1593–1603, 10 Jahre

18. **A)** Immatr. Univ. Basel 1589/90 f. 15 *fl* (!); Dr. iur. 1592, 3 Jahre

19. Pfleger Spital 1593–1603; Domprobstei 1600–03, 13 Jahre

23. SS Liestal 1579–92, 13 Jahre[22]

24. **A)** Zahlr. Tagsatzung 1593–1603 (unbest., als SS sicher anzunehmen)
    C) Untertanengeb./Landvogteien 1594 (Rappenkrieg): 1

27. **D)** Oesterr. (Erzherzog Mathias) 1596: 1[23]

29. **A)** Haus Spiegelgasse (Nachbar v. Jacob Huggel d.R. [P 138] u. Hans Klein d.R. [P 173])[24]

30. Vermögender Familienhintergrund (s.o. 18.A: s. Studiengebühr)

52. Heydelin, Hans Jacob

1. Kleinrat (Ratsherr); 1588–92; 1536 Basel–1592 Aug. 20 Basel[25]

3. **A)** Basel   **B)** Würzkrämer   **D)** E WEB 1559; E SAF 1560

---

21 **3.–6.:** Lotz ibid.; Rb S 1,11.
22 **7.–23.:** Lotz ibid.; Rb M 3; -S 1,11; -S 1,12; MUB II, 376, die normale Studiengebühr für die Dauer d. gesamten Studiums betrug 6 *fl*; Ochs Bd.6, 336ff.; Bruckner 1050.
23 **24.–27.:** Ochs Bd.6, 336ff.; Bruckner, 865.
24 Beschreibbüchlein Schultheissengericht Grossbasel: GerichtsA K 16.
25 Lotz C 227.

4. **A)** Oberschichtl. Handwerks- u. Regimentsgeschl.
   B) OZM Marx Heydelin (†1553), Weber, Färber [Fü P 158], u. Sophia, T. d. Jkr. Lorenz Halbeisen d.R. HAU 1503–05. Heydelin schafft es als absolute Ausnahme, nach einer Unterbrechung s. städt. polit. Karriere durch s. LV-Amt in Münchenstein (1532–38) nahtlos wieder mit dem OZM-Amt weiterzufahren (s.u. 4.D betr. s. Bruder Lienhard).
   C) Claus Heydeli, ZM WEB 1499–1502
   D) Lienhart Heydelin, ZM WEB 1537–38, scheidet bei Rückkehr s. Bruders Marx von der Landvogtei Münchenstein wieder aus d. Rat (...); Mang Schnitzer d.R. WEB [Fü P 165]

5. **A)** Elisabeth, Schw. d. Hans Lux Iselin d.R. [P 54]
   B) Cleophe heir. 1562 Hans Lux Iselin d.R. [P 54] (s.o.): doppelt verschwägert. Salome heir. d. Goldschmied Beat Huber, Eltern d. XIII Hans Jacob Huber [P 53].
   C) Anna Heydelin (1540–1622; T. s. Br. Lienhart; s.o. 4.D heir. 1598 April 27 Laurenz Reichart [P 151].

6. **B)** Hans Jacob Huber d.R. [P 53].
   C) Salome Heydelin heir. 1625 Marcus (*1604), S. d. XIII Hans Jacob Huber [P 53].[26]

7. **B)** RH SAF 1588–92, 5 Jahre

8. **A)** Schaffner St. Leonhard; Schaffner Predigern 1579–88, 10 Jahre

10. **B)** Siebner 1590/92, 2 Jahre

15. **B)** Gericht Grossbasel 1591–92, 1 Jahr

16. **A)** Ehegericht 1592, 1 Jahr   **B)** Unzüchter 1592, 1 Jahr

19. Pfleger Kartause 1592, 1 Jahr

24. **A)** Tagsatzung 1591: 2[27]

53. Huber, Hans Jacob

1. Kleinrat (Ratsherr), Dreizehner, Landvogt; 1594–1609; 1554 Feb. 25 Basel (Alban)–1609 Aug. 7 Basel (Peter).[28]

3. **A)** Basel   **B)** Würzkrämer   **D)** E HAU 1579; K SAF 1583

---

26 **3.–6.:** Lotz ibid.; Füglister 391f., 395f.; unter 4.B u. 4.D begegnen wir einem wohl klass. Bsp. damals üblicher Vetternwirtschaft, Kooptation u. Umgehung sämtl. geltender Ordnungen, allerdings tritt sie selten so klar zutage wie hier.
27 **7.–24.:** Lotz ibid.; Rb L 2, -M 3, -S 1,12; Protokolle Öffnungsb IX, 61; EA 5.I.
28 Lotz C 242; Rb L 3.

I. Prosopographien: Safran 85

4. **A)** Geschl. aus Thann im Elsass eingew.
   B) Beat Huber, Goldschmied aus Thann (†1564 Pest), Bürgerrecht Basel 1540, K HAU 1542; u. Salome, Schw. d. Hans Jacob Heydelin [P 52], T. d. OZM Marx Heydelin [Fü P 158]
   C) OZM Marx Heydelin (s.o.)
   D) Hans Jacob Heydelin d.R. [P 52]

5. **A)** Magdalena Werlin (†1596). 1596 Okt. 18 Justina (1564–1634), T. d. Druckerherrn Eusebius Bischoff (Episcopius), Cousine d. Judith Bischoff, Ehefrau d. Hans Lux Iselin d.R. [P 54].

6. **A)** 5 Kinder (2 M; 3 F).
   Catharina (1599–1638) heir. 1626 Samuel Gürtler, Reitsattler d.R. Salome (*1601) heir. vor 1634 Mathis Isenflam, S. d. SH KlBS Mathis Isenflam d.J., Enkel d. Mathis Isenflam d.Ä. d.R. SMI 1557–68, Neffe d. Mathäus Feldner d. R. SPI [P 135]. Marcus (*1604) heir. 1625 Salome, Enkelin d. Hans Jacob Heydelin d.R. [P 52].[29]

7. **B)** RH SAF 1594–1609, 16 Jahre

9. Dreizehner 1604–09, 6 Jahre

10. **B)** Siebner 1594/96/98/1600/02/08, 6 Jahre

12. **A)** Wardiner d. Goldmünze 1604–09, 6 Jahre
    C) Ladenherr 1596–99, 3 Jahre

15. **B)** Gericht Grossbasel 1597–1603, 6 Jahre

16. **A)** Ehegericht 1596–99, 3 Jahre

19. Pfleger Gnadental 1596–1609, 14 Jahre

22. **A)** LV Hüningen 1604–09, 6 Jahre[30]

24. **A)** Tagsatzung (Ges. ü. Geb) 1598: 2
    C) Untertanengeb./Landvogteien 1608: 1[31]

---

29 **3.–6.:** Lotz ibid., -C 227.
30 **7.–22.:** Lotz C 242; Rb L 2, -L 3, -M 3, -S 1,12; Finanz H; Fabian 427.
31 Finanz G 28; EA 5.II.

54. Iselin, Hans Lux

1. Kleinrat (Ratsherr), Landvogt; 1574–88; 1538 Mai 09–1588 April 06[32]

2. Taufpate s. S. Jacob 1564: BM Ullrich Schultheiss [P 12]; s. S. Hans Lux 1567 Nov. 23: XIII Franz Jäckelmann [P 149]; s. T. Elisabeth 1573 April 20: BM Melchior Hornlocher [P 80]; s. S. Hans Ulrich 1567 Sept. 28: XIII Andreas von Spyr [P 98], Timotheus Schauber d.R. [P 117]. Iselin E SAF 1581 für d. XIII Lux Hagenbach (d.R. SLS 1604 ff.), Vetter d. XIII Beat Hagenbach [P 17][33]

3. **A)** Basel **B)** Würzkrämer
D) E SAF 1562 durch BM Lux Gebhart [P 50]; E SLS 1569

4. **A)** Altes, vermögendes u. einflussreiches (Klein-)Basler Handelsgeschl.
B) Jacob Iselin (1512–87), Kaufmann, E SAF u. SLS 1535; u. Elisabeth, T. d. SS Caspar Schaller.
C) Lucas (Lux) Iselin (1486–1560) Würzkrämer d.R. SAF [Fü P 54]; u. Barbara, T. d. OZM Hans Jungermann (ibid.).
D) Prof. iur. Johann Ulrich Iselin heir. 1548 Faustina, Schw. d. SYND Basilius Amerbach [P 180]. Catharina, T. d. Lux Iselin (s.o. 4.C [Fü P 54]) heir. Wernher Wölfflin d.R. SLS [P 15]. Salome Iselin heir. OZM Franz Rechburger [P 25].

5. **A)** 1562 Cleophe, Schw. d. Hans Jacob Heydelin d.R. [P 52]. 1566 Judith, T. d. Druckerherrn Niclaus Bischoff u. d. Justina, T. d. Druckers Johannes Froben. Maria Burckhardt, Nichte d. OZM Bernhard Brand [P 28], die als Wwe. 1590 s. Freund BM Lux Gebhart [P 50] heir. (s.o. 3.D).
B) Elisabeth heir. Hans Jacob Heydelin d.R. [P 52] (s.o.): doppelt verschwägert.
C) Hans Lux Iselin d.Ä. (1553–1632), Würzkrämer SAF, XIII; Hans Lux Iselin d.J. gen. «der reiche bei St. Martin» (1567–1626), Financier, XIII SMI.[34]

6. **A)** Hans Ludwig wird Prof. Dr. iur., 1599 SYND (Nachfolger d. SYND Prof. iur. Samuel Grynaeus [P 182]).

7. **B)** RH SAF 1574–88, 14 Jahre

8. **A)** Schaffner Kartause 1570–74, 4 Jahre

10. **B)** Siebner 1575/76/79/81/83/87, 6 Jahre

15. **B)** Gericht GrBS 1553–57/69/75, 6 Jahre

17. Deputat vor 1587–88, mind. 5 Jahre

19. Pfleger Elendherberge 1578–87, 9 Jahre

22. **A)** LV Homburg 1580–81, 1 Jahr[35]

---

32 Lotz C 260; Rb L 2.
33 KirchenA W 12, 1 (Taufreg. St. Martin) 130r, 144r, 168r, 178r.
34 **3.–6.**: Lotz ibid.; Rb L 2; -S 1,11; Füglister 337f.
35 **7.–22.**: Rb L 2; -M 3; -S 1,12; Protokolle Öffnungsb IX, 23; Finanz H.

24. A) Tagsatzung 1576: 2

25. A) Bistum Basel 1574–84: 5

26. Oberrhein 1588: 1

27. B) Frankr. (Kg) 1585: 1[36]

29. A) Rosshof, Nadelberg 20/22, später zusätzl. Nr. 18. Haus ‹z. Zwinger› Elisabethenstr. 9 (–1578); Steinenbachgässlein 28/30; Steinenvorstadt 22/26, Betrieb/Verwaltung d. Spezerei am Marktplatz 2.

30. Schwerreich: Gegen 50 000 *fl* an Vermögen (v. s. Erben [Helena d'Annone u.a.] versteuert).[37]

55. Löffel, Alexander

1. Kleinrat (Zunftmeister, Ratsherr), Dreizehner; 1565–91; 1526 Basel–1591 März 06 Basel[38]

2. Taufpaten s. S. Peter 1551 Mai 21: OZM Andreas Keller, OZM Franz Rechburger [P 25]; s. S. Hans Jacob 1556: Hans Jacob Keller [P 8][39]

3. A) Basel   **B)** Kaufmann   **D)** E SAF 1547

4. B) Peter Löffel (†ca. 1563) Kaufhausschreiber, Bürgerrecht Basel 1524, Krämer

5. A) 1547 Catharina Wasserstein

6. A) Niclaus (1560–1625) ist LV Ramstein. Salome heir. 1592 (in 2. Ehe) XIII Jörg Spörlin [P 145], heir. 1605 (in 3. Ehe) Georg Rieher d.R. Elisabeth heir. 1583 d. Drucker Sebastian Henricpetri, S. d. XIII Heinrich Petri [P 24], Br. d. SS Adam Henricpetri [P 18]. S. Vogtkinder 1587–91: Johann Friedrich Ryhiner (1574–1634) Dr. iur., SS, Deputat, OZM, BM; dessen Schw. Elisabeth, Margret u. Küngold, Kinder d. Dr. med. Friedrich Ryhiner, Oberst d.R. [P 116].[40]

7. B) ZM SAF 1565–78; RH SAF 1578–91, 26 Jahre

8. B) Unterkäufer im Kaufhaus 1554–65, 11 Jahre

9. Dreizehner 1578–91, 13 Jahre

10. B) Siebner 1566/68/69/71/73/75/77/80/82/83/85/88/89, 13 Jahre

---

36   **24.–27.**: Finanz G 28; Rb D 4, 63; EA 5.I; Berner 79ff.
37   **29./30.**: HGB Nadelberg, -Elisabethenstr., -Steinenvorstadt, -Steinenbachgässlein, -Marktpl.; AK 9, 444; Platter Pest 284; Brenner 56, 82.
38   Lotz C 260; Rb L 2.
39   KirchenA X 8, 1 (Taufreg. St. Alban) 86v, 113r.
40   **3.–6.**: Lotz ibid.; MUB II, 61; Lotz C 427.

11. Wechselherr 1570/71, 1 Jahr

12. B) Wardiner d. Silbermünze 1573–91, 8 Jahre
C) Ladenherr 1571, 1 Jahr

14. C) Lohnherr 1587–91, 4 Jahre

15. B) Gericht Grossbasel 1578, 1 Jahr   **C)** Gericht Kleinbasel 1566, 1 Jahr

16. A) Ehegericht 1581–84, 3 Jahre   **B)** Unzüchter 1575–77, 2 Jahre

17. Deputat 1578–91, 13 Jahre

19. Pfleger St. Martin 1567–91; St. Jacob 1573–91, 22 Jahre[41]

24. A) Tagsatzung 1574–79: 4   **C)** Untertanengeb./Landvogteien 1579–85: 1

26. Oberrhein 1580: 1

27. A) Dt. Reich 1572/74/75: 3   **E)** Burgund 1571: 2[42]

29. A) Eptinger Hof, Rittergasse; Haus «zer hohen Sunnen», Rittergasse re. einw. 21, (Eck) Haus «zum Schönen eck» St. Alban-Vorstadt re. einw. 49; St. Alban-Vorstadt li. einw. 36; Wasserrechte am Eptinger Brunnen; Wohnhaus mit Baumgarten, Krautgarten, Scheune u. Trotte sowie Pacht Anteil Stadtgraben in St. Alban-Vorstadt, gegenüber Haus z. Hohen Dolder, zwei Häuser einwärts neben Liegenschaft Zum Goldenen Löwen, Wasserrechte am dortigen Brunnen zum Ausbau für Abwassernutzung s. ganzen Umschwungs; Brüglinger Mühle, Grundstück m. Brunnen u. Wasserkanalsystem z. Mühlebetrieb[43]

56. Lützelmann, Lienhard

1. Kleinrat (Zunftmeister, Ratsherr); 1543–78; 1515 Basel–1578 Okt. 8 Basel[44]

3. A) Basel   **B)** Krämer, Eisenkrämer
D) K SAF u. K SMI 1536 (trotz Verbot d. Doppelzünftigkeit).

4. A) Regimentsfähiges, altes oberschichtl. Handwerks- u. Handelsgeschl. in Basel (vgl. [P 139])
B) Hans Lützelmann, Metzger d.R. [Fü P 131] u. Christina (†ca. 1547), T. d. Grempers Ulrich Isenflam (†1528) GAR, XIII [Fü P 120]
C) Conrad Lützelmann, Metzger
D) OZM Jacob Rüdin [Fü P 35], Hans Bottschoch d.R. WEI [Fü P 38]

---

41   **7.–19.:** Lotz ibid.; Rb L 2; -M 3; -S 1,12; Protokolle Öffnungsb VIII, p. 160; -IX p. 100; Finanz H; -Y 2 (Rechnungsbücher d. Stadtwechsels).
42   **24.–27.:** Rb D 3; Finanz G 20–23; Rb M 7; EA 4.II.
43   Rb D 4 (Abscheidb.), 31v–34r (1582 Nov.26/30); HGB Rittergasse, -St. Alban-Vorstadt; Platter Pest 170, 240, 244, 426.; Kölner Rebleutenzunft, S. 33f.; Ochs Gs. BS Bd. 6, S. 307f.
44   Lotz C 311.

I. Prosopographien: Safran   89

5. **A)** 1536 Barbara († 1538), T. d. Hans Erhart Reinhart u. d. Dorothea Struss. ca. 1540 Barbara († ca. 1560), T. d. Gregor Kern d. R. von Konstanz, Wwe. d. Kaufmanns Hieronymus von Kilch, XIII [Fü P 55], Eltern d. Hieronymus von Kilchen d. R. [P 14], Schwäger d. Maximilla, T. d. BM Adelberg Meyer z. Pfeil [Fü P 56]. 1561 Okt. 15 Christiana (1528–1608), T. d. Gewandmanns Franz Hagenbach u. d. Elisabeth Weltsch, Tante d. XIII Beat Hagenbach [P 17], Wwe. d. OZM Bläsy Schölli [Fü P 23]. Sie heir. 1585 als Lützelmanns Wwe. BM Ullrich Schultheiss [P 12].
   B) Hans ist RH MEZ 1547–53. Maria († 1553) heir. vor 1532 Jacob Rapp d. R. MEZ 1558–63.

6. **A)** 5 Kinder (2 M; 3 F).
   Dorothea († ca. 1577) heir. 1555 d. Würzkrämer Jacob Respinger. Lienhart d. J. (1564–1634) wird Eisenkrämer, ZM SAF 1615–31, OZM 1631–34, heir. 1587 Dorothea Vogel, Enkelin d. BM Lux Gebhart [P 50].
   B) Margret Rapp (T. s. Schw. Maria Lützelmann) heir. 1565 XIII Jörg Spörlin SPI, Küfer, LV Münchenstein [P 145].
   C) Elisabeth (1606–56) heir. 1632 Ludwig, S. d. BM Hans Wernhart Ringler, Enkel d. XIII Ludwig Ringler [P 36], heir. 1635 Heinrich, Br. d. OZM Leonhart Wenz.[45]

7. **A)** Sechser SAF 1539–43
   B) ZM SAF 1543–48; RH SAF 1548–78, 36 Jahre

10. **B)** Siebner 1544/46/47/50/52/54/56/58/62/64/66/68/72/78, 14 Jahre

12. **A)** Wardiner d. Goldmünze vor 1571–78, mind. 8 Jahre
    C) Ladenherr 1553–54, 2 Jahre

15. **B)** Gericht Grossbasel 1552 ff., ca. 3–5 Jahre

19. Pfleger Münster 1550–58, St. Peter 1567–78, 20 Jahre[46]

24. **A)** Tagsatzung 1567: 2   **D)** Übr. eidgenöss. 1558: 1

27. **B)** Frankr. (Lyon/SO, Pensionen) 1550–60: 3[47]

29. **A)** Haus am Blumenrain 15[48]

---

45 Lotz ibid.; Füglister 314f., 338f., 372, 377.
46 **7.–19.**: Lotz ibid.; Rb L 2, -M 3, -S 1,12; Finanz H, W 6 (Siegelgeldb d. Ladenamtes); KlosterA Domstift HH 1, -St. Peter YY 11.
47 **24./27.**: Finanz G 17/18; EA 4.I.
48 AK 8, 46.

57. Meyer zum Pfeil, Hans Ludwig

1. Kleinrat (Zunftmeister), Dreizehner; 1578–1607; 1539 Feb. 10 Basel–1607 Okt. 15 Basel[49]

2. Taufpate 1539 Feb.: Pfr. Johannes Gast; s. S. Adelberg d.J. [P 185] 1560 Aug. 5: Antistes Simon Sulzer, s. Schwägerin Ursula Froben[50]

3. A) Basel   **B)** Krämer
   D) E SLS 1558; E SAF 1559 (durch BM Lux Gebhart [P 50])

4. A) Ursprüngl. Meyer von Büren, Pfeil im Wappen, teilw. adliges Meiergeschl.
   B) BM Adelberg Meyer z. Pfeil (1474–1548) [Fü P 56], u. Catharina, T. d. altgläub. Andreas Bischoff d.R. HAU [Fü P 27]; Adelberg zuvor verheiratet m. Catharina, T. d. Melchior Hütschi d.R. SLS [Fü P 18], Schwägerin d. XIII Heinrich Petri [P 24] u. m. Margret, T. d. OZM Hans Trutmann [Fü P 24].
   C) RS Niclaus Meyer z. Pfeil, Unterschreiber.
   D) BM Bernhard Meyer z. Pfeil [Fü P 21], auch Schwiegersohn d. Andreas Bischoff d.R. [Fü P 27]

5. A) 1559 Anna, T. d. Druckerherrn Hieronymus Froben, Nichte d. berühmteren Johannes Froben
   B) Maximilla heir. 1553 Hieronymus von Kilchen d.R. [P 14]
   C) Hans Galli, ZM GAR [P 110]

6. A) Adelberg d.J. (1560–1629) wird Seidenkrämer d.R. SIF [P 185], 1616 in einem Skandalprozess entsetzt, heir. 1583 Ursula (1565–94), T. d. OZM Hieronymus Mentelin [P 10], heir. 1597 Dez. 12 Elisabeth (1547–1625), T. d. Hans Spirer, Wwe. d. Hans Georg Eckenstein, von der er 1616 per Ratsbeschluss geschieden wird. Niclaus (1565–1629) heir. 1587 Salome, T. d. Hans Georg Eckenstein (s.o.), Schw. d. Apollinaris Eckenstein d.R. WEI, wird also Schwager s. Br. Adelberg d.J. Anna (1575–1610) heir. 1596 d. spät. OZM Jacob Rüdin, Enkel d. OZM Jacob Rüdin [Fü P 35].
   B) Maria heir. 1557 s. Schwager BM Lux Gebhart [P 50].
   C) Hans Ludwig d.J. (1584–1632) heir. 1609 Anna, T. d. XIII Theodor Russinger [P 38], Schw. d. Marx Russinger d.R. WEI [P 37]. Hieronymus (*1586) heir. 1606 Margret, T. d. XIII Hans Ulrich Schultheiss, Enkelin d. BM Ullrich Schultheiss [P 12]. Hans Conrad (1589–1659) wird Claraschaffner, ZM SMI 1646–59. Sara (1588–1630) heir. 1607 Bonifacius, S. d. XIII Hans Lux Iselin «d.Ä.» SAF, Grossneffe d. Hans Lux Iselin d.R. [P 54].[51]

7. B) ZM SAF 1578–1607, 30 Jahre

9. Dreizehner 1591–1607, 17 Jahre

10. B) Siebner 1578/81/82/87/89/91/93/95/97/98/1600/03, 12 Jahre

11. Wechselherr 1592–1603, 11 Jahre

---

49 Lotz C 336.
50 Gast Tgb. 88; KirchenA W 12, 1, 114v (Taufreg. St. Martin).
51 **3.–6.:** Lotz ibid., -C 154; ZunftA Safran 25 II. 113v; BCh IV 139; Gast Tgb. 88; Füglister 312f., 315f., 317f., 338f.

I. Prosopographien: Safran 91

12. C) Ladenherr 1582-84, 2 Jahre

14. B) Fünfer 1582-1603, 21 Jahre   **D)** Kornherr 1600-03, 3 Jahre

15. A) Appellationsherr 1590-1600, 10 Jahre
B) Gericht Grossbasel 1565/76/79, 3 Jahre

19. Pfleger St. Clara 1586-98; Spital 1591-1603, 24 Jahre

20. B) Zeugherr 1591-1603, 12 Jahre

21. Militär. Anführer im Rappenkrieg 1594; Leutnant im Stadtfähnlein 1597 unter Hauptmann Andreas Ryff [P 58], mit Jacob Göbelin [P 169] Wilhelm Turneisen [P 155], u. Melchior Hornlocher [P 80][52]

24. A) Tagsatzung 1584-90: 5
C) Untertanengeb./Landvogteien 1579/85/94/95: 4

25. A) Bistum Basel 1578-84: 1[53]

29. B) Schloss Benken 1568

30. (Jahrzeitstiftung d. Familie im Steinenkloster seit 1515); kauft 1587 Anlage in Stadtgütern m. jährl. Gewinn v. ca. 10 000 *fl*; Geliehenes Kapital an d. Herzog v. Württemberg auf Martini 1580: 2000 *fl*, zudem vor 1607 1250 *fl*. Liquides Vermögen ca. 10 000 *fl* (v. s. verwitweten Schwiegertochter versteuert).[54]

58. Ryff, Andreas

1. Kleinrat (Ratsherr), Dreizehner; 1591-1603; 1550 Feb. 2 Basel-1603 Aug.18 Basel (Münster)[55]

2. Taufpaten s. T. Susanna 1576 Sept. 17: XIII Alexander Löffel [P 55], Hieronymus, Br. d. BM Bonaventura Von Brunn [P 13]. Eintrag von Hans Grünenwald d.R. SUM [P 89] im Stammbuch Ryffs: enger Freund.[56]

3. A) Basel   **B)** Seidenhändler
C) Inhaber eines Seidengeschäftes u. eines Silberbergwerks in Giromagny (Nähe Belfort); der Wollweberei u. -färberei s. Mutter Margret Ulli; Geschäftsreisen: eidgenöss. Märkte 203; Elsässer Märkte 145; Badische Märkte 40; Märkte im Dt. Reich 55
D) 1569 E SLS; 1570 E WEB; 1574 E SAF; 1596 K HAU

---

52 **7.-21.**: Lotz C 336; Rb L 2, -M 3, -M 7, -S 1,12; Bd. 2, II. Transkriptionen, DOK 5N (Ryff Ab p. 49), S. 231; Fabian 424ff.
53 **24./25.**: Rb D 4 213, 230v, -M 7; EA 5.I; Berner 79ff.
54 **29./30.**: Die Familienchronik der Meyer zum Pfeil, 1533-1656, in: BCh 6, hrsg. v. d. HAGB, bearb. v. A. Bernoulli, Leipzig 1902, S. 396; Bruckner 315; Urkundenbuch, 584; Brenner, 100; Strittmatter 201, 229.
55 Lotz C 426; Rb L3.
56 KirchenA W 12, 2 (Taufreg. St. Martin) 16r; MUB III, 35.

4. **A)** Geschlecht aus Ruffach im Elsass, erster in Basel: s. Urgrossvater Claus Ryff, Gärtner v. Ruffach i. Elsass
   B) Theobald Ryff (1516–86), Gewandmann, Bürgerrecht Basel 1547, K SAF, K SLS, K WEB 1553, Chronist; u. Margret (1513–89), T. d. Schnabelwirts Mathys Ulli, Schw. d. XIII Laurenz Ulli [P 121], bringt die Wollweberei u. -färberei ihres verstorbenen Mannes in die Ehe (s.o. 3.C).
   C) Andreas Ryff, Schaffner d. Abts v. Wettingen in Riehen
   D) Fridolin Ryff, Unterkäufer im Kaufhaus, XIII WEB [Fü P 162], Chronist; Peter Ryff (1506–50), Tuchweber, E WEB 1526, Frei-Amtmann, Sechser d. Gerichts, Chronist

5. **A)** 1574 Sept. 27 Margret (1536–1604), T. d. Seidenkrämers z. Engel Hans Brunner, Wwe. s. Freundes u. Seidenhändlers Andreas Im Hof, Übernahme s. Seidengeschäftes (s.o. 3.C)
   B) Margret (1558–86) heir. 1578 den Tuch- u. Weinmann Hans Jacob, Neffe d. Burkhart Lutterburger d.R. [P 126], Grossneffe d. Heinrich Lutterburger d.R. [P 9]. Mit OZM Sebastian Beck [P 78] verschwägert.
   C) Daniel Ryff d.R. WEB [P 164].

6. **A)** 3 Kinder (2 M; 1 F), 5 Stiefkinder (aus d. 1. Ehe s. Frau m. Andreas Im Hof). Susanna (1576–1654) heir. 1592 Daniel, S. d. Theodor Burckhardt d.R. SLS. Theobald (1582–1629) heir. 1602 Gertrud, T. desselben Theodor Burckhardt d.R. SLS. S. Stiefsohn Hans Christoph Im Hof heir. eine Tochter d. Melchior Gugger d.R.
   B) Peter (1552–1629) wird Dr. med., Prof. math. 1586 (Nachfolger d. zum SS gewählten Christian Wurstisen [P 44]), Univ.bibliothekar, Rektor Univ. Basel 1608/09, 1616/17.
   C) Daniel Ryff d.J. wird d.R., LV Münchenstein.[57]

7. **A)** Sechser SAF 1579–91   **B)** RH SAF 1591–1603, 13 Jahre

8. **B)** Leitet 1597 Restauration Münster, Neubau Häuptergestühl. Leitet 1602 Neubau Spital.

9. Dreizehner 1600–03, 4 Jahre

10. **A)** Dreier 1600–03, 4 Jahre   **B)** Siebner 1592/94/95/98/1600, 5 Jahre

12. **A)** Wardiner d. Goldmünze 1600–03, 4 Jahre

14. **A)** Bauherr 1600–03, 4 Jahre

15. **B)** Gericht Grossbasel 1592–1600, 8 Jahre

16. **C)** Almosenherr 1595–1603, 9 Jahre

17. Deputat 1596–1603, 8 Jahre

---

57 **3.–6.**: Lotz ibid.; MUB II 189; s. Stammbaum d. Familie Ryff u. Die Ryffsche Familiengeschichte, in: BCh 1, hrsg. v. d. HAGB durch W. Vischer u. A. Stern, Leipzig 1872, S. 193–199; Meyer, Friedrich: Andreas Ryff. Ein bedeutender Basler Kaufmann und Politiker des 16. Jahrhunderts, in: Basler Stadtbuch 1962, S. 280–303, S. 281ff., 285f.; Peter (s.o. 4.D), Fridolin (s.o. 4.D) u. Theobald Ryff (s.o. 4.B): Verf. d. Ryffschen Familienchronik, in: BCh 1, S. 1–229; Füglister 393f.

19. Pfleger Gnadental 1592–94; St. Peter 1594–1603; Münster 1595–1603; Spital 1602/03, 23 Jahre

21. Oberschützenmeister 1592–94/1598–1600, 4 Jahre; Hauptmann d. Stadt im Rappenkrieg 1594, 1 Jahr; Stadthauptmann 1597–1603, 7 Jahre; Reiterhauptmann z. Geleit d. frz. Ambassadors 1602

23. Ausgrabungsleiter Römisches Theater Augst 1582–85, 3 Jahre[58]

24. **A)** Tagsatzung 1593–1601: 8   **B)** Evangel. Orte 1598–1603: 6
    C) Untertanengeb./Landvogteien 1600–02: 6
    D) Übr. eidgenöss.1593–1603: 10

25. **A)** Bistum Basel 1602: 2   **B)** Bistum Sitten 1601: 1

26. Oberrhein 1598–1602: 6

27. **B)** Frankr. 1597/1602: 3[59]

29. **A)** 3 Häuser Bäumleingasse 4 (Haus ‹z. Engel›, ‹Oberer Mühlbaum›, ‹Niederer Mühlbaum›) aus Besitz s. Vaters Theobald Ryff seit ca. 1584, Umbau im dekorativen manierist. Stil 1588, Besitz –1603; 1603 Erwerb Reinacherhof, Münsterplatz, Auftrag u. Beginn Umbau im Renaissance-Stil
    B) s. o. 3.C: s. geschäftl. Besitzungen

30. Schwerreich u. sehr vermögend, unter d. reichsten Baslern s. Zeit[60]

59. Werenfels, Niclaus

1. Ratschreiber, Landvogt; 1590–1606; 1566 Juni 18 Basel (Alban)–1606 Juni 12 Basel (Martin)[61]

3. **A)** Basel   **B)** Schreiber   **D)** E SAF 1593

4. **B)** Pulverkrämer Aegidius Werenfels (†1577), Stadtgerichtsherr; u. Catharina Mygel (1538–nach 1600)
   C) Niclaus Werenfels d.Ä., Apotheker (†1561)
   D) Barbara Werenfels heir. vor 1580 Sebastian (1543–98), Br. d. BM Remigius Faesch [P 16], Wirt z. Blume.

---

58 7.–23.: Lotz ibid.; Rb L2; -L3; -M3; -S1,12; Finanz H; UBB Mscr. A G II 23 (Ämterbuch d. Andreas Ryff); Fabian 427; Meyer ebda. 285–291; Buxtorf-Falkeisen, Karl: Baslerische Stadt- und Landgeschichten aus d. 16. Jh. Hefte 1–3; aus d. 17. Jh. Heft 1, Basel 1863–75, 17. Jh. Heft 1, 5f.
59 24.–27.: Finanz G 26/27; Ryff, Andreas: Liber Legationum, hrsg. u. eingel. v. Friedrich Meyer, in: BZGA 58/59, Basel 1959, S. 5–109, hier 13–74; Ryff, Andreas: Reisebüchlein. Hrsg. u. eingel. v. Friedrich Meyer, in: BZGA 72, Basel 1972, S. 5–135, hier 50–134; EA 5.I.
60 29./30.: HGB Bäumleingasse 4, -Münsterplatz; Meyer, Andreas Ryff. Ein bedeutender Basler Kaufmann und Politiker, ebda., 281ff.; vgl. Jaggi, Bernhard; Schüpbach, Samuel, Manierismus und Repräsentation, in: Basler Stadtbuch 2001, Basel 2002.
61 Lotz C 564; Rb S 1,12.

94   I. Prosopographien: Safran

5. A) 1593 Catharina (1577–1638), T. d. Goldschmieds Samuel Hoffman, Nichte d. XIII Hans Jacob Hoffmann [P 20], Enkelin d. Jacob Hoffmann d.R. [P 21]
   B) Anna heir. 1593 d. Apotheker Henman (1563–1610), Br. d. Hans Ludwig Iselin, LV Homburg, Enkel d. Lux Iselin d.R. [Fü P 54], Onkel d. Hans Lux Iselin d.R. SAF [P 54].

6. A) 5 Kinder (4 M; 1 F), die nach s. Tod zusammen m. s. Frau m. XIII Lux Hagenbach d.R. bevogtet werden, Neffe d. XIII Beat Hagenbach [P 17]; relativ unbekannt.[62]

7. B) Ratssubstitut 1590–93; RS 1593–1602 (1593–99 zus. m. Hieronymus Menzinger [P 34], od. teilw. Ratssubstitut; uns.), 12 Jahre

19. Pfleger St. Jacob ex officio 1593–1602, 9 Jahre

22. A) LV Homburg (Titel «Obervogt») 1602–06, 4 Jahre[63]

29. A) Haus zur Metz, Fischmarkt[64]

---

62 **3.–6.:** Lotz ibid.
63 **7.–22.:** v ibid.; Rb D 5, 70f., -M 3, -S 1,11/-12; die Quellenlage ist f. Werenfels' RS-Posten 1593–99 nicht eindeutig; sicher war er zweiter (RS) od. dritter Kanzleivorsteher (Substitut).
64 HGB Fischmarkt; AK 6, 377.

Rebleuten

60. Bienz, Ludwig

1. Kleinrat (Zunftmeister), 1565–84; 1540 Basel–1584 Jan. 24 Basel[1]

2. 1569 April 24 Taufpate v. Margret, T. d. Hieronymus Sessler, RH REB [P 67]

3. **A)** Basel **B)** Rebmann **D)** 1561 E REB

4. **A)** Altes Rebleutengeschl. m. Regimentstradition in Basel
   B) Lienhard Bienz (1502–64) Rebmann d.R.
   C) Lienhard Bienz d.Ä. (†nach 1524) Rebmann u. Ratsknecht, d.R.
   D) Onkel od. Grossonkel (uns.) Hans Bienz d.R. REB [Fü P 59]

5. **A)** Vor 1565 Maria, T. d. Lienhard Grünagel, Hufschmied d.R. [Fü P 81] u. d. Anna Wingartner
   B) Alban Bienz (1544–1613), Rebmann, Sechser REB, 1573 m. Ludwig Bienz in den Bluthandel m. Kornmesser Hans Hochsteg involviert (Bd. 1, Teil V, 6. A).

6. **A)** 6 Kinder (1 M.; 5 F.).
   B) Ursula Bienz heir. 1577 d. Schirlitzweber Lux Linder d.R. WEB [P 162]. Hans Bienz (1580–1657), Rebmann d.R., XIII zus. m. BM Hans Rudolf Wettstein.[2]

7. **B)** ZM REB 1565–84, 19 Jahre

10. **B)** Siebner 1566/68/69/71/76/78/79/82, 8 Jahre

15. **B)** (am SH-Gericht in GrBS verhandelt: 1573 Anklage wegen Totschlags am Kornmesser Hans Hochsteg; s.o. 5.B)[3]

29. **A)** Elisabethenstr. 7[4]

61. Blauner, Heinrich, «der Räbmann»

1. Kleinrat (Ratsherr); 1546–95; vor 1526–1595 Juli 05 Basel[5]

3. **A)** Basel **B)** Rebmann **D)** E REB vor 1546

4. **A)** Rebleutengeschl. m. Regimentstradition in Basel
   B) Peter Blauner (†1539), Rebmann, E REB 1506
   C) Lienhard od. Mathis Blauner, Rebleute; s. Grossonkel Bernhard Blauner d.R. REB [Fü P 60].
   D) Burkhard Blauner d.R. REB [Fü P 61].

---

1 Lotz C 34.
2 **3.–6.:** Lotz ibid.; Criminalia 21 B 10; Füglister 341, 351f.
3 **7.–15.:** Lotz ibid.; Rb L 2; -M 3; -S 1,12; Finanz H; Criminalia 21 B 10.
4 HGB Elisabethenstrasse; AK 9, 444.
5 Rb S 1,12.

I. Prosopographien: Rebleuten

   5. A) vor 1546 Christiana Kepler

   6. A) Kinder namentl. n. bekannt[6]

   7. B) RH REB 1546–95, 49 Jahre

  10. B) Siebner 1547/49/51/53/55/57/59/60/63/64/66/69/70/73/74/76/78/81/83/87/89/90/93, 23 Jahre

  16. B) Unzüchter 1574–76, 2 Jahre

  19. Pfleger St. Alban 1560–95, 35 Jahre[7]

  30. Erwirbt 1588 Anlage in Stadtgütern z. jährl. ca. 5000 *fl* Gewinn.[8]

62. Gernler, Hans, der Jüngere gen. «der rebman»

   1. Kleinrat (Zunftmeister); 1564–95; 1534–1595 Nov. 12 Basel.[9]

   3. A) Basel   **B)** Schäfer, Rebmann[10]   **D)** E REB 1555

   4. A) Regimentsgeschl. in REB, GAR, MEZ, WEB, alte handwerkl. Oberschicht in Basel, vgl. [P 124], [P 158], [Fü P 114], [Fü P 115]
   B) Erhart Gernler (1507–44), Gartner, E GAR 1528, Vorstadtmeister z. Hohen Dolder (St. Alban)

   5. A) 1562 Margret Jundt; nach 1570 Barbara Brotbeck

   6. A) Dorothea wird v. ihrem Vater kraft Ratsbeschluss wegen Familienschande enterbt (uneheliche Kinder etc.), Gerichtsbeistand Gernlers: S. Freund RH Hieronymus Sessler [P 67]. Hans Jacob wird SS KlBS 1600 (–1617), SH KlBS 1617ff.[11]

   7. B) ZM REB 1564–80; 1584–95, 28 Jahre

   8. B) Vorstadtmeister St. Alban (Vorstadtgesellschaft z. Hohen Dolder), s.o. 4.B

  10. B) Siebner 1565/66/69/71/72/75/76/79/83/86/89/90–93/95, 16 Jahre

  15. B) Gericht Grossbasel 1585, 1 Jahr

  19. Pfleger Gnadental 1571–95, 25 Jahre

---

6   **3.–6.:** Lotz C 39; Rb L 2; Füglister 341f.
7   **7.–19.:** Lotz ibid.; Rb L 2, -M 3, -S 1,12; Finanz H; KlosterA St. Alban CC 1.
8   Urkundenbuch Basel 598.
9   Lotz C 163; Rb S 1,12.
10 Gernlers Beiname u. s. Beruf müssen sich nicht unbedingt gedeckt haben, da «der rebmann» sich ebenso auf s. Zünftigkeit bezogen haben kann.
11 **3.–6.:** Lotz ibid.; Rb D 4, p. 208; Rb S 1,11, -S 1,12.

22. A) LV Ramstein 1560–64/1580–84, 8 Jahre[12]

29. A) Eckhaus ‹zum Widder›, St. Alban-Vorstadt li. einw. 58 (nach Liegenschaft z. Goldenen Löwen, schräg gegenüber Haus z. Hohen Dolder, dem Sitz s. Vorstadtgesellschaft)[13]

63. Heinrich, Stephan, gen. «der welsch»

1. Kleinrat (Zunftmeister); 1585–91; ca. 1514–1591 Mai 14 Basel.[14]

3. A) Basel **B)** Rebmann **D)** E REB 1524

4. A) Familie aus d. Hochburgund, vermutl. Glaubensflüchtlinge, in Basel unbekannt.
B) Vater namentl. unbekannt, vermutl. vor d. Reformation in Basel eingew. u. K REB (Stephan kann die REB 1524 bereits erneuern, s.o. 3.D)

5. A) Heirat vor 1541, Ehefrau namentl. unbekannt

6. A) 4 Kinder (min. 2 M).
Wolf (vor 1570–1610) wird RH REB 1596–1610 [P 64]. Christoph (1571–1629) wird Dr. med.[15]

7. B) ZM REB 1585–91, 6 Jahre

10. B) Siebner 1585/88/89, 3 Jahre[16]

64. Heinrich, Wolf

1. Kleinrat (Ratsherr); 1596–1610; vor 1570–1610 Dez. 4 Basel.[17]

3. A) Basel **B)** Rebmann **D)** E REB

4. A) Ursprüngl. Glaubensflüchtlinge aus d. Hochburgund, Rebleute
B) Stephan Heinrich «der welsch», Rebmann d.R. [P 63].

5. A) Ehefrau(en) namentl. n. bekannt
B) Christoph (1571–1629) wird Dr. med.

---

12 **7.–22.:** Lotz ibid.; Rb L 2, -M 3, -S 1,12; Finanz H; Bruckner 1854; Kölner Rebleutenzunft, S. 86.
13 Rb D 4, 33r; Platter Pest 238.
14 PrivatA 578 B 1 20, p.22 (Zunftaufnahmen); Sterbereg. I, 212; Rb L 2.
15 **3.–6.:** Sterbereg. ibid.; Rb S 1,12; PrivatA 578 ibid.; Bürgerannahmen VIII; Taufreg. II, 96f.; Kölner Rebleutenzunft 86.
16 **7./10.:** Rb L 2, -S 1,12; Finanz H.
17 Rb L 3, -S 1,12.

6. **A)** Kinder unbekannt geblieben.[18]

7. **B)** RH REB 1596–1610, 14 Jahre

10. **B)** Siebner 1597/98/1601/02/04/06/09/10, 8 Jahre

15. **C)** Gericht Kleinbasel 1601–05, 4 Jahre

19. Pfleger St. Alban 1600–11, 11 Jahre[19]

65. Janns, Hans Jacob

1. Kleinrat (Zunftmeister); 1591–1618; 1543 Nov. 12 Basel (Elisabethen)–1618 Juni 14 Basel (dito)[20]

3. **A)** Basel   **B)** Rebmann   **D)** E REB 1573

4. **A)** Geschl. aus Sengen eingew.
   B) Hans Jantz v. Sengen, 1539 Bürgerrecht Basel, zweimal verheiratet

5. **A)** 1573 Rosina (†1629), T. d. Claudius Falkeisen, Spitalschmied, u. d. Barbara Häbig, Nichte d. Rudolf Falkeisen d.R. SMI [P 79]

6. **A)** Kinder namentl. n. bekannt[21]

7. **B)** ZM REB 1591–1618, 27 Jahre

8. **A)** Schaffner Barfüsser 1566–71, 5 Jahre
   B) Unterschreiber Spital 1570–78; Oberschreiber Spital 1578–91, 21 Jahre

10. **B)** Siebner 1592/94/95/98/1600/02/06, 7 Jahre

12. **C)** Ladenherr 1599–1602, 3 Jahre

15. **B)** Gericht Grossbasel 1600–01, 1 Jahr

19. Pfleger St. Alban 1596–98; Spital 1597–1617, 22 Jahre[22]

66. Niclaus, Hieronymus

1. Kleinrat (Zunftmeister); 1596–1607; 1538 März 8 Basel (Martin)–1607 März 11 Basel[23]

---

18 **3.–6.**: Sterbereg. Bestattungen Basel –1700, S. 106.
19 **7.–19.**: Rb L 2, -M 3, -S 1,12; Finanz H.
20 Lotz D 168; Rb L 3, -S 1,12.
21 **3.–6.**: Lotz ibid.
22 **7.–19.**: Lotz ibid.; Rb L 2, -M 3, -S 1,12; Finanz H; KlosterA Barfüsser J 2.
23 Rb L 3, -S 1,12; Genealog. Personenkartei, handschriftl. u. gedr. Angaben.

3. **A)** Basel   **B)** Rebmann   **D)** REB

4. **B)** Franz Niclaus, Rebmann, Bürgerrecht Basel 1534

5. **A)** Heirat 1560, Ehefrau namentl. n. bekannt

6. **A)** 9 Kinder (5 M; 4 F), namentl. bekannt[24]

7. **B)** ZM REB 1596–1607, 11 Jahre

10. **B)** Siebner 1597/98/1600/03/04/06, 6 Jahre

24. **C)** Untertanengeb./Landvogteien 1604: 2

26. Oberrhein 1603/04: 2[25]

67. Sessler, Hieronymus

1. Kleinrat (Ratsherr); 1573–1601; ca. 1527–1601 Okt. 28 Basel.[26]

2. Taufpaten s. 4. Kindes Hieronymus 1562 Jan. 27: Hieronymus Curio, Drucker u. Gelehrter; s. Kind 1564: Heinrich Blauner d.R. REB [P 61]; s. T. Margret 1569 April 24: Ludwig Bienz d.R. REB [P 60]; s. S. Johannes 1570 Juli 16: Niclaus Dürr d.R. [P 49]; s. S. Alban 1576 März 18: Theodor Hertenstein d.R. [P 33], Daniel Ryff d.R. [P 164]; s. T. Anna 1582 Nov. 15: Marx Werdenberg d.R. [P 77]; s. S. Hans Jacob 1584 Mai 31: BM Hans Rudolf Huber [P 6]; s. T. Elisabeth 1585 Aug. 31: Erasmus Wurstisen [P 45]; s. T. Margret 1588 Okt. 3: XIII Wolf Sattler [P 165], Magdalena, Schw. d. RS Samuel Übelin [P 43]; s. T. Agnes 1591: Conrad Gotthard d.R. [P 111][27]

3. **A)** Basel   **B)** Rebmann, Müller
   C) Besitzt als Spitalmüller Nutzungsrechte im St. Alban-Tal und am St. Alban-Teich.
   D) K REB 1564

4. **A)** Geschl. aus Rothenburg
   B) Hieronymus Sessler d.Ä., Müllergeselle v. Rothenburg, 1527 Bürgerrecht Basel, Spitalmüller, K SMI, 1552 (alt) Spitalmeister

5. **A)** 1557 Barbara, T. d. Rebmanns Alban Gallus d.R. [Fü P 63]; 1581 Agnes Thüring; Barbara Walter[28]

---

24 **3.–6.:** ebda.
25 **7.–26.:** Rb L 2, -L 3, -S 1,12; Finanz H; -G 27.
26 Lotz C 476.
27 KirchenA X 8 1 (Taufreg. St. Alban), 105r, 122r, 142v, 160r, 189r, 197r; -X 8, 2, ibid., 36v, 118r, 134v, 149r, 178r, 205r.
28 **3.–5.:** Lotz ibid.; St. Alban Teich A 228; Füglister 343.

100   I. Prosopographien: Rebleuten

    7. B) 1573–1601 RH REB, nach Ratswahltag 1601 entsetzt, 19 Jahre

    8. B) Spitalmüller

  10. B) Siebner 1575/77/81/83/86/87/90/92/93/95/97/99/1601, 13 Jahre

  15. B) Gericht Grossbasel 1586, 1 Jahr

  16. B) Unzüchter 1577–80, 3 Jahre

  19. Pfleger Elendherberge 1588–1601, 14 Jahre[29]

  24. C) Untertanengeb./Landvogteien 1579–85: 1[30]

  29. A) St. Alban-Vorstadt li. einw. 62/60: Rest. Alban-Eck und Zunfthaus HIM.
     B) St. Alban-Vorstadt li. einw. neben 78 (Scheune m. Landstück neben Wohnort v. Apollinaris Staehelin [P 42])

  30. Erarb. Vermögen ca. 10 000–12 000 *fl* (v. s. Nachk. versteuert)[31]

---

29 **7.–19.:** Lotz ibid.; Rb L 2; -M 3; -S 1,12; St. Alban Teich A ibid.
30 Rb M 7.
31 **29./30.:** HGB St. Alban-Vorstadt; Platter Pest 236; Brenner 85.

Brotbecken

68. Billing, Hans Albrecht

1. Kleinrat (Zunftmeister), 1569–94; 1543 Dez. 21 Basel–1594 Okt. 27 Basel[1]

2. Alban Gallus d.R. [Fü P 63]; XIII Hans Esslinger [P 70][2]

3. **A)** Basel **B)** Weissbeck **D)** 1562 E BEK

4. **A)** Altes Handwerksgeschl. m. Ratsvertretung in Basel seit 1482, erster: Heinrich Billing, Wirt zum Hirzen, ZM GAR 1482–94, dessen Sohn Lienhard: RH GAR 1507–20 [Fü P 111]
   B) Anton Billing (†1564), Brotbeck, ZM BEK 1561, entsetzt; u. Anna Spentauer

5. **A)** 1562 Maria, T. d. Webers Balthasar Scheltner d.R. [Fü P 164], Tante d. Webers Jacob Scheltner d.R. [P 166]; Barbara, T. d. Metzgers Hans Gernler d.Ä. d.R. [P 124]
   B) Barbara (1540–82) heir. 1562 d. Sattler Wilhelm Turneisen d.R. [P 155]. Caspar (*1548) heir. Chrischona, Schw. d. Hans Burkhart Rippel d.R. [P 113]. Salome (*1556) heir. 1572 Urs, S. d. Webers Balthasar Scheltner d.R. (s.o. 5.A), Br. d. Hans Heinrich Scheltner d.R. 1611–15, Onkel d. Jacob Scheltner d.R. WEB [P 166], Schwager d. Michael Gernler, Wollweber d.R. [P 158] u. d. Heinrich Lutterburger, Gewandmann d.R. [P 9].[3]

6. **A)** Mind. ein Kind 1577 (unehelich; aus Ehebruchsaffäre; s.u. 7.B)

7. **B)** ZM BEK 1569–77, stillgestellt bis Ende 1577 (Sittenstrafe f. Ehebruch); 1578–94, 26 Jahre

10. **B)** Siebner 1570/72/80/82, 4 Jahre

12. **C)** Ladenherr ca. 1568–71: 3 Jahre

19. Pfleger St. Martin 1591–94: 4 Jahre[4]

29. **A)** Aeschenvorstadt li. einw. 6

30. 1581ff. Jährl. Zins v. 10 *lb* u. Nutzungsrechte (Kaufpreis 200 lb) an der Liegenschaft «Zum Hohen Dolder», Sitz d. gleichnam. Vorstadtgesellschaft in d. St. Alban-Vorstadt[5]

---

1 Lotz C 36.
2 KirchenA X 8, 1, 54r (Taufreg. St. Alban).
3 **3.–5.**: Lotz ibid.; BCh VI, 66 Anm.3; Füglister 367.
4 **7.–19.**: Lotz ibid.; Rb L 2; -M 3; -S 1,12; Finanz H; -W 5, 2; Billings Stillstellung wurde noch innerhalb d. Ratsjahres 1577/78 aufgehoben, denn es kam zu keiner Ersatz- od. Nachbesatzung s. Ratssitzes, vgl. Rb L 2 (Ratsbesatzungen) 1577/78.
5 **29./30.**: HGB Aeschenvorstadt; Platter Pest 228; StABS Staatsurkunden 1581 Juni 24, Hoher Dolder Urk. No. 1

69. Dürst, Jost

1. Kleinrat (Ratsherr); 1565–98; 1530 Mai 30 Basel–1598 Sept. 27 Basel[6]

3. A) Basel   **B)** Brotbeck   **D)** E BEK vor 1560

4. B) Hans Dürst (†1544/46), Brotbeck, K BEK 1511

5. A) 1544 Verena Wagner klagt Jost Dürst ein, weil er ihr die Ehe versprochen, aber nicht gehalten hat. Die Verbindung wird aufgrund Dürsts Minderjährigkeit f. nichtig erklärt. 1553 Margret, Nichte d. XIII Ullrich SPI [P 140], Cousine d. Barthlome Merian d.R. HAU [P 22]. Vor 1575 Margret, T. d. SH Hans Schwarz d.R. WEI [P 40].[7]

6. A) Mind. 1 Sohn

7. B) RH BEK 1565–98, 34 Jahre

10. B) Siebner 1567/69/72/76/78/79/84/89/91/93/95/97, 12 Jahre

12. C) Ladenherr 1557/61/64, mind. 3 Jahre

16. B) Unzüchter 1579–82, 3 Jahre   **C)** Almosenherr 1592–98, 7 Jahre[8]

29. A) Unt. Rheingasse 3/5

30. Erarb. Vermögen (versteuert v. s. Sohn) ca. 8000–10 000 $f\!f^9$

70. Esslinger, Hans

1. Kleinrat (Zunftmeister, Ratsherr), Dreizehner; 1540–79; 1515 Basel–1579 Juni 15 (St. Leonhard)[10]

3. A) Basel   **B)** Brotbeck   **D)** E BEK 1535

4. B) Fridli Esslinger (†nach 1544), Brotbeck, u. Anna, T. d. Hans Stammler

5. A) 1535 Eufrosina (†1544), T. d. Brotbecken Conrad Bomhart d.R. [Fü P 69], Schw. d. Mathis Bomhart d.R. (†1564), Kronenwirt; 1549 Agatha Wyssenburger (†1567); nach 1567 Margret, T. d. BM Theodor Brand [Fü P 149], Schw. d. OZM Bernhard Brand [P 28], Wwe. d. Junkers Jacob Russinger d.R. WEI (†1557), Wwe. d. SS Heinrich Falkner

---

6   Lotz C 97.
7   **3.–5.:** Lotz ibid.
8   **7.–16.:** Rb L 2, -M 3, -S 1,12; Finanz H, -W 5. 2.
9   **29./30.:** HGB Rheingasse; Brenner 96.
10 Lotz C 120; Rb L 2; -S 1,12.

6. **A)** 3 Kinder (1 M; 2 F).
   Barbara (1551–1613) heir. 1567 Barthlome Vochhen, Metzger d.R. [P 133], heir. 1579 Burkhart Lutterburger, Metzger d.R. [P 126].[11]

7. **B)** ZM BEK 1540–74; RH BEK 1574–79, 39 Jahre

9. Dreizehner vor 1571–79, vermutl. seit 1556, spät. seit 1563 (s.u. 15.A), 27.), ca. 23 Jahre

10. **B)** Siebner 1545/47/49/50/52/55/57/59/61/63/67/69/71/73/74/77/79, 17 Jahre

12. **C)** Ladenherr 1557, mind. 1 Jahr

14. **A)** Bauherr 1572–79, 7 Jahre **B)** Fünfer (Richter) 1555–71, 17 Jahre
    D) Kornherr 1556–62/70–79, 15 Jahre

15. **A)** Appellationsherr 1556/58/60/62/64/66/68/70/72/74/76/78, 12 Jahre

16. **A)** Ehegericht 1569, mind. 1 Jahr

19. Pfleger St. Leonhard 1546–79; Elendherberge 1577–79, 35 Jahre

21. Fähnrich (Feldweibel) 1567[12]

24. **A)** Tagsatzung 1556–68: 26 **B)** Evangel. Orte 1556–62: 4
    C) Untertanengebiete/Landvogteien 1557–69: 7
    D) Übrige eidgenöss. 1556–64: 13

27. **A)** Dt. Reich 1563 (Kaiserbesuch Basel): 1[13]

71. Feldbach, Fridlin (Friedrich)

1. Kleinrat (Ratsherr); 1580–1610; 1537 Nov. 24 Basel–1610 Nov. 24 Basel.[14]

3. **A)** Basel **B)** Brotbeck **D)** E BEK 1562

4. **A)** Regimentsfähiges Bäckergeschl. aus Pfirt, erster in Basel: Fridli Veltpach d.Ä. d.R. (s.u. 4.C)
   B) Fridli Veltpach († 1553), Brotbeck, E BEK 1521
   C) Fridli Veltpach d.Ä. d.R. († 1527), Brotbeck v. Pfirt, Bürgerrecht Basel u. K BEK 1485 [Fü P 71]

---

11 3.–6.: Lotz ibid.; Füglister 345, 385.
12 7.–21.: Rb L 2; -M 2; -M 3; -S 1,11; -S 1,12; GerichtsA T 9–11; -U 5/6; -U e.2; -W; Finanz H; -W 5.2; Fabian 425; Esslingers Dreizehneramt: Z. untersuchten Zeit bekleidete kein Nicht-Dreizehner das Appellherrenamt. Wenn auch die Ämterbesatzungen 1553–71 fehlen (Rb M 2, -3; Fabian lässt in s. Listen eine entspr. Lücke), so kann aufgrund d. Besatzungen d. Appellationsherren in GerichtsA T 9–11 zuverlässig geschlossen werden, dass Esslinger als Appellherr auch XIII war.
13 24./27.: Finanz G 18–20; EA 4.II/-5.I; Ochs Bd. 6, 225–229.
14 Lotz C 133.

5. **A)** vor 1565 Catharina Buchmann
   C) Elisabeth Feldbach heir. 1539 d. Schirlitzweber Hans, S. d. Balthasar Scheltner d.R. WEB [Fü P 164], Eltern d. Jacob Scheltner, Weber d.R. [P 166].

6. **A)** Catharina (1565–1609) heir. d. Schiffmann Anton Göbelin d.J. d.R. SIF 1605–15, S. d. XIII Jacob Göbelin SIF [P 169]. Hans Ulrich wird Brotbeck, heir. Anna (1573–1605), T. d. Jacob Göbelin d.R. SIF (s.o.).
   C) Rudolf Göbelin (1605–89), Schiffmann d.R. SIF 1638–58/65–89, LV Waldenburg 1658–65; Peter Göbelin (1602–60) wird Schiffmann d.R. SIF 1639–60.[15]

7. **B)** RH BEK 1580–1610, 31 Jahre

10. **B)** Siebner 1587/89/90/93/94/96/99/1601/03/07/09/10, 12 Jahre

19. Pfleger St. Theodor 1587–1610, 24 Jahre[16]

29. **A)** Haus «Schir und stal» Riehentorstr. li. ausw. 17/19
    B) Eckhaus Riehentorstr. li. ausw. 19–21/Ecke Ob. Rebgasse 54; Ob. Rebgasse re. einw. 52[17]

72. Merian, Johann Rudolf

1. Kleinrat (Zunftmeister); 1596–1610; 1551 März 3 Basel–1610 Nov. 8 Basel (Pest)[18]

3. **A)** Basel **B)** Brotbeck **D)** K BEK 1573

4. **A)** Meiersgeschl. aus Lütendorf, Basler Stammvater: Schiffmann Theobald (1475–1544), Bürgerrecht Basel 1498, parität. Ratsgeschl., einflussreich, wohlhabend, prosperiert v.a. im 17. Jh.
   B) Rudolf Merian (1516–54), Holzflösser, Meister d. Gesellschaft z. Rebhaus im KlBS, u. Margret (†1610 Pest), T. d. Schäfers Peter Gernler d.R. GAR (s.u.).
   C) Johann Peter Merian, Meier v. Lütendorf u. Anna Saur; Peter Gernler (1496–1544) ZM GAR 1535–44 u. Wylemat Nussbaum (†nach 1573)
   D) Theodor Merian (1514–66), Goldschmied d.R., ZM HAU 1561–66, doppelt verschwägert m. Lienhard Reinacher gen. Koger, Fischkäufer d.R. [Fü P 171], Schwiegers. d. SS Heinrich Falkner WEI (S. d. OZM Ulrich Falkner [Fü P 39]); Erhart Merian (1498–1560), Schiffmann d.R., RH SIF 1552–60, Br. d. Theodor, verschwägert m. Balthasar Angelrot d.R. HAU [Fü P 25] u. m. ANT Prof. theol. Simon Sulzer; XIII Ullrich Merian SPI [P 140]; mütterlicherseits: Alban Gallus d.R. REB [Fü P 63], Adam Höpperlin d.R. [P 92]

5. **A)** 1576 Barbara Metzger (†vor 1580); 1580 Juli 2 Barbara (1539–1607), T. d. Metzgers Jacob Lutterburger u. d. Anna von Selz, Schw. d. Burkhart [P 126], Nichte d. Heinrich Lutterburger [P 9], beide d.R.
   C) Samuel Merian (*1542), Goldschm., heir. 1567 Margret, T. d. Apollinaris Staehelin d.R. [P 42]. Walter Merian (1558–1617) Säger, Dielenhändler d.R.,

---

15 3.–6.: Lotz ibid., -C 171; Füglister 346f., 398f.
16 7.–19.: Rb L 2, -M 3, -S 1,12.
17 HGB Riehentorstrasse, -Rebgasse; Platter Pest 466, 555.
18 Lotz C 327; Rb L 2, -S 1,12.

ZM SPI 1608–17, heir. 1579 Margret, T. d. Beat Falkner d.R. WEI, LV Münchenstein. Barthlome Merian (1580–1609), Goldschmied d.R. [P 22]; Hans Gernler, Metzger d.R. [P 124]; Michael Gernler, Wollweber d.R. [P 158]

6. **A)** 5 Kinder (1 M, 4 F), namentl. bekannt.
   B) Rudolf Merian (1574–1629), Bäcker d.R., ZM BEK 1612–29. Matthäus Merian (1593–1651) gen. der Ältere, der berühmte Kupferstecher, Planzeichner u. Buchhändler, in Basel u. Frankfurt a.M.[19]

7. **B)** ZM BEK 1596–1610, 15 Jahre

10. **B)** Siebner 1599/1601/03/05/07, 5 Jahre

15. **C)** Gericht Kleinbasel 1599–1602, 3 Jahre

19. Pfleger St. Theodor 1604–10, 7 Jahre

21. Wachtkdt. im Rappenkrieg 1594; Hptm. d. grossen Gesellenschiessens 1605; Schützenmeister[20]

73. Munzinger, Hans Conrad

1. Kleinrat (Ratsherr zweier Zünfte); 1599–1625; 1564 Nov. 28 Basel (St. Theodor) –1625 Jan. 15 Basel[21]

2. 1564 Nov. 28 Jacob Wix d.R. [P 179], Onofrion Merian aus d. parität. Ratsgeschl. (vgl. [P 22], [P 72], [P 140]); Taufpaten s.T. Margaretha 1588 Nov. 4: BM Sebastian Spörlin [P 146], Valeria Irmi, Nichte d. Hans Jacob Irmi d.R. [P 7][22]

3. **A)** Basel   **B)** Bäcker   **D)** 1588 K BEK; später E FIS

4. **A)** Altes Basler Geschl., zwei Zweige: 1. Achtburgergeschl. seit mind. 1440, Henman Munzinger Stammvater; 2. Kleinbasler Handwerker- u. Fischergeschl.
   B) Theodor (gen. Joder) Munzinger, Fischkäufer d.R. [P 174] u. Anna Haberer (s. ibid.)
   C) Peter Munzinger († 1559/62), Fischkäufer

5. **A)** Vor 1588 Sara (1566–nach 1607), T. d. Prof. iur. Caspar Herwagen u. d. Sabina Scherer
   B) 18 Geschwister. Beat gen. Batt (1563–1620) wird Fischer d.R. FIS 1617–20.

---

19 **3.–6.:** Lotz ibid., -C 163; Rb L 2, -S 1,12; Füglister 316, 326f., 343, 399.
20 **7.–21.:** Rb L 2, -M 3, -S 1,12; Finanz H; Ryff Rappenkrieg 27; Buxtorf-Falkeisen, 17. Jh. H.1, S. 11.
21 Lotz C 347; Rb L 2; -L 3; -S 1,12.
22 KirchenA BB 24.1 (Taufreg. St. Leonhard), 143; LP Hans Conrad Munzinger, UBB KirchenA J X. 3, 10, p. 17.

I. Prosopographien: Brotbecken

6. **A)** 8 od 10 Kinder (5 od. 6 M; 3 od. 4 F).
Caspar (1605–60) Bäcker d.R., heir. vor 1626 Barbara (1603–nach 1661), T. d. Mathis Isenflam (1549–1614), SH KlBS u. d.R. SMI[23]

7. **B)** RH BEK 1599–1606/1612–13; RH SIF/FIS 1621–25, 12 Jahre

8. **B)** Stadthauptmann KlBS (18 Jahre); Herbergsmeister 1606–12/1613–21, 32 Jahre

10. **B)** Siebner 1600/01/04/05 doppelt; 1613/22/24, 11 Jahre

19. Pfleger St. Alban 1612/13, 1 Jahr

21. 4 Jahre Kriegsmann (Scharführer) in kgl. frz. Diensten; eidgenöss. militär. Führungsamt in Mühlhausen, Basel od. d. Schweiz, ca. 4–5 Jahre[24]

29. **A)** Familienwohnhaus «zum Kesselberg», Riehentorstrasse 24/26[25]

74. Werdenberg, Fridolin (Fridlin)

1. Kleinrat (Ratsherr); 1544–72; 1500 Basel–1572 Aug. 24/28 Basel (Elisabethen)[26]

3. **A)** Basel **B)** Brotbeck **D)** E BEK 1525 (durch s. Vater, s.u. 4.B)

4. **A)** Einflussreiches oberschichtl. Becken- u. Wirtegeschl., Ratsgeschl. seit Ende d. 15. Jh.
B) Marx Werdenberg (†1542), Brotbeck d.R. [Fü P 78], LV Waldenburg, folgt s. Vater als Ratsvertreter BEK nach (ZM BEK ab 1519; s.u. 4.C); u. Magdalena Späth (†1564 Pest)
C) Heinrich Werdenberg (†ca. 1518), Brotbeck, XIII [Fü P 77]; u. Ursula Witzig

5. **A)** Erste Ehe uns. 1547 Sept. 20 Catharina (†nach 1572), T. d. Hans Schölli d.R. [P 153], Nichte d. OZM Bläsy Schölli [Fü P 23], Cousine d. Caspar Schölli d.R. HIM 1547–64 (Schwiegervater d. Samuel Uebelin d.R. WEI [P 43]), Enkelin d. Hans Schölli d.Ä. d.R. [Fü P 155], Schwägerin d. Heinrich Grebli d.R. GAR [Fü P 119] u. d. XIII u. hochrang. Dipl. Hans Rudolf Frey [Fü P 17], Grossv. d. Hans Jacob Frey d.R. [P 31]; als Wwe. heir. Catharina 1573 XIII Diebold Henk [P 90].
B) Dorothea heir. 1533 Andreas Spörlin, Küfer d.R. SPI [P 144], Eltern d. XIII Jörg Spörlin [P 145].

---

23 3.–6.: Lotz ibid.; der Zunfteintritt FIS ist nicht belegt, drängt sich aber auf, da sein Vater bereits bei FIS Kleinrat war und er dieses Amt 1621–25 auch bekleidet, s. o. 7.B; Gast Tgb. 373; Heusler, Verfassungsgeschichte, 363.
24 7.–21.: Lotz ibid.; Rb L 2; -M 3; -S 1,12; Finanz H; Protokolle Öffnungsb IX; LP Munzinger ebda., p. 3f., 18.
25 HGB Riehentorstrasse; AK 6, p. 340ff.
26 Lotz C 563; Rb L 2, -S 1,12; divergierende Angaben z. Todesdat. (22.–28.8.1572) in d. Quellen.

I. Prosopographien: Brotbecken   107

6. **A)** 9 Kinder (6 M; 3 F).
   Heinrich (vor 1532–1603) Wirt z. Wilden Mann, Herbergsmeister 1563–88, Büchsenmeister, Verwalter Gotteshaus St. Jacob, Hptm. v.a. in frz. Diensten. Marx (1548–83) wird Brotbeck d.R. [P 77]. Friedrich (1557–94) wird Brotbeck d.R. [P 75]. Johann (1558–1603) wird Weissbeck d.R. [P 76].
   B) Maria Werdenberg (T. d. Weinmanns Hans, Enkelin d. Marx, s.o. 4.B) heir. 1561 Niclaus, S. d. Wollwebers Hans Leiderer d.R. [P 161]; XIII u. LV Jörg Spörlin [P 145] (s.o. 5.B)
   C) Hans Friedrich (*1574) wird Prof. Dr. med. Hans Heinrich (1578–1636) wird Brotbeck d.R., RH BEK 1618–36. Hans Jacob (*1583) wird Rappenwirt, heir. Elisabeth, Cousine d. Hans Lux Iselin d.R. [P 54].[27]

7. **B)** RH BEK 1544–72, 29 Jahre

10. **B)** Siebner 1545/46/49/51/52/55/57/59/61/63, 1565 doppelt, 1566/69, 14 Jahre

14. **A)** Bauherr vor 1571–72, ca. 3 Jahre
    D) Kornherr 1570–72, 3 Jahre

15. **B)** Gericht Grossbasel 1555–61, 6 Jahre

16. **A)** Ehegericht 1552–nach 1553, ca. 3 Jahre
    C) Almosenherr 1559–72, 14 Jahre

19. Pfleger Domprobstei 1552–72, 21 Jahre[28]

24. **C)** Untertanengebiete / Landvogteien 1564–67: 4[29]

75. Werdenberg, Friedrich

1. Kleinrat (Zunftmeister); 1584–94; 1557 Juni 11 Basel–1594 Aug. 06 Basel (Pest)[30]

3. **A)** Basel **B)** Brotbeck **D)** E BEK 1573

4. **A)** Einflussreiches oberschichtl. Becken- u. Wirtegeschl., Ratsgeschl. seit Ende d. 15. Jh., s. Urgrossvater Hans Schölli d.Ä. d.R. [Fü P 155].
   B) Fridolin Werdenberg (1500–72), Brotbeck, RH BEK 1544–72 [P 74], u. Catharina († nach 1572), T. d. Hans Schölli d.R. [P 153], s. Stiefvater 1573 ff.: XIII Diebold Henk [P 90].
   C) Marx Werdenberg († 1542), Brotbeck d.R. [Fü P 78], LV Waldenburg, u. Magdalena Späth († 1564 Pest); s. Grossonkel ist OZM Bläsy Schölli [Fü P 23].
   D) Dorothea Werdenberg heir. 1533 Andreas Spörlin, Küfer d.R. SPI [P 144]. Caspar Schölli d.R. HIM 1547–64 (Schwiegervater d. Samuel Uebelin d.R. WEI [P 43]).

---

27 **3.–6.:** Lotz ibid.; Füglister 308f., 314f., 349f., 371, 389f.
28 **7.–19.:** Almosen D 2, 1; GerichtsA W 1; Finanz H; Rb L 2, -L 3, -M 3, -S 1,11, -S 1,12.
29 Finanz G 19 f.
30 Lotz C 563.

5. A) 1577 Lucia Rink.
B) Heinrich (vor 1532–1603) Wirt z. Wilden Mann, Herbergsmeister 1563–88, Büchsenmeister, Verwalter Gotteshaus St. Jacob, Hptm. v.a. in frz. Diensten. Marx (1548–83) wird Brotbeck d.R. [P 77]. Johann (1558–1603) wird Weissbeck d.R. [P 76].
C) Maria Werdenberg (T. d. Weinmanns Hans, Enkelin d. Marx, s.o. 4.B) heir. 1561 Niclaus, S. d. Wollwebers Hans Leiderer d.R. WEB [P 161]; XIII Jörg Spörlin [P 145]

6. A) Hans Heinrich, Brotbeck, heir. 1599 Ursula, T. d. Grempers Hiob Ritter d.R. [P 114]. Hans Friedrich wird Brotbeck d.R.
B) Hans Friedrich (*1574, S. d. Marx) wird Prof. Dr. med. Heinrich (1578–1636, S. d. Marx) wird Brotbeck d.R., RH BEK 1618–36, heir. 1599 Dorothea, T. d. Hiob Ritter d.R. [P 114], Schw. d. Ursula Ritter (s.o.). Hans Jacob (*1583) wird Rappenwirt, heir. Elisabeth, Cousine d. Hans Lux Iselin d.R. [P 54].[31]

7. B) ZM BEK 1584–94, 11 Jahre

10. B) Siebner 1587/89/90/93, 4 Jahre

14. D) Kornherr 1590–94, 5 Jahre

19. Pfleger Münster 1592–94, 3 Jahre[32]

29. A) Elisabethenstr. re. einw. 1[33]

76. Werdenberg, Johann

1. Kleinrat (Zunftmeister); 1597–1602; 1558 Nov. 15 Basel–1603 (weggezogen)[34]

3. A) Basel **B)** Brotbeck, Akademiker (Artist) **D)** E BEK 1580

4. A) Einflussreiches oberschichtl. Becken- u. Wirtegeschl., Ratsgeschl. seit Ende d. 15. Jh., s. Urgrossvater Hans Schölli d.Ä. d.R. [Fü P 155]
B) Fridolin Werdenberg (1500–72), Brotbeck, RH BEK 1544–72 [P 74], u. Catharina (†nach 1572), T. d. Hans Schölli d.R. [P 153], s. Stiefvater 1573 ff.: XIII Diebold Henk [P 90]
C) Marx Werdenberg (†1542), Brotbeck d.R. [Fü P 78], LV Waldenburg, u. Magdalena Späth (†1564 Pest); s. Grossonkel ist OZM Bläsy Schölli [Fü P 23].
D) Dorothea Werdenberg heir. 1533 Andreas Spörlin, Küfer d.R. SPI [P 144]. Caspar Schölli d.R. HIM 1547–64 (Schwiegervater d. Samuel Uebelin d.R. WEI [P 43]).

---

31 **3.–6.:** Lotz ibid.; Füglister 314f., 349f., 389f.
32 **7.–19.:** Lotz ibid.; Rb L 2, -M 3, -S 1,12; Finanz H.
33 HGB Elisabethenstr.; Platter Pest 230.
34 Lotz C 563; Rb S 1,12; alle unvollst., die spärlichen Notizen lassen schliessen, dass er um 1603 gestorben ist.

5. **A)** Sara Jäger (†nach 1603), um 1603 bevogtet
   B) Heinrich (vor 1532–1603) Wirt z. Wilden Mann, Herbergsmeister 1563–88, Büchsenmeister, Verwalter Gotteshaus St. Jacob, Hptm. v.a. in frz. Diensten; Marx (1548–83) wird Brotbeck d.R. [P 77]. Friedrich (1557–94) wird Brotbeck d.R. [P 75].
   C) Maria Werdenberg (T. d. Weinmanns Hans, Enkelin d. Marx, s.o. 4.B) heir. 1561 Niclaus, S. d. Wollwebers Hans Leiderer d.R. WEB [P 161]; XIII Jörg Spörlin [P 145]

6. **A)** 3 Kinder (1 M, 2 F), eine Tochter 1603 bevogtet, weiteres n. bekannt od. unklar
   B) Hans Heinrich (S. d. Friedrich), Brotbeck, heir. 1599 Ursula, T. d. Grempers Hiob Ritter d.R. [P 114]. Hans Friedrich (S. d. Friedrich) wird Brotbeck d.R. Hans Friedrich (*1574, S. d. Marx) wird Prof. Dr. med. Heinrich (1578–1636, S. d. Marx) wird Brotbeck d.R., RH BEK 1618–36, heir. 1599 Dorothea, T. d. Hiob Ritter d.R. [P 114], Schw. d. Ursula Ritter (s.o.). Hans Jacob (*1583) wird Rappenwirt, heir. Elisabeth, Cousine d. Hans Lux Iselin d.R. [P 54].[35]

7. **B)** ZM BEK 1597–1602 (Wegzug nach Verzicht auf erneute Aufstellung z. Wahl), 5 Jahre

10. **B)** Siebner 1598/1600/02, 3 Jahre

15. **B)** Gericht Grossbasel 1598–1602, 4 Jahre

18. **A)** Immatr. Univ. Basel 1572/73, b.a. 1575[36]

77. Werdenberg, Marx (Marcus)

1. Kleinrat (Zunftmeister); 1574–83; 1548–1583 Okt. 29 Basel.[37]

3. **A)** Basel **B)** Brotbeck
   C) Kommt durch Heirat an d. Wirtschaft z. Rappen (s.u.)
   D) E BEK 1572

4. **A)** Einflussreiches oberschichtl. Becken- u. Wirtegeschl., Ratsgeschl. seit Ende d. 15. Jh., s. Urgrossvater Hans Schölli d.Ä. d.R. [Fü P 155].
   B) Fridolin Werdenberg (1500–72), Brotbeck, RH BEK 1544–72 [P 74], u. Catharina (†nach 1572), T. d. Hans Schölli d.R. [P 153], s. Stiefvater 1573 ff.: XIII Diebold Henk [P 90]
   C) Marx Werdenberg (†1542), Brotbeck d.R. [Fü P 78], LV Waldenburg, u. Magdalena Späth (†1564 Pest); s. Grossonkel ist OZM Bläsy Schölli [Fü P 23].
   D) Dorothea Werdenberg heir. 1533 Andreas Spörlin, Küfer d.R. SPI [P 144]. Caspar Schölli d.R. HIM 1547–64 (Schwiegervater d. Samuel Uebelin d.R. WEI [P 43]).

---

35 3.–6.: Lotz ibid.; Füglister 314f., 349f., 389f.; gleiche Quellenproblematik; Frau u. Tochter 1603 bevogtet.
36 7.–18.: Rb L 2, -L 3, -M 3, -S 1,12; Finanz H; MUB II, 216.
37 Lotz C 563; Rb L 2, -S 1,12 (div. Todesdaten, am wahrscheinlichsten die Glosse d. RS / SS im Rb L 2: «29. 8bris»).

5. **A)** 1573 Ursula (1555–1612), T. d. Rappenwirts Hans Reuw (†1570)
   B) Heinrich (vor 1532–1603) Wirt z. Wilden Mann, Herbergsmeister 1563–88, Büchsenmeister, Verwalter Gotteshaus St. Jacob, Hptm. v.a. in frz. Diensten; Friedrich (1557–94) wird Brotbeck d.R. [P 75]. Johann (1558–1603) wird Weissbeck d.R. [P 76].
   C) Maria Werdenberg (T. d. Weinmanns Hans, Enkelin d. Marx, s.o. 4.B) heir. 1561 Niclaus, S. d. Wollwebers Hans Leiderer d.R. WEB [P 161]; XIII Jörg Spörlin [P 145]

6. **A)** 7 Kinder (4 M, 3 F).
   Hans Friedrich (*1574) wird Prof. Dr. med. Heinrich (1578–1636) wird Brotbeck d.R., RH BEK 1618–36, heir. 1599 Dorothea, T. d. Grempers Hiob Ritter d.R. [P 114]. Hans Jacob (*1583) wird Rappenwirt, heir. Elisabeth Iselin, Cousine d. Hans Lux Iselin d.R. [P 54], Enkelin des Lux Iselin d.R. [Fü P 54].
   B) Hans Heinrich (S. d. Friedrich), Brotbeck, heir. 1599 Ursula, T. d. Hiob Ritter d.R. [P 114], Schw. d. Dorothea Ritter (s.o.). Hans Friedrich (S. d. Friedrich) wird Brotbeck d.R.[38]

7. **B)** ZM BEK 1574–83, 10 Jahre

10. **B)** Siebner 1577/79/81/82, 4 Jahre

19. Pfleger Augustinern 1578–83, 6 Jahre[39]

24. **C)** Untertanengeb./Landvogteien 1582: 1 (Lützel)[40]

---

38   **3.–6.:** Lotz ibid.; Füglister 314f., 337f., 349f., 389f.
39   **7.–19.:** Rb L 2, -M 3, -S 1,12, Finanz H.
40   Finanz G 23.

Schmieden

78. Beck, Sebastian

1. Kleinrat, Oberstzunftmeister; 1583–1611; 1548 Jan. 20 Basel–1611 Mai 08 Basel[1]

2. Taufpaten s. S. Christoph 1583: XIII Mathäus Büchel [P 47], Theodor Hertenstein d.R. [P 33][2]

3. **A)** Basel; 1602 v. franz. König geadelt
   B) Eisenkrämer
   D) E SMI 1572; K WEI 1576 (mit s. Sohn Hans Jacob)

4. **B)** Jacob Beck (1514–71), Eisenkrämer, K SMI 1535, Wirt zu Augst 1542, Schaffner St. Alban 1553, K WEI 1564; u. Jacobea, Schw. d. Hans Jacob Heydelin d.R. [P 52]
   D) Theobald Beck, Lohnherr (SMI) –1564; Hans Jacob Heydelin d.R. [P 52] (s.o.)

5. **A)** 1572 Ursula Burckhardt, Nichte d. OZM Bernhard Brand [P 28]

6. **A)** Hans Jacob (1573–1632) RH SMI 1612–32, Klingentalschaffner, Besitzer d. Seidenhofs, heir. 1596 Margareta, T. d. Hans Burkhart Rippel d.R. [P 113]; heir. 2. Margareta, T. d. Diebold Schönauer, Schaffner d. bischöfl. Hofs. Sebastian (1583–1654) Pfr. Altlussheim (Baden-Württemb.), Dr. phil. 1604, Dr. theol. 1611, Prof. theol. Univ. Basel 1612, Rektor 1617/18, –25/26, –33/34, –40/41, –48/49, Vertreter Basels an der f. das reformierte zweite helvet. Bekenntnis zentralen Synode v. Dordrecht 1618; Alban Valentin (1594–1657) Gnadentalschaffner, heir. 1618 Angela, T. d. BM Hans Wernhard Ringler, Enkelin d. XIII Ludwig Ringler [P 36]. Gertrud (1574–1610) heir. d. Pulverkrämer Emanuel, S. d. OZM Jacob Rüdin [Fü P 35]. Ursula (1581–1611) heir. 1601 Hans Heinrich Werenfels d.R.
   C) Sebastian SH GrBS 1635, ZM WEI 1637–61, XIII 1645–61; Ursula (1599–1634) heir. 1617 Benedict, Sohn d. OZM Joseph Socin.[3]

7. **B)** RH SMI 1583–1609; OZM 1609–11, 28 Jahre

8. **A)** Schaffner St. Alban 1572–1611, 39 Jahre

9. Dreizehner 1592–1611, 19 Jahre

10. **A)** Dreier 1603–11, 8 Jahre
    B) Siebner 1584/86/87/90/92/94/96/98/1600/01, 10 Jahre

12. **C)** Ladenherr 1585–87, 2 Jahre

14. **A)** Bauherr 1591–1611, 20 Jahre   **D)** Kornherr 1595–1611, 16 Jahre

---

1 Lotz C 24.
2 KirchenA X 8, 2 (Taufreg. St. Alban) 129v.
3 **3.–6.:** Lotz ibid.; Rb S 1,12; Protokolle Öffnungsb IX 30; MUB II, 482.

15. **A)** Appellationsherr 1610/11, 1 Jahr
    B) Gericht Grossbasel 1582–92, 10 Jahre

16. **A)** Ehegericht 1595–97, 2 Jahre

17. Deputat 1600–08, 8 Jahre

19. Pfleger St. Alban 1586–1611; 25 Jahre[4]

24. **A)** Tagsatzung 1587–1608: 29   **B)** Evangel. Orte 1603–08: 8
    C) Untertanengeb./Landvogteien 1596–1611: 9
    D) Übr. eidgenöss. 1596–07: 13

25. **A)** Bistum Basel 1602/08: 2   **B)** Bistum Sitten 1603: 1

26. Oberrhein 1603–08: 5

27. **B)** Frankr. 1597–1607: 8   **D)** Österr. 1596/1605/08: 3[5]

29. **A)** Haus m. Garten St. Alban-Vorstadt li. einw. 82 u. 90.
    B) Trotte Malzgasse li. ausw. 1; Haus «zum Salzberg», St. Alban-Vorstadt re. einw. 19; Wasserrechte St. Albantal zu lebenslangem Lehen für 100 fl in Münz, Nutzungs- u. Verkaufsrechte auf Deichsystem St. Albantal 1590 (Albanschaffner).

30. 1587 Kauf einer Anlage in Stadtgütern m. jährl. Gewinn v. ca. 1000 fl, 1588 Anlage f. Gewinn v. ca. 5000 fl, ebenso 1590; leiht 1608/09 d. Herzog v. Württemberg ein Kapital v. 1400 fl; s. direkten Erben versteuern drei div. Vermögensstände v. insgesamt ca. 60 000 bis 80 000 fl.[6]

79. Falkeisen, Rudolf

1. Kleinrat (Zunftmeister Ratsherr); 1566–76; vor 1519 Basel–1576 Dez. 22 Basel[7]

3. **A)** Basel   **B)** Schlosser   **D)** E SMI 1540

4. **A)** Geschlecht aus Kreuznach (Württemb.), erster in Basel 1503: Hans Falckysen (s. 4.B); s. Nachkommen etablieren das Geschl. im 16. Jh. in handwerkl. Regimentskreisen (s.u. 5. / 6.).
   B) Hans Falkeisen (†1519), Bürgerrecht Basel u. K SMI 1508; u. Anna (†nach 1560), T. d. Hufschmieds Lienhart Grünagel d.R. [Fü P 81] u. d. Anna Wingartner, Schwägerin d. Ludwig Bienz d.R. REB [P 60]

---

4 **7.–19.:** Lotz ibid.; Rb D 3, 161v–163r; -L 2; -M 3; -S 1,12; KlosterA St. Alban CC 1; Finanz H; Fabian, S. 424ff.

5 **24.–27.:** Finanz G 26–29; Fremde Länder Frankreich B 2, 2; Rb D 4, 224v ff.; EA 5.I; Ochs Bd.6, 336ff., 540f., 547f., 554; Bruckner 865.

6 **29./30.:** Württemberg C 1: Schulden 1524–1747; Strittmatter 226; Platter Pest 238, 246; Urkundenbuch BS 584, 598, 607; Brenner 54, 69, 80.

7 Lotz C 125; Rb L 2; -S 1,12.

5. **A)** 1541 Jan. 26 Ottilia, T. d. Secklers Lienhard Rossnagel u. d. Clara Göbel, Nichte d. Hans Göbel d.R. GAR [Fü P 116], d. Schwagers v. BM Sebastian Doppenstein [P 3]; 1560 Ursula von Marwyl gen. Dobelmann (1531–nach 1582), T. d. Metzgers Hans v. Marwyl
   B) Anna heir. 1531 Georg Grasser, Schneidersknecht v. Rüden, Bürgerrecht Basel 1531. Claudius wird Spitalschmied, heir. in das Ratsgeschl. Bomhart (Mathis, d.R. GAR, Kronenwirt). Eine Schw. heir. d. Metzger Hans Nübling d. Ä. d.R. MEZ [P 127].

6. **A)** 15 Kinder (4 M; 11 F).
   Hans Rudolf heir. Brigitta, T. d. Jopp Ritter d.R. [P 114]. Ezechiel wird Pfr., heir. eine Tochter d. Theodor Hertenstein d.R. [P 33]. Martha heir. 1565 Claus Marbach d.R. GST [P 150].
   B) Sebastian heir. vor 1573 Barbara, T. d. Caspar Turneisen d.R. [Fü P 89], Schw. d. Lux Turneisen d.R. GAR 1551/52. Mathias heir. Ursula, T. d. Theodor Hertenstein d.R. (s. 6.A).
   C) Theodor wird Augustinerschaffner; Rosina (T. d. Claudius) heir. 1573 d. Rebmann Hans Jacob Janns d.R. [P 65]. S. Grossneffe Balthasar heir. Anna, T. d. Hans Gernler d.R. MEZ [P 124]. S. Nachk. heir. in die Regimentsfam. Ryff [P 58], [P 164], Hagenbach [P 17] u.a., Theodor (1630–71), Buchdrucker/-händler d.R., fällt 1671 im sog. Falkeisenschen Handel einem vermutl. Justizmord zum Opfer (s. Hinrichtung spaltet die Bürgerschaft; Vorgeschichte 1691er Wesen).[8]

7. **A)** Sechser SMI 1545–66   **B)** ZM SMI 1566–76, 11 Jahre

10. **B)** Siebner 1567/69/70/72, 4 Jahre[9]

80. Hornlocher, Melchior

1. Kleinrat, Landvogt, Bürgermeister; 1576–1619; 1539 Dez. 18 Basel (St. Peter) –1619 Aug. 01 Basel.[10]

2. Joh. Aschenburger; Melchior Jung; Margret z.Blumen; s. S.: XIII Beat Hagenbach [P 17]. Er wird 1579 Testamentarier v. XIII Wolf Sattler [P 165] u. PHYS Prof. med. Felix Platter [P 183]; s. ernannter Testamentarier: Weinmann Theodor Hertenstein d.R. [P 33].[11]

3. **A)** Basel   **B)** Messerschmied   **D)** 1564 E SMI

4. **A)** Altes Handwerkergeschl. v. Bern
   B) Hans Hornlocher (†vor 1542), Messerschmied v. Bern, 1532 Bürger Basel u. K SMI

---

8   **3.–6.:** Lotz ibid.; PrivatA 108; PrivatA 827 F (Stammb. Falkeisen); Rb S 1,11/-12; Füglister 351f., 356, 370; Histor.-Bio-graph. Lexikon d. Schweiz, 7+1 Bde., Neuenburg 1921ff. (HBLS), Bd. III, 109; Schweiz. Geschlechterbuch, Bde. I–VII, Basel 1905–1943 (SGB) Bd. I, 131, -V, 205.
9   **7./10.:** Rb L 2, -M 3, -S 1,12; Finanz H.
10 Lotz C 239.
11 PrivatA 355 A: Verz. Taufreg. St. Peter; Platter Tgb. 19ff.

114 I. Prosopographien: Schmieden

5. **A)** vor 1564 Catharina, T. d. Münzmeisters Sebastian Eder

6. **A)** S. Tochter heir. Beat d.J. (1601–19), S. d. XIII Beat Hagenbach [P 17].[12]

7. **B)** RH SMI 1576–1601; OZM 1601–09; BM 1609–19, 43 Jahre

9. Dreizehner 1591–1619, 29 Jahre

10. **B)** Siebner 1577/78/80/82/86/88/91/93/95/99/1601/09–19, 9 doppelt, 30 Jahre

11. Wechselherr 1615–19, 4 Jahre

12. **A)** Wardiner d. Goldmünze 1611–19, 8 Jahre
    B) Wardiner d. Silbermünze 1577–1600, 23 Jahre
    C) Ladenherr 1578–80, 2 Jahre

13. Kaufhausherr 1615–19, 4 Jahre

14. **A)** Bauherr 1611–19, 8 Jahre   **D)** Kornherr 1604–19, 15 Jahre

15. **A)** Appellationsherr 1602–18, 16 Jahre   **B)** Gericht Grossbasel 1571/77, 2 Jahre

17. Deputat 1591–1601, 10 Jahre

19. Pfleger Münster 1578–1618; Klingental 1615–19, 44 Jahre

20. **B)** Zeugherr 1584–1619, 35 Jahre

21. Mitrat im Stadtfähnlein 1597 unter Hauptmann Andreas Ryff [P 58], mit XIII Jacob Göbelin [P 169], Wilhelm Turneisen [P 155] u. XIII Hans Ludwig Meyer z. Pfeil [P 57]

22. **A)** LV Hüningen 1582–1600, 18 Jahre[13]

24. **A)** Tagsatzung 1581–1600: 43   **B)** Evangel. Orte 1586–1607: 18
    C) Untertanengeb./Landvogteien 1579–1607: 4
    D) Übr. eidgenöss. 1586–1612: 10

25. **A)** Basel –1584: 1   **B)** Konstanz –1594: 2

26. Oberrhein 1585–1617: 14

27. **A)** Dt. Reich 1604: 1
    B) Frankr. 1595–1605, meist zus. m. SYND Prof. Dr. iur. Johann Jacob Faesch, S. d. BM Remigius Faesch [P 16]: 6

27. **D)** Österr. 1596: 1   **E)** Fürstent. 1605/12: 2[14]

---

12 3.–6.: Lotz ibid.
13 7.–22.: Lotz ibid.; Rb L 2; -M 3; -S 1,12; Finanz H; Bd. 2, II. Transkriptionen, DOK 5N (Ryff Ab p. 49), S. 231.
14 24.–27.: Rb S 1,12; Finanz G 22–30; Ryff Rappenkrieg 12ff.; EA 4.II/-5.I; Ochs Bd.6, 336ff., 547; Berner 80.

29. A) Andlauerhof, Münsterplatz West 17
B) Eig. Brunnen m. fliessendem Wasser vor s. Haus, Wassernutzungs- u. Brunnenrecht am Münsterplatz ab 1601

30. 1587 Kauf einer Anlage in Stadtgütern z. jährl. Gewinn v. 1000 *fl*; Darlehen an d. Herzog v. Württemberg 1584: 5000 *fl*; 1608/09: 2000 *fl*; 1615: 6000 *fl*[15]

81. Jeuchdenhammer, Georg

1. Kleinrat (Zunftmeister); 1577–1606; 1536 Mai 11 Basel–1606 Nov. 09 Basel.[16]

3. A) Basel **B)** Schmied **D)** E SMI 1560

4. B) Hans Jeuchdenhammer (1494–1559), Hufschmied, E SMI 1514, SH KlBS 1541–48, ZM SMI 1546–49, LV Locarno 1550–52, RH SMI 1552–59; u. Ursula, T. d. Webers u. Färbers Peter Rieher d.R. [Fü P 161]
D) SS Johann Friedrich Menzinger [P 35]

5. A) Erste Ehefrau namentl. uns. Vor 1594 Maria, Schw. d. Hans u. d. Lienhart Nübling d.R. [P 127] [P 128], Wwe. d. Fischkäufers Niclaus Jäcklin, Mutter d. Hans Jäcklin d.R. [P 172].
C) Jacob Schweizer, Scherer d.R. GST [P 154]; Hieronymus Menzinger, RS / RH WEI [P 34] (2. Grades).

6. A) S. Stiefsohn: Hans Jäcklin d.R. FIS [P 172] (s.o.)[17]

7. B) ZM SMI 1577–1606, 30 Jahre

10. B) Siebner 1578/80/81/83/85/88/89/91/93/95/97/99/1601/03/05, 15 Jahre

19. Pfleger St. Theodor 1590–1602, St. Clara 1593–99, Gnadental 1600–06, 24 Jahre[18]

29. A) Haus «Schmitte», Unt. Rheingasse li. abw. 15[19]

82. Krug, Caspar

1. Kleinrat, Landvogt, Bürgermeister; 1547–79; 1518 Basel–1579 Jan. 11 Basel (St. Leonhard).[20]

3. A) Basel; 1563 erblich geadelt **B)** Eisenkrämer, -händler
D) E SMI 1535; K WEI 1542; K SAF 1565

---

15 **29./30.**: Rb B 5, 86v; Württemberg C 1; Strittmatter 225f., 229; Platter Pest 132, 434; Urkundenbuch BS 583.
16 Lotz C 257; Rb L 2; -S 1,12.
17 **3.–6.**: Lotz ibid., -C 324; Rb L 2, -L 3; Füglister 393.
18 **7.–19.**: Rb L 2, -L 3, -M 3; -S 1,12; Finanz H.
19 HGB Rheingasse; Platter Pest 468.
20 Lotz C 284; Rb L 2; -S 1,12.

4. **A)** Geschlecht aus Calw im Schwabenland eingew., erster in Basel: Sebastian (4.B).
   B) Sebastian Krug († 1546), Bürgerrecht Basel 1488, Werkmeister, Schlosser, XIII, Deputat [Fü P 84], u. Elisabeth, T. d. Ulrich Isenflam d.R. [Fü P 120], verschwägert m. d. Fam. Lützelmann d.R. [P 56] u. OZM Jacob Rüdin [Fü P 35].

5. **A)** 1536 Feb. 10 Anna (1513–79), T. d. Hans Nussbaum, Schw. d. Caspar Nussbaum d.R.
   B) Hans (1530–61) heir. 1550 Maria, T. d. BM Sebastian Doppenstein [P 3]. Melchior (1537–83) Ratssubstitut, heir. 1558 Magdalena (1541–81), T. d. SS Heinrich Falkner, Bruder d. Daniel Falkner d.R. Dorothea († 1564) heir. 1559 d. XIII Georg Spörlin [P 145], Sohn d. Andreas Spörlin d.R. [P 144], Enkel d. Jörg Spörlin d.R. [Fü P 144], Eltern d. BM Sebastian Spörlin [P 146].

6. **A)** 9 Kinder (5 M, 4 F).
   Sebastian (1541–82) wird Eisenkrämer d.R., Lohnherr [P 83]. Caspar (1542–82) wird Hauptmann. Hans Ludwig (1557–1610) wird Eisenkrämer d.R. SMI 1602–10. Barbara (1539–vor 83) heir. 1562 d. Würzkrämer Heinrich Werenfels, Vater d. Hans Heinrich Werenfels, XIII SAF 1618–47. Anna (1544–1608) heir. 1567 RS Emanuel Ryhiner [P 115], heir. 1586 Bernhard Burckhardt, Br. d. Anton von Gart gen. Burckhardt d.R. [P 97].
   C) Caspar (1581–1622) wird Hauptmann, heir. 1601 Rosina, T. d. BM Remigius Faesch [P 16]. Hans Ludwig (1586–1624) heir. 1613 Judith, T. d. XIII Hans Lux Iselin d.J. bei St. Martin, Enkelin d. Hans Lux Iselin d.R. [P 54]. Anna (*1591) heir. 1612 d. Wagmeister Niclaus Socin, Neffe d. OZM Joseph Socin. Melchior wird Schaffner St. Leonhard.[21]

7. **A)** Sechser SMI 1546/47
   B) RH SMI 1547–57; OZM 1557–59; BM 1559–79, 32 Jahre

9. Dreizehner 1552–79, 27 Jahre

10. **B)** Siebner 1550/51/54/55/59–78, 27 mehrfach, 51 Jahre

13. Kaufhausherr 1559–79, 20 Jahre

14. **A)** Bauherr 1557–73, 16 Jahre   **B)** Fünfer (Richter) 1552–57, 5 Jahre

15. **A)** Appellationsherr 1558–79, 21 Jahre
    B) Gericht Grossbasel 1546–56, 10 Jahre

16. **A)** Ehegericht (Richter) 1552–57, 5 Jahre

19. mind. 2 Pflegämter, total ca. 25 Jahre

20. **B)** Zeugherr 1557–79, 22 Jahre

22. **A)** LV Hüningen 1553–57, 4 Jahre[22]

---

21 **3.–6.:** Lotz ibid.; Rb S 1,11; -S 1,12; Gast Tgb. 213, 251, 426, 431; AK 9, 312f., 379f.; Füglister 323f., 353f., 372, 383f.
22 **7.–22.:** Lotz ibid.; Rb L 2; -M 3; -S 1,12; Finanz H; GerichtsA T 9–11; -W; Fabian 422ff.

I. Prosopographien: Schmieden 117

24. **A)** Tagsatzung 1552–64: 8
    C) Untertanengeb./Landvogteien 1553–69: 5
    D) Übr. eidgenöss. 1554–67: 10

25. **A)** Bistum Basel 1553–59: 17

26. Oberrhein 1554–73: 8

27. **A)** Dt. Reich 1562–63: 2   **B)** Frankr. 1552: 3[23]

83. Krug, Sebastian

1. Kleinrat (Ratsherr); 1579–82; 1541 April 3 Basel (Leonhard)–1582 Sept. 26 Basel (dito)[24]

3. **A)** Basel   **B)** Schmied u. Eisenkrämer
   D) E SAF 1568; E WEI u. E SMI 1571

4. **A)** Geschlecht aus Calw im Schwabenland eingew., erster in Basel: s. Grossv. Sebastian.
   B) Caspar Krug (1518–79), Eisenkrämer d.R., XIII, BM [P 82] u. Anna (1513–79), T. d. Hans Nussbaum, Schw. d. Caspar Nussbaum d.R.
   C) Sebastian Krug († 1546), Bürgerrecht Basel 1488, Werkmeister, Schlosser, XIII, Deputat [Fü P 84], u. Elisabeth, T. d. Ulrich Isenflam d.R. [Fü P 120], verschwägert m. d. Fam. Lützelmann d.R. [P 56] u. OZM Jacob Rüdin [Fü P 35]
   D) Hans Krug (1530–61) heir. 1550 Maria, T. d. BM Sebastian Doppenstein [P 3]. Melchior (1537–83) Ratssubstitut, heir. 1558 Magdalena (1541–81), T. d. SS Heinrich Falkner, Bruder d. Daniel Falkner d.R. Dorothea († 1564) heir. 1559 d. XIII Georg Spörlin [P 145], Sohn d. Andreas Spörlin d.R. [P 144], Enkel d. Jörg Spörlin d.R. [Fü P 144], Vater d. BM Sebastian Spörlin [P 146].

5. **A)** 1580 Dorothea (1538–1610), T. d. Niclaus Meyer z. Pfeil u. d. Catharina Rüdin, Enkelin d. OZM Jacob Rüdin [Fü P 35] u. d. BM Bernhard Meyer z. Pfeil [Fü P 21], Grossnichte d. BM Adelberg Meyer [Fü P 56], Nichte d. XIII Hans Ludwig Meyer z. Pfeil [P 57]
   B) Caspar (1542–82) wird Hauptmann. Hans Ludwig (1557–1610) wird Eisenkrämer d.R. SMI 1602–10. Barbara (1539– vor 1583) heir. 1562 d. Würzkrämer Heinrich Werenfels, Eltern d. Hans Heinrich Werenfels d.R. SAF 1618–47, XIII. Anna (1544–1608) heir. 1567 RS Emanuel Ryhiner [P 115], heir. 1586 Bernhard Burckhardt, Br. d. Anton Von Gart gen. Burckhardt d.R. [P 97].

6. **A)** Caspar (1581–1622) wird Hauptmann, heir. 1601 Rosina, T. d. BM Remigius Faesch [P 16].

---

23 **24.–27.:** Finanz G 17–21; EA 4.II; -5.I; Gast Tgb. 426; Ochs Bd.6 226f., 230, 234; Buxtorf-Falkeisen, 16. Jh. H. 3, 2f.; Berner 80ff.
24 Lotz C 284; Rb L 2; -S 1,12.

B) Hans Ludwig (1586–1624) heir. 1613 Judith, T. d. XIII Hans Lux Iselin d.J. bei St. Martin, Enkelin d. Hans Lux Iselin d.R. [P 54]. Anna (*1591) heir. 1612 d. Wagmeister Niclaus Socin, Neffe d. OZM Joseph Socin. Melchior wird Schaffner St. Leonhard.[25]

7. A) Sechser SMI 1578/79   B) RH SMI 1579–82, 4 Jahre

10. B) Siebner 1580/82, 2 Jahre

12. C) Ladenherr 1581–82, 2 Jahre

14. C) Lohnherr vor 1574–82, 9 Jahre

15. B) Gericht Grossbasel 1580–82, 3 Jahre

19. Pfleger Augustiner 1581–82, 2 Jahre[26]

24. A) Tagsatzung 1582: 1[27]

84. Schenk, Lienhard

1. Kleinrat (Ratsherr); 1565–79; vor 1539 Basel–1579 März 24 Basel[28]

3. A) Basel   B) Eisenkrämer   D) E SMI 1522; E SAF 1524; K WEI 1547

4. A) Schmiedengeschl. in Basel seit dem 15. Jh.
   B) Rudolf Schenk (†1539), Schlosser d.R. SMI [Fü P 86] u. Anna Graf, Wwe. d. Helgenmalers Hans Bottschoch

5. A) Vor 1533 Dorothea Herteisen (†nach 1557), T. d. Schlossers Wilhelm von Sygen gen. Hertysen u. d. Dorothea Ringeisen. Vor 1566 Ursula (†1579), T. d. OZM Marx Heydelin [Fü P 158], Schw. d. Hans Jacob Heydelin d.R. [P 52].
   B) Caspar wird Schaffner St. Johann 1557–67/1570 ff.

6. A) 4 Kinder (1 M, 3 F).
   Hans Rudolf (†1564 Pest) heir. 1547 Barbara, ebenfalls T. d. OZM Marx Heydelin (s.o. [Fü P 158]), wird also der Schwager s. Vaters.
   C) Marx (1561–1629) wird Krämer, Wirt zur Tanne d.R. GAR [P 118], heir. vor 1599 Ursula, T. d. Glasmalers u. XIII Ludwig Ringler WEI [P 36], Wwe. d. Lienhard Pfründ d.R. MEZ [P 131].[29]

7. A) Sechser SMI 1555–65   B) RH SMI 1565–79, 14 Jahre

---

25 **3.–6.:** Lotz ibid.; Rb S 1,11; -S 1,12; Gast Tgb. 213, 251, 426, 431; AK 9, 312f., 379f.; Füglister 312f., 323f., 338f., 353f., 372, 383f.
26 **7.–19.:** Rb L 2, -S 1,12.
27 EA 5.I; Finanz G 23.
28 Lotz C 439, irrt beim Todesdat., s. Rb L 2; -S 1,12.
29 **3.–6.:** Lotz ibid., -C 439; KlosterA Johanniter F 6; Füglister 354f., 391f.

I. Prosopographien: Schmieden 119

10. **B)** Siebner 1567/70/75/77, 4 Jahre

15. **B)** Gericht Grossbasel 1566–70, 4 Jahre

21. Leutnant eines Banners 1567[30]

85. Sommereisen, Stephan, der Jüngere

1. Kleinrat (Ratsherr); 1570–76; ca. 1508/09–1576 Feb. 16 Basel[31]

2. Taufpate s. S.: Lux Iselin d.R. [Fü P 54][32]

3. **A)** Basel   **B)** Kupferschmied
   D) (E) SMI

4. **B)** Hans Sommereisen d.R., uns. [Fü P 88]
   D) Stephan Sommereisen der Ältere, d.R. SMI 1541–64 (uns.)

5. **A)** vor 1537 Ursula Schard

6. **A)** Mehrere Kinder.
   Andreas wird Kupferschmied, heir. 1563 Magdalena (*1543), T. d. Sattlers Caspar Schölli d.R. HIM 1547–64, Nichte d. OZM Bläsy Schölli [Fü P 23].[33]

7. **A)** Sechser SMI 1527–70   **B)** RH SMI 1570–76, 6 Jahre

10. **B)** Siebner 1571/75: 2 Jahre[34]

86. Sonnenbüchel, Marx (Marcus)

1. Kleinrat (Zunftmeister), Landvogt; 1569–88; 1530 Jan. 8 Basel–1588 Ramstein[35]

3. **A)** Basel   **B)** Kessler   **D)** E SMI 1555

4. **B)** Martin Sonnenbüchel (†1559), Kessler, Abendmahlsverweigerer 1530; u. Christina Vochen, evtl. uneheliche Tochter aus der Regimentsfamilie Vochen (z. B. d. Bartlome Vochen [P 133])

---

30   **7.–21.**: Rb L 2, -M 3, -S 1,12; Finanz H; GerichtsA T 11.
31   Genealog. Personenkartei «Sul–Tat», handschriftl. u. geDr. Angaben; Rb L 2; -S 1,12.
32   KirchenA BB 23 (Taufreg. St. Leonhard) 16.
33   **3.–6.**: Genealog. Personenkartei ibid.; KirchenA BB 23 ibid.; Füglister 314, 355.
34   **7./10.**: Rb L 2; -S 1,12; Finanz H; die Sechserzeit unter 7.A erscheint aussergewöhlich lang, ist aber deutlich und unter Ausschluss von Verwechslung im Ämterbuch Rb S 1,12 vermerkt.
35   Lotz D 296; StABS Genealog. Personenkartei, handschriftl. u. gedr. Angaben; Rb S 1,12.

5. **A)** ca. 1556 Margret (†nach 1576), T. d. XIII Wolf Sattler [P 165] u. d. Barbara Jantz
   B) Ursula (1536–nach 1590) heir. 1559 den Weber Augustin Trautwein d.R. [P 167].

6. **A)** 9 Kinder (4 M; 5 F), wenig gesicherte Angaben[36]

7. **A)** Sechser SMI 1560–69   **B)** ZM SMI 1569–77, 8 Jahre

10. **B)** Siebner 1571/75, 2 Jahre

15. **C)** Gericht Kleinbasel 1574–77, 3 Jahre

22. **A)** LV Ramstein 1577–88 (Untervogt 1577–82, Obervogt 1582–88), 11 Jahre[37]

87. Turner, Barthlome

1. Kleinrat (Zunftmeister); 1578–1603; 1529 Aug. 21 Basel–1603 Mai 09 Basel[38]

3. **A)** Basel   **B)** Schlosser   **D)** K SMI 1554

4. **A)** Geschlecht aus Schrobach
   B) Ulrich Turner († ca. 1551 evtl. Pest), Tischmacher v. Schrobach, 1520 SPI

5. **A)** 1564 Anna Ehinger; nach 1594 Margret Dettinger, Wwe. d. Stephan Heinrich d.R. [P 63]
   B) Jacob Turner gen. Turnysen heir. 1550 Maria, Schw. d. Georg Jeuchdenhammer d.R. [P 81].[39]

7. **B)** ZM SMI 1578–1603, 25 Jahre

10. **B)** Siebner 1578/81/83/86/90/92/94/96/98/1601, 10 Jahre

19. Pfleger Steinen 1590–1602, 12 Jahre[40]

29. **A)** Barfüsserplatz 23

30. Erarb. liquides Vermögen v. mind. ca. 2000 *fl* (v. s. Schwiegert. versteuert)[41]

---

36 **3.–6.:** Lotz ibid., -C 536; Akten Ref IV., Dok. 547g, S. 487; die Unehelichkeit d. Christina Vochen nicht genau eruierbar, muss aber vermutet werden.
37 **7.–22.:** Rb L 2, -M 3, -S 1,12; Finanz H.
38 Lotz C 526; Rb L 2.
39 **3.–5.:** Lotz ibid.
40 **7.–19.:** Rb L 2, -L 3, -M 3, -S 1,12; Finanz H.
41 **29./30.:** HGB Barfüsserplatz; Platter Pest 358; Brenner 53.

Schuhmachern und Gerbern

88. Erzberger, Cossman

1. Kleinrat (Zunftmeister); 1597–1610; 1553 Mai 16 Basel (St. Leonhard)–1610 Juli 30 (dito)[1]

2. Balthasar Scheltner d.R. [Fü P 164], Schwiegerv. d. Heinrich Lutterburger d.R. [P 9] u. d. Michael Gernler d.R. [P 158], Grossv. d. Jacob Scheltner d.R. [P 166], u. XIII Franz Jäckelmann [P 149], Schwiegerv. d. Prof. med. Felix Platter [P 183][2]

3. **A)** Basel **B)** Rotgerber **D)** K GER

4. **B)** Christoph Erzberger (†1593), Wollweber d.R. [P 156], entsetzt 1570, u. Susanna (†nach 1572), T. d. Rotgerbers Anton Schmid, XIII [Fü P 95], Wwe d. Lienhard Strub d.R. [P 96]
   C) Cossman Erzberger (1468–1549), Ratssubstitut, Kaufhausschreiber, E GST 1488
   D) Agnes Erzberger (†vor 1561) heir. d. Metzger Ulrich Pratteler d.R. [P 132].

5. **A)** Vor 1580 Küngold (1552–88), T. d. Wolfgang Kachler u. d. Elisabeth, Schw. d. Lienhard Pfründ d.R. [P 131]; 1588 Margret Rym (†nach 1610).
   B) Ursula (1558– nach 1625) heir. d. Rotgerber Caspar Schölli, S. d. Caspar Schölli d.R. HIM 1547–64, Onkel d. Hans Schölli d.R. [P 153].

6. **A)** 18 Kinder (12 M, 6 F), wovon 6 an der Pest 1594 bzw. 1610 sterben.
   Johannes (1580–1645) wird Rotgerber d.R., ZM GER 1631–45. Cossman (1602–88) wird Schneider d.R., ZM SNI 1661–88.[3]

7. **B)** ZM GER 1597–1610, 14 Jahre 8

8. **B)** Herbergsmeister 1580–93, 13 Jahre

10. **B)** Siebner 1598/99/1602/ 1604 doppelt /1607, 6 Jahre

12. **C)** Ladenherr 1607–10, 3 Jahre

15. **B)** Gericht Grossbasel 1598–1606, 8 Jahre

16. **B)** Unzüchter 1603–07, 4 Jahre

19. Pfleger Elendherberge 1599–1610, 12 Jahre[4]

29. **A)** s. [P 154]

30. s. [P 154].[5]

---

1 Lotz C 119; Rb L 3, -S 1,12.
2 KirchenA BB 23, (Taufreg. St. Leonhard) 205.
3 **3.–6.**: Lotz ibid.; Rb L 3, -S 1,12.
4 **7.–19.**: Protokolle Öffnungsb IX, 68.
5 **29./30.**: [P 154]; Rb D 4, 146f.

89. Grünenwald, Hans

1. Kleinrat (Ratsherr); 1593–1620; 1544 Aug. 13 Basel (St. Martin)–1620 Mai 6 Basel (dito)[6]

2. Eintrag s. Namens u. einer Widmung in 9 Versen im Stammbuch d. XIII Andreas Ryff [P 58]: enger Freund[7]

3. A) Basel   **B)** Schuhmacher   **D)** E SUM

4. B) Constantin Grünenwald (†nach 1579) von Wyssenburg, Bürgerrecht Basel 1524, u. Christina Peyer

5. A) vor 1572 Sara (1539–1622), T. d. Christen Maurer d.R. [P 93]
B) ein Bruder (evtl. Niclaus, uns.) ist SH Liestal 1551 ff.

6. A) 6 Kinder (2 M, 4 F).
Johannes Caspar immatr. Univ. BS 1603, 1606 lic. iur.[8]

7. B) ZM SUM 1593–1620, 27 Jahre

10. B) Siebner 1594/95/97/99/1601/03/06/07/11/13/15, 11 Jahre

12. C) Ladenherr 1597–1600, 3 Jahre

15. B) Gericht Grossbasel 1594–98, 1610–16, 10 Jahre

16. A) Ehegericht 1613–16, 3 Jahre

19. Pfleger Augustinern 1599–1620, 21 Jahre[9]

90. Henk, Diebold

1. Kleinrat (Ratsherr), Dreizehner; 1553–90; 1507–1590 April 05 Basel[10]

3. A) Basel   **B)** Schuhmacher; städt. Werkhof-Hauptmann
D) E SUM ca. 1535

4. B) Hans Henck, Schuhmacher

5. A) erste Ehefrau uns; vor 1573 Catharina (†nach 1572), T. d. Sattlers Hans Schölli d.R. [P 153], Wwe. d. Fridolin Werdenberg d.R. [P 74], Stiefmutter d. Friedrich [P 75], Johann [P 76] u. d. Marx Werdenberg [P 77], alle d.R.; Elisabeth Metzger

---

6 Lotz C 181; Rb L 3, -S 1,12.
7 MUB III, 35.
8 3.–6.: Lotz ibid.; MUB III, 35; Rb S 1,11.
9 7.–19.: Rb L 2, -L 3, -M 3, -S 1,12; Finanz H.
10 Lotz C 226, teilw. unsicher u. nicht schlüssig; Rb L 2, -S 1,12.

6. **A)** Elisabeth heir. vor 1591 d. Tuchmann Hans Jacob, Neffe d. Heinrich Lutterburger d.R. [P 9], Cousin d. Burkhart Lutterburger d.R. [P 126].
   C) Catharina heir. vor 1594 XIII Beat Hagenbach [P 17].[11]

7. **B)** RH SUM 1553–90, 37 Jahre

8. **B)** Hauptmann im Werkhof 1575–89, 14 Jahre

9. Dreizehner 1579–89, 10 Jahre

10. **B)** Siebner 1554/58/60/62/64/66/68/70/75/78/79/81/83/86/88/90, 16 Jahre

14. **D)** Kornherr 1579–89, 10 Jahre

15. **B)** Gericht Grossbasel 1545, 1554–70, 17 Jahre
    C) Gericht Kleinbasel 1541, 1 Jahr

16. **C)** Almosenherr 1562–66, 4 Jahre

19. Pfleger Gnadental 1571–89, 18 Jahre[12]

24. **C)** Untertanengeb./Landvogteien 1575–85: 2^{13}

91. Hertenstein, Thoman

1. Kleinrat (Zunftmeister); 1594–96; 1530 Jan. 15 Basel (St. Martin)–1596 Mai 8 (dito)[14]

3. **A)** Basel   **B)** Schuhmacher   **D)** K SUM

4. **A)** Altes Basler Handwerksgeschl.
   B) Sebastian Hertenstein, Dreher d.R. SPI [Fü P 138], u. Apollonia Weibel (†1543).
   C) Thoman Hertenstein, Dreher d.R. SPI [Fü P 139], u. Hedwig, T. d. Lienhard Meyer v. Muespach, Schw. d. Burkhard Meyer d.R. GAR [Fü P 122].
   D) XIII Hans Meyer v. Muespach [P 23]; Veltin Hertenstein d.R. SPI 1554–64 (Pest); Magdalena heir. Hans Jacob Wild d.R. WEI 1546–47.

5. **A)** Ehefrau(en) namentl. unbekannt geblieben
   C) Theodor Hertenstein d.R. WEI [P 33]; Melchior Hertenstein d.R. WEI 1611–20, heir Ursula, T. d. SS Christian Wurstisen [P 44].

---

11 **3.–6.:** Lotz ibid.; -C 313.
12 **7.–19.:** Rb L 2, -M 3, -S 1,12; Almosen D 2,1; Finanz H; Fabian 424ff.
13 Rb M 7; Finanz G 22.
14 Lotz C 222; Rb L 2, -S 1,12.

6. A) 1 Sohn, 1 Tochter, namentl. bekannt
B) Elisabeth ist Grossmutter d. Niclaus Dürr d.R. [P 49].[15]

7. B) ZM SUM 1594–96, 2 Jahre

10. B) Siebner 1595, 1 Jahr[16]

92. Höpperlin, Adam

1. Kleinrat (Zunftmeister); 1562–71; †1571 Jan. 8 Basel.[17]

3. A) Basel **B)** Schuhmacher **D)** E SUM

4. A) Geschl. aus Tübingen eingew.
B) Hans Höpperli (Hepperlin) v. Tübingen, Bürgerrecht Basel 1503

5. A) 1534 Jan. 26 Elisabeth Rotenbach († 1546/47); 1547 Juli 24 Catharina Körber († 1552/53); 1553 Aug. 13 Anna († nach 1571), T. d. Arbogast Gernler d.R. REB 1544–45, Schwägerin d. Alban Gallus d.R. [Fü P 63], Tante d. Jacob Gernler d. R. REB 1608–17 (Schwager d. Carol Gleser d.R. WEI [P 32])
B) Hans († vor 1546) heir. Apollonia, Schw. d. Jost Dürst d.R. BEK [P 69]. Marx († 1564 Pest), Schulmeister auf Burg, Prof. graec. 1544, Prof. log., phys. 1549–57, Dr. iur., Prof. iur. inst. 1557–64, Rektor Univ. Basel 1564/65, Pfrundherr St. Peter, heir. 1546 Maria († 1564 Pest), T. d. Druckerherrn u. XIII Heinrich Petri [P 24], Schw. d. SS Adam Henricpetri [P 18].

6. A) 16 Kinder (8 M, 8 F), nicht vieles bekannt[18]

7. B) ZM SUM 1562–71, 9 Jahre

10. B) Siebner 1563/64/66/68/70, 5 Jahre

15. B) Gericht Grossbasel 1553/63, 2 Jahre

16. A) Ehegericht 1549–52, 3 Jahre

19. Pfleger St. Alban 1564–71, 7 Jahre[19]

---

15 **3.–6.:** Lotz ibid.; s. Zunftkauf muss aufgrund d. Berufe s. Familie (nicht SUM/GER) angenommen werden; Gast Tgb. 210; Füglister 381f.
16 **7./10.:** Rb L 2, -M 3, -S 1,12; Finanz H.
17 Lotz C 233; Rb L 2, -S 1,12.
18 **3.–6.:** Lotz ibid.; Zünftigkeit n. belegt, aufgrund Beruf d. Vaters anzunehmen; MUB II 4, 153, Füglister 343.
19 **7.–19.:** Rb L 2, -M 3, -S 1,12; Finanz H; KlosterA St. Alban CC 1.

I. Prosopographien: Schuhmachern und Gerbern

93. Maurer (Murer), Christen (Christian)

1. Kleinrat (Zunftmeister); 1572–93; †1593 Feb. 06 Basel[20]

3. A) Basel   B) Schuhmacher   D) E SUM vor 1560

4. A) Steingewerbe- u. Schuhmacherfamilie in Basel
   B) Caspar Murer, Schuhmacher
   C) Andreas Murer, Schuhmacher

5. A) Erste Ehefrau uns; vor 1546 Anna Ruch; Barbara Schönmann
   B) Jacob, Schwager d. Mathis Bomhart d.R. GAR, Ratsdiener, d.R. SMI 1552–69, Lohnherr, Pfleger St. Clara u. St. Peter, heir. in 2.Ehe 1568 Ursula, T. d. BM Franz Oberried, Cousine d. BM Jacob Oberried [P 11].

6. A) Sara (1539–1622) heir. vor 1572 Hans Grünenwald d.R. SUM [P 89].
   B) Jacob (S. d. Jacob, s.o. 5.B) heir. Elisabeth, Schw. d. Hieronymus Wix d.R. HAU [P 27]. Caspar (1546–1624) wird Messerschmied d.R. SMI 1613–24, heir. Anna, Schw. d. Hans Jäcklin d.R. FIS [P 172], Nichte d. Hans u. d. Lienhard Nübling, beide d.R. [P 127], [P 128].
   C) Johannes Caspar Grünenwald, Jurist, immatr. Univ. BS 1603, 1606 lic. iur.[21]

7. B) ZM SUM 1572–93, 21 Jahre

10. B) Siebner 1573/75/76/80/83/86/88, 7 Jahre

19. Pfleger Domprobstei 1578–92, 14 Jahre[22]

29. A) Spiegelgasse 2/4, Ecke Kellergässlein[23]

94. Scholer, Christoph

1. Kleinrat (Zunftmeister); 1591–93; 1548 Mai 15 Basel (Peter)–1603 Sept. Basel[24]

3. A) Basel   B) Schuhmacher, Herbergsmeister   D) K SUM

4. B) Batt (Beat) Scholer (†vor 1533), Kessler (in 1. Ehe verheiratet m. Anna, T. d. Bartholome Russinger v. Wytnau/Fricktal), u. Barbara (†nach 1553), T. d. Bildhauers Martin Hoffmann, Schw. d. Jacob Hoffmann, Goldschmied d.R. HAU [P 21], Tante d. Hans Jacob Hoffmann, Goldschmied, XIII [P 20], ihre Mutter: Ursula, Grosstante d. BM Remigius Faesch [P 16]
   D) Jacob Hoffmann, Goldschmied d.R. [P 21] (s.o.); Margret Hoffmann (1519–84) heir. vor 1545 d. Schneider Daniel Kuder, Eltern d. Hans Rudolf Kuder, XIII SNI [P 107], heir. 1565 Beat Hug d.R. FIS [P 171].

---

20   Lotz C 349 I.
21   3.–6.: Lotz ibid., -C 358; KlosterA St. Clara Q 1, -St. Peter TT 2, -VV 2, -YY 11; Rb S 1,11; MUB III, 35.
22   7.–19.: Rb L 2, -M 3, -S 1,12; Finanz H.
23   Platter Pest 256.
24   Lotz C 455; Rb S 1,12.

5. **A)** vor 1582 Anna (1533–nach 1587), T. d. Grempers u. Druckers Melchior Krebs u. d. Elisabeth Moch

6. **A)** 5 Kinder (4 M, 1 F).
Melchior (*1582) wird Wollweber u. Gewandmann, heir. 1605 Margret, Nichte d. Heinrich Lutterburger d.R. [P 9], Cousine d. Burkhart Lutterburger d.R. [P 126].[25]

7. **A)** Sechser SUM –1591   **B)** ZM SUM 1591–93, 2 Jahre

8. **B)** Herbergsmeister 1593–1603, 10 Jahre

10. **B)** Siebner 1592, 1 Jahr[26]

95. Schweizer, Friedrich

1. Kleinrat (Zunftmeister); 1596–1603; 1538 Feb. 1 Basel (St. Leonhard)–1603 Jan. 12 Basel[27]

3. **A)** Basel   **B)** Schuhmacher   **D)** K SUM

4. **B)** Hans Schnider gen. Schwytzer (1507–56), Tuchscherer; u. Barbara Kölbinger (†nach 1568)

5. **A)** 1565 Aug. Mechel Merz (†vor 1591); vor 1592 Chrischona von Wyler (†1600)
B) Andreas (1552–nach 1598) heir. vor 1578 Anna Brand (†1609) aus Regensburg. Barbara heir. vor 1580 den Glöckner auf Burg, Hans Jacob Trölin.

6. **A)** 6 Kinder (2 M, 4 F), namentl. bekannt[28]

7. **B)** ZM SUM 1596–1603, 7 Jahre

8. **B)** Fürsprech u. Amtmann GrBS 1588–95, 7 Jahre

10. **B)** Siebner 1597/98/1600/02, 4 Jahre

16. **A)** Ehegericht 1598–1601, 3 Jahre

19. Pfleger Gnadental 1601–03, 2 Jahre[29]

---

25 **3.–6.:** Lotz ibid.; Rb S 1,12.
26 **7.–10.:** Lotz ibid.; Rb L 2, -M 3, -S 1,12; Finanz H; Protokolle Öffnungsb IX p.122.
27 Lotz C 469; Rb L 3, -S 1,12.
28 **3.–6.:** Lotz ibid.; s. Zunftkauf muss aufgrund seines u. d. Berufs s. Vaters angenommen werden.
29 **7.–19.:** Rb L 2, -L 3, -M 3, -S 1,12; Finanz H; Protokolle Öffnungsb IX p. 102.

96. Strub gen. Läufelfinger, Lienhard

1. Kleinrat (Zunftmeister); 1565–82; †1582 April 17 Basel[30]

3. A) Basel **B)** Gerber **D)** E GER

4. B) Hans Strub gen. Läufelfinger (†1543), Sechser GER 1543, u. Barbara (†nach 1543), T. d. Wechslers Heinrich David d.R. [Fü P 28], Nichte d. Conrad David d.R. [Fü P 49], Tante d. Metzgers Lienhard David d.R. [P 123]; s. Stiefmutter Susanna (†nach 1572), T. d. XIII Anton Schmid GER, Appellherr [Fü P 95], Tante d. Anton v. Gart gen. Burckhardt d.R. GER [P 97]
D) Margret, Schw. d. Susanna Schmid (s.o.), Schwägerin d. Christoph Erzberger d.R. WEB [P 156]

5. A) 1546 Dez. 21 Dorothea, T. d. Seilers Wolfgang Bischoff; vor 1563 Elisabeth (†1600); Schw. d. Metzgers Lienhard Pfründ d.R. [P 131], Wwe. d. Wolfgang Kachler
B) Jacob wird Gerber d.R. 1564 (†1564 Pest), heir. 1558 Cleophe (†1564 Pest), T. d. BM Sebastian Doppenstein [P 3].
C) Baptista Gengenbach [P 184], Tuchmann, in den Widerruf u. die Entsetzung d. Schwagers s. Tante, Christoph Erzberger d.R. WEB [P 156], als erfolgreicher Kläger verwickelt

6. A) Anna (1569–1653, Einzelkind) heir. 1588 Prof. iur. Johann Ludwig Iselin, Br. d. Hans Lux Iselin d.R. [P 54], in 2. Ehe vor 1602 Leutnant Carol Gebwyler, Br. d. Anna Gebweiler (1577–1654), Schwager d. BM Hans Rudolf Faesch d.J. (1572–1659, S. d. BM Remigius Faesch [P 16]).
B) Barbara (1542–nach 1596, T. d. Jacob) heir. vor 1573 Wollweber Jacob von Spyr d.R., Br. d. XIII Andreas von Spyr [P 98].[31]

7. B) ZM GER 1565–82, 17 Jahre

10. B) Siebner 1566/67/70/72/75/78/79/81, 8 Jahre

15. B) Gericht Grossbasel 1563, 1 Jahr

19. Pfleger Augustinern 1573–82, 9 Jahre

21. Hauptmann eines Fähnleins von 500 Mann 1589 gg. Herzog v. Savoyen[32]

---

30 Lotz C 503; Rb L 2, -S 1,12.
31 **3.–6.**: Lotz ibid.; -C 155, -C 260; Rb S 1,12; Füglister 318, 333f., 359f.
32 **7.–21.**: Rb L 2, -M 3, -S 1,12; Finanz H; Ochs Bd. 6, 312.

97. Von Gart gen. Burckhardt, Anton

1. Kleinrat (Ratsherr); 1566–1600; vor 1543 Basel–1600 April 12 Basel.[33]

3. **A)** Basel **B)** Gerber **D)** K GER vor 1566

4. **A)** Geschl. Burckhardt aus Basel u. Massmünster, Basler Stammutter ist eine Tochter d. Hans Gysin, Untervogt zu Anwil.
   B) Hans von Gart gen. Burckhardt (†1543) v. Massmünster, Bürgerrecht Basel u. K MEZ 1510, d.R. 1530–43 [Fü P 125], u. Margret, T. d. Gerbers Anton Schmid (†1564 Pest), XIII, Appellherr [Fü P 95], Schwägerin d. Christoph Erzberger d. R. WEB [P 156], Tante d. Lienhard Strub gen. Läufelfinger d.R. [P 96]
   D) Susanna (†nach 1572), T. d. Rotgerbers Anton Schmid, XIII (s.o.)

5. **A)** 1548 Elisabeth Gypler; 1565 Maria, T. d. XIII Laurenz Ulli [P 121], Wwe. d. Niclaus, Schwägerin d. OZM Johann Herr [P 19]
   B) Wolfgang (†1562) ist Metzger d.R. MEZ 1559–62.

6. **B)** Heinrich von Gart ist Metzger d.R. MEZ [P 134].[34]

7. **B)** RH GER 1566–1600, 34 Jahre

10. **B)** Siebner 1567/68/71/72/74/76/79/81/83/86/88/90/92/94/96/98, 16 Jahre

12. **C)** Ladenherr 1578–80, 2 Jahre

15. **B)** Gericht Grossbasel 1581, 1 Jahr
    C) Gericht Kleinbasel 1569/71, 2 Jahre

16. **A)** Ehegericht 1587–89, 2 Jahre **B)** Unzüchter 1572–74, 2 Jahre

19. Pfleger St. Alban 1572–99, 25 Jahre[35]

29. **A)** Gerbergasse re. einw. 27/25

30. Erwirbt 1588 Anlage aus städt. Gütern zu jährl. Gewinn v. 5000 $fl.$[36]

98. Von Spyr, Andreas

1. Kleinrat (Zunftmeister), Dreizehner; 1583–96; 1550 Jan. 02 Basel–1596 April 25 Basel[37]

---

33 Lotz C 65.
34 **3.–6.:** Lotz ibid.; Gast Tgb. 438; Bruckner 2435; Füglister 359f., 374.
35 **7.–19.:** Rb L 2, -L 3, -M 3, -S 1,12; Finanz H.
36 **29./30.:** HGB Gerbergasse; Platter Pest 374; Urkundenbuch BS 598.
37 Lotz C 486.

I. Prosopographien: Schuhmachern und Gerbern 129

2. Taufpaten s. Tochter Magdalena: OK Heinrich Bruckner z. roten Bären, RS, d.R. SNI; Margaretha, Schw. d. Hans Jacob Heydelin d.R. [P 52]; Appolonia, Schw. d. XIII Andreas Ryff [P 58][38]

3. **A)** Basel **B)** Rotgerber **D)** K GER ca. 1570; E SLS 1569; E SAF 1573

4. **A)** Begütertes Tuchleutengeschl. in Basel
B) Andreas von Spyr (Speyer; 1525–73), Tuchscherer u. Gewandmann, Almosenschaffner 1551–59, u. Sara, T. d. Webers Jacob Schwarz d.R. WEB [Fü P 166]
C) Franz von Spyr, Tuchscherer, E SLS 1545, E SAF 1548

5. **A)** 1572 Eva Freuler. Vor 1582 Ursula (1553–1611), T. d. Kartenmalers Jacob Gebhart, E SAF 1542, Enkelin d. Nadlers Hans Gebhart v. Nürnberg (Bürgerrecht Basel 1517).
B) Jacob (1551–1610 Pest) ist ZM WEB 1599–1610 [P 168]. Hieronymus heir. 1574 Ursula, T. d. BM Bonaventura von Brunn [P 13]. Samuel heir. 1598 Sophia Scheltner, Cousine d. Jacob Scheltner d.R. WEB [P 166]. Vormundschaft f. Agnes von Brunn, Wwe. d. Oberst Friedrich Ryhiner d.R. GAR [P 116], Nichte d. BM Bonaventura von Brunn, Schwiegerv. s. Bruders Hieronymus (s.o.)

6. **A)** Magdalena heir. 1603 d. Rotgerber Reinhard Karger d.R. GER. Sara heir. 1608 d. Goldschmied Rudolf, S. d. XIII Hans Rudolf Kuder SNI [P 107].[39]

7. **B)** ZM GER 1583–96, 13 Jahre

9. Dreizehner 1595–96, 2 Jahre

10. **B)** Siebner 1584/85/87/89/91/93/96, 7 Jahre

12. **C)** Ladenherr 1591–93, 2 Jahre

15. **B)** Gericht Grossbasel 1581/84, 2 Jahre

16. **B)** Unzüchter 1585–87, 2 Jahre

17. Deputat 1592–96, 4 Jahre

19. Pfleger Gnadental 1589–95, St. Jacob 1591–95, 10 Jahre[40]

24. **A)** Tagsatzung 1589 (ennetbirg.): 2
C) Untertanengeb./Landvogteien 1589: 1 (Liestal)[41]

29. **A)** Haus «Frieseck», Gerbergasse re. einw. 43

30. Erwirbt 1587 Anlage auf städt. Güter z. jährl.Gewinn v. ca. 5000 *fl.*[42]

---

38 KirchenA BB 23 (Taufreg. St. Leonhard) 320.
39 **3.–6.**: Lotz ibid., -C 427; GerichtsA W 1: Almosen/Waisen; Füglister 396f.
40 **7.–19.**: Rb L 2, -L 3, -M 3, -S 1,12; Finanz H; Fabian 424ff.
41 EA 5.I; Finanz G 25.
42 **29./30.**: HGB Gerbergasse; Platter Pest 372; Urkundenbuch BS 584.

99. Zoss, Theodor

1. Kleinrat (Ratsherr); 1600–10; 1559 Feb. 4 Basel (St. Leonhard)–1610 Nov. 5 (dito; Pest)[43]

2. Taufpate s. S. Hans Jacob: XIII Mathäus Büchel [P 45], Hans, Vetter d. XIII Ulrich Pratteler [P 130]; s. S. Theodor: Hans Burkhart Rippel d.R. [P 111]; s. S. Balthasar 1589 Mai 1: Niclaus Sattler, XIII [P 108][44]

3. **A)** Basel   **B)** Gerber   **D)** E GER

4. **B)** German Zoss (†1564) Rotgerber, u. Eva Freuler (†nach 1564)

5. **A)** vor 1582 Anna (1562–1611), T. d. Färbers Michel Hummel, Tante d. spät. OZM Jacob Hummel

6. **A)** 10 Kinder (8 M; 2 F).
   Hans Jacob (1582– vor 1645) wird Sechser GER. Theodor (1585–1610, ermordet) heir. vor 1608 Salome, T. d. Arbogast Gernler d.R. REB, Schwägerin d. Adam Höpperlin d.R. SUM [P 92], Tante d. Hans Gernler d.R. [P 62].[45]

7. **B)** RH GER 1600–10, 11 Jahre

10. **B)** Siebner 1601/02/04/06/08, 5 Jahre

12. **C)** Ladenherr 1602–05, 3 Jahre

15. **B)** Gericht Grossbasel 1601–10, 9 Jahre

16. **A)** Ehegericht 1604–07, 3 Jahre   **B)** Unzüchter 1602–05, 3 Jahre

19. Pfleger Steinen 1603–10, 7 Jahre

21. Hakenbüchsensoldat im Rappenkrieg 1594[46]

---

43   Lotz C 598; Rb L 3; -S 1,12.
44   KirchenA BB 24.1 (Taufreg. St. Leonhard) 62, 100, 152.
45   **3.–6.:** Lotz ibid.; Rb S 1,12.
46   7.–21.: Lotz ibid.; Rb L 3; -S 1,12; Finanz H; Ryff Rappenkrieg, 12ff.

Schneidern und Kürschnern

100. Besserer, Heinrich

1. Kleinrat (Ratsherr); 1566–86; ca. 1530–1586 Jan. 02 Basel[1]

3. **A)** Basel   **B)** Schneider   **D)** K SNI 1547

4. Herkunft n. eruierbar, uns.

5. **A)** 1551 Ottilia Doppenstein gen. Pfründ, T. d. Schneiders Hans Doppenstein, Enkelin d. Siebmachers Hans Doppenstein d.R. [Fü P 134], Nichte d. BM Sebastian Doppenstein [P 3], Wwe. d. Paul Faesch, Grossmutter d. BM Remigius Faesch [P 16]

6. **A)** Sebastian wird Gerichtsbote.[2]

7. **B)** RH SNI 1566–86, 20 Jahre

10. **B)** Siebner 1567/68/70/72/74/77/78/80/82, 9 Jahre

15. **B)** Gericht Grossbasel 1573, 1 Jahr

16. **B)** Unzüchter vor 1571–71, mind. 2 Jahre

19. Pfleger St. Clara 1580–86, 6 Jahre[3]

101. Dottinger, Hans, gen. Thürkauf

1. Kleinrat (Zunftmeister); 1575–87; 1534–1587 Frankreich (d.R. entsetzt, später im Krieg bei Sulz gefallen)[4]

2. Taufpaten s. T. Mergelin 1558: Oswald Borer, Margret, T.d. XIII Diebold Henk [P 90]; s. T. Anna 1560 Juli: Salome, Schw. d. Hans Jacob Heydelin [P 52], Sarah Conrad, T. d. Franz Conrad d.R. SLS, Schwiegertochter d. BM Caspar Krug [P 82]; s. S. Johann Jacob 1561 Aug.: Jacob Feldner d.R. [P 102], XIII Hans Ludwig Meyer z. Pfeil [P 57], Margret, T. d. OZM Bläsy Schölli [Fü P 23], Agnes, Tante d. OZM Johann Herr [P 19]; s. T. Barbel Feb. 1564: Marx Seiler «ein mässpriester, doch gheissen abzuostan oder Inn sinen abwäsen [die Taufe vollzogen]», also nicht als Taufzeuge zugelassen; s. T. Sarah 1565 März 6: Hans Jacob Heydelin [P 52][5]

3. **A)** Basel   **B)** Schneider   **D)** 1554 K SNI

---

1 StABS Genealogie Taufreg. Bd.I, p. 39f.; Lotz C 31.
2 **3.–6.**: Lotz ibid.; Füglister 378f.
3 **7.–19.**: Rb L 2, -M 3, -S 1,12; Finanz H.
4 Lotz C 515.
5 KirchenA AA 16 1, 144r; -AA 16 2, 17r, 27v, 48v, 54v; ebda. 16 2 (Taufreg. St. Peter I, II).

4. **A)** Geschlecht aus der Ostschweiz
   B) Marx Dettlinger (†1538) von Rüdlingen, Karrensalber, 1534 Bürger v. Basel

5. **A)** 1554 Margret Rümlin aus d. Thurgau[6]

7. **B)** ZM SNI 1575–87 (wegen verbotenen Reislaufs entsetzt), 12 Jahre

10. **B)** Siebner 1577/79/81/83/86/87, 6 Jahre

28. Eidg. Söldnerhauptmann unter Oberst Friedrich Ryhiner [P 116], Berufung zus. m. Hans Jacob Frey d.R. WEI [P 31] 1587 nach Frankreich im Navarrischen Feldzug (sog. Tampiskrieg; Teilnahme v. KlR u. durch Mandat verboten, s.o. 7.B)[7]

102. Feldner, Jacob

1. Kleinrat (Zunftmeister); 1547–75; †1575 April 05 Basel[8]

3. **A)** Basel   **B)** Schneider   **D)** K SNI 1527

4. **A)** Geschl. v. Basel

5. **A)** Ehefrau(en) namentl. n. bekannt

6. **A)** 12 Kinder (8 M, 4 F).
   Mathäus (1550–1611) wird Küfer d.R. [P 135].
   C) Mind. 11 Enkel. Elisabeth (1582–1610, Pest) heir. 1601 d. Küfer Hans Caspar Eckenstein, Br. d. Apollinaris Eckenstein d.R. WEI 1612–16.[9]

7. **A)** Sechser SNI 1538–47   **B)** ZM SNI 1547–75, 28 Jahre

10. **B)** Siebner 1548/49/51/54/56/57/59/62/63/66/67/69/72–74, 15 Jahre

15. **C)** Gericht Kleinbasel 1548–75, 27 Jahre

16. **C)** Almosenherr 1557–75, 18 Jahre

19. Pfleger Klingental 1563–75, 12 Jahre[10]

---

6 **3.–5.**: Lotz ibid.
7 **7.–28.**: Lotz ibid.; Rb L2; -S1,12; Finanz H; Kölner, Paul, Die Kürschnern-Zunft zu Basel 1226–1926, Basel 1926, 76; vgl. Mantel, Alfred, Der Anteil der reformierten Schweizer am Navarresischen Feldzug von 1587 (der sogenannte Tampiskrieg), in: Jahrbuch für Schweizerische Geschichte 40 (1915), S. 1–52.
8 Lotz C 134; Rb L 2, -S 1,12.
9 **3.–6.**: Lotz ibid.; -C 103.
10 **7.–19.**: Rb L 2, -M 3, -S 1,12; Almosen D 2,1; Finanz H; KlosterA Klingental FF 1.

103. Gebhart, Jacob, der Ältere

1. Kleinrat (Zunftmeister); 1552–88; ca. 1515/17–1588 Juli 20 Basel[11]

3. A) Basel **B)** Kürschner **D)** E KÜR ca. 1540

4. A) Altes Oberschichtsgeschl. aus d. Tuchgewerbe, Regimentsgeschl. seit Ende 15. Jh.
B) Mathäus Gebhart (†1550), Kürschner d.R., RH KÜR 1537–50
C) Niclaus Gebhart (†1507), Kürschner d.R.
D) Claus Gebhart d.J. d.R. KÜR 1522–26 [Fü P 103]; Hans Heinrich Gebhart d.R. KÜR 1508–35 [Fü P 104]

5. A) 1537 Magdalena Freuler; 1575 Okt. 26 Elisabeth Wunhasen (Wontas), Wwe. d. Erhart Battmann u. Prof. Wolfgang Wyssenburg
B) Hieronymus Gebhart (1520–64 Pest), Schlosser «beim Bäumlein», K SMI 1543, Sechser SMI 1552–64, heir. Margret, T. d. Anton Dichtler d.R. [Fü P 80].
C) BM Lux Gebhart [P 50]; XIII Lienhart Gebhart WEB [P 157]

6. B) Jacob Gebhart d.J., Kürschner d.R. [P 104]; Lucas (1556–85) heir. 1579 Elisabeth, T. d. OZM Franz Rechburger [P 25]. Hans Wernhart (1558–1605) wird Hauptmann. Agnes Gebhart (1549–1600) heir. 1566 Hans Ulrich, Br. d. Hans Jacob Frey d.R. [P 31]; heir. 1571 XIII Balthasar Han [P 147].
C) S. Grossneffe Lucas (1585–1642) wird Kaufhausschreiber, Unterkäufer daselbst, SAF u. SLS, heir. u.a. in die Fam. Ottendorf (Gewandleute), Battier (Seidenhandel) u. Burckhardt. S. Grossnichte Helena (1583–1610) heir. 1603 d. Kaufmann Emanuel, S. d. BM Remigius Faesch [P 16]. S. Grossnichte Barbara (1584–1629) heir. 1603 d. Bäcker Christoph Halter d.R. S. Grossnichte Anna heir. 1656 Sebastian, S. d. BM Sebastian Spörlin [P 146], LV Farnsburg.[12]

7. B) ZM KÜR 1552–88, 36 Jahre

10. B) Siebner 1553/54/56/58/60/62/64/66/69/70/72/74/76/79/81/82/87, 17 Jahre

15. B) Gericht Grossbasel 1565–71, 6 Jahre
C) Gericht Kleinbasel 1555–63, 8 Jahre

19. Pfleger St. Peter 1568–88, 20 Jahre[13]

29. A) Haus «zum Eichhorn», Freie Str. li. abw. 78
B) Schlosserei s. Onkels Hieronymus Gebhart an d. Bäumleingasse; Hausbesitz an d. Elisabethenstr.

30. Erarb. liquides Vermögen v. ca. 10 000 *fl* (v. s. Nachk. versteuert).[14]

---

11   Lotz C 154.
12   **3.–6.**: Lotz ibid.; Gast Tgb. 340; Füglister 351, 363f.
13   **7.–19.**: Rb L 2, -M 3, -S 1,12; Finanz H; KlosterA St. Peter YY 11.
14   **29./30.**: Platter Pest 128, 380; Brenner 71.

134 I. Prosopographien: Schneidern und Kürschnern

104. Gebhart, Jacob, der Jüngere

1. Kleinrat (Zunftmeister); 1594–1633; 1558 Sept. Basel (St. Alban)–1633 Aug. 05 Basel[15]

3. A) Basel **B)** Kürschner **D)** K KÜR

4. A) Altes Oberschichtsgeschl. aus d. Tuchgewerbe, Regimentsgeschl. seit Ende 15. Jh.
B) Hieronymus Gebhart (1520–64 Pest), Schlosser «beim Bäumlein», K SMI 1543, Sechser SMI 1552–64; u. Margret, T. d. Anton Dichtler d.R. [Fü P 80]
C) Claus Gebhart d.J. d.R. KÜR 1522–26 [Fü P 103]; S. Grossonkel Hans Heinrich Gebhart d.R. KÜR 1508–35 [Fü P 104]
D) BM Lux Gebhart [P 50]; Jacob Gebhart d.Ä., Kürschner d.R. [P 103]; XIII Lienhart Gebhart WEB [P 157]; Mathäus Gebhart (†1550), Kürschner, RH KÜR 1537–50

5. A) vor 1590 Anna Gysin v. Liestal
C) Lucas (S. d. BM Lux, 1556–85) heir. 1579 Elisabeth, T. d. OZM Franz Rechburger [P 25]. Hans Wernhart (dito, 1558–1605) wird Hauptmann. Agnes (dito, 1549–1600) heir. 1566 Hans Ulrich, Br. d. Hans Jacob Frey d.R. [P 31]; heir. 1571 XIII Balthasar Han [P 147].

6. A) 8 Kinder (5 M, 3 F).
Lucas (1592–1625) wird Unterkäufer im Kaufhaus.
B) Lucas (1585–1642) wird Kaufhausschreiber, Unterkäufer daselbst, SAF u. SLS, heir. u.a. in die Fam. Ottendorf (Gewandleute), Battier (Seidenhandel) u. Burckhardt. Helena (1583–1610) heir. 1603 d. Kaufmann Emanuel, S. d. BM Remigius Faesch [P 16]. Barbara (1584–1629) heir. 1603 d. Bäcker Christoph Halter d.R. Anna heir. 1656 Sebastian, S. d. BM Sebastian Spörlin [P 146], LV Farnsburg.[16]

7. B) ZM KÜR 1594–1633, 40 Jahre

10. B) Siebner 1595/97/99/1601/02/04/06/08/11/13/15/17/19/20/22/25/27/29/31, 19 Jahre

19. Pfleger St. Martin 1598–1632, 34 Jahre[17]

105. Grass, Christoph (Stoffel)

1. Kleinrat (Zunftmeister); 1590–94; †1594 Mai 17 Basel[18]

3. A) Basel **B)** Kürschner **D)** E KÜR ca. 1575

---

15 Lotz C 154; Rb L 3, -S 1,12.
16 **3.–6.:** Lotz ibid.; Füglister 351, 363f.
17 **7.–19.:** Rb L 2, -L 3, -M 3, -M 4, -S 1,12; Finanz H.
18 Lotz C 175.

I. Prosopographien: Schneidern und Kürschnern 135

4. **A)** Handwerkl. Regimentsgeschl. in Basel seit Ende 15. Jh.
B) Mang Grass († 1564 Pest), Kürschner d.R. KÜR 1551–64, Stadtgerichtsherr
C) Hans Grass († 1521), Gartner d.R. [Fü P 118]
D) Fridolin Grass, Gartner d.R., LV Münchenstein [Fü P 117]

5. **A)** 1566 Küngold Pommeter
B) ein Bruder

6. **A)** Kinder namentl. bekannt[19]

7. **B)** ZM KÜR 1590–94, 4 Jahre

10. **B)** Siebner 1591, 1 Jahr[20]

29. **A)** Freie Strasse, Nr. n. eruierbar

30. Erarb. liquides Vermögen v. ca. 2000 *fl* (v. s. T. Barbara versteuert)[21]

106. Hönn, Niclaus

1. Kleinrat (Ratsherr); 1586–1607; 1524–1607 Nov. 03 Basel[22]

3. **A)** Basel **B)** Schneider **D)** K SNI 1547

4. **B)** Peter Flop gen. Hönn.

5. **A)** 1547 Ursula Pfau; vor 1565 Anna Hofstetter

6. **A)** Mehrere Kinder. Dorothea heir. 1600 Hans Jacob, S. d. Hieronymus Wix d.R. HAU [P 27], Seckler, Schaffner St. Martin, Neffe d. Jacob Wix d.R. SIF [P 179].
B) Chrischona Wix heir. d. Claraschaffner Ernst Biermann. Eufrosina Wix heir. Ulrich Falkner, Pfr. St. Peter u. Barfüsser, S. d. Beat Falkner d.R. WEI, Enkel d. OZM Ulrich Falkner [Fü P 39], Neffe d. SS Heinrich u. Onkel d. Daniel Falkner d.R. WEI.[23]

7. **B)** RH SNI 1586–1607, 22 Jahre

10. **B)** Siebner 1586/88/90/92/94/96/98/1600/02/04/06/, 11 Jahre

15. **B)** Gericht Grossbasel 1583/89, 2 Jahre

16. **A)** Ehegericht 1588–90, 3 Jahre **B)** Unzüchter 1590–92, 3 Jahre

19. Pfleger St. Peter 1604–07, 4 Jahre[24]

---

19 **3.–6.:** Lotz ibid.
20 **7./10.:** Rb L 2; Finanz H.
21 **29./30.:** Brenner 80.
22 Lotz C 232.
23 **3.–6.:** Lotz ibid., -C 576; Füglister 326f.
24 **7.–19.:** Rb L 2, -L 3, -M 3, -S 1,12; Finanz H.

107. Kuder, Hans Rudolf

1. Kleinrat (Zunftmeister), Dreizehner; 1587–1610; 1551–1610 Mai 15 Basel, führte ein vorbildlich frommes obrigkeitliches Leben.[25]

2. Testamentarier s. Vetters u. dessen Frau, XIII Hans Jacob Hoffmann [P 20] u. Anna, Schw. d. ANT Johann Jacob Grynaeus [P 181]

3. **A)** Basel **B)** Schneider **D)** K SNI 1576

4. **B)** Daniel Kuder (†1563), Schneider, Bürgerrecht Basel u. K SNI 1536; u. Margret (1519–84), T. d. Jacob Hoffmann gen. der Goldschmied z.Tanz d.R. HAU [P 21], s. Stiefvater seit 1565: Beat Hug d.R. FIS [P 171]
   C) Martin Hoffmann v. Stollberg (†1532), Bildhauer, Bürgerrecht Basel u. K SPI 1507, u. Ursula Faesch (Hoffmanns 2.Frau), Grosstante d. BM Remigius Faesch [P 16]
   D) Hans Jacob Hoffmann, XIII HAU [P 20]

5. **A)** 1576 Ursula, Nichte d. Hans Rudolf Merian d.R. BEK [P 72], d. XIII Ullrich Merian SPI [P 140] u. d. Barthlome Merian, Goldschmied d.R. [P 22].

6. **A)** Mehrere Kinder.
   Daniel wird Ratssubstitut 1605–10. Onofrion wird Schneider d.R., Schaffner St. Peter 1616 ff.[26]

7. **B)** ZM SNI 1587–1610, 23 Jahre

8. **A)** Augustinerschaffner 1577–87, 10 Jahre

9. Dreizehner 1605–10, 5 Jahre

10. **B)** Siebner 1590/91/93/96/97/99/1601/03/05/08/10, 11 Jahre

12. **C)** Ladenherr 1591–94, 4 Jahre

15. **B)** Gericht Grossbasel 1590, 1 Jahr

16. **C)** Almosenherr 1608/09, 1 Jahr

19. Pfleger Steinen 1590–1609; Domprobstei 1600–05, 24 Jahre[27]

24. **A)** Tagsatzung 1592: 2   **C)** Untertanengeb./Landvogteien 1606/09: 2[28]

29. **A)** «Kuders haus»: «zum Kupferturm», Freie Str. re. abw. 41, Ecke Bäumleingasse
    B) Schwanengasse (Fischmarkt – Blumenrain) li. abw. 20

30. Leiht auf Martini 1608 d. Hz. v. Württemberg eine Gülte von 600 fl.[29]

---

25 Lotz C 285; LP Hans Rudolf Kuder, UBB KirchenA J X. 1, 47, p. 4f.
26 **3.–6.**: Lotz ibid.; Rb S 1,11.
27 **7.–19.**: Rb L 2, -L 3, -M 3, -S 1,12; Finanz H; GerichtsA D 33, p. 205f.; Fabian 424f.
28 Finanz G 28; EA 5.I.
29 **29./30.**: HGB Freie Strasse, -Schwanengasse; Platter Pest 348, 394; Württemberg C 1; Strittmatter 226, 229.

108. Sattler, Niclaus

1. Kleinrat (Ratsherr), Dreizehner; 1577–1627; 1541 Nov. 27 Basel–1627 April 28 Basel.[30]

3. **A)** Basel **B)** Kürschner **D)** E KÜR 1562/65

4. **A)** Geschl. aus Endringen eingew.
   B) Hans Sattler (†1559) v. Endringen, Bürgerrecht Basel 1536

5. **A)** 1565 Adelheid Zielysen; vor 1579 Ottilia Liebysen

6. **A)** Mehrere Kinder.
   Niclaus heir. Catharina Langmesser, wird Kürschner d.R. KÜR, Gerichtsherr 1628.[31]

7. **B)** RH KÜR 1577–1627, 50 (!) Jahre

8. **B)** Zinsmeister 1587 ff. (Wahl 31.8.1587; setzt sich gegen s. Mitbewerber u. späteren Mitrat Niclaus Hönn d.R. [P 106] durch).

9. Dreizehner 1610–27, 17 Jahre

10. **B)** Siebner 1578/80/81/84/87/89/92/94/96/98/1600/02/03/05/07/11/14/17/19/21/23/25, 22 Jahre

15. **C)** Gericht Kleinbasel 1592, 1 Jahr

16. **A)** Ehegericht 1601–03, 3 Jahre **B)** Unzüchter 1583–85, 3 Jahre
    C) Almosenherr 1609–27, 18 Jahre

19. Pfleger St. Leonhard 1579–1627, 48 Jahre[32]

24. **A)** Tagsatzung (Orte BS, BE, ZH) 1620 betr. 30–jähr. Krieg: 1

26. Oberrhein (Markgf'schaft betr. 30-jähr. Krieg; s.o. 24.A) 1620: 1[33]

29. **A)** Haus «zum Sperber», Spalenberg re. abw. 9
    B) Münzgasse 12 (Hotel Basel); weiteres Haus in der Aeschenvorstadt (Nr. nicht eruierbar)

30. Erwirbt 1586 Anlage in städt. Gütern zu jährl. Gewinn v. ca. 1000 *fl*; erarbeitet liquides Vermögen v. mind. 10 000 *fl* (v. s. S. Niclaus Sattler d.R. u. s. Schwiegertochter Catharina Langmesser versteuert).[34]

---

30 Lotz C 432.
31 **3.–6.**: Lotz ibid.; Rb M 4.
32 **7.–19.**: Rb L 2, -L 3, -M 3, -S 1,12; Finanz H; Protokolle Öffnungsb IX p.100; Fabian 424ff.
33 **24./26.**: EA 5.I.
34 **29./30.**: Platter Pest 324; Urkundenbuch BS 580; Brenner 75.

109. Von Selz (Sulz), Hans

1. Kleinrat (Ratsherr); 1565–75; 1529 Juni 17 Basel (St. Leonhard)–1579[35]

3. A) Basel   **B)** Kürschner   **D)** 1554 E KÜR

4. A) altes regimentsfähiges Schneidergeschl. aus Basel
   B) Hans Martin von Selz, Schneider d.R. [Fü P 110], altgläubig, Abendmahlsverweigerer, 1521 als Pensionenempfänger des Rats entsetzt, u. Barbara, T. d. OK Conrad Weslin (ibid.)

5. A) vor 1558 Dorothea Antoni (†nach 1595)
   B) Anna heir. Jacob, Br. d. Heinrich Lutterburger d.R. [P 9], Eltern d. Burkhart Lutterburger d.R MEZ [P 126].

6. B) Burkhart Lutterburger d.R MEZ [P 126][36]

7. B) RH KÜR 1565–75, 10 Jahre

8. A) Schaffner Gnadental 1564–65; Domstiftschaffner, mind. ca. 5 Jahre
   B) Birsmeister 1575–79, 4 Jahre

10. B) Siebner 1566/67/69/71/75, 5 Jahre

19. Pfleger St. Clara 1575/76, 1 Jahr[37]

29. A) Haus ‹zu der roten Rosen›, Fischmarkt; 1575–79 als Birsmeister im Basler Landgut zu St. Jakob[38]

---

35 Lotz C 474.
36 **3.–5.:** Lotz ibid.; Rb L 2; -S 1,12; «Verzeichnis der nichtkommunikanten», in: Akten Ref IV, Nr. 547, 547k, S. 589; Füglister 366f.
37 **7.–19.:** Lotz ibid.; Rb L 2; -M 3; -S 1,12; Finanz H; genealog. Personenkartei; Gast Tgb. 155.
38 HGB Fischmarkt; s. Wohnort an der Birsschliesse ergibt sich aus s. Tätigkeit.

Gartnern

110. Galli, Hans

1. Kleinrat (Zunftmeister); 1542–76; ca. 1500–1576 Nov. 24 Basel[1]
3. **A)** Basel **B)** (Wirt) uns. **D)** (E) GAR vor 1542
4. **B)** Erste Möglichkeit (unehelicher Sohn): Hans Gallician (1472–1524), Papiermacher, Kaufmann, XIII, Dreier, 1521 als Pensionenempfänger d. Rat entsetzt [Fü P 50], Flucht n. Solothurn, s. Stiefmütter entspr. Helena, T. d. RS Niclaus Meyer z. Pfeil, danach Maria, T. d. OZM Hans Jungermann. Gallician u. Maria Jungermann agitieren v. Solothurn aus in der Eidg. geg. Basel, Klage vor d. eidg. Tagsatzung, s. Krämerei in Basel obrigkeitl. geschlossen u. s. Habe zugunsten s. Gläubiger vergantet. S. Wwe. Maria Jungermann führt eine hasserfüllte lange Fehde geg. Basel, in die sie erfolgreich pfälz. u. habsb. Adlige involviert, Kleinkrieg, als «Galliciansche Fehde» bekanntgeworden, rechtl. erst 1529 in Speyer u. Strassburg beigelegt. Zweite Möglichkeit: Hans von Sankt Gallen aus KlBS (*1443), Müller im Kleinbasel.[2]
   C) Michel Gallician, Papiermacher
   D) BM Bernhard Meyer zum Pfeil [Fü P 21]
5. **A)** Vor 1530 erste Ehefrau, mit Nachnamen unbekannt; vor 1532 Lucia Berckin (Benkin, uns.).
   B) Margret Gallician heir. d. Fischkäufer Hieronymus Mug (Mieg, Mueg) d.R. FIS 1543–57.
   C) XIII Hans Ludwig Meyer zum Pfeil [P 57]
6. **A)** 4 Kinder (3 M, 1 F), namentl. bekannt
   B) Oswald Mueg wird Würzkrämer, heir. 1549 Judith, T. d. Druckers Niclaus Bischoff (Episcopius), Nichte d. Andreas Bischoff d.R. [Fü P 27]; Adelberg Meyer z. Pfeil d.J. [P 185].[3]

---

1 Rb L 1, -L 2, -S 1,12; falls Galli der unbekannte, weil wahrscheinlich uneheliche Sohn d. Hans Gallician, Papiermacher d.R. SAF ist [Fü P 50], stimmt die Angabe: Lotz C 153; Füglister 334f.; falls die zweite Möglichkeit d. Vaterschaft zutrifft, müsste Galli einige Jahre älter sein, *ca. 1490; s. u. 4.B.

2 Da Galli bei s. Tod mindestens 76 Jahre alt war, ist die zweite Möglichkeit relativ unwahrscheinlich, denn viel älter dürfte er nach damaliger Lebenserwartung nicht geworden sein, und s. Vater dürfte ihn nach damaliger Sitte auch nicht erst im Alter v. ca. 50 Jahren gezeugt haben. Für die erste Möglichkeit sprechen zwei weitere Gründe: S. Geschlechtsname dürfte sprachl. eher von «Gallician» (als gängige Kurzform) als von «Sankt Gallen» abgeleitet worden sein, zumal die «Gallician genannt Galli» in Basel auch sonst bekannt sind (vgl. Lotz C 153); in Gallicians Lebensgeschichte würde sich ein uneheliches Kind unter damaligen Verhältnissen nicht erratisch ausnehmen. Im Folgenden wird deshalb ohne endlichen Beweis der Vaterschaft Hans Gallicians d.R. SAF weiter angenommen; Füglister 334f.; vgl. Genealog. Personenkartei, gedr. Angaben «Galli». Zur Fehde etc. s. Rb S 1,12; AK 3, 196 passim; Lotz C 153; Wackernagel, Gs. Basel Bd. 3.

3 3.–6.: Genealog. Personenkartei ibid.; Füglister 334f. Generell erscheinen bei Füglister, dem für diese Zeit massgebl. Werk f. die Erhellung d. polit. Obrigkeit Basels, Hans Gallician u. Hans Galli getrennt, weder am selben Ort noch in ders. Zunft. Dies spricht dafür, dass der hier prosopographierte Galli ders. ist wie bei Füglister bereits erwähnt, dass er weder mit Hans Gallician identisch noch der Sohn d. Müllers Hans von Sankt Gallen, sondern wahrscheinlich tatsächlich der uneheliche Sohn des Papiers Gallician ist; Lotz C 153, -344; Füglister 194, 222, 237, 317f., 334f.

7. **B)** ZM GAR 1542–76, 35 Jahre

10. **B)** Siebner 1543/45/47/49/51/53/55/56/58/60/62/64/67/68/71/75, 16 Jahre

15. **B)** Gericht Grossbasel 1543 / 1547–57, 11 Jahre

19. Pfleger Predigern 1553–60, 7 Jahre

20. **A)** Bannerherr 1549–50, 1 Jahr[4]

24. **C)** Untertanengeb./Landvogteien: 1547–67: 3

25. **A)** Bistum Basel (Pruntrut) 1546: 1

26. Oberrhein 1546/49: 2[5]

111. Gotthart, Conrad

1. Kleinrat (Zunftmeister, Ratsherr), Landvogt; 1590–1612; 1545 Juni 15 Basel–1612 Juli 04 Basel[6]

3. **A)** Basel **B)** Tischmacher (n. ausgeübt), Wirt z. Schwanen
   D) E SPI 1566; K GAR ca. 1575

4. **B)** Balthasar Gotthart (†1553), Tischmacher, Bürgerrecht Basel u. K SPI 1543

5. **A)** vor 1568 Barbara Furrer

6. **A)** Kinder uns.[7]

7. **B)** OK 23.2.1586–90; ZM GAR 1590/91; RH GAR 1599–1612, 19 Jahre

8. **B)** Herbergsmeister 21.6.1587–1603 (als OK, LV Farnsburg u. Kleinrat!), 16 Jahre

10. **B)** Siebner 1590/1601/03/05/08/10/12, 7 Jahre

12. **C)** Ladenherr 1601–03, 3 Jahre

14. **B)** Fünfer 1607–11, 4 Jahre
    C) Lohnherr 1590–91 (Wahl 30.12.1590, gegen s. Mitbewerber Daniel Ryff [P 164]), 1 Jahr

15. **B)** Gericht Grossbasel 1600, 1 Jahr

16. **A)** Ehegericht 1607–09, 3 Jahre

---

[4] **7.–20.**: Rb L 2, -M 3, -S 1,12; Finanz H; KlosterA Prediger L 1; Füglister 237.
[5] **24.–26.**: Finanz G 17-20; Berner 80; Füglister 194.
[6] Lotz C 173.
[7] **3.–6.**: Lotz ibid.

19. Pfleger Augustinern 1591; St. Clara 1604–12, 10 Jahre

22. A) LV Farnsburg 1591–99, 8 Jahre[8]

29. A) Wirtshaus «zum Schwanen», Schwanengasse re. abw. 7/5 (abgebrochen, ehem. Birsigmauer)
B) Haus «zum Palast», Freie Strasse li. abw. 54[9]

112. Merckt (Märckt; Seiler gen. Merckt), Balthasar

1. Kleinrat (Zunftmeister, Ratsherr); 1565–77/1579–98; †1598 Sept. 15 Basel[10]

2. Merckt ist 1594 Testamentsvollstrecker d. Wwe. v. Lienhard Pfründ d.R. MEZ [P 131], Ursula Ringler, T. d. Glasmalers u. XIII Ludwig Ringler WEI [P 36].[11]

3. A) Basel **B)** Seiler **D)** 1526 E GAR

4. A) Geschlecht namens Seiler aus Rütlingen, Name mit Balthasar Merckt geändert
B) Lux Seiler v. Rütlingen (†1525/26), Bürgerrecht Basel u. K GAR 1503

5. A) 1543 Catharina Huber (†vor 1577), Tante d. BM Hans Rudolf Huber [P 6][12]

7. B) ZM GAR 1565–77; stillgestellt bis 1579 (Sittenstrafe f. Hurerei); RH GAR 1579–98, 32 Jahre

10. B) Siebner 1565/67/70/71/75/79/81/83/85/87/89/91/93/95, 14 Jahre

16. B) Unzüchter 1581–84, 3 Jahre

19. Pfleger Augustinern 1583–98, 16 Jahre[13]

30. Erwirbt 1587 Anlage aus städt. Gütern z. jährl. Gewinn v. ca. 500 *fl.*[14]

113. Rippel, Hans Burkhart

1. Kleinrat (Zunftmeister, Ratsherr), Gerichtsvogt, Landvogt; 1576–92; 1535 Liestal–1592 Dez. 31 Basel[15]

---

8 **7.–22.:** Rb D 4, -L 2, -L 3, -M 3, -S 1,11/-12; Protokolle Öffnungsb IX p. 92, 98, 114; Bruckner 2149.
9 HGB Schwanengasse, -Freie Str.; Platter Pest 350, 388.
10 Lotz C 325.
11 StABS Genealog. Personenkartei.
12 **3.–5.:** Lotz ibid.
13 **7.–19.:** Lotz ibid.; Rb L 2; -M 3; Finanz H; Protokolle Öffnungsb IX p. 55v.
14 Urkundenbuch BS 584.
15 Lotz C 405.

3. **A)** Basel 1557   **B)** Schneider, Krämer, Gartner
   D) K SNI 1557; E SAF u. K GAR 1558

4. **A)** Geschl. aus Essleben eingew.
   B) Peter Rippel v. Essleben (1496–1574), Gremper, Wirt z. Goldenen Löwen, Stadtkäufler, Bürgerrecht Liestal 1534, Basel 1540, K SAF 1557; u. Ursula, T. d. SH Liestal Heinrich Strübin, Wirt z. Sonne; S. Stiefmütter in Basel Margret von Wyss, vor 1569 Barbara Rieher, vor 1572 Elisabeth Keller

5. **A)** 1556 Brigitta, T. d. Galli Knecht, Pilgentalwirt
   B) Mathäus (1552–1619) wird Tischmacher d.R. SPI, Lohnherr, LV Waldenburg [P 141]. Chrischona (1546–1617) heir. vor 1572 Caspar, Br. d. Hans Albrecht Billing d.R. BEK [P 68].

6. **A)** Peter wird SS zu Liestal 1595 ff. Hans Burkhart wird Notar, heir. Ursula, Enkelin d. Tuchscherers, Kaufmanns u. Eisenkrämers Lienhard Wenz (†1551 Pest) d.R. SMI 1536–51, Nichte d. Andreas Spörlin d.R. SPI [P 144], Cousine d. XIII Jörg Spörlin SPI [P 145], Tante d. BM Sebastian Spörlin [P 146]. Caspar Niclaus wird Glasmaler, Deputat u. XIII GAR 1615–31, Schaffner Klingental 1579–1606. Catharina heir. 1594 Hans Heinrich Oberried d.R., Neffe d. BM Hans Jacob Oberried [P 11]. Margret heir. 1596 Hans Jacob Beck, Klingentalschaffn. d.R., S. d. OZM Sebastian Beck [P 78].
   C) Niclaus (1594–1666) wird Ratssubstitut, RS 1637–54, SS 1654–58, XIII, OZM 1658–60, BM 1660–66, heir. 1624 Sara, Enkelin d. OZM Bernhard Brand [P 28], Nichte d. Theod. Brand d.J. [P 29]. Hans Burkhart (1597–1667) wird LV Farnsburg.[16]

7. **B)** ZM GAR 1579/80, 1582–88; RH GAR 1588–92, 12 Jahre

8. **A)** Klingentalschaffner 1583–89, 6 Jahre

10. **B)** Siebner 1589, 1 Jahr

15. **B)** Gerichtsvogt Grossbasel 1578–80/1582–84, 4 Jahre

16. **A)** Ehegericht 1583, 1 Jahr

22. **B)** LV Mendrisio 1580–82, 2 Jahre[17]

27. **A)** (Reichsvogt; s.u. 28.)

28. Reichsvogt (Jahre uns.)[18]

29. **A)** Haus «zum Dolder», Spalenberg re. abw. 11
    B) Eckhaus Weisse Gasse/Streitgasse re. abw. 20/22

30. Erarb. liquides Vermögen ca. 10 000 fl (v. s. S. Hans Burkhart u. s. Schwiegertochter Ursula Wenz versteuert).[19]

---

16   **3.–6.:** Lotz ibid., -C 562; Rb S 1,11.
17   **7.–22.:** Protokolle Öffnungsgb IX p. 80; Rb L 2, -M 3, -S 1, 11/-12; Finanz H; EA 4.II.
18   **27./28.:** Lotz ibid.; Rb S 1,12.
19   **29./30.:** HGB Spalenberg, -Streitgasse; Platter Pest 324, 400; Brenner 92.

114. Ritter, Jopp (Hiob)

1. Kleinrat (Zunftmeister, Ratsherr), Landvogt; 1581–1606; 1544 März 28 Basel–1606 Aug. 13 dto.[20]

3. A) Basel **B)** Gremper **D)** E GAR durch s. Vater; K REB 1581

4. B) Valentin Ritter (†vor 1563), Kaufhausknecht, K GAR 1527; u. Anna Huber, Tante d. Andreas Huber d.R. SPI [P 137]

5. A) Chrischona, T. d. Pantaleon Wurstisen d.R. WEI [P 46], Schw. d. SS Christian Wurstisen [P 44] u. d. Erasmus Wurstisen, LV u. d.R. WEI [P 45]

6. A) Ursula heir. 1599 Hans Heinrich, S. d. Friedrich Werdenberg d.R. BEK [P 75], Enkel d. Fridolin Werdenberg d.R. BEK [P 74], Neffe d. Johann W. d.R. [P 76]. Dorothea heir. 1599 Heinrich Werdenberg (1578–1636), Brotbeck d.R. (RH BEK 1618–36), S. d. Marx Werdenberg d.R. BEK [P 77], Enkel d. Fridolin Werdenberg d.R. [P 74], Neffe d. Friedrich u. d. Johann W. d.R. [P 75], [P 76]. Hiob d.J. heir. 1608 Cleophe, T. d. Jacob Scheltner d.R. WEB [P 166].[21]

7. B) ZM GAR 1581–85; RH GAR 1593–1606, 18 Jahre

8. B) Zinsmeister 11.5.1586–87; Spitalmeister 1598 (Wahl 19.4.)–1602, behält Ratssitz gemäss Präzedenz s. Vorgängers u. Nachfolgers Laurenz Reichart [P 151], total 6 Jahre.

10. B) Siebner 1582/83/86/95/96/1603/04, 7 Jahre

15. B) Gericht Grossbasel 1582/97, 2 Jahre

16. B) Unzüchter 1600–02, 3 Jahre

19. Pfleger St. Clara 1596–1603; Spital 1604–06, 10 Jahre

22. A) LV Münchenstein 1585–93, 8 Jahre[22]

24. B) Evang. Orte 1585: 1[23]

29. A) Haus «Pfefferhof» m. Garten, Vorderer St. Alban-Teich, St. Alban-Tal 48–52
B) Haus «zur Treu», Gerbergasse re. einw. 49; Freie Strasse li. abw. 76[24]

---

20   Lotz C 408.
21   **3.–6.:** Lotz ibid.
22   **7.–22.:** Protokolle Öffnungsb IX p.92, 138; Rb L 2, -L 3, -M 3, -S 1,12; Finanz H.
23   Finanz G 24.
24   HGB St. Alban-Tal, -Freie Strasse; Platter Pest 252, 372, 384.

115. Ryhiner, Emanuel

1. Ratschreiber; 1569–82; 1543 April 8 Basel (St. Martin)–1582 Okt. 17 Basel (St. Martin)[25]

2. Taufpate s. S. Hans Heinrich 1569 Aug. 1: SS Johann Friedrich Menzinger [P 35]; s. S. Hans Sebastian 1572 Juni 22: PHYS Prof. med. Felix Platter [P 183][26]

3. **A)** Basel **B)** Kanzleibeamter, Schreiber **D)** ca. 1563 E GAR

4. **A)** Geschl. aus d. habsburg. Aargau (Brugg, Rohrdorf)
   B) Heinrich Ryhiner (†1553) aus Brugg, Stadtschreiber 1534–53, 1508 Stud. Univ. Basel, 1517 Procurator am bischöfl. Hof u. K GAR, 1518 Bürger v. Basel, Deputat 1532/34ff., Kaiserl. Notar 1536ff., Sechser GAR 1542–53, 1563 v. Kaiser Ferdinand I. erblich geadelt; u. Elisabeth Rössler (†nach 1559)
   C) Hans Ryhiner v. Sulz (Habsburg. Stammlande), Untervogt zu Rohrdorf

5. **A)** 1567 Anna (1544–1608), T. d. BM Caspar Krug [P 80], die 1586 d. Seidenkrämer Bernhard Burckhardt d.R. SLS heir.
   B) Friedrich (ca. 1532–87), Dr. med., Oberst d.R. GAR [P 116]; Veronica (*1537) heir. d. Gewandmann Andreas, Enkel d. BM Bernhard Meyer z. Pfeil [Fü P 21], Neffe d. XIII Hans Ludwig Meyer z. Pfeil [P 57].

6. **A)** 8 Kinder (7 M; 1 F).
   Hans Sebastian (1572–1612) wird RS zu Bern. Anna (1579–1655) heir. 1596 Prof. Hans Ludwig Iselin, Enkel d. Lux Iselin d.R. [Fü P 54], Cousin d. Hans Lux Iselin d.R. [P 54], heir. 1614 d. spät. OZM Johann Jacob Burckhardt.
   B) Hans Friedrich (1574–1634) Dr. iur., wird SS 1604, Deputat, OZM 1628–30, BM 1630–34. Elisabeth heir. 1610 Christoph Burckhardt d.R. Küngold heir. 1625 Melchior Gugger d.R.[27]

7. **A)** Sechser GAR 1568–82 **B)** RS 1569–82

19. Pfleger St. Jacob 1569–82, 14 Jahre[28]

24. **C)** Untertanengeb./Landvogteien 1579–82: 3
    D) Übr. eidgenöss. 1573/80: 2

25. **A)** Bistum Basel –1582: 1   **27. B)** Frankreich (SO betr. Pensionen) 1576: 1[29]

29. S. [P 116].

30. S. [P 116]; s. Erben verwalten ausserdem ein Guthaben v. 1640 fl b. Markgrafen v. Baden.[30]

---

25 Lotz C 427; Rb S 1,12.
26 KirchenA W, 12, 1 (Taufreg. St. Martin) 150v, 162v.
27 **3.–6.**: Lotz ibid.; Rb S 1,12; Füglister 312f., 337f.
28 **7./19.**: Lotz ibid.; Rb M 3; -S 1,12.
29 **24.–27.**: Finanz G 21-23; Rb M 7; Berner 80.
30 **29./30.**: Bruckner 135; Baden D 2; vgl. Strittmatter 206.

116. Ryhiner, Friedrich

1. Kleinrat (Zunftmeister); 1584–87; ca. 1532 Basel–1587 Dez. (fällt in Frankreich Ende Dez. 1587, Ehrenbegräbnis in Basel 1588 Jan. 23).[31]

2. Taufpaten s. S. Hans Bernhard 1571 Sept. 2: OZM Bernhard Brand [P 28], PHYS Felix Platter [P 183]; s. S. Hans Friedrich 1575 Jan. 1: ANT Simon Sulzer; s. S. Hans Heinrich 1576 Mai 16: Basilius Amerbach [P 180], Appolinaris Staehelin d.R. [P 42]; s. T. Veronica 1583 Sept. 6: XIII Hans Jacob Hoffmann [P 20], Maria, T. d. XIII Laurenz Ulli [P 121]; s. T. Agnes 1585 Dez. 30: Hiob Ritter [P 114]; s. T. Küngold: SS Christian Wurstisen [P 44][32]

3. **A)** Basel **B)** Dr. med., Oberst **D)** E GAR

4. **A)** Geschl. aus d. habsburg. Aargau (Brugg, Rohrdorf)
   B) Heinrich Ryhiner (†1553) v. Brugg, Stud. Univ. Basel 1508, Procurator am bischöfl. Hof u. K GAR 1517, Bürgerrecht Basel 1518, Deputat 1532ff., SS 1534–53, Kaiserl. Notar 1536ff., Sechser GAR 1542–53, 1563 v. Kaiser Ferdinand I. erbl. geadelt; u. Elisabeth Rössler (†1560)
   C) Hans Ryhiner v. Sulz (Habsburg. Stammlande), Untervogt zu Rohrdorf

5. **A)** 1570 Agnes (1549–1633), T. d. Gerbers Lux von Brunn d.R. 1554–62 u. Deputat, Nichte d. BM Bonaventura von Brunn [P 13], nach s. Tod m. XIII Andreas Von Spyr [P 98] bevogtet
   B) Emanuel (1543–82) wird Sechser GAR, RS 1569–82 [P 115]; Veronica (*1537) heir. d. Gewandmann Andreas, Enkel d. BM Bernhard Meyer z. Pfeil [Fü P 21], Neffe d. XIII Hans Ludwig Meyer z. Pfeil [P 57].

6. **A)** S. Kinder werden nach s. Tod 1587 m. XIII Alexander Löffel [P 55] bevogtet: Johann Friedrich (1574–1634) Dr. iur., SS, Deputat, OZM, BM –1634, 1587ff, heir. Magdalena, Halbschw. d. PHYS Prof. med. Felix Platter [P 183]. Elisabeth heir. 1610 Christoph Burckhardt d.R. Margret heir. 1614 Leonhard Nübling, Notar u. Klingentalschaffner, Enkel d. Metzgers Hans Nübling d.Ä. d.R. MEZ [P 127]. Küngold heir. 1625 Melchior Gugger d.R.
   B) Hans Sebastian (1572–1612) wird RS zu Bern. Anna (1579–1655) heir. 1596 Prof. Hans Ludwig Iselin, Enkel d. Lux Iselin d.R. [Fü P 54], Cousin d. Hans Lux Iselin d.R. [P 54], heir. 1614 d. spät. OZM Johann Jacob Burckhardt.[33]

7. **B)** ZM GAR 1584–87, 3 Jahre

10. **B)** Siebner 1586, 1 Jahr

18. **A)** Immatr./Stud. Univ. Basel 1548/49/49–52; 1552/53 Stud. Univ. Paris; 1553/54 Stud. Univ. Montpellier u. Dr. med.; 7 Jahre

21. Eidg. Oberst

---

31 MUB II, 61 ist zuverlässiger als Lotz C 427; Buxtorf-Falkeisen 16. Jh. H. 1, 105ff.
32 KirchenA W 12, 1 (Taufreg. St. Martin) 160; -W 12, 2 (ibid.) 7r, 14r, 62r, 78v, 90v.
33 **3.–6.**: Lotz ibid.; Rb S 1,12; MUB II, 61; Füglister 312f., 337f.

23. Pächter d. frz. Königl. Salinen in d. Provence 1576–79[34]

24. A) Tagsatzung 1581/82: 3   **D)** Übr. eidgenöss. 1581/82: 2

27. B) Frankr. 1579–87: 4

28. Oberst eines eidg. Regiments (2100 Mann) für Heinrich IV. v. Navarra in Frankreich 1587 (fällt).[35]

29. A) Haus «Rosenfeld», Freie Strasse li. abw. 40 / Ecke Pfluggässlein (heute Jäggi).
B) Hausbesitz in der Bäumleingasse, Nummer n. mehr eruierbar; Familienbesitz: Ryhinerisches Landgut, Waldung auf Bann Münchenstein bis zur Birsbrücke.

30. Erarb. liquides Vermögen v. gegen 100 000 *fl* (v. s. S. BM Joh. Friedr. Ryhiner versteuert); s. Erben verwalten ein Guthaben v. 1640 *fl* b. Markgrafen v. Baden.[36]

117. Schauber, Timotheus

1. Kleinrat (Zunftmeister); 1578–83; 1527 Basel–1583 Juni 25 Basel (Leonhard)[37]

3. A) Basel   **B)** Drucker   **D)** E GAR

4. A) Geschl. aus Rütlingen
B) Lux Schauber v. Rütlingen (†1540 Pest), K GAR 1519, Bürgerrecht Basel 1520; Nachname s. Mutter unbekannt

5. A) 1543 Nov. 5 Magdalena (†nach 1585), T. d. Secklers Ludwig Winzürn
B) Margret (†nach 1579) heir. 1548 Heinrich, S. d. OZM Marx Heydelin [Fü P 158], Br. d. Hans Jacob Heydelin d.R. SAF [P 52], wird nach Heinrichs Tod m. Michel Gernler d.R. WEB [P 158] bevogtet.

6. A) 3 Söhne, namentl. bekannt[38]

7. A) Sechser GAR 1557–78   **B)** ZM GAR 1578–83, 5 Jahre

8. B) Fürsprech 1551; Gerichts-Amtmann 1551–64/1573–77; Frei-Amtmann 1564–73, 26 Jahre

14. C) Lohnherr 1578 (Wahl 11.8.)–1583, 5 Jahre[39]

---

34 **7.–23.**: MUB II 61; Lotz ibid.; Finanz H; Rb S 1,12.
35 **24.–28.**: Rb D 4; -S 1,12; Protokolle Kleiner Rat 1, 6/24f.; Protokolle Öffnungsb IX p. 96f.; Ratsbüchlein 2, p. 14, 46, 54f.; Finanz H; EA 4.II; MUB II 61; Lotz ibid.; Ochs Bd. 6, 306; Buxtorf-Falkeisen 16. Jh. H. 1, 105ff.
36 **29./30.**: HGB Freie Strasse; Brenner 84; Lotz ibid.; MUB II, 37; Baden D 2; vgl. Strittmatter 206; Bruckner 135.
37 Lotz C 436; Protokolle Öffnungsb VIII p. 201; Rb L 2, -S 1,12.
38 **3.–6.**: Lotz ibid.; Füglister 391f.
39 **8./14.**: Lotz ibid.; Protokolle Öffnungsb VIII p. 201, -IX p. 58; Criminalia 21. B. 10, fasc. 2, p. 1r; Rb L 2, S 1, 11/-12.

118. Schenk, Marx (Marcus)

1. Kleinrat (Zunftmeister); 1592–1629; 1561 Feb. 12 Basel (St. Leonhard)–1629 April 05[40]

3. A) Basel
B) Krämer, Wirt zur Tanne, die er als Trinkstube und Herberge führt.[41]
D) E SAF u E WEI 1580; K GAR vor 1588

4. B) Hans Rudolf Schenk (†1564 Pest), Eisenkrämer; u. Barbara (1530–vor 1577), T. d. OZM Marx Heydelin [Fü P 158], Schw. d. Hans Jacob Heydelin d.R. [P 52]
C) Lienhard Schenk (vor 1539–79), Eisenkrämer d.R. SMI [P 84]; u. Ursula (†1579), T. d. OZM Marx Heydelin [Fü P 158], Schw. d. Hans Jacob Heydelin d.R. [P 52]; der Grossvater wird also der Schwager d. Vaters.
D) Caspar Schenk wird Schaffner St. Johann 1557–67/1570 ff.

5. A) 1580 Dorothea Zündler (†nach 1582), Schwägerin d. ANT Prof. theol. Simon Sulzer; vor 1589 Magdalena Lützler; vor 1599 Ursula (1566–1629), T. d. Glasmalers u. XIII Ludwig Ringler WEI [P 36], Wwe. d. Metzgers Lienhard Pfründ d.R. MEZ [P 131], Schw. d. Johann Wernhard Ringler (1570–1630) WEI, XIII, OZM, BM

6. A) 6 Kinder (4 M, 2 F).
Magdalena (1589–1649) heir. 1607 den Weinmann Emanuel Russinger d.R. WEI 1638 ff., LV Lugano, S. d. XIII Theodor Russinger WEI [P 38], Neffe d. Marx Russinger d.R. WEI [P 37].[42]

7. A) Sechser GAR 1588–92 **B)** ZM GAR 1592–1629, 37 Jahre

10. B) Siebner 1593/94/96/98/1600/02/04/07/09/10/12/14/16/18/20/22/25/26/28, 19 Jahre

15. B) Gericht Grossbasel 1601–05, 4 Jahre
C) Gericht Kleinbasel 1593–1601, 8 Jahre

16. A) Ehegericht 1603–06, 4 Jahre **B)** Unzüchter 1602–06, 5 Jahre

19. Pfleger St. Jacob 1596–1629, 33 Jahre

21. Schützenmeister, Grosses Gesellenschiessen Basel 1605 (m. XIII Theod. Brand d.J. [P 29]).[43]

---

40 Lotz C 439; Rb L 3, -S 1,12.
41 Diese zwei unterschiedlichen Benutzungsarten waren verordnungsmässig getrennt u. bedurften gesonderter Bewilligungen, die f. nicht Weinleutzünftige schwierig erhältlich waren. Der Schenk- u. Trinkbetrieb war primär der WEI, in ihr den sog. Herrenwirten vorbehalten. Ohne in der WEI zu sein, erhielt man die Befugnisse eines Herrenwirtes schwerlich. Dass Schenk sie bekam, deutet auf einschläg. obrigkeitl. Beziehungen; vgl. Weiss-Bass, Eberhard Friedrich, Weingewerbe und Weinleutenzunft im alten Basel, Basel 1958.
42 **3.–6.:** Lotz ibid.; Rb D 4, p. 45, -L 3, -S 1,12; Füglister 391f.
43 **7.–21.:** Buxtorf-Falkeisen, 17. Jh. H.1, S. 11.

24. A) Tagsatzung 1603: 2[44]

29. A) Herberge zur Tanne[45]

119. Schwingdenhammer, Heinrich

1. Kleinrat (Zunftmeister); 1587–1603; 1541 Dez. 13 Basel–1603 Okt. 31[46]

3. A) Basel   **B)** Gremper   **D)** K GAR

4. B) Mathys Schwingdenhammer († vor 1568), Hufschmied «Schmid in den Spalen», K SMI 1527

5. A) Vor 1576 Elisabeth, Schw. d. Metzgers Burkhart Lutterburger d.R. MEZ 126], Nichte d. Gewandmanns Heinrich Lutterburger d.R. SLS [P 11], Schwägerin d. Hans von Selz, Schneider d.R. [P 109].
   B) Dorothea heir. 1559 d. Chirurgen Daniel, S. d. XIII Franz Jäckelmann [P 149], Schwager d. PHYS Prof. med. Felix Platter [P 183].

6. A) Kinder namentl. bekannt
   B) Mathys Schwingdenhammer wird Hufschmied d.R. SMI.[47]

7. B) ZM GAR 1587–1603, 17 Jahre

8. B) Hauptmann im Werkhof 1590–1603, 14 Jahre

10. B) Siebner 1587/90/92/94/95/97/99/1601/03, 9 Jahre

15. B) Gericht Grossbasel 1585/88, 2 Jahre

16. A) Ehegericht 1584–97, 13 Jahre   **B)** Unzüchter 1592/93, 2 Jahre

17. Deputat 1601–03, 3 Jahre

19. Pfleger St. Peter 1589–1603, 5 Jahre[48]

29. A) Haus «zum scharfen Eck», Spalenvorstadt li. einw. 44/42
   B) Haus «zum grünen/roten Hut», Spalenvorstadt li. einw. 34; Haus «zum Schaf», Spalenberg re. abw. 29

30. Guthaben b. Markgf. v. Baden von um 1602 gewährtem Darlehen v. 1000 fl [49]

---

44 EA 5.II.
45 Rb D 4, p. 45.
46 Lotz C 468.
47 **3.–6.:** Lotz ibid.
48 **7.–19.:** Rb L 2, -L 3, -M 3, -S 1,12; Finanz H.
49 **29./30.:** HGB Spalenvorstadt, -Spalenberg; Platter Pest 184, 322; Baden D 2; Strittmatter 207.

120. Steck, Augustin

1. Kleinrat (Oberst Knecht, Ratsherr), Stadtgerichtsvogt; 1550–78; †1578 Jan. 10 Basel (St. Leonhard); 1531 auf Veranlassung s. eigenen Vaters (Hans Steck d.R. SUM, [Fü P 96]) v. Rat gefangengesetzt, um eine Besserung v. s. «Ungehorsam und liederlichen Leben» zu erzwingen.[50]

3. **A)** Basel **B)** Gerber; Stadtrichter **D)** E GER; K GAR vor 1565

4. **A)** Geschl. aus Ulm eingew.
   B) Hans Steck v. Ulm (†1552 Pest), Bürgerrecht Basel 1504, Gerber d.R. [Fü P 96], Schaffner St. Johann; u. Verena, T. d. Stadtgerichtvogts Niclaus Herr, Schw. d. Ludwig Herr d.R. GAR, Tante d. OZM Johann Herr [P 19] (s.u.)

5. **A)** vor 1533 Maria Sporhan (1507–94)
   B) Mathäus wird Gnadentalschaffner, heir. Sofia, T. d. Anton Schmid d.R. GER [Fü P 95]. Christiana (†1585) heir. d. Gerichtsknecht Heinrich, S. d. Hans Heinrich Gebhart d.R. KÜR, als Pensionenempfänger 1521 entsetzt [Fü P 104], Br. d. XIII Lienhart Gebhart WEB [P 157], Cousin d. BM Lux Gebhart [P 50] u. d. Mathäus Gebhart d.R. KÜR 1537–50. Margret heir. Heinrich (vor 1532–1603), S. d. Fridolin Werdenberg d.R. BEK [P 74], Wirt z. Wilden Mann, Herbergsmeister 1563–88, Büchsenmeister, Verwalter Gotteshaus St. Jacob, Hptm. v.a. in frz. Diensten, Br. d. Friedrich, d. Johann u. d. Marx Werdenberg, alle d.R. BEK [P 75], [P 76], [P 77].

6. **A)** 8 Kinder (2/3 M, 5/6 F), namentl. bekannt
   B) Johann Herr (1553–1628), Goldschmied d.R. HAU, XIII, OZM [P 19][51]

7. **A)** Sechser GER 1543–65; Sechser GAR 1565–69
   B) Ratsknecht 1546; OK 1552–54 (als OK in Haft, als er mit einem eben haftentlassenen Ehebruchspaar sympathisiert); RH GAR 1569–78, 14 Jahre

8. **B)** Stadtgerichtsvogt 1554–69 (Blutvogt; s.u. 15.B), 15 Jahre

10. **B)** Siebner 1571/73/75, 3 Jahre

12. **C)** Ladenherr vor 1571–74, mind. 4 Jahre

15. **B)** Gericht Grossbasel: Blutvogt 1554–69 / Gerichtherr d.R. 1570–76, 21 Jahre

16. **A)** Ehegericht: Richter 1574–77, 4 Jahre
    B) Unzüchter vor 1571–74, 4 Jahre
    C) Almosenherr 1573–75, 3 Jahre[52]

---

50 Lotz C 490; Gast Tgb. 266f.; Rb L 2, -S 1,12.
51 3.–6.: Lotz ibid., -C 563; KlosterA Gnadental G, -Prediger L 1; Gast Tgb. 266f., Füglister 360, 364; Stecks Zünftigkeit bei GAR u. deren Zeitpunkt sind aus s. u. s. Vaters Berufen sowie aus s. Sechsertum eruierbar, s. u. 7.A.
52 7.–16.: Protokolle Öffnungsb VIII p. 113; Rb L 2, -M 3, -S 1,11/-12; Finanz H; Gast Tgb. 267.

121. Ulli, Laurenz

1. Kleinrat (Ratsherr), Dreizehner; 1546–92; 1510 Basel–1592 Feb. 19 Basel[53]

3. A) Basel   **B)** Wirt zum Schnabel   **D)** E GAR 1529; K SAF 1543

4. A) Geschlecht aus Rottenburg eingew.
   B) Mathys Uelin v. Rottenburg (†1537), Schlosser, Wirt z. Schnabel, Bürgerrecht Basel u. K GAR 1496
   D) Margret Uelin heir. Theobald Merian, Stammeltern d. Geschl. Merian in Basel u. Eltern d. XIII Ullrich SPI [P 140], d. Erhart d.R. SIF u. d. Goldschmieds Theodor Merian d.R. HAU.

5. A) Vor 1533 Martha Gysin, von der er 1533 geschieden wird; 1562 Maria Sorger
   B) Maria heir. Niclaus Herr, Goldschmied (†1565), Eltern d. OZM Johann Herr [P 19], heir. 1565 Anton Von Gart gen. Burckhardt d.R. GER [P 97].
   C) XIII Ullrich Merian SPI [P 140].

6. A) Margret heir. Lienhard David d.Ä., Metzger d.R. MEZ [P 123]. Lorenz d.J. heir. Catharina, T. d. Jacob Scheltner d.R. WEB [P 166].
   B) Johann Herr, Goldschmied d.R. HAU, XIII, OZM [P 19], dessen Vogt er 1567–73 ist[54]

7. B) RH GAR 1546–92, 46 Jahre

9. Dreizehner 1571–92, 21 Jahre

10. B) Siebner 1547/48/50/52/54/56/59/60/63/65, doppelt 1566/69/70/76/78/81/83/87/88/91, 21 Jahre

14. D) Kornherr 1570/71, 2 Jahre

15. A) Appellationsherr 1577–90, 13 Jahre
   B) Gericht Grossbasel 1555–57, 3 Jahre

16. B) Unzüchter 1550–52, 3 Jahre

19. Pfleger Augustinern 1562–71; Steinen 1571–91, 29 Jahre[55]

24. C) Untertanengeb./Landvogteien 1562–85: 7
   D) Übr. eidgenöss. 1562 (SO) / 1578 (LU): 2

25. A) Bistum Basel 1580 (kathol. Untertanengebiete) 1580: 1

---

53 Lotz C 529 irrt im Todesdat., richtig: Rb L 2 p. 290r.
54 **3.–6.**: Lotz ibid.; symptomat. f. die pragmat. Handhabung obrigkeitl. Verordnungen insbes. f. die Obrigkeitsvertreter selber, bei 3.D Ullis off. Doppelzünftigkeit inmitten d. geltenden entspr. obrigkeitl. Verbotes (Gewerbeordnung 1526, gültig bis 1552; Füglister, 272-292).
55 **7.–19.**: Rb L 2, -M 3, -S 1,12; Finanz H, -W 5. 2 (Zinsb. Ladenamt 1539–1621); KlosterA Augustiner F 1; Fabian 424ff.

I. Prosopographien: Gartnern 151

26. Oberrhein 1565: 1[56]

29. A) Haus «Judenschuol», Grünpfahlgasse re. abw. 3/1

30. Erarb. liquides Vermögen v. ca. 2000 *fl* (v. s. Schwiegert. Catharina Scheltner versteuert)[57]

56 **24.–26.:** Finanz G 17, 22, 23-; Rb M 7; EA 4.II.
57 **29./30.:** HGB Grünpfahlgasse; Platter Pest 366; Brenner 93.

Metzgern

122. Berger, Friedrich

1. Kleinrat (Ratsherr); 1596–1612; †1612 Aug. 8 Basel.[1]

3. **A)** Von Waldenburg, Basel 1575 April 20
   B) Metzger
   C) Gründet m. Jost Pfister [P 130] u. Lienhard Pfründ [P 131] 1572 Okt. 27 obrigkeitl. bewilligte Geschäftsgemeinschaft zwecks gemeinsamen Viehtransports u. Fleischhandels m. d. Freibergen u. Schlachtens sowie Verkaufs an d. Schol in d. Freien Str. in BS.[2]
   D) K MEZ (1575, uns.)

4. **A)** Geschl. aus Waldenburg
   B) in Waldenburg

5. **A)** 1575 März 7 Apollonia Gessler (†1610 Pest) von Föringen

6. **A)** 8 Kinder (3 M, 5 F).
   Wernher (1575–1616/18) heir. vor 1599 Judith, T. d. Schneiders Niclaus Hönn d.R. SNI [P 106]. Ursula (1591–nach 1640) heir. 1619 d. Metzger Heinrich David, Grossneffe d. Metzgers Lienhard David d.Ä. d.R. [P 123].[3]

7. **B)** RH MEZ 1596–1612, 17 Jahre[4]

123. David, Lienhard, der Ältere

1. Kleinrat (Zunftmeister); 1579–84; 1530 März 18 Basel (St. Leonhard)–1584 April 12[5]

3. **A)** Basel **B)** Metzger **D)** E MEZ

4. **A)** Alteingesessenes oberschichtl. Basler Handwerksgeschl.
   B) Caspar David d.J. (†1552 Pest), Metzger; u. Margret (†1546), T. d. Sattlers Bläsi Zyper d.R. HIM [Fü P 156]
   C) Caspar David d.Ä.; u. Margret Jäcklin (Heirat 1496)
   D) Leonhard David d.R. MEZ

5. **A)** 1556 Feb. Margret, T. d. XIII Laurenz Ulli [P 121] u. d. Martha Gysin (ibid.)
   B) Heinrich wird Stadtgerichtsvogt 1585–96.

---

1 Lotz C 28; Rb L 3.
2 Rb D 3 (Abscheidb.), p. 187.
3 3.–6.: Lotz ibid.
4 Rb L 2, -L 3, -S 1,12.
5 Lotz C 81; Rb L 2, -S 1,12.

6. **A)** 10 Kinder (7 M, 3 F).
Martha (1560–nach 1614) heir. 1577 d. Metzger Zacharias Herr d.R. MEZ [P 125]. Lienhard d.J. (1567–1614) wird Metzger d.R. MEZ 1614. Lorenz (1569–1643) heir. 1619 Sara, T. d. Wollwebers Jacob von Spyr d.R. [P 168] (Enkel d. Webers Jacob Schwarz d.R. [Fü P 166]), Schwägerin d. Rotgerbers u. XIII Andreas von Spyr GER [P 98], wird Metzger d.R., ZM MEZ 1633–43, v. Kaiser Ferdinand III. 1637 wegen krieger. Tapferkeit in d. erblichen Reichsadelsstand erhoben.[6]

7. **A)** Sechser MEZ vor 1569–79; Schreiber MEZ 1569
B) ZM MEZ 1579–84, 5 Jahre[7]

30. Familienbesitz: div. Zinse u. Gefälle d. Dorfes Rothenfluh seit 1523[8]

124. Gernler, Hans, «der Metzger»

1. Kleinrat (Ratsherr), Landvogt; 1563–95; 1519 Basel–1595 Mai 04 Basel[9]

3. **A)** Basel **B)** Metzger **D)** K MEZ ca. 1570

4. **A)** Regimentsgeschl. in REB, GAR, MEZ, WEB, alte handwerkl. Oberschicht in Basel, vgl. [P 62], [P 158], [Fü P 114], [Fü P 115]
B) Peter Gernler (1496–1544), Schäfer d.R., E GAR 1517, ZM GAR 1541–44
C) Hans Gernler († 1528), Schäfer d.R. GAR 1520–28 [Fü P 115]
D) S. Grossonkel Alban Gernler d.R. GAR 1529–33 [Fü P 114]

5. **A)** vor 1547 Sara, T. d. Eucharius od. d. Färbers Peter Rieher d.R. WEB [Fü P 161] (uns.)
C) Michael Gernler d.R. WEB [P 158]

6. **A)** Mind. 2 Kinder (1 M, 1 F).
Barbara heir. Hans Albrecht Billing d.R. BEK [P 68], heir. vor 1596 Hans Ulrich Turneisen, Rotgerber d.R. GER 1611–30, Schwägerin d. Wilhelm Turneisen d.R. [P 155], d. Hans Burkhart Rippel d.R. [P 113] u. d. Heinrich Lutterburger d.R. [P 9]. Anna heir. Balthasar Falkeisen, Grossneffe d. Schmieds Rudolf Falkeisen d.R. [P 79].[10]

7. **B)** RH MEZ 1582–95, 13 Jahre

15. **B)** Gericht Grossbasel 1585, 1 Jahr

19. Pfleger Steinen 1592–95, 3 Jahre

---

6 **3.–6.:** Lotz ibid.; Rb S 1,11; Füglister 390f., 396f.
7 Rb L 2, -S 1,12.
8 Bruckner 2440.
9 Lotz C 163.
10 **3.–6.:** Lotz ibid.; zum vielf. Auftreten d. Geschl. s. Füglister 194, 224, 229, 246, 343, 350, 359, 369f., 391, 395.

22. A) LV Ramstein 1563–82, 19 Jahre[11]

29. A) Haus «zum Silberberg», Utengasse li. ausw. 11 m. Utengasse 13 u. Ob. Rebgasse 16
B) Utengasse li. ausw. 13, vermietet an Johannes Link

30. Erarb. liquides Vermögen v. ca. gegen 20 000 *fl* (v. s. S. u. s. Schwiegert. im KlBS u. in GrBs versteuert)[12]

125. Herr, Zacharias

1. Kleinrat (Ratsherr), Landvogt; 1593–1611; 1541 März 8 Basel (St. Leonhard) –1611 Ramstein[13]

3. A) Basel **B)** Metzger **D)** E MEZ

4. A) Geschl. aus Stetten im Wiesental
B) Heinrich Herr v. Stetten (†1545), Bürgerrecht Basel 1533; u. Margret Brüstlin

5. A) 1561 Nov. 17 Elisabeth (1540–71), T. d. Metzgers Heinrich Zäslin, Nichte d. Claus Zäslin d.R. MEZ 1537–68, Bannerherr, Grossnichte d. Metzgers Heinrich Zäslin (†1514) d.R. MEZ –1509; 1577 Martha (1560–nach 1614), T. d. Lienhard David d.Ä. d.R. MEZ [P 123], Schw. d. Lienhard David d.J. (1567–1614), Metzger d.R. MEZ 1614, Schwägerin d. Sara, T. d. Wollwebers Jacob von Spyr d.R. [P 168] u. d. Rotgerbers u. XIII Andreas von Spyr GER [P 98].

6. A) 19 Kinder (7 M, 12 F), von denen er mind. 7 überlebt.[14]

7. B) RH MEZ 1593–1601, 8 Jahre

22. A) LV Ramstein 1601–11, 10 Jahre[15]

29. B) Hat die Hundsmatte im Bann Ramstein zu Lehen um 8 *lb*.[16]

126. Lutterburger, Burkhart

1. Kleinrat (Zunftmeister); 1585–1606; 1545 Juli 12 Basel–1606 Feb. 14[17]

3. A) Basel **B)** Metzger **D)** E MEZ ca. 1570

---

11 **7.–22.**: Rb L 2, -M 3, -S 1,12; Bruckner 1853f.
12 **29./30.**: HGB Utengasse, -Ob. Rebgasse; Platter Pest 486; Brenner 56, 96.
13 Lotz C 218; Rb S 1,12.
14 **3.–6.**: Lotz ibid., -C 591.
15 **7./22.**: Rb L 2, -L 3, -M 3, -S 1,12; Bruckner 1854.
16 Bruckner 1854.
17 Lotz C 313.

I. Prosopographien: Metzgern 155

4. B) Jacob Lutterburger († vor 1571), Metzger; u. Anna, Schw. d. Hans von Selz, Schneider d.R. [P 109]
C) Martin von Selz, Schneider d.R. [Fü P 110], altgläubig, Abendmahlsverweigerer, 1521 als Pensionenempfänger d. Rats entsetzt, u. Barbara, T. d. OK Conrad Weslin (ibid.)
D) Heinrich Lutterburger (1525–1603), Wollweber u. Gewandmann d.R. SLS [P 9], schwerreich

5. A) vor 1579 Barbara (1551–1613) T. d. Hans Esslinger, Brotbeck d.R. [P 70], Wwe. d. Metzgers Barthlome Vochhen d.R. [P 133]
B) Elisabeth heir. vor 1576 Heinrich Schwingdenhammer d.R. GAR [P 119].

6. A) Einige Kinder namentl. bekannt[18]

7. B) ZM MEZ 1585–1606, 21 Jahre

19. Pfleger St. Jacob 1593–1605, 12 Jahre[19]

29. A) Eckhaus Gerbergässlein li. einw. 2[20]

127. Nübling, Hans, der Ältere

1. Kleinrat (Zunftmeister); 1588–95; †1595 Juli 17 Basel[21]

3. A) Basel **B)** Metzger **D)** E MEZ 1570/1575

4. A) Geschl. aus Berzheim
B) Georg Nübling († nach 1544), Metzger v. Berzheim, Bürgerrecht Basel 1519 als Georg ‹Lypling›

5. A) Heir. eine T. d. Schmieds Hans Falkeisen († 1519) u. d. Anna († nach 1560), T. d. Hufschmieds Lienhart Grünagel d.R. [Fü P 81] u. d. Anna Wingartner, Schwägerin d. Ludwig Bienz d.R. REB [P 60], Schwager d. Schmieds Rudolf Falkeisen d.R. SMI [P 79].
B) Lienhard wird Metzger d.R. [P 128]. Maria heir. d. Fischkäufer Niclaus Jäcklin, Eltern d. Hans Jäcklin d.R. FIS [P 172], heir. danach d. Schmied Georg Jeuchdenhammer d.R. [P 81].

6. A) Johannes (Hans d.J.) wird Metzger d.R. MEZ.
B) Hans Jäcklin d.R. FIS [P 172][22]

7. B) ZM MEZ 1588–95, 8 Jahre[23]

---

18 **3.–6.:** Lotz ibid.; Füglister 366f.
19 **7./19.:** Rb L 2, -L 3, -M 3, -S 1,12.
20 HGB Gerbergässlein; Platter Pest 362.
21 Lotz C 354.
22 **3.–6.:** Lotz ibid.
23 Rb L 2, -M 3, -S 1,12.

29. **A)** Oberer Heuberg re. ausw. 44, zus. m. s. älteren Br. Lienhart Nübling [P 128]

30. Erarb. liquides Vermögen v. ca. 2000 *fl* (v. s. S. Johannes versteuert)[24]

128. Nübling, Lienhard, gen. Räbäugelin

1. Kleinrat (Ratsherr); 1571–86; †1586 Aug. 13 Basel[25]

3. **A)** Basel **B)** Metzger **D)** E MEZ vor 1550

4. **A)** Geschl. aus Berzheim
   B) Georg Nübling (†nach 1544), Metzger v. Berzheim, Bürgerrecht Basel 1519 als Georg ‹Lypling›

5. **A)** vor 1550 Barbara Zwilchenbart
   B) Hans d.Ä. heir. eine T. d. Schmieds Hans Falkeisen (†1519) u. d. Anna (†nach 1560), T. d. Hufschmieds Lienhart Grünagel d.R. [Fü P 81] u. d. Anna Wingartner, Schwägerin d. Ludwig Bienz d.R. REB [P 60]. Schwager d. Schmieds Rudolf Falkeisen d.R. SMI [P 79], wird Metzger d.R. [P 127]; Maria heir. d. Fischkäufer Niclaus Jäcklin, Eltern d. Hans Jäcklin d.R. FIS [P 172], heir. danach d. Schmied Georg Jeuchdenhammer d.R. [P 81].

6. **A)** Lienhart d.J. heir. Esther Rupp, wird Ratssubstitut 1610–14.
   B) Johannes (Hans d.J.) wird Metzger d.R. MEZ; Hans Jäcklin d.R. FIS [P 172][26]

7. **B)** RH MEZ 1571–86, 16 Jahre

10. **B)** Siebner 1583, 1 Jahr

19. Pfleger St. Theodor 1571–86, Klingental 1575–86, 28 Jahre[27]

29. **A)** Oberer Heuberg re. ausw. 44 wie s. jüngerer Br. Hans d.Ä. [P 127]

30. Erarb. liquides Vermögen v. ca. 10 000 *fl* (v. s. S. Lienhart Nübling u. s. Schwiegert. Esther Rupp versteuert)[28]

129. Oser, Bernhard

1. Kleinrat (Ratsherr), Landvogt; 1589–1615; 1539 Nov. 23 Basel (St. Martin)–1615 Aug. 3; ist 6 Jahre lang blind (vor s. Regimentszugehörigkeit), genest wieder.[29]

---

24 **29./30.:** HGB Heuberg; Platter Pest 300; Brenner 58.
25 Lotz C ; Rb S 1,12.
26 **3.–6.:** Lotz ibid.
27 **7.–19.:** Rb L 2, -M 3, -S 1,12.
28 **29./30.:** HGB Heuberg; Platter Pest 300; Brenner 100.
29 Lotz C 366; Rb L 3, -S 1,12 (insbes. p. 110).

3. **A)** Basel **B)** Metzger **D)** K MEZ

4. **A)** Geschl. aus Allschwil
   B) Peter Oser (1516–55), Schuhmacher; u. Anna (vor 1519–nach 1570), T. d. XIII Gregor Vochen d.R. MEZ (s.u.), Cousine d. Barthlome Vochen d.R. MEZ [P 133]
   C) Gregor Vochen († 1558), Metzger d.R. MEZ 1539–58, XIII, LV, Schnabelwirt u. Spitalmeister; u. Barbara Werlin († 1519)
   D) Lienhart Vochen gen. Oberlin († 1541), Metzger d.R. MEZ 1541

5. **A)** 1561 Jan. 19 Dorothea (1542–1625), T. d. Wollwebers Lienhard Heydelin d.R. WEB 1554–58, Cousine d. Hans Jacob Heydelin d.R. SAF [P 52], Nichte d. OZM Marx Heydelin [Fü P 158], Schwägerin d. Laurenz Reichart d.R. GST [P 151]

6. **A)** 12 Kinder (8 M, 4 F).
   Lienhart (1565–1617) heir. 1587 Maria, T. d. Theodor Munzinger d.R. FIS [P 171]. Peter (1573–nach 1610) heir 1595 Elisabeth, Schw. d. Metzgers Martin Schardt d.R. 1616–23. Hans Jacob wird Metzger, heir. Margaretha Gürtler, die als s. Wwe d. Metzger Heinrich von Gart gen. Burckhardt d.R. [P 134] heir.[30]

7. **B)** RH MEZ 1601–15, 15 Jahre

8. **B)** Spitalmeister 1601–03 (hält glz. Ratssitz gem. Präzedenz Laurenz Reicharts [P 151]), 2 Jahre.

10. **B)** Siebner 1606/07, 2 Jahre

19. Pfleger Augustinern 1607–15, 9 Jahre

22. **A)** LV Ramstein 1589–1601, 12 Jahre[31]

130. Pfister, Jost

1. Kleinrat (Zunftmeister), Landvogt; 1553–78; † 1578 Okt. 23 Basel[32]

3. **A)** Basel **B)** Metzger
   C) Gründet m. Friedrich Berger [P 122] u. Lienhard Pfründ [P 131] 1572 Okt. 27 obrigkeitl. bewilligte Geschäftsgemeinschaft zwecks gemeinsamen Viehtransports u. Fleischhandels m. d. Freibergen u. Schlachtens sowie Verkaufs an d. Schol in d. Freien Str.[33]
   D) E MEZ

4. **B)** Lienhard Pfister († 1532), Metzger d.R. MEZ [Fü P 132]; u. Magdalena Pelz
   C) Fridolin Pelz

---

30 3.–6.: Lotz ibid.; Füglister 391f.
31 7.–22.: Rb L 3, -M 3, -S 1,11/-12; Finanz H.
32 Lotz C 377; Rb L 2, -S 1,12.
33 Rb D 3 (Abscheidb.), p. 187.

5. A) vor 1551 Gertrud Hausmann
 B) Ursula (†nach 1580) heir. vor 1541 d. Gerichtsschreiber Johannes Uebelin, Eltern d. Samuel Uebelin d.R. WEI [P 43]. Anna (†1564 Pest) heir. vor 1541 Prof. theol. Martin Borrhaus gen. Cellarius, dreifacher Rektor d. Universität Basel, hochgeehrt u. berühmt.

6. A) 7 Kinder (4 M, 3 F), namentl. bekannt.
 B) Samuel Uebelin d.R. WEI [P 43].[34]

7. B) ZM MEZ 1563–78, 16 Jahre

19. Pfleger Predigern 1565–78, 14 Jahre

22. A) LV Ramstein 1553–63, 10 Jahre[35]

131. Pfründ, Lienhard

1. Kleinrat (Ratsherr); 1571–93; 1532 Basel–1593 Juni 22 Basel[36]

3. A) Basel **B)** Metzger
 C) Gründet m. Friedrich Berger [P 122] u. Jost Pfister [P 130] 1572 Okt. 27 obrig-keitl. bewilligte Geschäftsgemeinschaft zwecks gemeinsamen Viehtransports u. Fleischhandels m. d. Freibergen u. Schlachtens sowie Verkaufs an d. Schol in d. Freien Strasse.[37]
 D) E MEZ vor 1560

4. A) Geschl. von Schan b. Belfort
 B) Hans Pfründ v. Schan, Metzger, Bürgerrecht Basel 1523

5. A) 1558 Margret, T. d. Seilers Martin Gebhart d.R. GAR 1544–46 u. d. Amalia Zyper, Enkelin d. SH Liestal Hans Gebhart (†vor 1551), Wirt z. Sonne, Hutmacher, Enkelin d. Sattlers Bläsi Zyper [Fü P 156], Wwe. d. Walter Harnister (Harnasch) d.R. MEZ 1557/58 (S. d. Wolfgang, Neffe d. Heinrich Harnasch, beide d.R. MEZ [Fü P 130 / P 129], Schwägerin d. Lienhard Strub gen. Läufelfinger d.R. GER [P 96]; Ursula, T. d. Glasmalers u. XIII Ludwig Ringler WEI [P 36], Schw. d. Johann Wernhard Ringler (1570–1630) d.R. WEI, XIII, OZM, BM; ihr Testamentarier nach Pfrūnds Tod 1594: Balthasar Merckt d.R. GAR [P 112]; sie heir. als Wwe. vor 1599 Marx Schenk d.R. GAR [P 118].

6. A) Küngold heir. 1593 d. Wollweber Heinrich Schweizer d.R. WEB, S. d. Jacob Schweizer d.R. GST [P 154].[38]

7. B) RH MEZ 1571–93, 22 Jahre

19. Pfleger St. Clara 1577–92, St. Jacob 1581–90, 24 Jahre

---

34 **3.–6.:** Lotz ibid.; Platter Tgb 92 Anm.353; Füglister 378; Schüpbach, Der Rektor bittet zu Tisch, 79, 88.
35 **7.–22.:** KlosterA Prediger L 1; Rb L 2, -M 3, -S 1,12; Bruckner 1853.
36 Lotz C 378.
37 Rb D 3 (Abscheidb), p. 187.
38 **3.–6.:** Lotz ibid., -C 154; Füglister 376f., 390f.; StABS Genealog. Personenkartei.

23. Wirt d. Schlosses Bottmingen[39]

24. C) Untertanengebiete u. Landvogteien 1579–85: 2[40]

29. A) Schloss Bottmingen seit 1567 als ausdrücklicher Zweitwohnsitz
   B) Hauptanteil Schloss Bottmingen zu über 3200 *fl*, 1567 von Carol Gleser d.R. [P 32] gekauft[41]

132. Pratteler, Ullrich

1. Kleinrat (Ratsherr), Dreizehner; 1544–81; †1581 Feb. 25 Basel[42]

3. A) Basel **B)** Metzger **D)** E od. K MEZ

4. A) Handwerkergeschl., ursprüngl. Untertanen aus Pratteln (Name!), erster in Basel vermutl. Burkhart Pratteler, Weissgerber, Bürgerrecht Basel 1423, einige Ratsmitgl. (v.a. Gerber)
   B) Genetisch-familiäre Herkunft uns.

5. A) 1534 Aug. 3. Catharina († 1539/42), ihr Nachname unbekannt; 1542 Mai 29 Agnes († 1561), T. d. Ratssubstituten u. Kaufhausschreibers Cossman, Schw. d. Christoph Erzberger d.R. WEB [P 156]; 1561 Okt. 20 Lucia († nach 1578), T. d. Scherers Georg Freudenberger u. d. Margret Walter

6. A) 10 Kinder (5 M, 5 F).
   Barbara (*1537) heir. vor 1590 d. Schneider Jacob Jäcklin, entfernt m. d. Regimentsfamilie Jäcklin d.R. (hauptsächl. FIS wie Hans Jäcklin d.R. [P 172]) verwandt.[43]

7. B) RH MEZ 1544–81, 37 Jahre

9. Dreizehner vor 1569–81, mind. 13 Jahre

10. B) Siebner 1561, 1 Jahr

19. Pfleger St. Jacob 1546–52, 6 Jahre

20. A) Bannerherr 1531, 1 Jahr[44]

29. Wohnhaus Freie Strasse, gegenüber Zunfthaus zu REB[45]

---

39 **7.–23.**: Rb L 2, -M 3, -S 1,12.
40 Rb M 7.
41 Merz, Walter (Hrsg.), Die Burgen des Sisgaus, i. A. d. HAGB, Bd. 1, Aarau 1909, S. 192–195.
42 Lotz C 51; Rb L 2, S 1,12.
43 **3.–6.:** Lotz ibid., -C 255.
44 **7.–20.:** Rb L 2, -M 2, -S 1,12; Finanz H; Fabian 425; Füglister 222f., 229.
45 Criminalia 21. B. 10, fasc. 2, p. 1r.

133. Vochen gen. Fininger und Schuole, Barthlome

1. Kleinrat (Ratsherr); 1569–71; 1541 Nov. 4 Basel (St. Leonhard)–1571 Feb. 21 Basel[46]

3. A) Basel **B)** Metzger **D)** E MEZ

4. A) Handwerkl. Regimentsgeschl. v.a. d. Metzgernzunft in Basel
   B) Lienhart Vochen gen. Oberlin (†1541), Metzger d.R. MEZ 1541; u. Margret Spinnler
   C) Gregor Vochen (†1558), Metzger d.R. MEZ 1539–58, XIII, LV, Schnabelwirt u. Spitalmeister; u. Barbara Werlin (†1519)
   D) Clara Oberlin heir. vor 1528 d. Schmied Hans Oltinger d.R. SMI [Fü P 85].

5. A) Chrischona Spiess (†1564); 1567 Barbara (1551–1613), T. d. Brotbecks u. XIII Hans Esslinger [P 70], heir. als s. Wwe. vor 1579 d. Metzger Burkhart Lutterburger d.R. MEZ [P 126], Neffe d. Heinrich Lutterburger (1525–1603), Wollweber u. Gewandmann d.R. SLS [P 9].
   C) Anna (vor 1519–nach 1570), T. d. XIII Gregor Vochen d.R. (s.o. 4.C) heir. Schuhmacher Peter Oser (1516–55), Eltern d. Bernhard Oser d.R. MEZ [P 129].

6. A) 4 Kinder (2 M, 2 F).
   Margret (1568–1604) heir. 1587 d. Drucker Niclaus Bischoff (Episcopius), Vetter d. Andreas Bischoff d.R. HAU [Fü P 27] u. d. Catharina Bischoff, Ehefrau d. BM Adelberg Meyer [Fü P 56], Eltern d. XIII Hans Ludwig Meyer z. Pfeil SAF [P 57] sowie Vetter d. Christiana Bischoff, Ehefrau d. BM Bernhard Meyer z. Pfeil [Fü P 21], Tante d. Hans Ludwig Meyer z. Pfeil (s.o.).[47]

7. B) RH MEZ 1569–71, 2 Jahre

20. A) Bannerherr vor 1569–71, mind. 3 Jahre[48]

134. Von Gart gen. Burckhardt, Heinrich

1. Kleinrat (Zunftmeister); 1596–1612; 1551 Aug. 21–1612 Juli 09 Basel (St. Leonhard)[49]

3. A) Basel **B)** Metzger **D)** E MEZ

4. A) Geschl. aus Massmünster
   B) Wolf von Gart gen. Burckhardt (†1562), Metzger d.R. 1559–62; u. Catharina, T. d. Metzgers Heinrich Harnasch d.R. [Fü P 129], Cousine d. Walter Harnister (Harnasch) d.R. MEZ 1557/58, Nichte d. Wolfgang Harnasch d.R. MEZ [Fü P 130]

---

46 Lotz C 536; Rb L 2, -S 1,12.
47 **3.–6.:** Lotz ibid.; Rb S 1,11; Füglister 312f., 317f., 338f., 354.
48 **7./20.:** Rb L 2, -S 1, 12.
49 Lotz C 65; Rb L 3, S 1,12.

I. Prosopographien: Metzgern 161

C) Hans von Gart gen. Burckhardt (†1543), Metzger d.R. 1530–43 [Fü P 125]; u. Margret, T. d. Gerbers Anton Schmid
D) Anton von Gart gen. Burckhardt, Gerber d.R. GER 1566–1600 [P 97]; Margret Burckhardt (†nach 1601) heir. vor 1588 Oswald, S. d. Kupferschmieds Andreas Dolder d.R. SMI 1562–66, Enkel d. Küfers Conrad Dolder, SH KlBS, XIII SPI 1536–48; Margret ist Schwägerin d. Barbara, T. d. XIII Franz Jäckelmann d.R. GST [P 149], Schwägerin d. PHYS Prof. med. Felix Platter, Stadtarzt [P 183].

5. **A)** vor 1580 Magdalena Seman (†nach 1594)
   Barbara (1560–1610), T. d. XIII Ullrich Merian SPI [P 140] u. d. Magdalena Bockstecher, Cousine d. Barthlome Merian d.R. HAU [P 22] u. d. Johann Rudolf Merian d.R. BEK [P 72]. Margaretha Gürtler, Wwe. d. Metzgers Hans Jacob, S. d. Bernhard Oser d.R. [P 129].

6. **A)** 11 Kinder (6 M, 5 F), namentl. bekannt[50]

7. **B)** ZM MEZ 1596–1612, 17 Jahre

10. **B)** Siebner 1602/07, 2 Jahre

21. Hakenbüchsensoldat 1594 unter Hauptmann Andreas Ryff d.R. [P 58] (Rappenkrieg)[51]

---

50 **3.–6.:** Lotz ibid.; Füglister 374, 376.
51 **7.–21.:** Rb L 2, -L 3, -S 1,12; Finanz H; Ryff Rappenkrieg 27.

Spinnwettern

135. Feldner, Mathäus

1. Kleinrat (Ratsherr); 1595–1611; 1550 Sept. 14 Basel (St. Theodor)–1611 Jan. 3/4 (dito)[1]

3. **A)** Basel **B)** Küfer **D)** K SPI 1575; E SNI 1585

4. **A)** Geschl. v. Basel
   B) Jacob Feldner (†1575), Schneider d.R. SNI 1547–75 [P 102]

5. **A)** Eva (1554–1610), T. d. Hufschmieds Mathys Isenflam d.R. SMI 1557–68 u. d. Maria Gerung; Schw. d. SH KlBS 1600–16 Mathis Isenflam d.J.

6. **A)** 11 Kinder (6 M, 5 F).
   Elisabeth (1582–1610) heir. 1601 d. Küfer Hans Caspar, S. d. Weinmanns Apollinaris Eckenstein d.R. WEI 1612–16, Anführer d. Gegenpartei Adelberg Meyers z. Pfeil d.J. bei dessen Erbprozess [P 185].[2]

7. **B)** RH SPI 1595–1611, 16 Jahre

10. **B)** Siebner 1596/97/99/1604, doppelt /1606/08, 7 Jahre

15. **C)** Gericht Kleinbasel 1596–1610, 14 Jahre

16. **B)** Unzüchter 1597–1600, 4 Jahre **C)** Almosenherr 1599–1611, 12 Jahre

19. Pfleger Klingental 1600–11, 11 Jahre[3]

26. Oberrhein (Markgrafschaft) 1604: 1[4]

136. Hetzer, Barthlome

1. Kleinrat (Zunftmeister); 1592–1606; †1606 Aug.11/12 Basel (St. Elisabethen).[5]

3. **A)** Wisenstein, Basel **B)** Metzger **D)** E SPI 1552

4. **A)** Geschl. aus Wisenstein eingew.
   B) Bartholome Hetzer (†nach 1535), Küfer v. Wisenstein, K SPI 1507, Bürgerrecht Basel nach 1507

5. **A)** vor 1566 Getrud Huser (†nach 1603)

---

1 Lotz C 134; Rb L 3, -S 1,12.
2 **3.–6.:** Lotz ibid., -C 103; Rb S 1,11; vgl. Bd. 1, Teil I, Kap. 1., 3., 5., Fall «Hudlers Hals» sowie [P 17], [P 80].
3 **7.–19.:** Rb L 2, -L 3, -M 3, -S 1,12; Finanz H.
4 Finanz G 27.
5 Lotz C 226; Rb L 3, -S 1,12.

6. **A)** Kinder u. weitere Nachkommen n. bekannt[6]

7. **B)** ZM SPI 1592–1606, 15 Jahre

10. **B)** Siebner 1593/94/96/98/1600/03/05, 7 Jahre[7]

137. Huber, Andreas

1. Kleinrat (Ratsherr); 1576–90; 1526–1590 Dez. 16 Basel.[8]

2. Pate d. 3. Kindes v. Anna Gelenius, St. Peter 1555 (Vater: Goldschmied Urs Schweiger HAU: eine herrenzünftige Verbindung)[9]

3. **A)** Basel   **B)** Tischmacher   **D)** K SPI 1546

4. **B)** Andreas Huber (†vor 1528), Schneider, E SNI 1516

5. **A)** 1547 Anna Drürer, Wwe. d. Adelberg Rosenblatt, Münzmeister zu Colmar

6. **A)** Kinder anzunehmen, aber n. bekannt[10]

7. **A)** Sechser SPI (vor) 1564–76   **B)** RH SPI 1576–90, 15 Jahre

10. **B)** Siebner 1577/79/80/82, 4 Jahre

14. **A)** Bauherr 1582–83, 2 Jahre   **B)** Fünfer 1578–82, 5 Jahre
    C) Lohnherr v. d. Zunftgemeinde (als Sechser) 1564–68, 5 Jahre

19. Pfleger Augustinern 1582–90, 8 Jahre[11]

26. Oberrhein 1581/82: 2[12]

138. Huggel, Jacob

1. Kleinrat (Ratsherr, Zunftmeister); 1575–98; vor 1537–1598 Juni 30 Basel.[13]

2. Taufpate s. S. Ulrich: XIII Jörg Spörlin [P 145], Johann Merian d.R. SIF, Br. d. XIII Ullrich Merian [P 140]; s. T. Anna 1558 Juni 19: Alban Gallus d.R. [Fü P 63], Ursu-

---

6 **3.–6.:** Lotz ibid.
7 **7./10.:** Rb L 2, -L 3, -S 1,12; Finanz H.
8 Lotz C 242.
9 AK 9, 348.
10 **3.–6.:** Lotz ibid.
11 **7.–19.:** Protokolle Öffnungsb. VIII p. 220; Rb L 2, -M 3, -S1, 12.
12 Finanz G 23.
13 Lotz C 245.

la Gernler aus dem Ratsgeschl. [P 62] [P 124] [P 158]; s. S. Hieronymus 1572 Feb.17: Hieronymus, Br. d. BM Jacob Oberried [P 11], Wolf Heinrich [P 64]; s. T. Barbara 1574: XIII Laurenz Ulli [P 121].[14]

3. **A)** Basel **B)** Zimmermann, Tischmacher **D)** E SPI 1557

4. **A)** Geschlecht v. Waldsee
   B) Jacob Hügel v. Waldsee (†1571), 1521 K SPI, Bürgerrecht Basel 1529

5. **A)** vor 1558 Eufemia Angelburger

6. **A)** mind. 4 Kinder (2 M, 2 F)[15]

7. **A)** Sechser SPI ca. 1551–75
   B) RH SPI 1575; ZM SPI 1588–90; RH SPI 1592–98

8. **B)** Werkmeister 1575–88; Zimmermeister 1590–92, 15 Jahre

10. **B)** Siebner 1575/87/88/95, 4 Jahre

14. **B)** Fünfer 1551–73, 22 Jahre[16]

29. **A)** Haus m. Hof u. Garten, Spiegelgasse (Oberseite d. Hauses v. SS Hans Rudolf Herzog [P 51], Unterseite d. Hauses v. Hans Klein d.R. [P 173]

30. Vermögend, reicher Nachlass 1602, Barschaft mehrere 100 fl, viele Wertsachen[17]

139. Lützelmann, Jörg

1. Kleinrat (Zunftmeister); 1558–81; 1523 Basel–1581 Jan. 29 Basel[18]

3. **A)** Basel **B)** Ziegler **D)** E SPI 1543

4. **A)** Regimentsfähiges, altes oberschichtl. Handwerks- u. Handelsgeschl. in Basel (vgl. [P 56])
   B) Walter Lützelmann (1491–1529), Ziegler; u. Ursula (†nach 1558), T. d. Peter Munzinger, Tante d. Theodor Munzinger d.R. [P 174]
   C) Jacob Lützelmann, Metzger

5. **A)** 1543 Maria Schlosser
   B) Jacob (1516–76) wird Wirt, Spitalmeister.
   C) Theodor Munzinger d.R. [P 174]

---

14 KirchenA BB 23 (Taufreg. St. Leonhard) 320; -X 8, 1 (Taufreg. St. Alban) 122r; -2 (ebda.) 2r.
15 3.–6.: Lotz ibid.; Taufreg. St. Alban 1.
16 7.–14.: Lotz ibid.; Rb L 2; -M 3; -S 1,12; -D 3; -D 4; Bestallungsbuch 159; Protokolle Öffnungsb. IX; Finanz H.
17 29./30.: Beschreibbüchlein Schultheissengericht Grossbasel, GerichtsA K 16; zum Vermögen s. die detaillierte, über 6 Seiten lange Nachlassinventur im Beschreibbüchlein ibid.
18 Lotz C 311, -C 347; Rb L 2, -S 1,12.

I. Prosopographien: Spinnwettern 165

6. **A)** 10 Kinder (8 M, 2 F).
   Oswald (1544–nach 1585) wird Gerichtsbote, Amtmann, heir. 1566 Catharina,
   T. d. Weinmanns z. Hermelin Hans Brand d.r. WEI 1543–64, LV Münchenstein, Augustinerschaffner; u. d. Catharina, T. d. Schirlitzwebers Peter Ryff d.
   R. WEB [Fü P 163], Tante d. Daniel Ryff d.R. WEB [P 164]. Dadurch
   verschwägert m. Jacob Feldner d.R. SNI [P 102] u. m. Mathäus Rippel d.R. SPI
   [P 141].[19]

7. **B)** ZM SPI 1558–81, 23 Jahre

10. **B)** Siebner 1560/62/65/67/69/71/72/74/76/78/80, 11 Jahre

15. **C)** Gericht Kleinbasel 1561–81, 20 Jahre

16. **B)** Unzüchter 157–79, 4 Jahre

19. Pfleger Gnadental vor 1574–81, mind. 8 Jahre[20]

26. Oberrhein 1568 (Wiesental): 1[21]

140. Merian, Ullrich «der Säger»

1. Kleinrat (Zunftmeister), Dreizehner, Landvogt; 1558–92; 1520 Basel–1592 Juni 10 Basel.[22]

3. **A)** Basel   **B)** Säger u. Holzhändler   **D)** K SPI 1542

4. **A)** Meyersgeschl. aus Lütendorf, Basler Stammvater ist Schiffmann Theobald
   Merian v. Lütendorf (s.u.), seit Mitte 16. Jh. meist handwerkszünftiges Ratsgeschl., einflussreich, wohlhabend, prosperiert v.a. im 17. Jh.
   B) Theobald Merian (1475–1544), Schiffmann v. Lütendorf, Bürgerrecht Basel
   1498, K SPI 1499; u. Margret Uelin, Tante d. XIII Laurenz Ulli GAR [P 121]

5. **A)** 1541 Magdalena Bockstecher.
   B) Theodor (1514–66), Goldschmied d.R., ZM HAU 1561–66, Schwiegers. d. SS
   Heinrich Falkner (WEI, S. d. OZM Ulrich Falkner [Fü P 39]); Erhart
   (1498–1560), Schiffmann d.R., RH SIF 1552–60, verschwägert m. Balthasar
   Angelrot d. R. HAU [Fü P 25]; Maria (1515–48) heir. Lienhart Reinacher gen.
   Koger d.R. FIS [Fü P 171]. Elisabeth (1522–71) heir. ANT Prof. theol. Simon
   Sulzer; mütterlicherseits: Alban Gallus d.R. REB [Fü P 63]; Adam Höpperlin
   d.R. [P 92]
   C) Laurenz Ulli, XIII GAR [P 121]

---

19   **3.–6.:** Lotz ibid.; Füglister 394f.
20   **7.–19.:** Rb L 2, -M 3, -S 1,12; Finanz H.
21   Finanz G 20.
22   Lotz C 327.

6. **B)** Samuel Merian (*1542) heir. 1567 Margret, T. d. Apollinaris Staehelin d.R. WEI [P 42]. Walter Merian (1558–1617) Säger, Dielenhändler d.R., ZM SPI 1608–17, heir. 1579 Margret, T. d. Beat Falkner d.R. WEI, LV Münchenstein. Barthlome Merian (1580–1609) Goldschmied d.R. [P 22]; Johann Rudolf Merian (1551–1610) d.R. BEK [P 72] heir. 1580 Barbara Lutterburger, Nichte d. Hans v. Selz d.R. [P 109], Schw. d. Burkhart [P 126], Nichte d. Heinrich Lutterburger [P 9]. Hans Gernler, Metzger d.R. [P 124]; Michael Gernler, Wollweber d.R. [P 158].
   C) S. Grossneffen u. -nichten: Rudolf Merian (1574–1629) wird Bäcker d.R., ZM BEK 1612–29. Matthäus Merian (1593–1651) d.Ä., der berühmte Kupferstecher, Planzeichner u. Buchhändler, in Basel u. Frankfurt a.M. Ursula Merian heir. 1576 d. Schneider u. XIII Hans Rudolf Kuder [P 107].[23]

7. **B)** ZM SPI 1558–92, 34 Jahre

9. Dreizehner 1573–92, 19 Jahre

10. **B)** Siebner 1556/57/60/61/64/65/67/69/72/76/77/79/82/84/87/89/91, 17 Jahre

15. **A)** Appellationsherr 1573–75, 3 Jahre   **C)** Gericht Kleinbasel 1558–70, 12 Jahre

16. **C)** Almosenherr 1575–91, 16 Jahre

19. Pfleger Kartause 1571–91, 20 Jahre

22. **A)** LV Riehen 1569–88, 19 Jahre[24]

24. **A)** Tagsatzung 1580: 2   **B)** Evang. Orte 1580: 4
    C) Untertanengeb./Landvogteien 1562–85: 11
    D)␣␣b. eidgenöss. 1580: 1

25. **A)** Bistum Basel ca. 1572–84: 4

26. Oberrhein 1561–77: 17

27. **A)** Dt. Reich (Brandenb.) 1575: 1[25]

30. Erwirbt 1585 Anlage in städt. Gütern zu jährl. Gewinn v. ca. 5000 *fl.*[26]

---

23   **3.–6.:** Lotz ibid., -C 163; Rb L 2, -S 1,12; Füglister 316, 326f., 343, 399.
24   **7.–22.:** Rb L 2, -M 3, -S 1,12; Finanz H; Fabian 424ff.
25   **24.–27.:** Rb M 7; Finanz G 18–23; EA 4.II; Berner 80.
26   Urkundenbuch BS 579.

141. Rippel, Mathäus

1. Kleinrat (Zunftmeister, Ratsherr), Landvogt; 1593–1619; 1552 Jan. 10 Basel–1619 März 8 Basel.[27]

3. **A)** Basel **B)** Tischmacher **D)** K SPI 1577

4. **A)** Geschl. aus Essleben eingew.
   B) Peter Rippel v. Essleben (1496–1574), Gremper, Wirt z. Goldenen Löwen, Stadtkäufler, Bürgerrecht Liestal 1534, Basel 1540, K SAF 1557; u. Ursula, T. d. SH Liestal Heinrich Strübin, Wirt z. Sonne; s. Stiefmütter in Basel Margret von Wyss, vor 1569 Barbara Rieher, vor 1572 Elisabeth Keller

5. **A)** vor 1579 Martha Buchfelder (*1547); 2. Ehefrau m. Nachnamen unbekannt
   B) Hans Burkhart (1535–92), Schneider, Krämer, Gartner, Gerichts-, Reichsvogt, LV Mendrisio, Klingentalschaffner d.R. GAR 1579–92 [P 113]; Chrischona (1546–1617) heir. vor 1572 Caspar, Br. d. Hans Albrecht Billing d.R. BEK [P 68].

6. **A)** 5 Töchter; keine verbindet s. direkt m. einem Regimentsgeschl.
   B) Peter wird SS zu Liestal 1595 ff. Hans Burkhart wird Notar, heir. Ursula, Enkelin d. Tuchscherers, Kaufmanns u. Eisenkrämers Lienhard Wenz (†1551 Pest) d.R. SMI 1536–51, Nichte d. Andreas Spörlin d.R. SPI [P 144], Cousine d. XIII Jörg Spörlin SPI [P 145], Tante d. BM Sebastian Spörlin [P 146]. Caspar Niclaus wird Glasmaler, Deputat u. XIII GAR 1615–31, Schaffner Klingental. Catharina heir. 1594 Hans Heinrich Oberried d.R., Neffe d. BM Hans Jacob Oberried [P 11]. Margret heir. 1596 Hans Jacob Beck, Klingentalschaffn. d.R., S. d. OZM Sebastian Beck [P 78].
   C) S. Grossneffen u. -nichten: Niclaus (1594–1666; S. d. Caspar Niclaus) wird Ratssubstitut, RS 1637–54, SS 1654–58, XIII, OZM 1658–60, BM 1660–66, heir. 1624 Sara, Enkelin d. OZM Bernhard Brand [P 28], Nichte d. Theodor Brand d.J. [P 29]. Hans Burkhart (1597–1667) wird LV Farnsburg.[28]

7. **B)** ZM SPI 1593–1605; RH SPI 1613–19, Nachfolger s. Br. Hans Burkhart (s.o.) als Vertreter s. Fam. im Rat, 18 Jahre

10. **B)** Siebner 1594/1614/15/18, 4 Jahre

14. **C)** Lohnherr 1594–1606, verlor Bewerbung z. Lohnherrn 1587 gg' XIII Alexander Löffel [P 55], 12 Jahre.

15. **B)** Gericht Grossbasel 1614/15, 2 Jahre

16. **A)** Ehegericht 1613–16, 4 Jahre **B)** Unzüchter 1613–16, 4 Jahre

19. Pfleger Steinen 1596–1605 / 1613–19, 15 Jahre

---

27 Lotz C 405; Rb L 3, -S 1,12.
28 **3.–6.**: Lotz ibid., -C 562; Rb S 1,11.

22. **A)** LV Waldenburg 1606–13, 7 Jahre[29]

24. **A)** Tagsatzung 1601 (Ges.ü.Geb.): 2
    C) Untertanengeb./Landvogteien 1603–14: 7[30]

29. **A)** s. [P 113]; 29.B

142. Sandler, Fridlin

1. Kleinrat (Zunftmeister); 1582–84; †1584 Okt. 17 Basel.[31]

2. Taufpate s. T. Anna 1581 Jan. 10: Lienhard Nübling d.R. [P 126][32]

3. **A)** Hintersasse, 1548 Basel   **B)** Küfer   **D)** ca. 1548 K SPI

4. **A)** Hintersassen in Basel

5. **A)** Eheschliessungen anzunehmen, Ehefrauen namentl. unbekannt.

6. **A)** uns.: Hans heir. 1575 Madlen Baschlin v. Bremgarten, oder: Hans heir. 1578 Verena Reber[33]

7. **B)** ZM SPI 1582–84, 3 Jahre

10. **B)** Siebner 1583, 1 Jahr

29. **A)** Wohnhaus neben Rappoltshof, das er Jacob Gernler d.J. (1608–17) d.R. REB aus dem Regimentsgeschl. (s. [P 62], [P 158], [P 164]) abgekauft hat.[34]

143. Schicklin, Conrad

1. Kleinrat (Zunftmeister); 1552–72; †1573 Feb. 23 Basel[35]

3. **A)** Basel   **B)** Wagner   **D)** E SPI 1542

4. **A)** Geschl. aus Oberwil
   B) Peter Schluckli (Schlickli/n, Schindli/n; †1552) v. Oberwil, Bürgerrecht Basel 1525; u. Barbara Hügin (†nach 1573)

---

29 **7.–22.:** Bau B 9 (Taxbuch 16 .Jh. ff.); Finanz H; Protokolle Öffnungsb IX p. 129; Rb L 2, -L 3, -M 3, -S 1, 11/-12; Bruckner 1454.
30 Finanz G 27/-29; EA 5.II.
31 Rb L 2; -S 1,12.
32 KirchenA CC 11 b (Taufreg. St. Theodor) 204.
33 **3.–6.:** Genealog. Personenkartei, gedr. Angaben.
34 **7.–29.:** Genealog. Personenkartei ibid.; Rb L 2; -S 1,12; Finanz H; Augustiner Urkunden 299, 1584 Jan. 12.
35 Lotz C 448; Rb L 2, -S 1,12.

I. Prosopographien: Spinnwettern   169

5. **A)** 1543 Jan. 14 Küngold, Schw. d. Hans Jeuchdenhammer d.R. SMI 1546–60, SH KlBS, LV Locarno, Tante d. Georg Jeuchdenhammer d.R. SMI [P 81]; 1548 Juli 26 Magdalena, T. d. Schuhmachers ‹z. Rösslin› Dietrich Scherrer d.R. SUM 1536–55; 1562 Okt. 5 Maria (†1580), T. d. Metzgers Martin Dampfrion d.R. MEZ 1503–30 [Fü P 126]

6. **A)** 2 Kinder (1 M, 1 F).
Ursula († nach 1580) heir. 1567 d. Maler Niclaus Hagenbach, Onkel d. XIII Beat Hagenbach HAU [P 17].[36]

7. **B)** ZM SPI 1552–60; stillgestellt –1566; RH SPI 1566–73, 15 Jahre

10. **B)** Siebner 1554/68/71/72, 4 Jahre

12. **C)** Ladenherr vor 1571–73, mind. 3 Jahre

15. **B)** Gericht Grossbasel 1567–71, 4 Jahre

19. Pfleger St. Peter 1570–73, 3 Jahre[37]

144. Spörlin, Andreas

1. Kleinrat (Ratsherr), Landvogt; 1549–87; 1506 Basel–1587 Okt. 5 Münchenstein[38]

3. **A)** Basel   **B)** Küfer, Stadtkäufer   **D)** E SPI

4. **A)** Familie aus Hamelburg eingew., 1498 in Basel, Regimentsgeschl. seit 1520.
B) Jörg Spörlin d.Ä., Küfer aus Hamelburg, Bürgerrecht Basel 1498, d.R. SPI 1524–47 [Fü P 144].

5. **A)** 1533 Dorothea, Schw. d. Fridolin Werdenberg d.R. BEK [P 74], Tante d. Friedrich, d. Johann u. d. Marx Werdenberg, alle d.R. BEK [P 75], [P 76], [P 77]. Weitere Ehefrau(en) m. Nachnamen n. bekannt.
B) 9 Geschwister, teilw. namentl. bekannt

6. **A)** 9 Kinder (7 M, 2 F).
Jörg (Georg; 1537–1600) wird Küfer d.R., XIII, LV Münchenstein [P 145].
C) Sebastian (1560–1644) wird Küfer d.R., XIII, OZM, BM [P 146].[39]

7. **B)** RH SPI 1549–64, 15 Jahre

8. **B)** Stadtkäufer 1549 ff.; wahrscheinl. –1564 (uns.), 15 Jahre

10. **B)** Siebner 1549/52/54/55/58/59/61/64, 8 Jahre

12. **C)** Ladenherr 1561–62, 2 Jahre

---

36 **3.–6.**: Lotz ibid.; Füglister 375.
37 **7.–19.**: Rb L 2, -M 3, -S 1,12; KlosterA St. Peter YY 11.
38 Stb Spörlin, v. Johann Rudolf Spörlin 1795; Rb S 1,12.
39 **3.–6.**: Stb Spörlin ibid.; Rb S 1,12; Füglister 383.

19. Pfleger St. Martin 1553–64, 11 Jahre

22. A) LV Münchenstein 1564–87, 24 Jahre[40]

24. C) Untertanengeb./Landvogteien 1561–64: 5[41]

29. (s. [P 145])

145. Spörlin, Jörg

1. Kleinrat (Ratsherr), Dreizehner, Landvogt; 1565–1600; 1537 Mai 02–1600 Nov. 16 Münchenstein[42]

3. A) Basel **B)** Küfer **D)** E SPI 1559

4. A) Handwerkszünftiges Regimentsgeschl. in Basel
B) Andreas Spörlin (1506–87), Küfer d.R. SPI [P 144], LV Münchenstein; u. Dorothea, Schw. d. Fridolin Werdenberg d.R. BEK [P 74], Tante d. Friedrich, d. Johann u. d. Marx Werdenberg, alle d.R. BEK [P 75], [P 76], [P 77]
C) Jörg Spörlin d.Ä. d.R. SPI 1524–47 [Fü P 144]

5. A) 1559 Dorothea (†1564 Pest), Schw. d. BM Caspar Krug [P 82]; 1565 Margret, T. d. Metzgers Jacob Rapp d.R. MEZ 1558–63, Nichte d. Lienhard Lützelmann d.R. SAF [P 56], Enkelin d. Metzgers Hans Lützelmann d.R. MEZ [Fü P 131]; ca. 1570 Agnes Ottendorf; 1592 Salome, T. d. XIII Alexander Löffel SAF [P 55]
B) 8 Geschwister

6. A) 10 Kinder.
Sebastian (1560–1644) wird Küfer d.R., XIII, OZM, BM [P 146].
C) 7 Enkel.
Georg (S. d. Sebastian, *1598) wird Prof. an d. Universität Basel.[43]

7. B) RH SPI 1565–95, 30 Jahre

9. Dreizehner 1594–95, 2 Jahre

10. B) Siebner 1566/68/70/71/76/78/79/82/84/86/88/90/91/93, 14 Jahre

12. C) Ladenherr 1573–75, 3 Jahre

15. B) Gericht Grossbasel 1572, 1 Jahr

---

40 7.–22.: Finanz W 4, -W 6 (Ladenamt: Rechnungen; Siegelgeldbuch); KlosterA St. Martin F; Rb L 2, -M 3, -S 1,12.
41 Finanz G 18/-19.
42 Stb Spörlin 1, v. Johann Rudolf Spörlin 1795; StABS Taufreg. Bd. VI, 6f.; Heiratsreg. Bd. II, 391ff.; Sterbereg. Bd. I, 464f.
43 3.–6.: Stb Spörlin ibid.; Rb S 1,12; Weiss-Frei, Bürgerannahmen V, 719, 719b; ders., Zunftaufnahmen B 1/45, 18, -B 1/46, 6; Lotz C 284, -C 304, -C 386; Füglister 383.

16. **A)** Ehegericht 1575–77, 3 Jahre   **B)** Unzüchter 1589–91, 3 Jahre
    C) Almosenherr 1575–94, 19 Jahre

19. Pfleger Predigern 1571–94, 23 Jahre

21. Schützenmeister v. Basel 1578

22. **A)** LV Münchenstein 1595–1600, 6 Jahre[44]

24. **C)** Untertanengeb./Landvogteien 1572/78: 2

26. Oberrhein 1571: 2[45]

29. **A)** Haus «Zum roten Bären», Freie Strasse li. abw. 28; sowie Wohnsitz im Kleinbasel

30. Erwirbt 1587 Anlage in städt. Gütern zu jährl. Gewinn v. ca. 10 000 *fl.*[46]

146. Spörlin, Sebastian

1. Kleinrat, Bürgermeister; 1592–1644; 1560 Sept. 3 Basel–1644 Mai 21 Basel; fromm, sehr sozial, mild- u. wohltätig, «pater patriae».[47]

2. S. Taufpaten 1560: XIII Ullrich Merian d.R. [P 140], Küngold v. Pfirt[48]

3. **A)** Basel   **B)** Küfer
   C) Kupferhandel über Territorium d. ganzen Eidgenossenschaft, Bewilligung 1600 Okt. 18, zweimal vom Rat erneuert[49]
   D) E SPI

4. **A)** Handwerkszünftiges Regimentsgeschl. in Basel
   B) Jörg Spörlin (1537–1600) Küfer d.R., XIII, Landvogt [P 145]; u. Dorothea (†1564 Pest), Schw. d. BM Caspar Krug [P 82]
   C) Andreas Spörlin (1506–87), Küfer d.R. SPI [P 144], LV Münchenstein; u. Dorothea, Schw. d. Fridolin Werdenberg d.R. BEK [P 74], Tante d. Friedrich, d. Johann u. d. Marx Werdenberg, alle d.R. BEK [P 75], [P 76], [P 77]; Sebastian Krug (†1546), Bürger v. Basel 1488, Schlosser d.R., Deputat [Fü P 84], u. Elisabeth, T. d. Ulrich Isenflam d.R. [Fü P 120], verschwägert m. d. Familie Lützelmann d.R. [P 56] u. OZM Jacob Rüdin [Fü P 35]
   D) BM Caspar Krug [P 82]; Maria, T. d. BM Sebastian Doppenstein [P 3], Schwägerin d. BM Caspar Krug, Melchior Krug (1537–83) Ratssubstitut; u. Magdalena (1541–81), T. d. SS Heinrich Falkner

---

44 **7.–22.**: Rb L 2, -M 3, -S 1,12; Finanz G 22; Sterbereg. I, 464; Fabian 424ff.
45 **24./26.**: Finanz G 20–22.
46 **29./30.**: HGB Freie Strasse; MUB II 37; Urkundenbuch BS 584.
47 Stb Spörlin 1, v. Johann Rudolf Spörlin 1795; Rb L 3, -S 1,12; LP Sebastian Spörlin, UBB aleph D XII. 23, 5, p. 29–32.
48 KirchenA W 12, 1 (Taufreg. St. Martin) p. 114r.
49 Rb D 5, 3.

5. **A)** 1583 Sara (1545–93), T. d. Gewandmanns Franz Conrad gen. Glüner d.R., ZM SLS 1545/46. 1595 Magdalena (1565–1643), T. d. Handelsherrn Paulus Hagenbach u. d. Magdalena Stocker v. Schaffhausen; das Ehepaar führte ein frommes Leben, für s. Wohl- u. Mildtätigkeit, Güte u. soziale Neigung berühmt.
   B) 9 Geschwister
   C) Sebastian Krug (1541–82) wird Eisenkrämer d.R., Lohnherr [P 83]. Hans Ludwig Krug (1557–1610) wird Eisenkrämer d.R. SMI 1602–10. Anna Krug (1544–1608) heir. 1567 RS Emanuel Ryhiner [P 115], heir. 1586 Bernhard Burckhardt, Br. d. Anton Von Gart gen. Burckhardt d.R. [P 97].

6. **A)** 7 Kinder (2 M, 5 F) aus d. Ehe m. Magdalena Hagenbach.
   Georg (1598–1629), immatr. Univ. Basel 1612, in Genf 1615, m.a. 1617, Dr. med. 1625, Prof. med. Univ. Basel (uns.); Paulus (1600–48) immatr. Univ. Basel 1612, in Genf 1615, SS KlBS 1629–37, Oberstmeister d. Gesellschaft z. Hären 1634–37, SS Liestal 1537–48
   B) Caspar Krug (1581–1622) wird Hauptmann, heir. 1601 Rosina, T. d. BM Remigius Faesch [P 16]. Hans Ludwig Krug (1586–1624) heir. 1613 Judith, T. d. XIII Hans Lux Iselin d.J. bei St. Martin, Enkelin d. Hans Lux Iselin d.R. [P 54]; Hans Heinrich Werenfels d.R. SAF 1618–47, XIII.[50]

7. **A)** Sechser SPI 1588–1600
   B) Meister z. Hären 1588–92; SH KlBS 1592–1600; RH SPI 1600–19; OZM 1619–21; BM 1621–44, 56 Jahre

9. Dreizehner 1609–44, 35 Jahre

10. **B)** Siebner 1601/03/05/07/09/10/13/15/17/19/21–44, diese doppelt, 56 Jahre

11. Wechselherr 1620–44, 24 Jahre

12. **A)** Wardiner der Goldmünze 1630–44, 14 Jahre
    C) Ladenherr 1606–09, 4 Jahre

14. **A)** Bauherr 1630–44, 14 Jahre   **B)** Fünfer 1617–19, 3 Jahre
    D) Kornherr 1620–44, 24 Jahre

15. **A)** Appellationsherr 1620–44, 24 Jahre
    C) Gericht Kleinbasel 1601–17, 16 Jahre

16. **C)** Almosenherr 1611–19, 8 Jahre

17. Deputat 1603–19, 16 Jahre

18. **A)** immatr. Univ. BS 1575/76 (6 *fl*)

19. Pfleger St. Theodor 1603/04, Münster 1604–21, St. Alban 1619–44, St. Clara 1621–44, 67 Jahre.[51]

---

50 **3.–6.**: Stb Spörlin ibid.; Rb S 1,11/-12; Gast Tgb. 293; Weiss-Frei, Bürgerannahmen V, 719, 719b; ders., Zunftaufnahmen B 1/45, 18, -B 1/46, 6; Lotz C 284, -C 304, -C 386; MUB III 142 (77./78.); Füglister 231, 239, 246, 383; Lotz C 79; LP Magdalena Hagenbachin, UBB KiA J X. 10, 4, p. 25ff.

51 **7.–19.**: Rb L 3, -M 3, -M 4, -S 1, 11/-12; Finanz H; MUB II, 237; LP Sebastian Spörlin, ebda. p. 29–32; Fabian 427ff.

24. A) Tagsatzung 1604–16: 9   **B)** Evangel. Orte 1605–17: 4
C) Untertanengeb./Landvogteien 1607–10: 3
D) Übr. eidgenöss. 1604/22–23: 3

26. Oberrhein 1608/15 (Württembg. Ges. Basels): 2

27. D) Österr. 1605: 1[52]

29. A) (s. [P 145])

30. Grosse Einnahmen aus s. gesamteidgenöss. Kupferhandel anzunehmen (s.o. 3.B); leiht 1583 d. Markgf. v. Baden 600 *fl*; versteuert 1634 im Kleinbasel liquides Vermögen v. mind. 30 000 *fl*.[53]

---

52   **24.–27.**: EA 5.II; Finanz G 27-30/-32.
53   Militär F 2; Baden D 2; Brenner 35ff.; Strittmatter 188, 207.

Himmel und Goldener Stern

147. Han, Balthasar

1. Kleinrat (Zunftmeister), Dreizehner; 1536–78; 1505–1578 März 9 Basel (St. Peter)[1]

3. **A)** Basel **B)** Glaser **D)** E HIM 1529; E GAR 1539

4. **B)** Ludwig Han d.J. (†1516), Glaser v. Reutlingen; u. Agnes Hausmann

5. **A)** 1537 in Zürich (Grossmünster) Anna Windenstetter; vor 1544 Chrischona Einhorn (†1576/80).

6. **A)** 6 Kinder (2 M, 4 F).
   Balthasar (1541–90) immatr. Univ. BS 1559; b.a. 1562; übernimmt 1567 als Drucker zus. m. d. Gebr. Gemusaeus d. Druckerei Johannes Oporins, heir. 1571 Agnes (1549–1600), T. d. BM Lux Gebhart [P 50], Wwe. d. Hans Ulrich Frey, Schwägerin d. Hans Jacob Frey d.R. [P 31]. Agnes (*1550) heir. vor 1581 Hieronymus, S. d. BM Bonaventura von Brunn [P 13].[2]

7. **A)** Sechser HIM 1534–36   **B)** ZM HIM 1536–78, 42 Jahre

8. **B)** Salzherr 1552 ff., mehrere Jahre

9. Dreizehner vor 1569–78, mind. 10 Jahre

10. **B)** Siebner 1536/38/41/43/44/46/49/51/52/54/57/59/61/64/66/68/70/72/74/77, 20 Jahre

14. **B)** Fünfer 1558–78, 20 Jahre   **C)** Lohnherr 1562–66 ca. (uns.), ca. 5 Jahre

15. **B)** Gericht Grossbasel 1539/41–71, 31 Jahre

16. **A)** Ehegericht 1544–48, 5 Jahre

17. Deputat 1545–78, 33 Jahre

19. Pfleger Peter vor 1540–43; Gnadental 1543–78, mind. 39 Jahre[3]

24. **B)** Evangel. Orte 1554–66: 3   **C)** Untertanengeb./Landvogteien 1544–76: 11
    D) Übr. eidgenöss. 1553–71 (jew. Salzhandel): 3

25. **A)** Bistum Basel 1540 ff.: 3

26. Oberrhein 1555–70: 8[4]

---

1 Lotz C 118; Rb L 2, -S 1,12.
2 **3.–6.**: Lotz ibid.; Gast Tgb. 272, Anm. 29; MUB II, 119.
3 **7.–19.**: Lotz ibid.; Finanz H; GerichtsA W; Rb L 2, -M 3, -S1, 11/-12; Fabian 424ff.; unter 14.C ist s. Amtszeit als Lohnherr n. belegbar, lediglich das Amt. Aus den massgebenden Quellen werden aber 1562–66 wahrscheinlich, da genau dort die einzige Lücke in der Amtsbesetzung besteht, vgl. Bau B 9 (Taxbuch 16. Jh. ff.) u. Finanz G 17 (Wochenausgaben).
4 **24.–26.**: EA 4.I/II; Finanz G 16-22; Berner 80f.

148. Huckeli, Adam

1. Kleinrat (Ratsherr); 1599–1622; 1549 Aug. 27 Basel (St. Martin)–1622 Juli 3 Basel[5]

3. **A)** Basel   **B)** Kummetsattler   **D)** E HIM 1572

4. **B)** Stephan Huckeli (1523–53), Glaser; u. Anna Zyper († nach 1553), T. d. Sattlers Bläsi Zipper d.R. HIM [Fü P 156] u. d. Anna Landecker
   C) Adam Huckeli, Schneider d.R. SNI [Fü P 107]; Bläsi Zipper d.R. HIM (s.o.)
   D) Hans Jacob Huckeli († 1564 Pest) ist Prof. Dr. med., Dekan d. med. Fakultät d. Univ. Basel.

5. **A)** 1575 Verena († nach 1594), T. d. Metzgers Hans Bulacher
   B) Elisabeth (1551–nach 1600) heir. 1589 Hans Jacob, Enkel d. Fridolin Ryff d.R. WEB [Fü P 162], Neffe d. Daniel Ryff d.R. WEB [P 164].
   C) Prof. Peter Ryff (1552–1629), Br. d. XIII Andreas Ryff [P 58] wird Dr. med., Prof. math. 1586 (Nachfolger d. zum SS gewählten Christian Wurstisen [P 44]), Univ.bibliothekar, Rektor Univ. Basel 1608/09, 1616/17.

6. **A)** 8 Kinder (6 M, 2 F).
   Anna (1576–1645) heir. 1597 Mathys Schwingdenhammer d.R. SMI, S. d. Heinrich Schwingdenhammer d.R. GAR [P 119], verschwägert m. Heinrich u. Burkhart Lutterburger, d.R. SLS [P 11] resp. MEZ [P 126] u. m. Hans von Selz d.R. SNI [P 109]. Adam (1583–1610 Pest) heir. 1607 Anna, T. d. Wollwebers Michael Gernler d.R. WEB [P 158].[6]

7. **B)** RH HIM 1599–1622, 24 Jahre

10. **B)** Siebner 1600/02/07/10/13/15/17/20, 8 Jahre

15. **B)** Gericht Grossbasel 1608/09, 1 Jahr
    C) Gericht Kleinbasel 1602–08, 6 Jahre

19. Pfleger Gnadental 1603–22, 20 Jahre

21. Halbartierer im Rappenkrieg 1594[7]

149. Jäckelmann, Franz

1. Kleinrat (Ratsherr), Dreizehner; 1544–79; 1504–1579 Jan. 7 Basel (St. Martin); beherbergt 1555 ff. Erasmusstipendiat Daniel Tossanus, den spät. Hrsg. d. Tossan. Bibel, deren Druck 1670 d. vermutl. Justizmord d. Theodor Falkeisen (1630–71), Ur-urenkel d. Rudolf Falkeisen [P 79] auslöst; s. Hinrichtung gehört z. Vorgeschichte d. 1691er Wesens.[8]

---

5 Lotz C 243; Rb L 3, -S 1,12.
6 **3.–6.:** Lotz ibid.; MUB II 189; Füglister 365, 390f., 393f.
7 **7.–21.:** Rb L 2, -L 3, -M 3, -S 1,12; Finanz H; Ryff Rappenkrieg 25f.
8 Lotz C 254; Rb L 2, -S 1,12; AK 9, 535.

I. Prosopographien: Himmel und Goldener Stern

3. A) Basel   **B)** Scherer, Chirurg   **D)** E GST 1527

4. B) Martin u. Anna Jäckelmann (†1536), Scherer u. Bader beim Aeschenturm; Nachname d. Mutter n. bekannt.

5. A) Vor 1528 Chrischona Harscher (†1549 Juni); Jäckelmann bleibt nach ihrem Tod 30 Jahre lang verwitwet.

6. A) 5 Kinder (3 M, 2 F).
Franz (1530–65), Scherer, Chirurg, spezialisiert auf Brüche u. Gallensteine, heir. 1559 Maria, T. d. Caspar Schölli d.R. HIM 1547–64, Enkelin d. Sattlers Hans Schölli d.R. [Fü P 155], Grossnichte d. OZM Bläsy Schölli [Fü P 23], Nichte d. Hans Schölli d.J. d.R. HIM [P 153]. Magdalena (1534–1613), eine «ausgesprochene Schönheit», heir. 1557 Sept. 21 Prof. med. Felix Platter, Stadtarzt [P 183]. Daniel (1538–80), Scherer, Chirurg, heir 1559 Dorothea (ca. 1539–nach 1580), T. d. Hufschmieds Mathys Schwingdenhammer, «Schmid in den Spalen», u. d. Ursula Ringysen, Schw. d. Heinrich Schwingdenhammer d.R. GAR [P 119].[9]

7. A) Sechser GST nach 1518–44   **B)** RH GST 1544–79, 35 Jahre

9. Dreizehner vor 1572–79, mind. 8 Jahre

10. B) Siebner 1545/46/48/50/55/56/58/61/62/67/68/71, 12 Jahre

16. A) Ehegericht 1569–70, 2 Jahre

17. Deputat (uns.) zw. 1552 u. 1571, mehrere Jahre

19. Pfleger Münster 1548–79; Domstift 1556–71, 46 Amtsjahre.[10]

24. C) Untertanengeb./Landvogteien 1562: 1[11]

29. A) 1545 Haus «zum Blattfuss», Aeschenvorst. 4; Haus «z. Schöneck» Freie Str. 20 Ecke Rüdengasse 1 («Goldene Apotheke»)

30. reich u. vermögend[12]

150. Marbach, Niclaus

1. Kleinrat (Ratsherr); 1580–90; 1523–1590 April 07 Basel[13]

3. A) Basel   **B)** Scherer   **D)** 1559 K GST

---

9   **3.–6.:** Lotz ibid.; Platter Tgb 70 A.142, zur Familie der Frau Platters s. v. a. ibid. 103 A.428, 70 A.143, 223 A.585, 113ff. A.503, 215ff. A.551, 438 A.61 sowie allg. ibid. Register, 557, 563f.; Tonjola 29.
10 **7.–19.:** Rb L 2, -M 3, -S 1,12; Finanz H; GerichtsA U e 2; KlosterA Domstift HH 1; Fabian 425.
11 Finanz G 19.
12 **29./30.:** HGB Aeschenvorstadt; -Freie Strasse; Platter Tgb. 70 A.142; ibid., Kap. 7, 7. «Hochzeit» u. 8. «Mitgift», 312–334.
13 Lotz C 316.

4. **B)** Matern Marbach (Marpach; †vor 1551), Seckler, E SAF 1518

5. **A)** 1562 Dorothea (1532–64 Pest), T. d. Druckers u. XIII Heinrich Petri HAU [P 24], Schw. d. SS Adam Henricpetri [P 18], Wwe. d. Peter Zäslin u. d. Othmar Egli; 1565 Martha, T.d. Rudolf Falkeisen d.R. SMI [P 79]

6. **A)** Niclaus d.J., Scherer, heir. vor 1594 Margret (1572–1640), T. d. Marx Russinger d.R. WEI [P 37], Nichte d. XIII Theodor Russinger d.R. WEI [P 38].[14]

7. **B)** RH GST 1580–90, 10 Jahre

8. **B)** Spitalscherer

10. **B)** Siebner 1581/82/87/88, 4 Jahre

16. **A)** Ehegericht 1584–86, 3 Jahre

19. Pfleger Steinen 1584–90, 6 Jahre[15]

29. **A)** Häuser Freie Strasse li. abw. 66/68 Ecke Kaufhausgasse 2–8 / Streitgasse 1/3[16]

151. Reichart, Laurenz

1. Kleinrat (Zunftmeister); 1591–1610; 1530 Aug. 8 Basel–1610 Feb. 9/10 Basel (Pest/ St. Martin)[17]

3. **A)** Basel **B)** Scherer, Wundarzt **D)** E GST 1557

4. **A)** Geschl. aus Dornstetten i. Württemberg eingew.; erster: s. Vater Jacob Richart (s.u.)
   B) Jacob Richart (†1553) v. Gründal b. Dornstetten, Bürgerrecht Basel 1525, Sechser GST; u. Chrischona Ris (†1568), vermutl. T. d. Melchior Ris d.R. SUM, LV Farnsburg [Fü P 94]

5. **A)** 1558 März 14 Judith Schön (†1593); 1593 Juli 7 Barbara Zurkinden (1549–98); 1598 April 27 Anna (1540–1622), T. d. Wollwebers Lienhard Heydelin d.R. WEB 1537–38 u. d. Anna Rieher, Nichte d. OZM Marx Heydelin [Fü P 158], Schw. d. Hans Jacob Heydelin d.R. SAF [P 52].
   B) Conrad (1538–1613) heir. 1562 Salome, T. d. Scherers u. Wundarztes Theodor Öttlin d.R. GST 1547–57.

6. **A)** Kinder namentl. n. bekannt.
   B) Theodor Reichart (1568–1618) wird Scherer u. Wundarzt d.R. GST 1611–18, Württembg. Gesandter Basels 1612.

---

14 **3.–6.:** Lotz ibid.; -C 424.
15 **7.–19.:** Lotz ibid.; Rb L 2, -M 3; Finanz H.
16 HGB Freie Strasse, -Streitgasse; Platter Pest 384.
17 Lotz C 395; Rb L 3, -S 1,12.

C) S. Grossnichte Salome (T. d. Theodor) heir. d. Schneider Hans Heinrich Bruckner ‹z. roten Bären›, Augustinerschaffner, RS 1602–37.[18]

7. **A)** Sechser GST 1559–91   **B)** ZM GST 1591–1610, 19 Jahre

8. **B)** Spitalmeister 1597–98/1603, behält als erster Inhaber dieses Amtes zugl. s. Ratssitz (Privileg, vom Rat wohl aufgrund d. weitherum berühmten ausserordentl. sozialen, wohltätigen u. frommen Engagements d. Ehepaars Laurenz u. Barbara Reichart-Zurkinden verliehen;[19] Koinzidenz v. Ratssitz u. Spitalmeisteramt wird zur Präzedenz für s. Nachfolger Jopp Ritter d. R. GAR [P 114] u. Bernhard Oser d.R. MEZ [P 129]); total 3 Jahre.

10. **B)** Siebner 1593/95/98/99/1601/03/05/07, 8 Jahre

15. **B)** Gericht Grossbasel 1586; 1592–1603, 12 Jahre

16. **A)** Ehegericht 1593–96, 4 Jahre   **B)** Unzüchter 1593–96, 4 Jahre

19. Pfleger Augustinern 1601–10, 9 Jahre[20]

29. **A)** Fischmarkt[21]

152. Schlecht, Rudolf

1. Kleinrat (Ratsherr); 1590–1610; 1550 Nov. 04 Basel (St. Peter)–1610 Nov. 13 Basel (Pest; ebdort.)[22]

3. **A)** Basel   **B)** Scherer   **D)** E GST ca. 1572

4. **B)** Thomas Schlecht (†1564 Pest), Scherer GST; u. Maria Ludmann

5. **A)** ca. 1571 Ursula, T. d. Gold- u. Münzeisenschmieds Hans Schweiger HAU

6. **A)** 9 Kinder (5 M, 4 F).
   Hans Rudolf (1573–1633) wird Scherer d.R., RH GST 1612–33, ennetbirg. Gesandter 1627, heir. 1599 Ursula, T. d. Hans Rudolf Herzog, SS Liestal, RS, Deputat, SS 1593–1603 [P 51]. Maria (1581–1610) heir. d. Notar Carol Cellarius.
   C) Hans Rudolf d.J. wird Scherer, heir. 1627 Margret (1608–80), T. d. Weinmanns Emanuel Russinger d.R., Enkelin d. Marx Russinger d.R. WEI [P 37].[23]

---

18 3.–6.: Lotz ibid.; Finanz G 29; Platter Tgb. 319 A.68; Füglister 358f., 391f.
19 LP Barbara Zerkinden, UBB KirchenA G X 1, 16.
20 7.–19.: Rb L 2, -L 3, -M 3, -S 1,11/-12; Lotz ibid.; Finanz H.
21 Platter Tgb. wie Anm. b.
22 Lotz 445, aber irreführend: hält den Vater für den Sohn (s. u. 6. A); Rudolf Schlecht konnte nicht bereits 17-jährig RH werden; deshalb sind die übereinstimmenden Daten aus Rb L 2, -L 3, -S 1,12 u. StABS Taufreg. V, 100, anzunehmen.
23 3.–6.: Lotz ibid. mit demselben Problem; Rb L 3, -M 4, -S 1,12; ZunftA Zum Goldenen Stern I (Ordnungsb. I) 95f., -I a (Ordnungsb. II) 1; Weiss-Frei, Zunftaufnahmen B 1/50, 4.

7. **B)** RH GST 1590–1610, 21 Jahre

10. **B)** Siebner 1591/92/94/97/98/1600/04/07, 8 Jahre

12. **C)** Ladenherr 1604–06, 3 Jahre

16. **A)** Ehegericht 1592–94, 3 Jahre   **B)** Unzüchter 1600/01, 2 Jahre

19. Pfleger Peter 1591–1610, 20 Jahre[24]

29. **A)** «Scherhaus», Fischmarkt (Nord) 16

30. Erarb. liquides Vermögen v. ca. 2000 *fl* (v. s. Hans Rudolf versteuert)[25]

153. Schölli, Hans, der Jüngere

1. Kleinrat (Ratsherr); 1583–98; 1515–1598 Juli 13 Basel[26]

3. **A)** Basel (uns.)   **B)** Sattler, Kummetsattler   **D)** E HIM 1538

4. **A)** Handwerkszünft. Regimentsgeschl. in Basel
   B) Ulrich Schölli (1490–1546), Sattler, E HIM 1513, Unterkäufer im Kaufhaus 1544
   C) Hans Schölli, Sattler
   D) Bläsy Schölli, Gewandmann SLS, SAF, XIII, OZM, entsetzt sich 1555 selbst d. Rats wegen Veruntreuung [Fü P 23], u. Christiana Hagenbach, Grosstante d. XIII Beat Hagenbach HAU [P 176]; Hans Schölli d.Ä. d.R. HIM 1527–42 [Fü P 155]

5. **A)** 1538 Catharina Hürlinger
   B) Maria heir. 1534 d. Metzger Conrad David, S. od. Neffe d. Kaufmanns Conrad David d.R. [Fü P 49] aus d. Regimentsgeschl. (vgl. [P 123]). Veronica heir. 1539 d. Seckler Zacharias (†nach 1579), Br. d. Baptista Gengenbach [P 184].
   C) Caspar Schölli (†1564 Pest), Sattler d.R. HIM 1547–64, heir. Barbara, T. d. Heinrich Grebli d.R. GAR [Fü P 119], in 2.Ehe Anna, T. d. Kaufmanns Hans Rudolf Frey d.R. SLS [Fü P 17], Tante d. Hans Jacob Frey d.R. WEI [P 31]; verschwägert m. Friedrich Werdenberg d.R. BEK [P 75] u. m. XIII Diebold Henk SUM [P 90].

6. **A)** Mehrere Kinder.
   Margret heir. vor 1586 d. Weissbecken Jacob Bertschi, später d.R. BEK.
   B) Maria Schölli (T. d. Caspar) heir. 1559 d. Scherer u. Chirurgen Franz d.J. (1530–65), S. d. Franz Jäckelmann, Scherer u. Chirurg, XIII GST [P 149], Schwager d. Prof. med. Felix Platter [P 183]. Anna Schölli (T. d. Caspar) heir. in 2. Ehe d. Gnadentalschaffner, Gerichtsschreiber u. LV Samuel Uebelin d.R. WEI [P 43].[27]

---

24 **7.–19.**: Rb L 2, -L 3, -M 3, -S 1,12; Finanz H.
25 **29./30.**: HGB Fischmarkt; Platter Pest 344; Brenner 52.
26 Lotz C 456.
27 **3.–6.**: Lotz ibid.; Füglister 308f., 314f., 333f., 389f.

180   I. Prosopographien: Himmel und Goldener Stern

   7. B) RH HIM 1583–98, 16 Jahre

  21. Hakenbüchsensoldat im Rappenkrieg 1594[28]

  29. A) Spalenvorstadt re. einw. 23/21

  30. Erarb. liquides Vermögen ca. 2000 *fl* (v. s. Nachkommen versteuert)[29]

154. Schweizer, Jacob

  1. Kleinrat (Zunftmeister); 1559–89; 1514 Aug. 14–1589 Aug. 13 Basel[30]

  3. A) Basel   **B)** Scherer   **D)** E GST 1546

  4. B) Martin Schweizer (Schwytzer; †1545), Scherer, K GST 1511; u. Elisabeth, Tante d. Georg Jeuchdenhammer d.R. SMI [P 81]

  5. A) Margret Tschan
    C) Georg Jeuchdenhammer d.R. SMI (s.o.)

  6. A) Mathias (*1557) heir. Anna, T. d. Wollwebers Michael Gernler d.R. [P 158]. (Hans) Heinrich (1569–1615) wird Wollweber d.R. WEB 1610–15, heir. 1588 Sara (1563–92/94), T. d. Wollwebers Lienhart Gebhart, XIII [P 157], Grossnichte d. Jacob Gebhart d.Ä. d.R. KÜR [P 103] u. d. BM Lux Gebhart [P 50], heir. in 2. Ehe vor 1594 Küngold (†1644), T. d. Lienhard Pfründ d.R. MEZ [P 131], verschwägert m. Anna, T. d. Michael Gernler d.R. WEB [P 158]. Hans Rudolf (1570–1610) heir. 1596 Margret, T. d. Reinhart Karger d.R. GER.
    C) Lienhart (1594–1643) wird Wollweber d.R., ZM WEB 1628–43. Margret (1596–nach 1649) heir. 1615 d. Weissbeck Wilhelm, S. d. Wilhelm Turneisen d.R. HIM [P 155]. Rudolf wird Hauptmann.[31]

  7. B) ZM GST 1559–89, 31 Jahre

  8. A) Kartausenschaffner 1565 (Wahl 30.7.) ff., mehrere Jahre
    B) Städt. Zinsmeister 1558 (–59, uns.), 1–2 Jahre

 10. B) Siebner 1560/61/63/65/67/70/71/73/76/77/80/81/83/86, 14 Jahre

 19. Pfleger Steinen 1571–89, St. Theodor 1571–89, 38 Jahre[32]

 29. A) Eckhaus «zun obern Haltingen», Greifengasse 11 /Ochsengasse 1[33]

---

28 **7./21.**: Ryff Rappenkrieg, 25.
29 **29./30.**: HGB Spalenvorstadt; Platter Pest 188; Brenner 52.
30 Lotz C 469; Rb L 2.
31 **3.–6.**: Lotz ibid., -C 257.
32 **7.–19.**: Rb L 2, -M 3, -S 1,12; Finanz H; Protokolle Öffnungsb VIII p. 180, -IX p. 2.
33 HGB Greifengasse; Platter Pest 480.

155. Turneisen, Wilhelm

1. Kleinrat (Zunftmeister); 1578–1607; 1538 April 06–1609 April 19 Basel[34]

3. A) Basel **B)** Sattler «beim Brunnen», Wirt z. Rappen **D)** K HIM 1561

4. A) alteingesessenes handwerkszünft. Regimentsgeschl. in Basel, z. B. Caspar Turneisen, Hufschmied d.R., altgläubig [Fü P 89]
B) Hans Ulrich Turneisen (Thurnysen), †1564), Gerber; u. Ursula (†nach 1560), T. d. Anton Dichtler, Schlosser d.R. [Fü P 80], Schwägerin d. Veltin Hertenstein d.R. SPI 1554–64, Tante d. Theodor d.R. WEI [P 33] u. d. Thoman Hertenstein d.R. SUM [P 91]
C) Wilhelm Turneisen, Gerber

5. A) 1562 Barbara, Schw. d. Hans Albrecht Billing d.R. BEK [P 68]; ca. 1584 Ursula Renar, Wwe. d. Marx Werdenberg d.Ä., Brotbeck d.R. [Fü P 78], LV Waldenburg, aus d. Regimentsdynastie (vgl. [Fü P 77]), V. d. Fridolin Werdenberg d.R. BEK [P 74], Grossv. d. Friedrich, d. Johann u. d. Marx Werdenberg jew. d.R. BEK [P 75], [P 76], [P 77]
B) Jacob heir. Christiana, T. d. Dr. med. Heinrich Pantaleon, Prof. gramm. Univ. Basel. Hans Ulrich (1552–1630), Gerber d.R. GER 1611–30, heir. vor 1596 Barbara, T. d. Hans Gernler d.R. MEZ [P 124], Wwe. d. Bäckers Hans Albrecht Billing, dessen Schwager s. Br. bereits ist (vgl. o. 5.A, [P 68]).

6. A) Sara heir. 1613 d. Beck Oswald Noll, später d.R. BEK. Hans Ulrich (1563–1619) wird Kummetsattler d.R., ZM HIM 1616–19, Stadtgerichtsvogt GrBS. Maria (1591–1667) heir. 1611 d. Rebmann Hans Sessler, Enkel d. Hieronymus Sessler d.R. REB [P 67]. Wilhelm wird Weissbeck, heir. 1615 Margret, Enkelin d. Jacob Schweizer d.R. GST [P 154].
B) Andreas (S. d. Hans Ulrich, 1592–1667) wird Gerber, RH GER 1644–67, heir. Anna Schlumberger, T. eines elsäss. BM.
C) S. Grossneffe Rudolf Turneisen wird Bäcker d.R., RH BEK 1675–83.[35]

7. B) ZM HIM 1578–1607, 29 Jahre

10. B) Siebner 1579/80/82/86/88/91/93/95/97/99/1601/03/04, 13 Jahre

19. Pfleger Augustinern 1592–1606, 14 Jahre

21. Fähnrich im Stadtfähnlein 1597 unter Hauptmann Andreas Ryff [P 58], mit Jacob Göbelin [P 169], Hans Ludwig Meyer z. Pfeil [P 57] u. Melchior Hornlocher [P 80], alle XIII.[36]

29. A) Eckhaus Brunngässlein/Aeschenvorstadt
B) Wirtshaus «zum Rappen», Aeschenvorstadt re. einw. 15

30. Erarb. liquides Vermögen v. mind. 2000 fl (v. s. S. Wilhelm u. s. Schwiegert. Margret Schweizer (s.o. 6.A u. [P 154] versteuert)[37]

---

34 Lotz C 517.
35 **3.–6.**: Lotz ibid.; Rb S 1,12; Füglister 351, 356.
36 **7.–21.**: Rb L 2, -M 3; Finanz H; Bd. 2, II. Transkriptionen, DOK 5N (Ryff Ab p. 49).
37 **29./30.**: HGB Aeschenvorstadt; Platter Pest 232; Brenner 68.

Webern

156. Erzberger, Christoph

1. Kleinrat (Zunftmeister); 1560–70; †1593 Mai 20 Basel[1]

2. Taufpaten s. S. Cossman [P 88]: Balth. Scheltner d.R. [Fü P 164], Grossv. d. Jacob Scheltner d.R. [P 166] u. XIII Franz Jäckelmann [P 149]; s. S. Abraham: Prof. med. Hans Huber, Vater d. BM Hans Rudolf Huber [P 6], XIII Balthasar Han [P 147], Margareta, T. d. BM Bonaventura von Brunn [P 13]; s. T. Ursula: XIII Andreas von Spyr d.R. [P 98]; s. T. Madlen: XIII Lienhard Gebhard [P 157].[2]

3. **A)** Basel   **B)** Wollweber
   D) K WEB 1549/51 (2 Halbzahlungen); K SLS 1571; K SAF 1572

4. **B)** Cossman Erzberger (1468–1549), Ratssubstitut, Kaufhausschreiber, E GST 1488.

5. **A)** vor 1552 Susanna (†nach 1572), T. d. Rotgerbers Anton Schmid, XIII, Appellherr [Fü P 95], Tante d. Anton von Gart gen. Burckhardt d.R. GER [P 97], Wwe d. Lienhard Strub d.R. [P 96]
   B) Agnes Erzberger (†vor 1561) heir. d. Metzger Ulrich Pratteler, XIII [P 132].

6. **A)** 6 Kinder (2 M; 4 F).
   Cossman wird Rotgerber d.R. [P 88]. Ursula (1558– nach 1625) heir. d. Rotgerber Caspar Schölli, S. d. Caspar Schölli d.R. HIM 1547–64.
   C) Johannes (1580–1645) wird Rotgerber d.R. GER 1631–45. Cossman (1602–88) wird Schneider d.R. SNI 1661–88.[3]

7. **B)** ZM WEB 1560–70 (wegen Verleumdung v. Baptista Gengenbach SLS [P 184] nach entspr. Widerruf vor Rat entsetzt, 1570 Juni 15).

10. **B)** Siebner 1561/62/65/68, 4 Jahre

15. **C)** Gericht Kleinbasel 1565–67, 2 Jahre[4]

29. **A)** Wohnhaus Münsterplatz, neben Domhof (1590)

30. Vermögend um 1570–90[5]

---

1 Lotz C 119; Rb S 1,12.
2 KirchenA BB 23 (Taufreg. St. Leonhard) 205, 222, 246, 271.
3 **3.–6.:** Lotz ibid.; Füglister 359f.
4 **7.–15.:** Lotz ibid.; Rb L 2; -M 3; -S 1,6; -S 1,12; Finanz H.
5 **29./30.:** Rb D 4, 146f.

157. Gebhart, Lienhart

1. Kleinrat (Ratsherr), Landvogt, Dreizehner; 1559–80; †1580 Homburg (uns.)[6]

3. A) Basel   B) Wollweber   D) K WEB 1542

4. A) Altes Oberschichtsgeschl. aus dem Tuchgewerbe, Regimentsgeschl. in Basel seit Ende 15. Jh.
   B) Hans Heinrich Gebhart d.R. KÜR (†1544, 1521 als Pensionenempfänger aus d. Rat ausgeschl.,1529 erneut RH KÜR), Militär, Gerichtsherr [Fü P 104]
   C) Niclaus Gebhart d.Ä. d.R. KÜR (ZM KÜR 1484–1507)
   D) Niclaus Gebhart d.J. (†1526) d.R. KÜR [Fü P 103]; Mathäus Gebhart d.R. KÜR 1537–50.

5. A) 1537 Mai 15 Ottilia Bsetzer; 1540 Dez. 7 Christina (†1548), T. d. Wollwebers Jacob Wyssenburger d.R. WEB [Fü P 167]; 1549 Jan. 6 Gundela Langfeld (†1551 Pest); 1552 Agnes (1531–nach 1570), T. d. Metzgers Philipp Murer (Maurer).
   B) Heinrich (†1532) wird Gerichtsknecht.
   C) Lux Gebhart (1523–93) wird Würzkrämer d.R. SAF, XIII, BM [P 50], verschwägert m. BM Bernhard Meyer [Fü P 21] u. OZM Jacob Rüdin [Fü P 35], verwandt m. Wernher Wölfflin [P 15], XIII Hans Ludwig Meyer z. Pfeil [P 57] u. OZM Bernhard Brand [P 28]. Jacob Gebhart d.Ä. d.R. [P 103]; Agnes Gebhart (1549–1600) heir. 1566 Hans Ulrich, Br. d. Hans Jacob Frey d.R. [P 31]; heir. 1571 XIII Balthasar Han [P 147].

6. A) 11 Kinder (3/4 M, 7/8 F).
   Sara (1563–92/94) heir. 1588 d. Wollweber Hans Heinrich Schweizer d.R. WEB 1610–15, S. d. Scherers Jacob Schweizer d.R. GST [P 154], verschwägert m. Anna, T. d. Michael Gernler d.R. WEB [P 158].
   B) Jacob Gebhart d.J., Kürschner d.R. [P 104]
   C) Lienhart Schweizer wird Wollweber d.R., ZM WEB 1628–43. Margret Schweizer (1596–nach 1649) heir. 1615 d. Weissbeck Wilhelm, S. d. Wilhelm Turneisen d.R. HIM [P 155].[7]

7. B) RH WEB 1559–78, 19 Jahre

9. Dreizehner vor 1569–78, mind. 10 Jahre

10. B) Siebner 1559/62/63/65/68/69, 6 Jahre

12. C) Ladenherr 1577/78, 2 Jahre

15. B) Gericht Grossbasel 1564–78, 14 Jahre

16. A) Ehegericht 1573–76, 4 Jahre   B) Unzüchter 1573–76, 4 Jahre
    C) Almosenherr 1565–78, 13 Jahre

---

6   Lotz C 154 (sehr uns.); Rb S 1,12.
7   3.–6.: Lotz ibid.; Füglister 363f., 397.

I. Prosopographien: Webern

19. Pfleger Augustinern 1564–78, 14 Jahre

22. A) LV Homburg 1578–80, 2 Jahre[8]

158. Gernler, Michael, der Jüngere

1. Kleinrat (Zunftmeister); 1570–1605; 1525 Aug. 14–1605 Jan. 20 Basel[9]

3. A) Basel   **B)** Wollweber   **D)** K WEB 1550

4. A) Regimentsgeschl. in REB, GAR, MEZ, WEB, alte handwerkl. Oberschicht in Basel, vgl. [P 62], [P 124], [Fü P 114], [Fü P 115]
B) Michael Gernler (1504–34), Gürtler, E SAF 1525

5. A) 1550 Anna, T. d. Balthasar Scheltner, Weber d.R. WEB 1531–58 [Fü P 164], verschwägert m. Heinrich Lutterbürger d.R. SLS [P 7], Tante d. Jacob Scheltner d.R. WEB [P 166]
C) Hans Gernler (1519–95), Metzger d.R. MEZ [P 124]

6. A) Anna heir. 1607 Adam (1583–1610 Pest), S. d. Adam Huckeli d.R. HIM [P 148].[10]

7. B) ZM WEB 1570–1605, 35 Jahre

10. B) Siebner 1570/74/77/79/81/83/87/88/91/92, 10 Jahre

12. C) Ladenherr 1590–92, 3 Jahre

15. B) Gericht Grossbasel 1573, 1 Jahr

16. A) Ehegericht 1576–78, 3 Jahre   **B)** Unzüchter 1584–86, 3 Jahre
C) Almosenherr 1578–94, 16 Jahre

19. Pfleger Prediger 1590–1604, 14 Jahre[11]

29. A) Haus «zum Kirsgarten», Spalenberg li. abw. 4

30. Erarb. liquides Vermögen v. mind. 2000 fl (v. s. Nachkommen versteuert)[12]

---

8   **7.–22.:** Rb L 2, -M 3, -S 1,12; Almosen D 2, 1; Finanz H; GerichtsA W 1; KlosterA Augustiner F 1; Bruckner 1330; Fabian 425.
9   Lotz C 163.
10 **3.–6.:** Lotz ibid.; Füglister 395.
11 **7.–19.:** Rb L 2, -L 3, -M 3, -S 1,12; Finanz H.
12 **29./30.:** HGB Spalenberg; Platter Pest 320; Brenner 80.

159. Harder, Hans

1. Kleinrat (Zunftmeister); 1581–83; †1586 Basel[13]

2. Taufpate s. S. Conrad: XIII Lienhard Gebhard [P 157], Sarah, Frau d. Franz Conrad d.R. SLS; s. S. Niclaus: XIII Wolf Sattler [P 165]; s. S. Jacob: BM Jacob Oberried [P 11], Maria, Schw. d. Hans Jacob Irmy d.R. [P 7]; s. S. Laurenz: Fridlin Sandler d.R. [P 142]; s. T. Elisabeth: Daniel Ryff d.R. [P 164][14]

3. **A)** Basel (ehem. Mühlhausen) **B)** Schirlitzweber **D)** 1562 E WEB

4. **A)** Geschlecht aus Frankfurt u. Mühlhausen eingew.
   B) Conrad Harder (†1557) v. Frankfurt, 1509 K WEB, 1533 Bürger v. Basel

5. **A)** 1562 Jan. Sara Klein (†1578); vor 1579 Margret Wagner (1559–1610)

6. **A)** 12 Kinder (7 M; 5 F).
   Niclaus (1568–1645) wird Schirlitzweber d.R. WEB 1629–45, heir. vor 1622 Elisabeth, Nichte d. Lux Linder d.R. [P 160]. Mathys (1585–1629) heir. vor 1613 deren Schw. Catharina, Nichte d. Lux Linder d.R. (s.o.).[15]

7. **A)** Sechser WEB vor 1581   **B)** ZM WEB 1581–83, 2 Jahre

8. **B)** Spitalmeister 1583–86, 3 Jahre

10. **B)** Siebner 1581, 1 Jahr[16]

160. Keller, Joss

1. Kleinrat (Zunftmeister); 1595–99; 1536 Sept. 3 Basel (St. Leonhard)–1599 Jan. 1 Basel[17]

3. **A)** Basel   **B)** Wollweber   **D)** E WEB 1562

4. **B)** Jacob Keller (†1553); Nachname s. Mutter n. bekannt

5. **A)** 1561 April 21 Sara Schneebick v. Bern

6. **A)** 11 Kinder (5 M, 6 F).
   Joss (1583–1610) heir. vor 1603 Anna, T. d. Fischers Jacob Roth d.R. FIS [P 176].[18]

---

13 Lotz C 204; Rb S 1,12.
14 KirchenA BB 23 (Taufreg. St. Leonhard) 306, 323, 412, 439; -BB 24.1, 55.
15 **3.–6.:** Lotz ibid.; Rb S 1,12.
16 **7.–10.:** Lotz ibid.; Rb L 2; -S 1,12; Finanz H; Protokolle Öffnungsb IX, p. 76.
17 Lotz C 271; Rb L 2, -S 1,12.
18 **3.–6.:** Lotz ibid.

7. B) ZM WEB 1595–99, 4 Jahre

10. B) Siebner 1596/97, 2 Jahre[19]

161. Leiderer, Hans

1. Kleinrat (Zunftmeister, Ratsherr); 1556–74; 1506–1574 März 29 Basel[20]

2. Taufe in der Ostschweiz, ehem. kathol. Geschl. (s. Vorname s. Grossonkels, u. 4.C)

3. A) Basel (uns.)   **B)** Wollweber   **D)** E WEB 1527

4. A) Geschl. aus St. Gallen eingew.
   B) Ulrich Leiderer († nach 1561), Wollweber u. Gewandmann, Bürgerrecht Basel u. K WEB 1510, Wirt z. Gilgen, K SLS 1520; u. Ottilia Sigrist († nach 1555)
   C) s. Grossonkel Gorius (Gregor) Leiderer wandert aus St. Gallen ein, Bürgerrecht Basel 1474, ist Weber d.R., ZM WEB 1502–09, RH WEB 1510–18 [Fü P 159].

5. A) 1527 Catharina († nach 1548), T. d. Scherers Claus Linder

6. A) 7 Kinder (3 M, 4 F).
   Niclaus (1541–75) heir. 1561 Maria, T. d. Weinmanns Hans Werdenberg, Enkelin d. Marx Werdenberg d.R. [Fü P 78], Nichte d. Fridolin [P 74], Cousine d. Friedrich, d. Johann u. d. Marx Werdenberg d.R. BEK [P 75], [P 76], [P 77].[21]

7. B) ZM WEB 1556–60, RH WEB 1560–74, 18 Jahre

10. B) Siebner 1556/58/60/62/64/66/69/70/72, 9 Jahre

15. B) Gericht Grossbasel 1556/1561–71, 11 Jahre

19. Pfleger Klingental 1559–74, 15 Jahre[22]

162. Linder, Lux

1. Kleinrat (Zunftmeister, Ratsherr); 1583–94; 1555 Feb.17–1594 Sept. 13[23]

3. A) Basel   **B)** Schirlitzweber   **D)** E WEB 1577

4. B) Emanuel Linder († 1564 Pest) Schirlitzweber, E WEB 1554

---

19 **7./10.**: Lotz ibid.; Rb L 2, -M 3, -S 1,12; Finanz H.
20 Lotz C 293; Rb L 2, -S 1,12.
21 **3.–6.**: Lotz ibid.; Füglister 350, 392.
22 **7.–19.**: Rb L 2, -M 3, -S 1,12; Finanz H; KlosterA Klingental FF 1.
23 Lotz C 300.

5. **A)** 1577 Ursula († vor 1591), Nichte d. Ludwig Bienz d.R. REB [P 60]; ca. 1591 Margret Zweibrücken
   B) Hieronymus wird Schirlitzweber d.R. WEB.

6. **A)** Nachkommen praktisch unbekannt.[24]

7. **B)** ZM WEB 1583–88, RH WEB 1591–94, 9 Jahre

8. **A)** Allmosenschaffner 1588–91 (Wahl 16.4.1588); Steinenschaffner 1592–94 (Wahl 9.2.1592), behält ungewöhnlicherweise Ratssitz bei (vgl. Laurenz Reichart [P 151]); total 6 Jahre.

10. **B)** Siebner 1583/85/88/91, 4 Jahre[25]

29. **A)** Haus «Steinenmühle», Steinenvorstadt li. einw. 34 u. Kohlenberggasse 29[26]

163. Rosenmund, Friedrich

1. Kleinrat (Ratsherr), Dreizehner; 1593–1620; 1552 Jan. 31 Basel (St. Elisab.)–1620 Aug. 29 Basel[27]

3. **A)** Basel   **B)** Schirlitzweber   **D)** E WEB 1568

4. **B)** Hans Rosenmund († 1554), Schirlitzweber, Bürgerecht Basel 1534; u. Catharina Leuenberger († nach 1573)

5. **A)** Erste Ehefrau namentl. n. bekannt
   1594 Barbara (1565–nach 1603), T. d. Leinenwebers Ulrich Ritter

6. **A)** 7 Kinder (5 M, 2 F).
   Johannes (1581–1627/33) heir. vor 1613 Rachel, T. d. Johann Ulrich Merian, Enkelin d. XIII Ullrich Merian SPI [P 140]. Niclaus (1596–nach 1670) wird Weber d.R., ZM WEB 1643–70, entsetzt im Rahmen d. Falkeisenschen Handels (vgl. [P 79] [P 149]).[28]

7. **B)** RH WEB 1593–1620, 28 Jahre

9. Dreizehner 1611–20, 10 Jahre

10. **B)** Siebner 1594/96/98/1600/02/03/05/08/12/13/15/18/19, 13 Jahre

15. **B)** Gericht Grossbasel 1604–14, 10 Jahre

16. **B)** Unzüchter 1610–14, 5 Jahre

---

24 **3.–6.:** Lotz ibid.
25 **7.–10.:** Rb L 2, -M 3, -S 1,12; Finanz H; Protokolle Öffnungsb IX p. 103.
26 HGB Steinenvorstadt; Platter Pest 200.
27 Lotz C 413; Rb L 3, -S 1,12.
28 **3.–6.:** Lotz ibid.

19. Pfleger St. Clara 1599–1620, 22 Jahre

21. Stadthauptmann Basel[29]

24. A) Tagsatzungsorte BS, BE, ZH 1620 betr. 30-jähr. Krieg: 1
C) Untertanengeb./Landvogteien 1614: 1

26. Oberrhein (Markgf'schaft betr. 30-jähr. Krieg; s.o. 24.A) 1620: 1[30]

164. Ryff, Daniel

1. Kleinrat (Ratsherr); 1574–1612; 1529 Basel–1612 Feb. 25 Basel.[31]

3. A) Basel **B)** Wollweber **D)** E WEB 1551

4. A) Geschlecht aus Ruffach im Elsass, erster in Basel: s. Urgrossvater Claus Ryff, Gärtner v. Ruffach im Elsass.
B) Peter Ryff (1506–50), Tuchweber, E WEB 1526, Frei-Amtmann, Chronist
C) Peter Ryff, Schirlitzweber d.R. WEB [Fü P 163]
D) Theobald Ryff (1516–86), Gewandmann, 1547 Bürgerrecht Basel, K SAF, K SLS, 1553 K WEB, Chronist; u. Margret (1513–89), Schw. d. XIII Laurenz Ulli [P 121]; Fridolin Ryff, Unterkäufer im Kaufhaus, XIII WEB [Fü P 162], Chronist; Catharina Ryff heir. 1534 d. Schuhmacher, Weinschenk u. ‹Weinmann z. Hermelin› Hans Brand (1514–64 Pest) d.R. WEI 1543–64, LV Münchenstein.

5. A) 1551 Ursula Zimmermann v. Oberwil
C) Andreas Ryff (1550–1603), Seidenhändler, XIII u. Dreier SAF, Deputat, Hauptmann [P 58]

6. A) Peter (1552–1629) wird Dr. med., Prof. math. 1586 (Nachfolger d. zum SS gewählten Christian Wurstisen [P 44]), Univ.bibliothekar, Rektor Univ. Basel 1608/09, 1616/17.[32]

7. B) RH WEB 1574–1612, 38 Jahre

10. B) Siebner 1575/76/78/80/83/86/89/91/92/95/97/99/1600/02/05, 15 Jahre

14. B) Fünfer 1604–06, 3 Jahre

15. B) Gericht Grossbasel 1595, 1 Jahr

16. B) Unzüchter 1586–88, 3 Jahre

---

29 **7.–21.:** Rb L 2, -L 3, -M 3, -S 1,12; Finanz H; Fabian 427.
30 **24.–26.:** EA 5.I; Finanz G 29.
31 Lotz C 426.
32 **3.–6.:** ibid., -C 49; s. Stammbaum d. Familie Ryff u. Die Ryffsche Familiengeschichte, in: BCh 1, hrsg. v. d. HAGB durch W. Vischer u. A. Stern, Leipzig 1872, S. 193–199; Peter (s.o. 4. B), Fridolin (s.o. 4. D) u. Theobald Ryff (s.o. 4. D): Verf. d. Ryffschen Familienchronik, in: BCh 1, S. 1–229; MUB II 189; Füglister 393f.

19. Pfleger St. Martin 1586–1611, 25 Jahre[33]

29. A) Haus «zum schönen Ort», Steinenvorstadt li. einw. 56
B) Barfüsserplatz 12 (2 Häuser)

30. Gewährt 1610 ein Darlehen v. 400 *fl.* an d. Hz. v. Württemberg.[34]

165. Sattler gen. Wyssenburger, Wolf

1. Kleinrat (Ratsherr), Dreizehner; 1579–90; 1548 Feb. 09 Basel–1590 Dez. 08 Basel[35]

2. S. 1579 ernannter Testamentarier: BM Melchior Hornlocher [P 80][36]

3. A) Basel **B)** Weber **D)** K WEB 1568

4. A) Geschl. aus Schaffhausen eingew.
B) Leodegan Sattler († vor 1552) v. Schaffhausen, Scherer, K GST 1547; u. Anna, T. d. Prof. theol. Wolf Wyssenburger
C) Prof. Dr. theol. Wolfgang Wyssenburger (1496–1575), Pfr. Spital 1518–29, St. Theodor 1529–41, St. Peter 1543–48, Dr. theol. 1540, akadem. Gesandter Basels n. Mühlhausen 1540ff., Prof. theol. NT 1541–54, Rektor Univ. Basel 1536/37, 1549/50, 1557/58, Präsenzschaffner Petersstift vor 1553–70; von ihm hat Wolf Sattler s. Vor- u. Beinamen.

5. A) 1576 Judith Keller

6. A) Wolfgang gen. Wyssenb. (1579–1610) ist Dr. phil. Univ. BS 1600, Dr. iur. 1609, Prof. eth. 1610. Hans Rudolf wird Weber d.R. WEB.[37]

7. B) RH WEB 1579–90, 12 Jahre

8. A) Präsenzschaffner Petersstift zw. 1570–79 (uns.), mind. ca. 5–6 Jahre

9. Dreizehner 1590, 1 Jahr

10. B) Siebner 1580/82/83/86/88/90, 6 Jahre

12. C) Ladenherr 1581–83, 3 Jahre

14. A) Bauherr 1589/90, 2 Jahre

15. B) Gericht Grossbasel 1582, 1 Jahr

---

33 **7.–19.**: Rb L 2, -L 3, -M 3, -S 1,12; Finanz H.
34 HGB Steinenvorstadt; -Barfüsserplatz; Platter Pest 202, 354; Württemberg C 1; Strittmatter 229.
35 Lotz C 432.
36 Lotz C 239.
37 **3.–6.**: Lotz ibid.; Finanz G 16; MUB I, 302, -II, 11ff., 62ff., 103ff., 434.

19. Pfleger St. Peter 1580–90, 10 Jahre[38]

24. A) Tagsatzung 1584–90: 13   **B)** Evangel. Orte 1586–88: 5
D) übr. eidgenöss. 1584/88: 2

25. A) Bistum Basel 1579–85: 5

26. Oberrhein 1586: 1[39]

30. s. S. Hans Rudolf besitzt 1634 im Kontributionsrodel eine Obligation z. Wert v. 2300 *fl.*[40]

166. Scheltner, Jacob

1. Kleinrat (Zunftmeister); 1589–94; 1546 März 24 Basel–1594 Juli 02 Breisach (ertrunken)[41]

3. **A)** Basel   **B)** Schirlitzweber   **D)** E WEB 1563; K SAF 1589

4. **A)** Alteingesessenes Webergeschl. in Basel
   B) Hans Scheltner (1518–78/85), Schirlitzweber, E WEB 1539, Ratsknecht; u. Elisabeth Veltpach, Cousine d. Fridlin Feldbach d.R. BEK [P 71]
   C) Balthasar Scheltner (†1558), Weber d.R. WEB [Fü P 164], S. d. Webers Hans Scheltner; u. Dorothea Becherer (ibid.)
   D) Hans Heinrich (1540–1615), Schirlitz- u. Wollweber d.R. WEB 1611–15, heir. 1560 Dorothea, Nichte d. Mang Schnitzer d.R. [Fü P 165], verschw. m. Hans Albrecht Billing d.R. BEK [P 68]. Anna Scheltner heir. 1550 d. Wollweber Michael Gernler d.R. WEB [P 158]. Magdalena Scheltner heir. 1553 Wollweber/Gewandmann Heinrich Lutterburger d.R. SLS [P 9]. Maria Scheltner heir. 1562 Hans Albrecht Billing d.R. BEK ([P 68] s.o.). Ursus (1547–97) heir. 1571 Salome, T. d. Anton Billing (†1564) d.R. BEK 1561 (entsetzt), Schw. d. Hans Albrecht Billing d.R. (s.o.).

5. **A)** 1575 Catharina Spyrer
   B) Clara heir. 1565 d. Papierer Niclaus Dürr (†1573) d.R. SAF [P 49]. Catharina heir. 1575 d. Gewandmann Hans Jacob Götz d.R. SLS, XIII, BM [P 5].
   C) Sophia Scheltner heir. 1598 Samuel, Br. d. XIII Andreas von Spyr SUM [P 98].

6. **A)** Cleophe heir. 1608 Hiob d.J., S. d. Jopp Ritter d.R. GAR [P 114]. Catharina heir. 1613 Lorenz d.J., S. d. XIII Laurenz Ulli GAR [P 121].[42]

---

38 **7.–19.:** Rb L 2, -M 3, -S 1,12; Fabian 424f. Finanz H; KlosterA St. Peter TT 2, -VV 2, -YY 11; insbes. ist auf Sattlers Verbindung zu s. Grossvater hinzuweisen, der ihm s. Ämter am Petersstift vermittelt haben dürfte; Wyssenburg war einer d. einflussreichsten Prof. u. Pfr. Basels s. Zeit m. weitreichenden Verbindungen in d. akadem., geistl. u. polit. Elite; Schüpbach, Der Rektor bittet zu Tisch, Basel 1996, erw. SD hrsg. v. Rektorat d. Univ. BS, S. 10–14, 16ff., 25 A.69.

39 **24.–27.:** EA 4.II, -5.I; Finanz G 24, -25; Berner 80.

40 Finanz AA 3, 5; Strittmatter 179.

41 Lotz C 438.

42 **3.–6.:** Lotz ibid.; Füglister 395f.

7. **B)** ZM WEB 1589–94, 6 Jahre

10. **B)** Siebner 1590/91/93, 3 Jahre[43]

29. **A)** Wohnt Klosterberg re. aufw. 31
    B) Haus «zum kleinen Risen», Steinenvorstadt re. einw. 69/67; Bleiche u. Werkstatt: Steinentorstrasse re. einw. 23/21[44]

167. Trautwein, Augustin

1. Kleinrat (Zunftmeister); 1559–81; †1581 April 20 Basel[45]

3. **A)** v. Kleinhüningen   **B)** Weber   **D)** WEB

4. **A)** Geschl. in Kleinhüningen; wahrscheinl. Hintersassen (uns.)
   B) Namentl. n. bekannt

5. **A)** 1558 Jan. 17 Ursula (1536–nach 1590), Schw. d. Marx Sonnenbüchel d. R. SMI, LV Ramstein [P 86]

6. **A)** 11 Kinder (6 M, 5 F).
   Martin (*1562) wird Weber.[46]

7. **B)** ZM WEB 1559–81, 22 Jahre

10. **B)** Siebner 1560/61/64/65/67/69/72/75/77/79, 10 Jahre

19. Pfleger Augustinern 1565–81, 16 Jahre[47]

168. Von Spyr, Jacob

1. Kleinrat (Zunftmeister); 1599–1610; 1551 März 18 Basel (St. Peter)–1610 Jan. 1 Basel[48]

3. **A)** Basel   **B)** Wollweber   **D)** K WEB 1569; E SLS 1571; E SAF 1573

4. **A)** Begütertes Tuchgewerbegeschl. in Basel.
   B) Andreas von Spyr (Speyer; 1525–73), Tuchscherer u. Gewandmann, Almosenschaffner 1551–59; u. Sara, T. d. Webers Jacob Schwarz d. R. WEB [Fü P 166]
   C) Franz von Spyr (E SLS 1545, E SAF 1548), Tuchscherer

---

43 **7./10.:** Rb L 2, -M 3, -S 1,12; Finanz H.
44 HGB Klosterberg, -Steinenvorstadt, -Steinentorstrasse; Platter Pest 206, 214.
45 Rb L 2, -S 1,12.
46 **3.–6.:** StABS Genealog. Personenkartei (uns.); Lotz D 296.
47 **7.–19.:** Rb L 2, -M 3, -S 1,12; Finanz H; KlosterA Augustiner F 1.
48 Lotz C 486; Rb L 3, -S 1,12.

5. **A)** 1572 Barbara (1542–nach 1596), T. d. Gerbers Jacob Strub (†1564 Pest) d.R. GER 1564, u. d. Cleophe (†1564 Pest), T. d. BM Sebastian Doppenstein [P 3], Schwägerin d. Lienhard Strub gen. Läufelfinger d.R. GER [P 96]
B) Hieronymus heir. 1574 Ursula, T. d. BM Bonaventura von Brunn [P 13]. Andreas (1550–96) ist Rotgerber d.R. GER, Deputat, XIII, ennetbirg. Ges. [P 98]. Isaac (1560–1616) heir. 1577 Barbara, T. d. Lienhard Vochen gen. Oberlin d.R. MEZ 1541, Schw. d. Barthlome Vochen d.R. MEZ [P 133]. Magdalena (1568–96) heir. 1589 d. Eisenkrämer Hans Jacob Staehelin, Vetter d. Hans Staehelin d.R. SAF 1609–15. Samuel (1571–1630) heir. 1598 Sophia, T. d. Hans Heinrich Scheltner, Schirlitz- u. Wollweber d.R. WEB 1611–15, Cousine d. Jacob Scheltner d.R. WEB [P 166].

6. **A)** 14 Kinder (6 M, 8 F).
Keiner s. Söhne kommt in den KlR, direkte Verbindungen s. Kinder zu Ratsgeschl. n. bekannt.
B) Magdalena heir. 1603 d. Rotgerber Reinhard Karger d.R. GER. Sara heir. 1608 d. Goldschmied Rudolf, S. d. XIII Hans Rudolf Kuder d.R. SNI [P 107].[49]

7. **B)** ZM WEB 1599–1610, 11 Jahre

10. **B)** Siebner 1600/02/06/08, 4 Jahre

15. **B)** Gericht Grossbasel 1602–10, 8 Jahre
C) Gericht Kleinbasel 1600/01, 2 Jahre

19. Pfleger St. Peter 1606–10, 4 Jahre[50]

---

49 **3.–6.**: Lotz ibid.; Füglister 396f.
50 **7.–19.**: Rb L 2, -L 3, -M 3, -S 1,12; Finanz H.

Schiffleuten und Fischern

169. Göbelin, Jacob

1. Kleinrat (Zunftmeister), Dreizehner; 1553–1603; 1515–1603 Juli 21 Basel[1]

3. A) Basel B) Schiffmann D) E SIF ca. 1540

4. A) Angesehenes traditionelles Schiffleutengeschl. vornehml. im KlBS
   B) Anton Göbeli (†1551 Pest), Schiffmann d.R. SIF 1524–51 [Fü P 170], auch GAR u. SPI, Militär

5. A) Catharina Feicher (Fiechter)

6. A) Anton d.J. (1565–1615) wird Schiffmann d.R. SIF 1605–15, heir. Catharina (1565–1609), T. d. Fridlin Feldbach d.R. [P 71]. Hans Jacob d.J. (1571–1638) wird Schiffmann d.R. SIF 1617–38, heir. 1596 Christiana, Enkelin d. XIII Ullrich Merian SPI [P 140]. Anna (1573–1605) heir. d. Brotbeck Hans Ulrich, S. d. Fridlin Feldbach d.R. BEK (s.o.).
   C) Rudolf Göbelin (1605–89), Schiffmann d.R. SIF 1638–58/1665–89, LV Waldenburg; Peter Göbelin (1602–60) wird Schiffmann d.R. SIF 1639–60.[2]

7. B) ZM SIF 1553–1603, 51 Jahre (!)

9. Dreizehner 1579–1603, 25 Jahre

10. B) Siebner 1554/56/58/59/61/64/66/68/70/76/78/79/84/86/88/90/92, 17 Jahre

19. Pfleger Kartause 1571–1603, 33 Jahre

21. Leutnant im Stadtfähnlein 1597 unter Hauptmann Andreas Ryff [P 58], mit Wilhelm Turneisen [P 155] u. den XIII Hans Ludwig Meyer z. Pfeil [P 57] u. Melchior Hornlocher [P 80][3]

24. C) Untertanengeb./Landvogteien 1579–85: 10
    D) Übr. eidgenöss. (Jkr. v. Schönau) 1571: 1

26. Oberrhein 1575: 1[4]

29. A) Haus «Wyhlen», Lindenberg li. ausw. 17/19
    B) angrenzend Lindenberg li. ausw. 21; u. Rheingasse 1

30. Erarb. liquides Vermögen v. mind. ca. 10 000 fl (v. s. S. Jacob d.J. versteuert)[5]

---

1 Lotz C 171.
2 3.–6.: Lotz ibid.; Füglister 398f.
3 7.–21.: Rb L 2, -L 3, -M 3, -S 1,12; Finanz H; Bd. 2, II. Transkriptionen, DOK 5N (Ryff Ab p. 49); Fabian 424ff.
4 24./26.: Finanz G 20–24; Rb M 7.
5 29./30.: HGB Lindenberg, -Rheingasse; Platter Pest 466; Brenner 97.

170. Gürtler, Mathäus

1. Kleinrat (Ratsherr); 1557–72; †1572 Nov. 27 Basel; Nachbar d. Amerbach, an das Rektoratsessen v. Basilius Amerbach [P 180] 1561 geladen.[6]

3. **A)** v. Allschwil (uns.)   **B)** Fischkäufer   **D)** K od. E FIS

4. **A)** Geschl. im KlBS angesiedelt
   B) namentl. n. bekannt

5. **A)** 1539 April 14 Ursula Gebhart (keine Verwandtschaft z. Regimentsgeschl. Gebhart feststellbar); 1562 Elisabeth Murer (†nach 1594)

6. **A)** 15 Kinder (5 M, 10 F).
   Küngold heir. d. Gewandmann u. OZM Bläsy Schölli in dessen 3. Ehe [Fü P 23], Br. d. Hans Schölli d.Ä. d.R. HIM 1527–42 [Fü P 155], Onkel d. Sattlers Hans Schölli d.J. d.R. HIM [P 153].[7]

7. **B)** RH FIS 1557–72, 16 Jahre

10. **B)** Siebner 1558/60/70/71, 4 Jahre[8]

171. Hug, Beat (Batt)

1. Kleinrat (Zunftmeister); 1558–82; †1582 Basel[9]

3. **A)** Basel   **B)** Fischkäufer   **D)** E FIS

4. **B)** Peter Hug (†vor 1543), Schiffmann; Nachname d. Mutter n. bekannt

5. **A)** Vor 1538 Magdalena (†1559), T. d. Messerschmieds Conrad Richolf; 1560 Dez. 9 Margret Fuchs (†1565); 1565 Mai 28 Margret (1519–84), T. d. Bildhauers Martin Hoffmann v. Stollberg (†1532, Bürgerrecht Basel u. K SPI 1507); u. d. Ursula Keller (†ca. 1536); ihre Stiefmutter ist Ursula Faesch, Grosstante d. BM Remigius Faesch [P 16]; Schw. d. Goldschmieds Jacob Hoffmann d.R. HAU [P 21], Tante d. XIII Hans Jacob Hoffmann HAU [P 20]; Wwe. d. Schneiders Daniel Kuder, Mutter d. XIII Hans Rudolf Kuder SNI (s.u. 5.B).
   B) Caspar Hug wird Claraschaffner 1561–65. S. Stiefbr. Hans Rudolf Kuder ist Schneider, XIII SNI [P 107].

---

6 Lotz C 186; Rb L 2, -S 1,12; Schüpbach, Der Rektor bittet zu Tisch, S. 81.
7 **3.–6.:** Lotz ibid.; Füglister 314f.
8 **7./10.:** Rb L 2, -M 3, -S 1,12; Finanz H.
9 Lotz C 249; Rb L 2, -S 1,12.

I. Prosopographien: Schiffleuten und Fischern   195

6. **A)** 11 Kinder (6 M, 5 F).
   Adelheid (*1549) heir. Weinmann Theodor d.R. WEI [P 33], Vetter d. Thoman Hertenstein d.R. SUM [P 91].
   B) XIII Hans Jacob Hoffmann HAU [P 20] (s.o.)
   C) Anna Hertenstein heir. 1587 Emanuel Scherb, Weinmann, später d.R. WEI. Catharina Hertenstein heir. 1595 Weinmann Ulrich, Br. d. Emanuel Scherb (s.o.), d.R. WEI. Sebastian Hertenstein wird vor 1597 Gnadentalschaffner. Theodor Hertenstein d.J. wird 1601 Schaffner St. Martin.[10]

7. **B)** ZM FIS 1558–82, 24 Jahre

10. **B)** Siebner 1559/60/63/66/70/72/74/77/79/80, 10 Jahre

15. **B)** Gericht Grossbasel 1573–76, 4 Jahre

16. **A)** Ehegericht 1578–81, 4 Jahre

19. Pfleger Steinen vor 1571–82, mind. 12 Jahre[11]

24. **C)** Untertanengeb./Landvogteien 1567–73: 9[12]

172. Jäcklin, Hans

1. Kleinrat (Zunftmeister); 1590–1610; 1550 Okt. 07 Basel–1610 Sept. 30 Basel (Pest)[13]

3. **A)** Basel   **B)** Fischkäufer   **D)** E FIS ca. 1575

4. **B)** Niclaus Jäcklin (†1589), Fischkäufer, K FIS, K WEI 1550; u. Maria, Schw. d. Hans u. d. Lienhart Nübling, beide d.R. MEZ [P 127], [P 128]; s. Stiefv.: Schmied Georg Jeuchdenhammer d.R. [P 81]

5. **A)** vor 1573 Maria Syff
   B) Andreas (1554–1616) wird Rotgerber d.R. GER 1612–16. Anna (1552–nach 1607) heir. 1572 d. Meserschmied Caspar Maurer, später d.R. SMI. Gabriel (1564–nach 1634) heir. 1585 Anna, T. d. XIII Laurenz Ulli GAR [P 121].

6. **C)** S. Grossnichte Barbara Jäcklin (1582–1674) heir. in 3. Ehe Prof. Jacob, S. d. XIII Beat Hagenbach HAU [P 17].[14]

7. **B)** ZM FIS 1590–1610, 21 Jahre

10. **B)** Siebner 1591/93/94/96/99/1601/03/04/06/08, 10 Jahre

---

10 3.–6.: Lotz ibid.; KlosterA St. Clara Q 1.
11 7.–19.: Rb L 2, -M 3, -S 1,12; Finanz H.
12 Finanz G 20/-21.
13 Lotz C 255.
14 3.–6.: Lotz ibid.

16. **B)** Unzüchter 1594–96, 3 Jahre

19. Pfleger Predigern 1595–1610, 16 Jahre[15]

29. **A)** Ob. Rebgasse re. einw. 36
    B) «An Bleseren haus», Utengasse li. ausw. 41 («Lindenberg»); später Rheingasse re. ausw. 20; später ein Haus an der Elisabethenstrasse

30. Erarb. liquides Vermögen v. ca. 10 000 *fl* (v. s. Enkel versteuert)[16]

173. Klein, Hans

1. Kleinrat (Ratsherr); 1591–1612; †1612 Mai 11 Basel[17]

3. **A)** (Basel; uns.) **B)** Fischer **D)** E od. K FIS

4. **B)** Hans Klein u. Brigitta v. Muttenz (Nachname d. Mutter n. bekannt)

5. **A)** 1567 Aug. 17 Anna (1545–81), T. d. Weinmanns Hans Schwarz d.R. WEI [P 40]; 1583 Juli 15 Barbara (*1545), T. d. Schuhmachers, Weinmanns, Eisenkrämers u. SH KlBS Hans Pfannenschmid

6. **A)** 4 Söhne bekannt, Töchter wahrscheinl., aber namentl. unbekannt geblieben. Johann (†1651) wird Ratsknecht 1623, OK 1639, Sechser FIS 1644, RH FIS 1649–51.[18]

7. **B)** RH FIS 1591–1612, 21 Jahre

10. **B)** Siebner 1592/93/96/98/99/1602/ 1604 doppelt /1606/07, 10 Jahre

19. Pfleger Domprobstei 1593–1611, 18 Jahre[19]

24. **C)** Untertanengeb./Landvogteien (Liestal) 1603: 1[20]

29. **A)** Liegenschaft an der Spiegelgasse als Nachbar s. Zeitgenossen Jacob Huggel d.R. [P 138] u. SS Hans Rudolf Herzog [P 51].

---

15 **7.–19.**: Rb L 2, -L 3, -M 3, -S 1,12; Finanz H.
16 **29./30.**: HGB Rebgasse, -Utengasse, -Rheingasse; Platter Pest 452, 486, 496; Brenner 72.
17 Rb L 3, -S 1,12; PrivatA 132, 1287 (lose fasc.); generell uns. Datenlage.
18 **3.–6.**: PrivatA 132 ibid., der dort benutzte handschr. Stammbaum legt Schluss betr. d. Töchter nahe; bedauerliche Praxis!
19 **7.–19.**: Rb L 2, -L 3, -M 3, -S 1,12; Finanz H.
20 Finanz G 27.

174. Munzinger, Theodor (Joder)

1. Kleinrat (Zunftmeister); 1588–90; 1535 April 10–1590 März 17 (Sturz v. Pferd)[21]

2. Bürge f. Bernhard Oser 1589, LV Ramstein [P 129]

3. **A)** Basel   **B)** Fischkäufer   **D)** E FIS ca. 1560

4. **A)** Altes Basler Geschlecht, zwei Zweige: Achtburgergeschl. seit mind. 1440, Henman Munzinger Stammvater; Kleinbasler Handwerker- u. Fischergeschl.
   B) Peter Munzinger († 1559/62), Fischkäufer

5. **A)** vor 1564 Anna Haberer
   B) Peter († 1559/62) wird Fischkäufer.

6. **A)** 18 Kinder.
   Theodor (Joder) d.J. heir. Anna Turner. Beat gen. Batt (1563–1620) wird Fischer d.R. FIS 1617–20. Hans Conrad (1564–1625) wird Bäcker d.R., und zwar als RH BEK 1599–1606/1612–13 sowie RH SIF/FIS 1621–25, Herbergsmeister [P 73], heir. vor 1588 Sara (1566–nach 1607), T. d. Prof. iur. Caspar Herwagen.
   C) Caspar (1605–60) Bäcker d.R., heir. vor 1626 Barbara (1603–nach 1661), T. d. Mathis Isenflam (1549–1614), SH KlBS u. d.R. SMI.[22]

7. **B)** ZM FIS 1588–90, 2 Jahre

10. **B)** Siebner 1589, 1 Jahr[23]

29. **A)** Familienwohnhaus «zum Kesselberg», Riehentorstrasse 24/26

30. Erarb. liquides Vermögen v. mind. ca. 2000 *fl* (v. s. S. Joder d.J. u. dessen Frau Anna Turner versteuert; s.o. 6.A)[24]

175. Röstin, Georg

1. Kleinrat (Zunftmeister); 1586–88; † 1588 Basel[25]

3. **B)** Fischer   **D)** K FIS 1532

4. **A)** Herkunft d. Geschl. uns.
   B) Hans Röstin

---

21   Lotz C 347; Rb L 2.
22   **3.–6.:** Lotz ibid.; Gast Tgb. 373.
23   **7./10.:** Rb L 2; Finanz H.
24   **29./30.:** HGB Riehentorstrasse; Platter Pest 464; Brenner 50; AK 6, p. 340ff.
25   In sämtl. beigezogenen Quellen nahezu unbekannt, nur in Rb L 2, -S 1,12 magere Informationen; vgl. StABS Taufreg. III.

5. A) 1577 Anna Tripler

6. A) Kinder ab 1581 nachgewiesen, praktisch unbekannt[26]

7. B) ZM FIS 1586–88, 2 Jahre[27]

176. Roth gen. Solothurner, Jacob

1. Kleinrat (Ratsherr); 1573–91; 1543 Juli 01 Basel–1591 Mai 21 Basel[28]

3. A) Basel   **B)** Fischer   **D)** E FIS

4. B) Jacob Roth d.Ä. gen. Solothurner (†1557), Fischer, Bürgerrecht Basel 1533
C) Albrecht Roth, Leutnant im Müsserkrieg 1531

5. A) 1564 Salome Brack v. Rheinfelden

6. A) Ursula heir. in 2. Ehe 1623 d. Reichsvogt Franz Schwarz. Albrecht (1572–1631) wird Fischkäufer d.R. FIS 1612–31.
C) Magdalena Roth (1600–86) heir. in 2. Ehe 1650 Heinrich Pfannenschmid d.R., heir. 1674 Leonhard Güntner d.R. Albrecht d.J. (1613–66) wird Handelsmann, Gerichtsherr, heir. 1634 Catharina, Enkelin d.BM Hans Jacob Götz [P 5].[29]

7. B) RH FIS 1573–91, 18 Jahre

10. B) Siebner 1576/77/82, 3 Jahre

16. B) Unzüchter 1578–80, 3 Jahre

19. Pfleger Predigern 1579–89, 10 Jahre[30]

24. C) Untertanengeb./Landvogteien 1575–84: 7[31]

29. A) Haus ‹Zum gemeinen Eck›, St. Johanns-Vorstadt[32]

---

26 **3.–6.:** Weiss-Frei, Zunftaufnahmen B 1/58, 22; ders., Bürgerannahmen VIII; StABS Heiratsreg. II, 211, -Taufreg. V, 40.
27 Rb L 2, -S 1,12.
28 Lotz C 418.
29 **3.–6.:** Lotz ibid.; Gast Tgb. 147 A.50.
30 **7.–19.:** Rb L 2, -M 3, -S 1,12; Finanz H.
31 Finanz G 22–24.
32 Rb D 4, 147v.

177. Sandler, Hans

1. Kleinrat (Zunftmeister); 1584–86; †1586 April 02 Basel[33]

2. Verurkundet zus. m. OZM Franz Rechburger [P 25], Prof. iur. Bonifacius, V. d. Basilius Amerbach [P 180] u.a. die Erbteilung d. reichen Maximilian Jerger.[34]

3. **A)** Basel **B)** Fischer **D)** K FIS 1555

4. **A)** Hintersassengeschl. v. Basel

5. **A)** 1544 Anna Rapp; Wiederverheiratung ein 2. u. 3. Mal; Namen d. Ehefrauen uns.

6. **A)** Kinder namentl. n. bekannt, müssen angenommen werden (s.u. 30.)[35]

7. **B)** ZM FIS 1584–86, 2 Jahre[36]

29. **A)** Rheingasse li. einw. (Nr. uns.)

30. Erarb. liquides Vermögen v. mind. ca. 2000 *fl* (v. s. Nachk. versteuert)[37]

178. Vischer, Friedrich

1. Kleinrat (Ratsherr); 1596–1630; 1547 Basel–1630 Juli 05 Basel[38]

3. **A)** Basel **B)** Holzflösser, Weidligmacher **D)** E SIF 1567

4. **B)** Friedrich Vischer (†1551 Pest), SH KlBS –1551 (als Vorgänger d. Schwiegervaters s. Enkelin, Hans Heinr. Pfannenschmid; s.u. 6.A)
   C) Alban Fischer (†1556), Schiffmann, Weidligmacher; u. Dorothea Wild (†nach 1564)

5. **A)** 1576 Magdalena (*1543), T. d. Hans Scherrer v. Altenstaig, Scherer zu Kiel; u. Lucia Dolder

---

33 In den beigezogenen Quellen nahezu unbekannt, die uns. Angaben werden ledigl. aus Rb L 2, -S 1,12 gespiesen.
34 AK 7, 398f., 435.
35 **3.–6.:** Lotz C 386; StABS Genealog. Personenkartei; Weiss-Frei, Zunftaufnahmen B 1/58, 24; f. s. jew. Verheiratung kommen glz. 3 Frauen in Betracht (Catharina Jeck, Madlen Baschlin, Verena Reber), bzw. es sind 3 versch. Männer namens Hans Sandler m. d. Berufsbez. ‹Fischer› aufgeführt, Heiratsreg. II, 263.
36 Rb L 2, -S 1,12.
37 Brenner 101.
38 Lotz C 137 I, 14v (eingetragene Seitenzahlen); die Schreibung d. Namensbeginns m. «V» od. «F» ist damals insofern unerheblich, als sie nicht festgeschrieben war u. auch nicht einen best. Zweig d. Geschl. hervorhob. Wie bei anderen Nachnamen (z. B. Gürtler, Dischmacher, Hornlocher) steht die etymolog. Provenienz als Berufsbezeichnung (sic!) im Vordergrund. Eine Festschreibung auf den Wortbeginn m. «V» erfolgte viel später, vgl. Lotz ibid.; Rb L 3, -S 1,12.

200   I. Prosopographien: Schiffleuten und Fischern

    6. A) 10 Kinder (3 M, 7 F).
    Anna (*1568) heir. d. Schiffmann Heinrich Pfannenschmid. Alban (1571–1610 Pest) heir. Anna Ritter.[39]

    7. B) RH SIF 1596–1630, 35 Jahre

    10. B) Siebner 1597/99/1606, 3 Jahre[40]

179. Wix, Jacob

    1. Kleinrat (Ratsherr); 1562–95; 1523–1595 Okt. 08 Basel[41]

    3. A) Basel   **B)** Schiffmann   **D)** K SIF; E SPI 1551

    4. A) Geschlecht v. Frankfurt a.M.
    B) Jacob Wix (†1540) v. Frankfurt a.M., Tischmacher, E SPI 1523

    5. A) Vor 1560 Anna Löw; Elisabeth Schuler, Wwe. d. Claraschaffners Caspar Hug
    C) Hieronymus Wix, Goldschmied, XIII HAU [P 27]

    6. A) Chrischona heir. Ernst Biermann, Claraschaffner 1565–69. Eufrosina Wix heir. Ulrich Falkner, Pfr. St. Peter u. Barfüsser, S. d. Beat Falkner d.R. WEI, Enkel d. OZM Ulrich Falkner [Fü P 39], Neffe d. SS Heinrich u. Onkel d. Daniel Falkner d.R. WEI.
    B) Hans Jacob wird Seckler, Schaffner St. Martin 1606–19, heir. 1600 Dorothea, T. d. Niclaus Hönn d.R. SNI [P 106].[42]

    7. B) RH SIF 1562–95, 34 Jahre

    10. B) Siebner 1563/64/66/73/75/77/79/87/89/91, 10 Jahre

    19. Pfleger Clara 1565 (uns.)–1595, 30 Jahre[43]

    24. C) Untertanengeb./Landvogteien 1573: 1

    26. Oberrhein 1566–76: 6[44]

    29. A) «Wigsen haus», Nadelberg 26; wie s. Vetter Hieronymus [P 27] (s.o. 5.C).
    B) Immobilienbesitz in Kleinbasel Nähe Riehentor, zeitl. uns.[45]

---

39 **3.–6.:** Lotz ibid.; Protokolle Öffnungsb VIII p.134, 139.
40 **7./10.:** Rb L 2, -L 3, -M 3, -S 1,11/-12; Finanz H.
41 Lotz C 576.
42 **3.–6.:** Lotz ibid.; KlosterA St. Clara Q 1; Rb S 1,11; Füglister 326f.
43 **7.–19.:** Rb L 2, -M 3, -S 1,12; Finanz H; KlosterA St. Clara ebda.
44 **24./26.:** Finanz G 19–22.
45 HGB Nadelberg; Platter Pest 284.

Universität / Ministerium

180. Amerbach, Basilius II

1. Stadtsyndicus; 1562–91; 1534 Dez. 1 Basel (St. Theodor)–1591 Juli 25 Basel (Kartause)[1]

2. Prof. Phrysius Acronius; Prof. Simon Grynaeus, Grossonkel d. Prof. theol. u. ANT Johann Jacob Grynaeus [P 181], Anna Ziemerling, T. d. Theodor Ziemerling d.R. FIS [Fü P 173]; s. S. Bonifacius II 1561 Nov. 18 (†1564 Pest): ANT Simon Sulzer[2]

3. **A)** civis universitatis **B)** Prof. Dr. iur., Rechtsgutachter
 D) Universitätsangehöriger

4. **A)** Gelehrten- u. Druckergeschlecht aus Amorbach im Odenwald; erster d. Geschl. in Basel: s. Grossvater um ca. 1475, d. berühmte Drucker Johannes Amerbach (s.u. 4.C)
 B) Prof. Dr. iur. Bonifacius Amerbach (1495 Okt. 11–1562 April 4), humanist. Rechtsgelehrter, erster Verwalter d. Erasmusstiftung, fünffacher Rektor d. Univ. Basel, als SYND Vorgänger s. S. Basilius II, Ges. d. KlR in rechtl. Angelegenheiten; u. Martha (†1542 Dez. 14 Pest), T. d. Leonhard Fuchs, BM v. Neuenburg a. Rh. u. d. Magdalena Zschekkapürli
 C) Johannes Amerbach (1430 Odenwald–1513 Basel; s.o.), m.a. (stud. in Paris u. Basel), Drucker (Ausb. in Nürnberg), in Basel ca. 1475, K SAF 1481, Bürgerrecht Basel 1484, einer d. drei ersten Drucker Basels (m. J. Froben u. J. Petri), verwendet in Basel erstmals d. latein. Schrift (antiqua), enge Kontakte zu führenden Humanisten u. Theologen; u. Barbara (1453–1513), T. d. Gürtlers Lienhard Ortenberg, Wwe. d. Johann v. Bysanz
 D) Bruno Amerbach (1485–1519), Theologe u. Privatgelehrter in Paris u. Basel; Basilius I Amerbach (1488– 1535), Buchdrucker.

5. **A)** 1561 Esther («Asteria», 1541 März 10–1564 April 13 Pest), T. d. OZM Jacob Rüdin [Fü P 35] u. d. Anna Ehrenfels (ibid.); trotz d. frühen Todes s. Frau bleibt Basilius Witwer.
 B) Faustina (1530–1602) heir. 1548 Prof. Dr. iur. Hans Ulrich, Onkel d. Hans Lux Iselin d.R. [P 54] u. d. Hans Ludwig Iselin, LV Homburg, heir. 1566 d. Druckerherrn Johannes Oporin. Juliana (1536–64 Pest) heir. Hans Conrad Wasserhuhn.
 C) OZM Franz Rechburger [P 25]

6. **A)** Bonifacius II gen. Bonifaciolus (1561 Nov. 18–1564 Pest)[3]

7. **B)** Stadtsyndicus 1562–91 (Nachfolger s. Vaters Bonifacius Amerbach, s.o. 4.B), 29 Jahre

8. **B)** (Rechtsgutachter d. Dreizehnerrates 1562–91; s.o. 7.B)

---

1 Lotz C 6; MUB II 61; generell AK 9, 19 passim (ebda. Reg., 778).
2 KirchenA CC 11 a (Taufreg. St. Theodor) 46; AK 9, 347.
3 3.–6.: Taufreg. St. Theodor ibid. 139; Lotz ibid.; Rb S 1,11/-12; Finanz G 16; f. die neuste Darst. d. Amerbach s. Jenny, Beat R.: Bonifacius Amerbach, in: Amerbach-Katalog, S. 7–15; MUB II, 61; ausführl. in AK 5, 51–AK 9 passim (jew. Reg).

9. (Stadtsyndicus 1562–91: im Dreizehnerrat präsent; 29 Jahre)

18. **A)** Immatr. Univ. Basel 1549, b.a. 1550; Tübingen 1552; Padua 1553; Bologna 1555; Bourges 1557–59; Dr. iur. Bologna 1561; Univ. Basel Prof. iur. cod. 1562–64 / -pandect. 1564–89, 27 Jahre
    B) Rektor 1561/62, 1566/67, 1573/74, 1580/81, 1586/87, 5 Jahre[4]

24.–27. Viele aussenpolit. Gesandtschaften als amtl. Rechtsgutachter d. KlR[5]

29. **A)** Haus ‹zum Kaiserstuhl›, Schafgässlein

30. Sehr vermögende Familie[6]

181. Grynaeus (Grüner), Johann Jacob

1. Antistes; 1585–1617; 1540 Okt. 1 Bern–1617 Aug. 30 Basel[7]

2. Taufpaten s. T. Irene I 1588 Aug. 30: BM Bonaventura von Brunn [P 13], Christiana, Schw. d. XIII Beat Hagenbach d.R. [P 17], Frau d. BM Ullrich Schultheiss [P 12][8]

3. **A)** civis universitatis   **B)** Pfr., Prof. theol., Antistes
    D) Universität u. Ministerium

4. **A)** Ursprüngl. Bauerngeschlecht ‹Grüner› aus Vehringen, Hohenzollern-Sigmaringen, erster in Basel: Simon Grynaeus I (s.u. 4.D)
    B) Thomas Grynaeus (1512–64), Neffe d. Simon I, Heidelberg 1526, Prof. lat. et graec. in Bern 1535–46, 1546 Basel, 1547 Univ. Basel b.a. et m.a., 1547 Prof. lat. et dialect., Präfekt d. Pädagogiums 1555, Pfarrer Rötteln 1556; u. Adelheid Steuber v. Zürich
    C) Johannes Grüner, Landwirt zu Vehringen
    D) s. Grossonkel Simon Grynaeus I v. Vehringen (1493–1541), Univ. Heidelberg Prof. graec. 1524, Prof. graec. Univ. Basel 1529, Prof. theol. 1532–41 (vgl. o. 4.A)

5. **A)** 1569 Lavinia De Canonicis (1547 Bologna–1610) v. Heidelberg, T. d. Catalanius A Canonicis in Bologna u. d. Lucrecia De Monte Cabra, Stieftochter d. Heidelberger Arztes Prof. med. Thomas Graftus

---

4 7.–19.: Rb S 1,11/-12; MUB II 61, 130ff., 162ff., 219ff., 279ff., 344ff. u. wie Anm. 3.–6.
5 D. Kanzleipraxis tendiert in der 2. Hälfte d. 16. Jh. z. summarischen Nennung d. Ratsbotschaften ohne Personennamen. Man rechnete lediglich. die Spesen einer Gesandtschaft ab (Finanz G/-H) bzw. vermerkte den Beschluss (Missiven A, -B). Zu Basilius' Gesandtschaften vgl. die vielen belegten Botschaften s. Vaters Bonifacius in derselben Funktion, v. a. AK 4 passim.
6 29./30.: HGB Schafgässlein; Platter Pest 493; Schüpbach 1996, S. 4ff.; ders., Der Pedell lädt zum Rektoratsessen 1561. Ein Itinerar durch Basel, in: Amerbach-Katalog, Basel 1995, S. 29, 80f.; z. Vermögenssituation d. Familie vgl. Amerbach-Katalog 1995 passim sowie generell AK 1–10/I, jew. Reg.
7 Lotz C 183; MUB II, 72; Weiss, Friedrich, Johann Jakob Grynäus, in: Basler Biographien I, hrsg. v. d. Freunden Vaterländischer Geschichte, Basel 1900, S. 159–199 passim.
8 KirchenA W 12, 2 (Taufreg. St. Martin) 95.

I. Prosopographien: Universität / Ministerium

B) Simon II (1539–82), Prof. math. u. Dr. med. Univ. Heidelberg; Prof. eth. Univ. Basel. Theophil (1534–83), stud. theol. Basel u. Wittenberg, Pfr. Hauingen u. Lörrach, Pfr. u. Superintendent Rötteln, Pfr. Sissach; Tobias (1545–87), Präsenzschaffner St. Peter; Anna (1546–1602) heir. 1567 Hans Jacob Hoffmann HAU, Deputat, XIII [P 20].
C) Samuel (1539–99), S. d. Simon I, Tübingen, Basel, Dôle; Prof. log., iur., SYND 1591–99, Rektor Univ. Basel 1574/75, 89/90, 93/94 [P 182]

6. **A)** 7 Kinder (1 M; 6 F); 5 sterben jung (–1602).
   Maria heir. Amandus Polanus v. Polansdorf, Prof. theol. Univ. Basel als Grynaeus' Nachfolger. Anna Polybia heir. OZM Bonaventura, S. d. BM Bonaventura von Brunn [P 13].
   C) Hans Jacob (1591–1660), Prof. Dr. med.
   Hieronymus (1595–1656), Kartausenschaffner, heir. 1619 Agnes, T. d. OZM Johann Herr [P 19].[9]

7. **B)** Antistes 1586 (Wahl durch d. KlR 1585) –1617, 31 Jahre

8. **B)** Regenzial u. Zensor d. Universität/d. KlR 1575–1617; Münsterpfarrer 1586–1617; Moderator u. Visitator (obrigkeitl. Aufseher) d. städt. Gymnasiums 1589–1617, 101 Amtsjahre

18. **A)** Immatr. Univ. Basel 1551/52, Stud.art. et theol.; SMC 1559; Univ. Tübingen 1563/64 u. Dr. theol.; Prof. theol. AT Univ. Basel 1575–85; Prof. theol. et hist. Univ. Heidelberg 1585/86; Prof. theol. NT 1586–1617, 47 Jahre
    B) Rektor Univ. Basel 1584/85; 1590/91; 1596/97; 1603/04; Rektor Univ. Heidelberg 1585/86; 5 Jahre

23. Diakon (Dorfpfr.) Hauingen (Markgrafschaft) 1559–61; Pfr. Rötteln 1564/65; Superintendent Rötteln 1565–75 (jew. als Nachfolger s. Vaters), 13 Jahre[10]

24. **A)** Tagsatzung 1591: 1   **B)** Evangel. Orte 1578/92/98: mind. 6–8
    C) Untertanengeb./Landvogteien 1592–1611 (Visitationen Pfarreien): jährl. mind. 5: gegen 100
    D) Übr. eidgenöss. 1588/91 (Disputationen BE): 2

25. **A)** Bistum Basel 1587: 1   **B)** Bistum Konstanz 1592 (Religionsgespräch): 1

26. Oberrhein 1578/87/88/98 (Mühlh./Strassb./Markgrafsch.): mind. 7

27. **A)** Heidelberg 1592 als Ges. d. IV evangel. Städte
    E) Kurfürst Friedrich IV. v. d. Pfalz 1592/1602: 2[11]

---

9   **3.–6.:** Lotz ibid.; Rb S 1,11; MUB II, 2, 26, 54, 72, 224, 352, 370, 375, 379, 410, 439; Weiss, J.J. Grynäus, ibid.; LP J.J. Grynaeus, UBB aleph E XII 12, 5.
10 **7.–23.:** MUB II 72, 379, 439; Ochs Bd. 6, 447; Weiss, Friedrich, Johann Jakob Grynäus, ibid.
11 **24.–27.:** Finanz G 25; EA 5.1.; Weiss, Friedrich, Johann Jakob Grynäus, 181ff.

29. A) Schlüsselberg; Augustinergasse 5 «Schürhof» (seit 1575): Pfarrhaus d. Münsterpfr.; Münsterplatz Ost Teile v. 4–6, 1593ff.

30. Äusserst vermögend: seit 1586 jährl. Besoldung über 500 *fl*; macht 1586/87 d. Stadt Vorschuss v. 3200 *fl*, 1609 Vorschuss v. 5400 *fl*; leiht d. Hz v. Württembg. auf Martini 1609 1000 *fl* durch das Deputatenamt, 2000 *fl* aus der Iselinschen Massa, u. allg. 1608/09 nochmals 3000 *fl*.[12]

182. Grynaeus (Grüner), Samuel

1. Stadtsyndicus; 1591–99; 1539 Juni 8 (Martin)–1599 April 3 Basel (dito)[13]

3. A) civis universitatis **B)** Prof. iur., Notar, Stadtsyndicus
D) Universitätsangehöriger

4. A) Ursprüngl. Bauerngeschlecht Grüner aus Vehringen, Hohenzollern-Sigmaringen, erster in Basel: Simon Grynaeus I (s.u. 4.D)
B) Simon Grynaeus (1493 Vehringen–1541 Basel, St. Martin), Prof. Dr. theol., u. Catharina, Schw. d. Hans Lombard d.R. [Fü P 20]
C) Johannes Grüner, Landwirt zu Vehringen
D) Thomas Grynaeus (1512–64), Neffe d. Simon I, Heidelberg 1526, Prof. lat. et graec. in Bern 1535–46, 1546 Basel, 1547 Univ. b.a. et m.a., 1547 Prof. lat. et dialect., Präfekt d. Pädagogiums 1555, Pfarrer Rötteln 1556; Grossonkel Simon Grynaeus I aus Vehringen (1493–1541), Univ. Heidelberg Prof. graec. 1524, Prof. graec. Univ. Basel 1529, Prof. theol. 1532–41 (vgl.o. 4.A)

5. A) 1568 Mai 2 Elisabeth (1531–76 Pest), T. d. Reichsvogtes zu Schaffhausen Heinrich Peyer u. d. Agnes Rieger, Wwe. d. Druckerherrn Niclaus Bischoff; 1578 Sept. 22 Anna, T. d. Wechslers Jacob Rüdin u. d. Rosina Irmy, Wwe. d. Albrecht Gebwyler, Burgvogt Lörrach, Nichte d. BM Remigius Faesch [P 16].
C) Johann Jacob (1540–1617), S. d. Thomas Grynaeus, Basel, Pfr., Prof. theol. Basel u. Heidelberg, Rektor Univ. Basel, Pfr. Münster, ANT [P 181]; Simon II (1539–82), Prof. math. u. Dr. med. Univ. Heidelberg; Prof. eth. Univ. Basel; Theophil (1534–83), stud. theol. Basel u. Wittenberg, Pfr. Hauingen u. Lörrach, Pfr. u. Superintendent Rötteln, Pfr. Sissach; Tobias (1545–87), Präsenzschaffner St. Peter; Anna (1546–1602) heir. 1567 Hans Jacob Hoffmann d.R. HAU, Deputat, XIII [P 20].

6. A) 4 Kinder (2 M; 2 F).
Simon (1571–1621) wird Praeceptor am Gymnasium (auf Burg), heir. 1592 Anna Irmy.
B) Maria heir. Amandus Polanus v. Polansdorf, Prof. theol. Univ. Basel als Nachfolger s. Cousins ANT Johann Jacob Grynaeus [P 181]. Anna Polybia heir. OZM Bonaventura, S. d. BM Bonaventura von Brunn [P 13].
C) Hans Jacob (1591–1660) Prof. Dr. med.; Hieronymus (1595–1656) Kartausenschaffner, heir. 1619 Agnes, T. d. OZM Johann Herr [P 19].[14]

---

12 **29./30.:** Lotz ibid.; Platter Pest 435f., 489; Württemberg C 1; Strittmatter 226–229; Weiss, Friedrich, ebda., 186f.
13 Lotz C 183; MUB II, 72.
14 **3.–6.:** Lotz ibid.; Platter Pest 133; Füglister 311f.

7. B) SYND 1591–99 (Nachfolger v. Prof. iur. Basilius Amerbach [P 180]), 8 Jahre

8. B) (Rechtsgutachter d. Dreizehnerrates 1591–99; s.o. 7.B)

9. (SYND 1562–91: im Dreizehnerrat präsent; 8 Jahre)

18. A) Immatr. Univ. Basel 1551/52; b.a. 1557; Tübingen 1559; Dôle 1561; m.a. 1565; Prof. log. 1565–69; Dr. iur. utr. 1569; Prof. iur. inst. 1571–84 (Nachfolger v. SS Adam Henricpetri [P 18]; -cod. 1584–89; -pandect. 1589–99 (Nachfolger v. Basilius Amerbach [P 180], vgl. o. 7.B); 32 Amtsjahre
B) Rektor Univ. Basel 1574/75, 1589/90, 1593/94; 3 Amtsjahre[15]

24.–27. Viele aussenpolit. Gesandtschaften als amtl. Rechtsgutachter d. KlR (vgl. [P 180] ebda.)

25. A) Baden 1594: 1[16]

29. A) Totengässlein 3 (1575); Rittergasse ca. 2 (danach bis 1599)

30. sehr vermögend, gutes Einkommen[17]

183. Platter, Felix

1. Stadtarzt; 1571–1614; 1536 Ende Okt. Basel (St. Peter)–1614 Juli 28 Basel (St. Martin); enger Freund d. BM Ullrich Schultheiss [P 12] u. d. BM Bonaventura von Brunn [P 13][18]

2. Prof. Simon Grynaeus, Vater d. Samuel Grynaeus [P 182], Grossonkel d. ANT Johann Jacob Grynaeus [P 181]; Johann Walder, Buchdrucker; Ottilia Nachpur, Frau d. reichen Gewandmanns Macharius Nussbaum, SAF. S. 1579 ernannter Testamentarier: BM Melchior Hornlocher [P 80][19]

3. A) Basel; civis universitatis **B)** Prof. med., Stadtarzt
D) E HAU; Collegium Medicorum

4. A) Hirtengeschl. aus Visp im Wallis, erster in Basel: Thomas, Vater d. Felix Platter (s. 4.B).
B) Thomas Platter (1499 Feb. 10 / 1507 [uns.] –1582 Jan. 26, St. Martin), Ziegenhirt aus Visp VS, 1535 K HAU u. Bürgerrecht Basel, Seiler, Korrektor, Lehrer, Buchdrucker, Rektor d. Schule auf Burg; u. Anna Dietschy (1495–1572 Feb. 20 Basel, St. Martin) v. Wittlingen ZH (Heirat 1529 in Zürich), Dienstmädchen v.

---

15 **7.–18.**: MUB II, 72, 224ff., 370ff., 410ff.
16 **24.–27.**: Finanz G 26; Vgl. [P 180] Anm. 5. Ende 16. Jh. nimmt die festgestellte Tendenz zu.
17 **29./30.**: Lotz ibid.; Platter Pest 425; d. Einkommensverhältnisse d. Univ.professoren besserten nach d. entspr. Klage u. dem Gehälterstreit s. Cousins Joh. Jacob [P 181] erheblich, Rb S 1,12; Weiss, Friedrich, Johann Jakob Grynäus, 186f.
18 Lotz C 381; MUB II 73; Platter Tgb. passim, insbes. S. 9–28; LP Ullrich Schultheiss, UBB KirchenA G X 1, 18, p. 14.
19 Platter Tgb. 19ff.; KirchenA AA 16. 1 (Taufreg. St. Peter I).

Pfr. Oswald Myconius in ZH, später Pfr. Münster u. ANT zu Basel; Th. Platter heir. nach Anna Dietschys Tod 1572 April 24 Esther Grossmann († 1612 Feb. 17), T. d. Niclaus Megander, Pfr. Lützelflüh, u. zeugt m. ihr 6 Halbgeschw. v. Felix (s. u.).
C) Anton Platter u. Anna Summermatter in Visp

5. A) 1557 Nov. 22 Magdalena (1534 Okt. 31/Nov. 1–1613 Juli 17) gen. Madlen, T. d. Scherers Franz Jäckelmann, XIII GST [P 149], u. d. Chrischona Harscher (ibid.); Madlen wird als ausgespr. Schönheit geschildert.
B) Drei Schwestern (Margret I, Margret II, Ursula) sterben jung an Epidemien. Halbgeschwister: Magdalena (1573–1651) heir. 1606 Dr. iur. Hans Friedrich Ryhiner, SS, OZM, BM, S. d. Obersten Friedrich Ryhiner d.R. [P 116]. Thomas II (1574 Juli 24/27–1628 Dez. 4), Prof. Dr. med., heir. 1602 Chrischona Jäckelmann, Nichte d. Frau s. Halbbruders Felix, Enkelin d. XIII Franz Jäckelmann [P 149], T. d. Dorothea, Schwägerin d. Heinrich Schwingdenhammer d.R. [P 119]; tritt in Felix' Fusstapfen, wird PHYS, Prof. Dr. med., red. u. erg. dessen Tagebuch (zit. als Platter Tgb; BCh 10).

6. A) Kinderlos.
B) Felix II (1605–71), Prof. Dr. med., Prof. phys. u. d.R. (ZM HAU 1664–70), heir. 1629 Helena, T. d. Niclaus Bischoff d.R. Thomas III (1607–23), b. a; Franz (1609–76), lic. iur., Magdalena (1611-55) heir. 1628 Johann Jacob Bischoff, RS u. d.R.: s. Grossnichte Helena (1631–1708) heir. 1650 Pfr. Samuel von Brunn, Enkel s. Freundes BM Bonaventura von Brunn [P 13]. Grossneffe Felix III (1632–1705) heir. in schwerreiche Seidenhändlerfamilien, Oberstleutnant. Grossneffe Franz II (1645–1711), Dr. med., Apotheker, heir. Maria Salome, T. d. Buchhändlers Johannes König d.R., der eine bestimmende Rolle im Falkeisenhandel 1670/71 einnimmt. Weitere Grossneffen u. -nichten sind Dr. med., Professoren, heir. in oberschichtl. Akademiker-, Drucker- u. Ratsgeschlechter.[20]

7. PHYS 1570–1614, 43 Jahre; Angehör. d. Univ. u. d. Collegium Medicorum

8. B) Stadtarzt 1570–1614, 43 Jahre (s.o. 7.)

18. A) Immatr. Univ. Basel 1551/52, Montpellier 1552–56, b.med. ebda. 1556, Orléans 1557, Dr. med. Univ. Basel 1557 u. Mitglied Collegium medicorum; Prof. med.pract. 1571–1614, 57 Jahre
B) Dekan med. 1562; Rektor Univ. Basel 1570/71, 1576/77, 1582/83, 1588/89, 1595/96, 1605/06; 7 Jahre[21]

24. (Missionen hygienepolit. Natur in die nähere Eidgenossenschaft; Reise ins Wallis)

26. (Zahlr. Missionen v.a. fachl.-ärztl. Art u. in Hygiene-Angelegenheiten als Chargierter d. KlR)

---

20 **3.–6.:** Lotz ibid.; Platter Tgb. 9–29, 49 passim, Reg. 563f., zur Familie s. Frau ebda. 70 A.142/143, 103, 113ff., 215ff., 223, 438 sowie Reg. 557; Platters Zünftigkeit wird trotz s. Universitätsbürgerschaft verschiedentl. klar, vgl. ebda. 317; zu s. Halbbruder Thomas II s. v. a. BCh 9 insgesamt: Thomas' II ausführl. Reisebeschreibungen sind eine äusserst wichtige Quelle.

21 **7.–19.:** MUB II 73, 196ff., 241ff., 307ff., 362ff., 427ff.; Platter Tgb., insbes. 19–29, 304–311, 329–391.

I. Prosopographien: Universität / Ministerium 207

27. B) Frankr. (v. a. Orléans, Montpellier; ausgedehnte Reisen v. a. während s. Studiums).[22]

29. A) Elternhaus «zum Gejägd», ob. Freie Str. 90, ab 1561 Doppelhaus «zum Rotenfluh», ob. Freie Str. 92/94 (Areal Freienhof); 1574 Häuser «zum oberen (1595) u. unteren Samson», Petersgraben 18–22 sowie 1576 Haus «zum Engel» Petersplatz 15, der über d. Gärten zus'hängende Komplex «Dr. Felix Platter-Hof» genannt
B) Botan. Garten Petersplatz 15–Petersgraben 18–22; Holsteinerhof m. zwei Obstgärten am Bollwerk Hebelstr. 32/Schanzenstr.; Schlossgut Unteres mittleres Gundeldingen («Thomas Platter-Haus»), Gundeldingerstr. 280

30. Schwerreich: Erarb. Vermögen in Gültbriefen, Immobilien-Anlagen u. Bargeld im Jahr 1613 ca. 40 000 *fl*, dazu grosse Vorräte aus Naturalbeträgen, die einen Einkommensteil bildeten; das Total inkl. s. zahlr. Immobilien lässt ihn den reichsten obrigkeitl. Elitemitgliedern gleichkommen.[23]

---

[22] **24.–27.:** Generell Platter Tgb., insbes. 127–292, 401–426, 456–513.
[23] **29./30.:** Platter Tgb. Tafeln 2–8, S. 67; ebda. 519–536; Platter Pest 174, 178, 181, 382; Lötscher, Valentin: Felix Platter und seine Familie, in: Njbl. 1975, S. 160–170.

Involvierte Personen

184. Gengenbach, Baptista

1. Gewandmann; involv. in Entsetzung Christoph Erzbergers [P 156]; ca. 1506–1576 (Pest) Basel; erhält zwei Ratsstrafen 1551 wegen Verletzungen d. Tuchgewerberechts, eine 1555 wegen Misshandlung am Schiessen d. Feuerschützengesellschaft, muss s. Laden schliessen –1556.[1]

2. Taufpaten S. S. Christoph 1532 Juni 1: Martin Ruf, Mathis Frank u. Anna, Schw. d. Caspar Nussbaum d.R. SPI; s. S. Hans Friedrich 1537 Jan. 25 Martin Ruf, Michael Freuler, Appolonia, Schw. d. Apollinaris Staehelin d.R. [P 42][2]

3. **A)** Basel **B)** Gewandmann, Tuchmann
   C) Weitreichende geschäftl. Verbindungen in der Handelsgruppe, die polit. relevant werden
   D) E SLS 1524; E SAF 1530 (durch s. Vater Chrysostomus, s.u. 4.B)

4. **A)** Tuchleuten- u. Apothekergeschl. in Basel seit ca. Mitte d. 15. Jh.
   B) Chrysostomus Gengenbach (†1532), Apotheker, SLS, SAF; u. Margret, T. d. Gerbers Ludwig Strub, Lohnherr d.R. [Fü P 98]
   C) Hans Gengenbach, Tuchscherer
   D) Pamphilus Gengenbach, d. bekannte Buchdrucker (†1525; uns.)

5. **A)** 1531 Margret (†1563 Jan. 17), T. d. Friedrich Weitnauer, Müller u. Gewandmann, u. d. Agnes Tschan, Schwägerin d. OZM Ulrich Falkner [Fü P 39]
   B) Ludwig (†1552 Pest) ist Apotheker. Chrysostomus (†1550) ist Apotheker. Anna ist Taufpatin d. Elisabeth, T. d. Wernher Wölfflin SLS [P 15] 1551 Juli 10. Zacharias (†nach 1579) ist Seckler, heir. 1539 Veronica, T. d. Sattlers Hans Schölli d.Ä. d.R. HIM [Fü P 155], Schw. d. Hans Schölli d.R. [P 153], Nichte d. OZM Bläsy Schölli [Fü P 23].

6. **A)** 8 Kinder (3 M; 5 F).
   Chrysostomus (1532–87/88) Gewandmann, Unterkäufer im Kaufhaus, E SLS 1549, E SAF 1550 (jew. durch s. Vater Baptista), Sechser SLS 1571ff., SAF, heir. Elisabeth (†nach 1587), T. d. Johann Baumann, Gerichtsschreiber u. d. Margret v. Tunsel gen. Silberberg, Enkelin d. Thoman v. Tunsel gen. Silberberg d.R. SAF, Wwe. d. Anton Heitzman gen. von Brunn, reicher Stifter. Friedrich (*1541) wird Rebmann, E SLS 1560, E SAF 1562, K WEI 1566 (jew. durch s. Vater Baptista), sehr kinderreich.
   C) zahlr. Enkel, die weder im Tuchgeschäft od. anderen Wirtschaftssektoren noch in der Politik relevant auftreten[3]

7. **A)** Sechser SLS 1533–ca. 1554/55 (uns.), ca. 22 Jahre

---

1 Lotz C 160; Platter Pest 133; ZunftA Schlüssel 12, 72v, 163f., (Kölner, Schlüsselzunft 130).
2 KirchenA CC 11 a (Taufreg. St. Theodor) 40, 56.
3 **3.–6.:** unter 4.B vgl. dagegen Lotz ibid., Gengenbachs Mutter ist nicht die Tochter Lienhards, sondern Ludwig Strubs; KirchenA W 12, 1, (Taufreg. St. Martin) 84; ZunftA Schlüssel 12, 76, -Safran 25, 237, -Weinleuten 4, 55; Kölner, Schlüsselzunft 323f., 333; Füglister 326f., 360f.

I. Prosopographien: Involvierte Personen

15. **B)** Gericht Grossbasel ‹von der Gemeinde› 1550–54, 4/5 Jahre[4]

21. Feuerschütze im Hauptbanner 1533, erneut 1542 u. 1555

29. **A)** Münsterplatz (uns.)

30. Stabile Vermögensverhältnisse, reiches Mitglied d. Tuchgewerbeschicht, Stifter, Vergabungen[5]

185. Meyer zum Pfeil, Adelberg (Adalbert) der Jüngere

1. Kleinrat (Ratsherr); 1613–16 (entsetzt), involv. im Fall ‹Hudlers Hals› als provokativer «Stein d. Anstosses»; 1560 Aug. 5 Basel (St. Martin)–1629 Aug. 6[6]

2. 1560 Aug. 5: ANT Simon Sulzer, Vorgänger d. ANT Johann Jacob Grynaeus [P 181], d. Schwägerin s. Eltern, Ursula Froben; S. T. Sara 1588 Juni 4: BM Melchior Hornlocher [P 80][7]

3. **A)** Basel **B)** Seidenhändler **D)** E SLS 1582; E SAF 1584; K FIS

4. **A)** Ursprüngl. Meyer v. Büren, teilw. adliges Meiergeschl.; berühmte u. verdiente Regiments- u. Häupterfam. Basels d. 16. Jh.
   B) Hans Ludwig Meyer z. Pfeil (1539–1607), Krämer, XIII SAF [P 57]; u. Anna, T. d. Druckerherrn Hieronymus Froben, Nichte d. berühmteren Johannes Froben (ibid.)
   C) BM Adelberg Meyer z. Pfeil (1474–1548) [Fü P 56], u. Catharina, T. d. altgläub. Andreas Bischoff d.R. HAU [Fü P 27]; Adelberg zuvor verheiratet m. Catharina Hütschi, Schwägerin d. XIII Heinrich Petri [P 24] u. m. Margret, T. d. OZM Hans Trutmann [Fü P 24]; S. Grossonkel BM Bernhard Meyer z. Pfeil [Fü P 21]
   D) Maximilla Meyer heir. 1553 Hieronymus von Kilchen d.R. [P 14].

5. **A)** 1583 Ursula (1565–94), T. d. OZM Hieronymus Mentelin [P 10]; 1597 Dez. 12 Elisabeth (1547–1625), T. d. Hans Spirer, Wwe. d. Hans Georg Eckenstein, von der er 1616 per Ratsbeschluss geschieden wird.[8]

---

4 **7./15.:** Rb S 1,12; s. Sechseramt muss bei s. Berufung ans Stadtgericht GrBS bis 1554 angenommen werden; Rb M 2.

5 S. s. Herkunft, Beruf, s. Vertrauensstellungen in div. Geschäftsabwicklungen u. privaten Verträgen (Lotz ibid.), s. Macht, einen Hinauswurf aus d. KlR zu bewirken, sowie s. reichen Zuwendungen an s. Kinder, s. o. 6.A, Kölner, Schlüsselzunft 323f., 333.

6 Lotz C 336.

7 Gast Tgb. 88; KirchenA W 12, 1, 114v (Taufreg. St. Martin); PrivatA 355 A 2, 207.

8 S. 2. Ehe war eine Prestige- u. Zweckgemeinschaft. Wegen eines an ihn ergangenen Schuldspruchs auf Zauberei begehrte s. Frau 1616 die Scheidung. M. d. Ratsbeschluss wurde Meyer glz. d. Rats entsetzt. Nach der Scheidung entstand ein langer güterrechtl. Erbstreit m. d. Schwiegerfamilie s. Frau, den Eckenstein. Meyer wurde z. Ableistung v. 45% d. Errungenschaft sowie v. 12% d. Ersparnisse u. d. Vermögens an s. Frau verurteilt. Nach s. hartnäckigen Weigerung zu Zahlungen wurde s. Gut öffentl. inventiert u. vergantet; s. Rb S 1,12, p. 143 (Hergang).

B) Niclaus (1565–1629) heir. 1587 Salome, T. d. Hans Georg Eckenstein (s.o.), Schwager s. Br. Anna (1575–1610) heir. 1596 d. spät. OZM Jacob Rüdin, Enkel d. OZM Jacob Rüdin [Fü P 35].

C) Maria heir. 1557 s. Schwager BM Lux Gebhart [P 50].

6. A) 7 Kinder (3 M, 4 F); 5 Stiefkinder aus d. 1. Ehe s. 2. Frau.
Hans Ludwig d.J. (1584–1632) heir. 1609 Anna, T. d. XIII Theodor Russinger [P 38]. Hieronymus (*1586) heir. 1606 Margret, Enkelin d. BM Ullrich Schultheiss [P 12]. Sara (1588–1630) heir. 1607 Bonifacius Iselin, Grossneffe d. Hans Lux Iselin d.R. [P 54]; Ursula (1593–1627) heir. 1611 Christoph, S. d. Theodor Burckhardt d.R. SAF.

B) Hans Conrad wird Claraschaffner d.R., ZM SMI 1646–59, vollendet d. Familienchronik d. Meyer z. Pfeil.[9]

7. A) Sechser SLS 1587–1613 **B)** RH FIS 1613–16 (entsetzt; s.o. 5.A), 3 Jahre

10. B) Siebner 1614, 1 Jahr

15. B) Gericht Grossbasel 1597–1608, 9 Jahre

19. Pfleger Elendherberge 1614–16, 3 Jahre

24. A) Z. Ennetbirg. Ges. 1614 gewählt, aber davon entsetzt: Wegen s. laufenden Erbprozesses wurde ihm kein eidg. Amt in Repräsentation d. Basler KlR «extra muros» mehr gestattet.

26. Oberrhein (Strassburg) 1615: 1[10]

29. A) St. Johanns-Vorstadt Nähe St. Johanns-Rheintor, im übrigen s. [P 57].

30. Aus schwerreicher Elitefamilie, vgl. [P 57]

---

9 **3.–6.:** Lotz ibid., -C 154; ZunftA Safran 25 II. 113v; BCh IV 139; Gast Tgb. 88; Füglister 312f., 315f., 317f., 323f., 338f.; vgl. Familienchronik Meyer zum Pfeil, S. 379–422, insbes. S. 387–390, 397ff.
10 **24./26.:** EA 5.II; Rb S 1,12; Finanz G 30.

Anno dnj. M.D.Lxxxviij.

Diß sind vnsere herren, so diß jars ein ersten
Raat besitzen sollen.

Die neüwen haüpter.

H. Bonauentura von Brun. Burgermeister
H. Lux Zeissart neüwer Oberster Zunfftmeister

Die alten haüpter.

H. Jerges Schützeis alt Burgermeister
H. frantz Reesburger alt Oberster Zunfftmeister

Von Burgern

Von den Handtwerchen.

Von den Kauffleüten. H. Hanns Rudolff Huber.
Von den Hausgnossen. H. Bartlome Maraas.
Von den Weinleüten. H. Appollinaris Böschlin.
Von dem Saffran. H. Hanns Jacob Brydalin.
Von den Rebleüten. M. Hanns Blauwner.
Von den Brottbecken. M. Fridlin Vollrath.
Von den Schmiden. M. Melchior Barnloher.
Von den Schumachern vnd Gerwern. M. Hans Burkart.
Von den Schneidern vnd Kürsnern. M. Niclaus Wän.
Von den Gartnern. M. Laurentz Oelj.
Von den Metzgern. M. Hanns Brunner.
Von den Steinmetzern. M. Andres Huber.
Von den Schärer, Glaser vnnd Sattlern. M. Claus Maroach.
Von den Tuchwebern vnnd Webern. M. Daniel Rytz.
Von den Fischern vnnd Schiffleüten. M. Jacob Rytz.

Staatsarchiv Basel-Stadt; Ratsbücher L 2: Ratsbesatzungen 1503–1600, p. 282v, Ratszettel auf Johannis Baptistae 1588.

Teil II
Transkriptionen und Exzerpte

1. Texteditorische Grundsätze

Da es sich im folgenden um reine Transkriptionen, teilw. um Exzerpte bzw. inhaltliche Zusammenfassungen handelt, verfahre ich bei der Abschrift nicht im Editionsstil und verzichte auf die Anwendung eigentlicher textkritischer Instrumente.[1] Bei der Schreibweise habe ich folgendes beachtet: Prinzipiell wurde alles unverändert übernommen. Der Originaltext befindet sich immer zwischen Anführungszeichen. Die Satzzeichen wurden grundsätzlich übernommen. Zeilenabstände sind, wo sie aus Sinngründen nicht optisch wiedergegeben werden, mit // gekennzeichnet. Silbentrennungen wurden sinngemäss übernommen, aufgelöst oder neu gesetzt, je nach Textfluss und Zeilenende bzw. Satzspiegel.

Unleserliche Textstellen zeigen wir mit [..] an, wobei die Anzahl Punkte den unlesbaren mutmasslichen Buchstaben entspricht. Zum besseren Verständnis sind gedachte Vervollständigungen formelhafter Wörter oder von Endsilben in (..) eingefügt.

Die Originalschreibweise im vokalischen Gebrauch von ‹v› bzw. konsonantischen Gebrauch von ‹u› wurde belassen. Der Diphtong ‹uo› wird ‹uo› geschrieben. Der Doppelkonsonant ‹ß› wird zu ‹sz›.

Sprachliche Verständigungsprobleme und technisch notwendige Ergänzungen wie der Kommentar von Glossen oder späterer Einschübe von anderer Hand etc. werden angemerkt.

Der Kanzleiduktus Basels des ausgehenden 16. und beginnenden 17. Jahrhunderts gibt generell – wie andernorts auch feststellbar – Probleme für die Leserlichkeit auf: Einerseits wird die Schrift selbst fahrig und fällt bei gewissen Schreibern regelrecht auseinander, wohl teilweise auch ein Indiz für die stark anwachsende Belastung der Kanzlei durch Schreibarbeiten im Zusammenhang mit der ausgeweiteten obrigkeitlich-politischen

---

1 Vgl. z. B. V. Lötscher, in: Platter, Tgb., BCh 10, S. 29–42; Meyer, Friedrich, in: Ryff, Liber legationum, S. 5f., 10f.; ders. in: Ryff, Rappenkrieg, 7f., 11f., 15f.; ders. in: Ryff, Reisebüchlein, 5f., 14f., 21f.; zur jew. Bibliographie Ryffs s. Bd. 1, Teil I, Anm. 48, 50, 99.

Tätigkeit. Andererseits finden dickere Federspitzen, dickere Tinte und dünneres Papier häufiger Verwendung, so dass konservatorische Hindernisse die Überlieferung zu beeinflussen beginnen: Mitunter ganze Wortstücke verschwimmen zu grossen Klecksen, die nicht mehr detailliert identifizierbar sind und, falls sie nicht aus dem Kontext erraten werden können, untranskribierbar bleiben.

2. Dokumente

Dok. 1: Geschäftsverordnung über den Ausstand wegen Verwandtschaft

Protokolle Öffnungsbücher 9: Öffnungsbuch IX, p. 1r:

«Wie man ausztretten Soll»; 1583 Aug. 3

«Alls dann bisz an hero inn einem Ersamenn Raht vnnd Stattgericht vil verhinderungen entstanden, von wegen desz ausztrettens, demselbigen hinfür vorzuesein, vnndt damit meniglich wüszen möge, welcher von desz andern wegen ausztretten solle, vnndt wie nache ein Jeder dem andern verwanndt sein muesz / So haben beede nüw vnndt allt Raht einhelliglichen erkhanndt, das hierfuro der vatter von seines Sohns, der Sohn von seines Vatters, der Schweher von seines dochtermans, der dochtermann von seines Schwehers wegen, Brüeder gegen einandern, Vnndt Schwäger, die dermaszen Schweger seindt, da zween zwo Schwestern, oder einer desz andern Schwester hette, deszgleichen zweyer brüeder Söhne, ausztretten sollen / die andern, wie sie Ir wierin[.] verwandt sein möchten, sollen bleiben sitzen, dasz besz vnndt wegst helffen Rathen & Richten, vnndt Urthel sprech(en), vnndt gar nit hirfür tretten / Actum et decretum. Sambstag den drytten Augustj, Anno 1583.»

Dok. 2: Auftreten und Selbstverständnis des Dreizehnerrates («Originalton»)

Missiven A 38 (1570 Jan. 2 –1573 Dez. 30), No. 419:

«Strasspurg Xiij» 1571 Sept. 1

«Vnnser G(naden)[2]   Wir haben Den Ersamen wysen vnsern liebenn getruwen mitrhat Heinrichen Pettrj neben Verrichtung etlicher geschefften abgeferttiget etwas In vnserm Namenn by üch anzepringen vnd zubegeren. Dem wöllendt glich alss vnnss selbs glouben geben, vnd Inn seinem fürpringen fründtlichen anhörenn.   Das begeren wir umb üch vnsere Innsunders gutte frundt vnnd freundtlich Nachpuren. Im gleichen vnd mehreren ganz fründtlich vnd williglich Zuverdienen, mitt hillff des allmechtigen der üch Vnd vns bewahren wölle,
Den Sambstag den ersten Septembris A:o d. 71
Die geheimen Rhat.»

Dok. 3A–3F: Ermordung Hieronymus Menzingers

Missiven B 20 (1600 Mai 21–1601 Sept. 9)

Dok. 3A

«Landser. // Herr Hieronimus Mentzinger selig»

1600 Juni 21; p. 16v, 17r:

«Vnnser g(naden) / Wir haben an heüt, dein, in aller yll, Vertrauwlich an Vns gelangtes Schriben, die leydige morderische gethatt, an Vnserem Mitrath Hieronimo Mentzinger seligen, Gott behalte die Seel g(nädig) begangen, belangende, mit Schmertzen angehört Vnd vernommen.   Thun Vns Zuuorderst des freündt: Nachparlichen guetten willens, Vnd vndernommner müeg, daran vns sonder gefallens geschechen, gantz höchlichen bedancken,

---

2   Die Anrede wurde nachträglich (von der Hand eines späteren Schreibers) seitlich angefügt. Das Schriftstück trug im Moment s. Gebrauchs keine Anrede.

Wöllen auch Solches hinwieder Zuebeschulden in allem besten eingedenckh sein. Vnd wiewol du allbereit, etliche der Vmbligenden Nachparschafft, dieser Sachen, obe vyllicht der gethatter Zuerrgryffen, avisirt, Wir auch schon selbsten die jenige Persohn, so (wie wir meynen) bey der Würtin Zum Mond Zue Sirentz, mit Mentzingern seligen den Imbisz genommen, Vnd mit (ihm) alda weg geritten, In hafft gebracht, Nichtz desto weniger langt an dich vnser sonder freündt:Nachparlichs begeren vnd avisieren, obe vyllichten nach was weiters an tag Zebringen, Vnd andere der Sachen schuld tragen, Du wöllest an fernerer erkhundigung nicht ermangeln. Vnnd was also di In erfahrung pringen, Vns fürderlichen verstendigen, Dasz reicht vns Zue sonderm angenemmen gefalle. So wir hinwieder Vmb dich Zue beschulden, Yeder Zyten gantz geneigt vnd gutwillig, dem lieben Gott hiemit vns aller Seiths wol beuehlende,
Datum den 21. Junij. Anno 1600.»

Dok. 3B

«Abbt Zu Lützell. // Hieronimus Mentzinger selig»

1600 Juni 21; p. 18v, 19r:

«Vnser g(nedig) Lüth sollen wie Vnuermeldet nit lassen. Demnach gestrigen Abents Vnser Mitrath, lieber getrewer Hieronimus Mentzinger (welcher Von Ensiszheim herauff kommen, Vnd heimwerts Reysen wöllen) in der Vndern Hardt, herwertz Sierentz, Möderischer weisz entleibt vnd erschossen worden, Vnd vns als bald, so schrifft: so mundtlicher bericht zuekommen, Wie der Thäter mit Ime Mentzingern das Imbisz zue Sierentz eingenommen: welchermassen auch derselb bekleidet vnd beritten gewesen, auisirt, da wir darauff notwendige Specht[3] angestellt, Als ist Ewer Zuegewandter diener Hansz Vlman Von Appenzell (welcher der gestalt, Vnd Kleydung, auch dem Pferdt nach, Verzeigter Persohn, ehettlich befunden. Vnd ebenselbigen tags auch durch Sierentz geritten.) alhie ersehen: Vnd auf vnsern beuelch gefaszten Argwohns halb (oberkeitlicher schuldigkheit nach) eingezogen worden. Wann wir aber auf gehalten nothwendige erkhundigung sovyl In bericht vernommen, dasz ernenter Euerer diener hierunder unschuldig ergriffen: Als haben wir Inne Vnuerzüglich widerumb

---

3 ‹Specht›: Späher.

ledig geben.   Dergestalten dasz wir dieser Mordthat halb. Inne allerdings frey, ledig, vnd unschuldig erkennen; Auch derentwegen kein ferner Ansproch Zu Imme haben wöllen,   Desz freündt: nachparlichen Versechens, Ir werden ein solliches von Vns In besten vermerckhen, Demselbigen wir vns Zue müglichen diensten hiermit Anerpiettend.
Datum d(en) 21. Junij Anno 1600.»

Dok. 3C

«Statthalter Zuo Reynfelden. :∕∕: Hieronimus Mentzinger selig»

1600 Juni 28; p. 27r–28r:

«Vnser g(nedigen) weiland des Ersamen Vnsers getreuwen lieben Mitraths, Hieronimi Mentzingers seligen, so verschiner tagen, Als dir nuhn mehr bewuszt, mörderischer gestalten erschossen worden, geprüeder vnd schwegere, haben vns Verstendigt, Als eben der Zeilen, vnd bald noch volnbrachter diesern leidigen gethatt, etliche Ir Hochw(ürden) Gn(edigen) Herrn Cardinaln von Österrychs g(nedigen) diener nachgefolget, Vnd bisz gohn Wylen, Deiner Verwaltung kommen, hetten sie die selben alda Zu Wylen, Allein der Vrsachen arretiert, obe sie vyllichten für sich selbsten bericht, oder aber etwasz von andern gehört hetten, wie es zuegangen, Vnd fürnemblich wohin ausz der gethäter sich gelassen, dass sie solches alles, vnd wasz Ihnen hieuon wüssendt, damit gethäter desto eher ergriffen vnd also die barschafft so Ir bruder vnnd schwager seliger bey sich gehapt, widerumben behembt werden möchte, grundt: Vnd eigentlichen anzeigen thetten, Wie dan sie Verarrestierte, guotwillig vnd gern gethan.   Van aber nit vnbillich sie darauf einen Schein, dasz sie namblichen nicht Von einichem bösen Verdachtz noch Argwohn, dieser leidigen sachen (daruor sie Gott beware) sonder allein Von berichtz Vnd Vmb Kundtschaft willen, aufgehalten worden. Vnder deinem Nammen vnd Tittul begeren, denselben auch du Ihnen gern mitgetheilt   Yedoch sie die Vnsern, bey den Eyden sie vns geschworen, Vermant habest, von Vns schreiben an Dich Zebringen, dasz dem, wie erhalt in warheit also seye.   Haben sie vns vmb selbiges schreiben Vnderthenig ersucht, Vnnd gebetten, Welches wir Inen, in so pillicher sachen nicht versagen, sonders als hiemit beschicht, Zu steur der warheit, gern mittheilen

wöllen, Freündt: Nachparlich an dich gesünnet[4], In diesem faal Irenthalben ein vernüegen Zehaben, Stodt vnsz hinwider Vmb dich gantz gutwillig Zuuerschulden, Hilfft Gott, der vns alle in seinem gnadenreychen Schutz, Schirmb Vnd Segen erhalten wölle,
Datum den 28.(ten) Junij. Anno 1600»

Dok. 3D

«Regierung Ensiszheim ://: Hieronimus Mentzinger selig»

1600 Juni 30; p. 29r, v:

«Wolgeborner Edel g(nedig) H(erren)   Wir seyen von Weylundt Vnsers Mitraths lieben getreuwen Jeronimj Mentzingers seligen (welcher: als E:(uren) L:(öblichen) Vnd g(naden) Vnuerborgen, kurtzen tagen herwertz Sierentz Mörderischer Wysz erschossen worden) geliebten bruder, Vnserm burger Hans Rudolf Mentzingern weysern disz, Vnderthännig trungenlich gepetten worden, Sittenmahlen Von E.(uren) L.(öblichen) vnd g(nädigen) H(erren) Imme etlicher Puncten, gedachten vnsern Mitrath seligen, anbetreffent, Attestation vnd verkhundt, der notturft nach Zuegebrauchen, Vermög beyhabender Verzeichnus[5] ausz Zebringen beuorstehe; An E:(uer) L:(öblichen) Vnd g(ädigen) H(erren) Imme Zue desto Schleuniger Verhoffentlicher erhebung derselben mit Vorschreiben gnedig erspriesslich Zesein, Weyl dann disz sein begeren nit Vnpillich, E:(uer) L:(öblichen) Vnd g(ädigen) H:(erren) wie auch der willfahr, ohne dasz nit ungeneigt sein wissen So gelangt an dieselben Vnser dienst: freündt: Vnd Nachparlichs gesünnen: die gerüchen ermeltem Vnserm burger, seines weithern Vorbringens, Vnd selbs mundt: trungenlichen begerens, Zue steur der geliebten Warheit In alle nothwendige Weg, gnedig befürdersam Vnd willfarig Zeerscheinen:

---

4 ‹gesünnet›: gesonnen.
5 Dieses Verzeichnis ist nicht beigegeben; es fehlt auch in weiteren dafür in Frage kommenden Konvoluten d. Akten z. KlR. Es dürfte s. dabei um eine Liste d. v. Menzinger auf s. Gesandtschaft nach u. von Ensisheim mitgeführten Geld- u. Naturalwerte gehandelt haben, wie durch die zweite Missive an Besançon klar wird (s. u. Dok. 3F): Ca. 600 *fl* in bar (Ratsgelder) sowie der Erlös aus d. Veräusserung v. zwei guten Pferden, deren kompletter Reit- u. Packausrüstung, v. Menzingers Waffenzeug, s. relativ kostbaren persönl. Ersatzeffekten u. s. eigenen Barschaft, alles in allem ein Wert v. mind. ca. 1500 *fl*.

Reicht vns Zue Dienst: Nachparlichem gefallen: welches umb E:(uer) L:(öblichen) Vnd g(ädigen) H(erren) wir, auf begebenheit, müglichest Zeerwidern hiemit erpiettig. Datum den Letsten Junij, Anno 1600. Hans Rudolff Huber, Burgermeister Vnd der Rath der Statt // Basell.»

Dok. 3E

«Bysantz. :// : Hieronimj Mentzinger selig, betreffent»

1600 Juli 4; p. 32r, v:

«Vnnser g(naden) Demnach weylundt Vnnsers getreuwen lieben Mitraths Jeronimj Mentzingers (welcher kurtzer tagen Vnfehr[6] von Vnnserer Statt, durch Peter de Schamps, Von Luder, Mörderischer Weisz erschossen worden) geprüeder vnd schwägere, sollicher Mordthat halben bey eüch Rechtlicher Ordnung nach Zeprocedieren Ihnen fürgenommen, damit sie dann Ires pillichen Vorhabens desto schleuniger möchten befürdert werden, Haben Sie vns Vmb Intercession ahn euch Vnderthänig gepetten; tröstlicher Zuuersicht, derselbigen, fruchtbarlich haben Zuegeniessen. Vann wir Inen dan hierunder mügliche willfahr zerweysen sonders wol gewogen vnd beyneben eüch vnsern Lieb vnd gutt Freündt, eines sollichen nit wenigers gesünnet sein, rhumlich vernommen. Als ist an Eüch vnser sonder freündtlichs gesünnen, Ir wöllent Von geliebter Juztitien wegen, den Vnseren Ires nothwendigen fürbringen, vnd trungenlichen begehrens, angeregter Mortthat wegen, alle Zuuersichtliche mügliche befürderung Rechtens, also erweysen, Damit sie vns ein sollliches ferners rhumlich anmelden können, Wie auch dasselbig anderwegs auf begebenheit Umb Eüch freündtlich vnd gutwillig Zubeschulden Vrsach haben mögen Göttlichen gnaden vnd erwündtschter gesundtheit Vns Aller seiths wol beuehlende. Datum d(en) 4 Julij, Anno 1600.»

---

6 ‹Vnfehr›: unfern, nahe(liegend).

Dok. 3F

Dieser Missive geht ein inhaltlich identisches Schreiben in französischer Sprache voraus (deshalb hier nicht transkribiert):
«Dieses hernach Theutsch notiertes: Ist In dasz vorstehent Frantzösisch schreiben, (beide gleichen Inhalts) verschlossen worden»

«Bysantz, ://: Mentzinger seelig anlangent»

1600 Juli 28; p. 49r, v:

«Vnser freündtlich willig dienst Zuuor fürsichtig, Ersam, Wysz, Lieb vnd gut freündt, Wasz Leydiger eüch angelangter Mordthat, Jüngstlin Peter de Schamps, von Luders, an dem Ersam, vnserm getreuwen Lieben Mitrath Jeronimo Mentzingern seligen, nit allein begangen, sondern auch eine ansehenliche Summa gelts, nach volbrachten Morth, Inn perfurtum arripiert [hat] dessen werden Ir eüch Zweyfels frey noch wol Zueberichten wissen, Wann nuhn wir, dasz von solchem verstolnen gelt obbesagter Mörder Zweyen Eüwern Angehörigen Kauffleuthen, 250 Ducatenen auszbezahlt, desz gleichen etwas ausser zweyen Pferdten erlosten gelts, wie auch Kleider, büchsen vnd wahren hinder einem Schneidern, Darumben sie die Vnsern Menzingerischen, eüch auszfüerlichern bericht vnd anzeigung Zuertheilen, wüssen werden, Vorhanden sein solle, berichtet, Vnd dann nicht allein pillich, sondern auch In desz Heilligen Reichs Constitutionem vnd Abscheiden heilsamlichen Versechen, dasz dergleichen entwerte güeter ohne einiche entgeltnus, widerumben restituirt werden sollen, Also vnd auf ermelter Ir der Vnsern Vnderthäniges Flehents anrüeffen gesünnen wir an Eüch freündt: vleissig pittent, Ir wöllen auf anhalten mehrgesagter Mentzingerischen, als ermelts Vnsers Mitraths seligen gebrüedern, oder wer solches In Irem nammen Vrkundtlich thun würdet, besagte Verstolne 250 Ducatenen, sampt allem deme hievor bezeichnet, soliches sie die Mentzingerischen, desz ermörten betriebten wüttib, Vnd hinderlosznen weiszlinen Zuezestellen haben, freündtlich ohne entgelt verfolgen lassen. Wie wir dann desz freündtlichen versechens, Ir sie solcher Vnser Interceszion Im werckh geniessen Zuelassen, bedacht sein werden. Damit auf vnuerhoffenden abschlag Ihnen d(en) Mentzingerischen, sich vor dem Loblich Cammergericht Zue Speyer, nicht Zuerclagen, oder auch vns auf ferners Clagen, nach andern gepeurenden mitteln nachdenckens Zuhaben Vrsach geben werde, Wolten wir eüch nicht perg(en).⁷ Vnd seyen sonsten Zu allen freündt: vnd angenemmen willen wol gewagen.   Dato den 28 Julij Anno 1600.»

Dok. 4A–4E: Verhandlungen zum Erbprozess Meyer z. Pfeil– Eckenstein im Rat: Berichte der Deputierten

Protokolle Kleiner Rat 14 (1614 Jan. 1–1615 Juli 15), p. 46r–47v:

Dok. 4A

«Sambstags den 7 Maij 1614.
[...]
Die in streittigen sach zwischen den Hern Eckensteinischen, vnd H. Adelberg Meygern Deputirte haben referirt was gehandlet: Vnd ist darüber erkant, dz es bei dem zwischen ihnen den 17. Aprilis. 1610. Item 16. Feb. 1613 Deszgleich(en) 3 Martij 1613. Wolbedechtlich gefelten Vrtelles es ohne alles mittell darbei Verbleiben, also Herr Adelberg seinen mit eigner Handt geschribnen Heürhats Zedull zu halt(en) schuldig: hiemit die mehrere Vrtell so A.o 1613. Den 9 Xbris ergangen, als bei ersten Vrtlen zuwider ouffgehebt sein solle. Damit aber dise Sach endlich entscheiden ist denen Deputirten aufferlegt die partien nachmahlen zu verhören, vnd sech(en) ob der Summen halb Sie zu v(er)gleich(en), wo dis nit verfenglich ist, nach [....] den versechung theilbuchs vnd dazu gehöriger Sach(en) ihr bedencken fassen, vnd wider referiren.»

Dok. 4B

«Mittwochs den 11. Maij 1614.
[...]
Rhatserkantnus in Meyer: vnd Eckensteinischer Sach ist abgehört. ://: Soll Vergriffner massen auszgefertiget, vnd jedem theill vnd der statt Secret(ariat) Zusigel(n) zugestelt werden.»

---

7 ‹pergen›: verbergen.

Dok. 4C

p. 55v–57v:

«Mittwochs den 1. Junij 1614
[...]
Die Deputirten H. in Eckenstein: vnd Meyerischen streittig(en) Sach(en) haben referirt dz sie nützit verrichten können; weill H. Meyer nuo[..] allein gebetten vmb auffschub.
://: Ist jhnen Deputirten aufferlegt bei heüttiger nach mittentags Zeitt sich wider zu sammen zu verfüegn, vnd wa fern ein oder dz andertheill sich der güetter nit Undergeben will, als den das Theillbuch Suber sech(en), vnd bedenkens Ze fassen, wie dise Sach ausz zetrag(en)»

Dok. 4D

«Sambstags den 4. Junij 1614
[...]
Die in streittiger Ekenstein: vnd Meyerischer Sach deputirte haben referirt was nechsteren Mittwochens sich zu getrag(en): beneben haben beede parteien nach lengs dise Sach eben hizig fürgetrag(en).
://: Soll bis Montag alles fürn grossen Rhat gebracht, vnd als den berhatschlagt werden, auf was massen der Handell ausz zetrag(en) /
Ob namlich Solches durch die deputirten beschech(en), oder denen noch andere von mehreren gewalt zu: vnd beizuordnen, oder sonst durch eine(n) andren weg zuentscheiden seie. Vnd soll Heren Meyers abreisen ob es fürtgehen, oder ein zustellen, auch dem mehreren Gewalt angebracht werd(en).»

Dok. 4E

p. 55v–57v:

«Montags den 6. Junij ist vorm grossen Rhat
Angeregte Ekenstein: vnd Meyerische Sach nach lengs angebracht sti[..] die Vrtlen, der Her(r)n Juristen bedenken, die Rhatserkantnus so den 7. & 9. Maij gefellt abgelesen; Vnd beneben von in diser Sach deputirten angezeihet worden, was vor drew wort[8] H. Meyer nechsten Mitwochs auszgestossen, namlich dz er ein solch fewer anzünden wolle als nie in Basell gebron(n)en h.(abe) ein frankforter sach geb(en) h.
Vnd ist demnach erkant; fürs erst dz man es bei gedachter rhatserkantnus vnd darinnen bestettigten Vrtlen verbleiben lassen: vnd weilln fürs ander dise sach fürs gricht darumb nit gewisen werden kan, weill d(er) New richter zerfallen, der alte theills mit todt abgangen, theills angezog(en) wirt als ob er were verfüehrt worden, dz dernweg(en) übrige streittige handlung ausztrag(en), vnd wie alls befunden referiren sollen, die Von einem Ehrsamen Rhat deputirte sieben Herrn: denen sein vom grossz Rhat zugeordnet. H. Rudolff Sulzberger. H. Lux Martin. H. Lienhart Lützellman. H. Lienhart Schwarz. H. Heinrich Werenfels. H. Niclaus Rippell. H. Hans Rudolff Sattler gricht schreiber. Dise sollen beede parteien fürfordern, von H. Meyeren begeren vnd hören wie er beweisen wölle, dz der Richter verfüehrt worden seie. [.] Von Ekensteinischen, wie sie darthun wöllen, dz H. Meyer dem Richter gelt angeboten h.(abe) Vnd demnach bedenckens fassen, wie geirete Sach ausz zutrag(en), vnd dem grossen Rhat anbring(en). Fürs dritt ist H. Meyer angedeütter drew worten der gesandtschafft übers Gebürg diszmalen stillgestelt. Vnd zum gesandten verordnet H. Christoff Halter.
Zum Vierdten soll auch der schimpff, so H. Burgermeister Hornlocher nechst(en) Sambstags vor rhat widerfahren, gerechtfertiget werd(en).»

---

8 ‹drew wort›: Drohworte.

Dok. 5A–5Q: Ämterbuch des Andreas Ryff, Basel 1594–1603

UBB Mscr. A G II 23

Dok. 5A: Einleitung: Text oben bei Basler Stadtwappen, datiert 1594

«Emptere» 1594

«Vonn gueter Ordnung wegen, hab Ich Andresze Ryff In dis Buoch verzeichnet, wasz fir Empter Mich von Obrigkeit wegen Angefallen, wasz vngeuor derselbige(n) verwaltungen Seyen, vnd wie Man Sich darinnen verhalten soll(e). Mir selbs vnd den Meinen Zuom Bericht(e). // 15 :Andreas Ryff: 94»

Dok. 5B: Eheschliessung, Sechseramt, 1574/79

p. 1:

«In dem Namen gottes: Sechser Ampt:
Anno 1574. Am Montag Sant Michelstag, hab Ich den standt der Ehe mit offentlichem Kilchgang antretten, deszwegen auch Ein Ehren Zunft Zuom Saffren Erneueret, vnd Meines gwerbs halben In dieselbig(er) Ehren Zunft hoch vnd Nider zudienen Mich verpflichtet, der Almechtig gott verlich vnss allen gnad, dz wir Recht Megen handlen vnd werben, Amen:
Vff Johanne Baptistae a.o 1579, ward Ich vff gedochter Ehren Zunft zuom Safran zuo Einem Sechsser ahn herren Christoffel Burckarts Seligen Stat Erwelt, vnd Neben mir auch Baltaszer Hummel, Heinnrich werenfelss, vnd[9] Der herren Sechsseren vff den Ehren Zünften ampt Ist, dz sy vff Iren Zünften, Iren Rats herren vnd Meisteren Beisitzen wan man Both haltet, helffen Regieren, straffen, vnd alles so der Zunft zustendig verwalten, Sy helffen auch Jerlich, Einen Neuwen Meister vff Irer Zunft Erwöhlen,   vnd Inual ess Sich begibt, dz dem Roth schwäre Sachen fürkomen, dz Man grossen Roth haltet, so besitzen sy also den grossen Roth, der Mehrer gwalt genant,

---

9 Die Aufzählung endet ohne den offensichtl. noch beabsichtigten Namen eines weiteren neuen Sechsers.

gewünlich werden die Rots herren Vnd Meistere vsz den Sechseren Erwöhlet, vnd werden die Bisweylen auch Neben dem Roth In wichtigen Sachen zuo Legationen gebroucht.»

Dok. 5C: Ratsherrenamt, 1591

p. 2:

«Rotsherren Ampt:
Anno: 1591: bin Ich In Roth komen vnd Erwöhlt worden /
Vff Johanniss Baptistae Anno: 1591, ward Ich von einem Ersamen Roth Beruoffen vnd zuom Rothsherren der Zunft zuom Saffran Erkosen[10], ahn herren Alexander Löffels Seligen statt,
Deren ampt Ist Nun, dz sy alle morgen wan sy hören die Ratsglocken lythen, Es werd Inen am oben gebotten, oder Nit, In Roth Erschynen, do anhören, wass vor Rath durch die herren heuptere, oder anderen frembden vnd heimbschen Personen, Einem Ersamen Roth firtragen wirth, do soll ein Jeder, wass heimlich Ist, heling halten, Niemant wichtige sachen Offenbaren, vnd Noch des Alten Raths gehaptem Bedanck vnd guottem Roth, alle Sachen helffen Berothschlagen, beschliessen, vnd dariber Erkenen, wasz dz beste Zesein Inne Bedunken will(e), Onne hinderung Anderer herren gunst oder vngunst, dz Ist In gmein.
Vsz dem Roth werden hernach Andere vilfaltige, vnd Mehrerley Besondere Emptere Besetzt, die dan auch Sonderbare Sachen Zue verrichten haben, dariber ein Ersamer Roth Nitzit Erkent, es werde dan demselbigen firtragen, vmb hilff, Roth, oder schirm Angeruoffen, so Erkent man wz Recht vnd guot sein mag:
Des Rots Jor Besoldung Ist 24 goldt gulden.»

---

10 ‹Erkiesen›: erwählen, wählen.

Dok. 5D: Siebner- und Brotschauerämter, 1592

p. 3:

«Sibner vnnd Brottschouwer Ampt:
Anno: 1592, dz erst Mall am Sibner Ampt gwesen.»

Pflichten u. Kompetenzen der Siebnerherren: jeden Samstag 13 Uhr im Rathaus erscheinen. Brücken-, Tor-, Viehtriebzölle, Stichgeld, Wein-, Kornumgelder und Bussen empfangen, die zu dieser Zeit von den subalternen Eintreibern und der Polizei (Stadtknechte) dort abgegeben werden müssen, zusammen mit den Dreiern alles zählen und verrechnen. Lohn: ein Becher Wein, ein «wecklin», 1 Gulden (vierteljährlich bringt das Siebneramt also 13 Gulden ein).

Zu Fronfasten (jew. Ende des Vierteljahres) Leerung des Gebührentroges im Kaufhaus.

Die gerichtliche Befugnis der Siebner: Examinierung ([peinliches] Verhör) der Gefangenen, Verhörprotokoll durch einen Angestellten der Kanzlei, Bericht über die Verhöre vor dem KlR.

Dok. 5E: Oberster Schützenmeister, 1592

p. 5:

«Schitzen Meister Ampt:
Vff Pfingsten Ano: 1592, ward Ich vff der Bichssen schitzen Matten Nach gewonheit vnd Irer Ordnung, vom Roth zuom Obersten Schitze(n) Meister gemacht, dz versicht einer 2 Jor lanng, dis Ampt hat gar kein Besoldung:[11] [...]»

Es folgen die Kompetenzen des Obersten Schützenmeisters: Er gebietet über vier Mitmeister, regelt den gesamten Schiess- und Übungsbetrieb auf der Schützenmatte, richtet spezielle Schiesstage dafür auf, achtet auf strikte Einhaltung der Schiessordnung und sämtlicher disziplinarischer Regeln,

---

11 ... aber reichlich Ruhm, Ehre u. die Empfehlung f. manches andere – besoldete – Vertrauensamt d. Obrigkeit, ausserdem Geschenke v. den in- u. auswärtigen Schützendelegationen.

setzt selber Schiessordnung, verkündet diese und allfällige obrigkeitlich angeordnete Satzungen bei der Schützengesellschaft, führt die Schützen mittels seiner Mitmeister und den Vorständen der Gesellschaft vor Ort und führt Buch und Rechnung über das gesamte Schiesswesen innerhalb seiner zwei Amtsjahre.

Dok. 5F: Gerichtsherrenamt, 1592

p. 6:

«Gerichts Heren ampt: // Anno: 1592, vom Roth anss gericht gesetzt worden /
uff Johanne Baptistae Anno: 1592 ward Ich vom Roth ansz Statt gericht gesetzt, Neben dem obersten Richter, disz Ist ein Schwerer sitz am gericht, vnd hat einer I Tag wan er Ingericht Sitzt, Nit mehr zuo hahn dan I sl: den soll man wüchenlich Sambstags am brett holen, vnd von einem Jedem kauften gericht I sl. denselben zalen die Parteyen Baar.»

Je 6 Gerichtsherren vom Rat und der Zunftgemeinde (Zunftvorstände: Sechser), Sitzung täglich ausser Freitag und Sonntag im Sommer 7 Uhr, im Winter 8 Uhr bzw. vor Ratssitzung auch 7 Uhr. Bei Verhinderung Urlaubsgesuch beim SH (wird wohl die Regel gewesen sein, das Pensum ist zu streng und zuwenig lukrativ).

Installation des neuen Gerichts jeweils Montag nach Ratsinstallation, Prozedere inklusive diverser Amtseide.

Notiert, dass er 1592 bis 1600 jährlich am Stadtgericht GrBS war. 1600 wurde ihm der Gerichtssitz zugunsten seines Engagements im Almosenamt (das er seit 1595 innehatte) «erlossen», was auf seine entsprechende Bitte weist.

Dok. 5G: Pflegerei Gnadental

p. 7–13:

«Pflägerey Gnoodenthaal: Anno 1592, Mein Erste Pflägerey Zuo Gnoodenthaal.»

Mitpfleger: Hans Gernler, Andreas von Spyr. Lohn jährlich auf Neujahr: 2 Vierzel Korn, ein Lamm, ein grosser Lebkuchen.

Zehntentag und -abrechnung beaufsichtigen, Beratung, Anweisung, Beurteilung des Schaffners in allen Dingen (= obrigkeitl Kontrolle), Jahrrechnungskontrolle der Schaffnei.

Es folgt die Aufstellung der Gnadentalrechnungen 1592–94 (-S. 13). 1594 wird Ryff zum Pfleger St. Peter gewählt und ersetzt damit sein Amt im Gnadental.

Dok. 5H: Salzherrenamt

p. 14:

«Saltz herren ampt:
Anno: 1592, Im Augusto, ward Ich aufs Saltz herren ampt ahn stat herren Burger Meisters Bonauentura von Bruns verordnet, Neben herren Burger Meister Volrich Schulhessen, vnd herren Romeys väschen[12], / [...]»

Pflichten und Kompetenzen dieses Ausschusses, der drei Ratsherren zählt: Salzeinkauf, Anordnung der Salzlagerung, Beaufsichtigung und Besoldung des Salzmeisters als Ausführendem, der auch ein Kleinrat war, ebenso des Salzschreibers, -fuhrmanns, der Salzmesser. Beaufsichtigung, Abnahme und Kontrolle der Salzrechnung des totalen Kaufs und Verkaufs. Besoldung jährlich 1 Mass Salz.

---

12 Von Brunn [P 13] starb 1591 Feb. 13; m. Ryff verblieben BM Ulrich Schultheiss [P 12] u. XIII Remigius Faesch (1593 OZM, 1601 BM [P 16]).

Dok. 5J: *Pflegerei St. Peter*

p. 15–23:

1594 anstatt Jacob Oberried [P 9] Pfleger St. Peter, zusammen mit Heinrich Schwingdenhammer [P 119] und Rudolf Schlecht [P 152]. Besoldung deutlich besser als im Gnadental: jährlich 12 *fl*, zusätzlich 3 *lb* zum Neujahr.

Zusätzlich sind vier Professoren an das Petersstift verordnet, die als Kapitelherren («Capitularen») eine zusätzliche Kommission mit Entscheidungsbefugnis bilden, zu Ryffs Zeit: Felix Platter [P 183], Samuel Grynaeus [P 182], Johannes Gut, Hans Niclaus Stupanus.

Die Petersschaffnei umfasst die Schaffneien «Cammerey», Quotidian und Präsenz, auf die jeweils ein Schaffner gesetzt ist. Ein Buchhalter, der normalerweise aus den Kapitelherren stammt, dient allen.

Bezugnahme auf den Skandal Prof. Isaac Kellers als Buchhalter St. Peters im Jahr 1576 («vor 18 Joren»): Er versenkte die unglaubliche Summe von 28 000 Gulden in Misswirtschaft. Um die Professoren zur straffen Selbstkontrolle in Sachen St. Petersstift anzuhalten, griff der Rat zum Beschluss, die Besoldung der Universitätsprofessoren künftig aus den Erträgen der Schaffnei und des Stifts St. Peter zu bestreiten. Das bedeutete für 1576 die Streichung der Besoldung aller Professoren für zwei Jahre als Kollektivstrafe für Kellers Misswirtschaft.[13] Das gesamte Einkommen St. Peters ging im weiteren an die Betreibung aller Schulen und Kirchen Basels.

Als weitere Folge jenes Skandals erbaten sich die Professoren, die als Kapitel- oder Stiftsherren fungierten, vom Rat die Vereinfachung der Petersverwaltung mit künftig nur noch einem einzigen Schaffner, was ihnen gewährt wurde. Anstelle des Buchhalters wurde ein sog. Dekan an die Seite des Schaffners gesetzt, der die Buchhaltung machte und den Kapitelherren verantwortlich war, die wiederum den Pflegern Rechenschaft schuldeten.

Besoldung all dieser Stiftsfunktionen. Rechnung Schaffnei St. Peter bis 1596.

---

13 Vgl. Johann Jacob Grynaeus' Klage darüber: Weiss, Friedrich, Johann Jakob Grynäus, in: Basler Biographien I, hrsg. v. d. Freunden Vaterländischer Geschichte, Basel 1900, S. 182ff.

Dok. 5K: Almosenherren (Almosen-, Witwen- und Waisenherren) und Almosenpflegamt

p. 24–31:

1595 Verordnung als Almosenherr und -pfleger zusammen mit Matheus Büchel [P 47] anstelle von Jörg Spörlin [P 145] und Michel Gernler [P 158], bereits im Amt: Christman Fürfelder [P 4] u. Jost Dürst [P 69].

«Anno: 1595, Ans weysen Ampt, so ein schwerer dienst Ist, gesetzt word(en): wellichem auch anhangt, die Pflägerey des grossen Teglichen Almosens // dz weisen Ampt hat gar kein Besoldung.
Weysen Ampt vnd Pflägerey des Almosen hauses:/»

«Dz weisen Ampt Ist ein schwer Ampt, do einer sonderlich woll Bedarff gott umb gnad, wisheit vnd verstand anzerieffen, dan alle witwen vnd weisen sachen, do in sollichen gieteren, gespän, Irthüemb, Misuerstend, zuo statt vnd Landt firfallen, wie es sonderliche gruff, gesiech, vnd Mancherley vorteilige fragen gibt, die Miessen durch die weisen herren angehört, Clagt vnd do verantwortet werden, vnd durch dise 4 herren gietlich oder rechtlich entschieden, vnd Imuaal die gietlichkeit(en) Nitzit verfachen Mögen, mit einem Rechtlichen Spruch Erkant werden, wasz Jedes theil(en) zuo Erstaten Schuldig Ist, do halt man ein Protocol vnnd wasz Erkant wirt, Inproticoliert, vnd gibt man den Parteien vrkunden vff Ir Costen,   dz ampt hat Jederwylen vsz der Cantzley einen Ordinare schreiber, vnd ein stat knecht, der des amptes sachen verrichtet, vnd alle gerichts Tag Bey der Thiren vfwartet,   Sonst Ist der weisen H(erren) ampt vff witwen vnd weisen, sampt iren gieteren ein Treiw vffsechen zuhaben, vnd wan gescheft vorhanden, Alle Mitwochen vmb ein vhren In der Rothstuben Zusitzen, Audientz zugeben vnd Zurichten,   disz Ampt hat gar kein Besoldung.»

Almosenpflegerei: Almosenstöcke aller Kirchen öffnen, abrechnen zusammen mit dem Almosenschaffner im Doppel, ein Exemplar z. H. des KlR, eines z. H. Schaffnei, Abrechnung des Schaffners zu den 4 jährlichen Fronfastenterminen überprüfen, Endabrechnung auf jeweils 1. Mai, Entlöhnung der am Almosen tätigen Beamten (Stadtknecht, SS Basel u. Liestal, Almosenschaffner). Lohn der Almosenpfleger jährlich 14 *lb*. Der Stadtschreiber erhält 7 *lb* 10 S.[14]

Es folgen Almosenrechnung und -ordnung für 1595/96.

Dok. 5L: Münsterpfleger

p. 32f.:

«Pflägerey der hochen Stifft Münster: / Anno: 1595 Ins Münster zuom Pfleger verordnet/»

Zusammen mit Barthlome Merian [P 22] u. Melchior Hornlocher [P 80]. Wiederum drei Schaffneien: Cammerei, Quotidian und Präsenz, Jahrlohn d. Pfleger ähnlich St. Peter: 4 Vierzel Dinkel, 1 Lamm, 1 Lebkuchen.

Dok. 5M: Deputaten zur Aufsicht über Universität, Kirchen und Schulen zu Stadt und Land

... sowie Verwaltung der Kirchengüter auf der Landschaft (analog Schaffneien in der Stadt), Armenhäuser und Spital auf der Landschaft und in Liestal samt allen Gefällen und Einkünften sowie Aufsicht über sämtliche deren Angestellte.[15]

Besetzung: 3 Kleinräte plus Stadtschreiber.

p. 40:

«Deputaten Ampt: Vff Johanne Ano: 1596 ward Ich ahn Stat Andresen von Speirs Seligen, Neben herren hans Jacob Hoffman, vnd Melcher hornlocher, Anss deputaten Ampt verordnet,

---

14 Diese ansehnliche Summe ist wohl auch Entschädigung f. das unbesoldete Almosenherrenamt, das immer zusammen m. der Pflegerei an dieselben Herren vergeben wird.

15 V. fremder Hand 1783 eingefügt (entweder Erben d. Andreas Ryff od. Daniel Bruckner, denn die Handschrift ist jener in dessen Ämterbuch [StABS Ratsbücher S 1,11] sehr ähnlich): Beschreibung d. Deputatenamtes seit d. Reformation, Joh. Bapt. (Ratswahlen) 1529, alle Änderungen in Kompetenz u. Betrautheit d. Amtes v. 1529, 1532, 1645, 1722, 1727, 1783, das 1783 unter die Aufsicht d. jew. alten BM kommt.

Disz Ampt hat vyl vnd grosse gescheft(en), dan wasz die kirchen vnd schuolen zuo Stat vnd Landtschaft Basel, sampt der Vniversitet antrift, dz Muesz durch die Deputaten verricht werden, vnd Ist derselbigen Besoldung Jedem zur fronuast(en) wan Sy vff dem Richthausz den Predikanten vnd Prouesoren der hochen schuol dz fronuasten gelt schicken, so gibt Man einem Jeden 2 *fl*. dz Ist Jorsz 8 *fl* vnd Zuom guotten Jor Jedem 4 *fl*.»
Total 12 Gulden Jahreseinkommen für jeden Deputaten.

Einkommensverzeichnis der Deputaten im besonderen Register «D:P:T». Das Einkommen der Deputaten ist proportional an Einkünfte aus Zinsen und Stiftungen gebunden, da es sich laut Ryff ändert.

Aufsicht über Kirchen auf der Landschaft, abhalten eines jährlichen Tages, an dem Einkünfte abgerechnet und eingezogen werden. Verwendung der Gelder für Betrieb der beiden Kollegien der Universität, der Kirchen und sämtlicher Bauangelegenheiten auf der Landschaft.

p. 41:

«Wasz In der Vniversitaet, vnd den Anderen Schuolen firfal(en), dz do zuuerenderen, zuuerbesseren, oder Clagenshalben fir ein Ersamen Roth firkumpt, dz wirt gemeinlich den herren Deputaten beuolen zuuerrichten, doch wasz do verhandlet vnd geschlossen wirt, dz Muosz Ein Ersamer Roth Ratifficieren vnd Confirmieren.
(Synode)
Adj. d. 9ten Juny Ano 1597. Ein Sinodum gehalten worden:
Wan Ein Sinodus Eclesie gehalten wirt, So eruordert Man Alle Predikanten zuo stat vnd Landt vff ein gewissentag Ins Capittel hausz zusamen wie dan vff den 9ten Juny Anno 1597 Beschechen Ist, daruo Beriefft Man die 4 heipter, alle die herren 13. Vnd die Deputaten, do zeigt Erstlich der Neuw herr Burg(er) Meister ahn, worumb man Beieinand(er) sey, Namlich, damit gottes Ehr Befirdert, Christenlicher gebrouch der kirchen woll Erhalten, vnd dargegen Böse gwonheiten, Misbrüch, Ergernussen vnd wasz sonst Böses Inrissen mechte, abgeschafft vnd verbessert werden Möge. Vnd wasz In guotdunckt dz halt er do für. Befilcht demnach den handel dem obersten Predikanten Nach Noturft zuuerrichten, derselbig thuot ein Oratzion vsz gottes wort vnd ermaant ein Jeden hiemit, wo einer oder der ander etwasz wider den Anderen wisse od(er) habe, dz er dasselbig welle Eröffnen vnd demnach der Censuur Erwarten.

Do sitzen Beide, der Stat vnd Rotschreiber, die verzeichnen Alle firkommende Noturft, Zur gedechtnuss.
(Prozedere der sog. Zensur:)
Wan dan disz Beschechen, So Nimbt Man Erstlich die Predig(er) in der Stat zuhanden, Solang die handlung mit denen in der stat wehret, so Miessen die vff dem landt Abtreten, also Nimbt Ir den obersten am ersten, vnd alwegen die Pfarheren Nacheinander, do miessen die Jenigen, umb wellich Man umbfrogt, Sampt Iren verwanten abtretten, do halt man seiner lehr, hauszhaltung, kinderzucht, seines wibs vnd seiner Person halben, der worten, wercken, kleidung, wandels vnd aller Ergernusz halben ein umbfrog, vom Ersten bisz vf den letsten.
Falt etwasz seinethalben fir, es sey wasz esz Je welle, dz stroffwirdig sey, So zeigt Ime der Supper Entendens oder oberste Pfarrherr am herin komen ahn, stroft In vnd vermaant Ine zur verbesserung, vnd Macht Ime also hiemit sein Censuur Nach gelegenheit der sachen, [...]»

Dasselbe Prozedere mit den Predikanten der Landschaft, die wieder hereingeholt werden, nachdem die fehlbaren städtischen Pfarrer gemassregelt sind. Als Vertreter des Antistes amtiert hier der sog. «oberste Decanus», das ist der Hauptpfarrer der Landvogtei Farnsburg, der aber zuerst seinen eigenen Rechenschaftsbericht ablegen muss und, falls etwas gegen ihn vorgebracht wird, abtreten muss, worauf das Strafprozedere analog zum städtischen seinen Lauf nimmt und er danach selber als Kirchenaufseher der Landschaft seine Pfarrer anhört und vortreten lässt bzw. straft.

Danach zeigen die städtischen und ländlichen Predikanten an, was sie gegen die Obrigkeit vorzubringen haben, danach die Obrigkeit, was gegen die Predikanten vorliegt, und daraufhin werden entsprechende Beschlüsse gefasst.

p. 41f.:[16]

«Wan dan der Sinodus fir Iber, So Ist brichlich, dz man Inen allen ein Molzith gibt, oder I S dafir, wie dismolsz Beschechen Ist.»

Es folgt das Inaugurationsprozedere der Pfarrer auf der Landschaft: «[...] So Ist der Brouch, [...]» Herkommen, keine geschriebene Ordnung:

---

16 Die Numerierung ändert hier auf Seitenzählung pro Blatt.

Pfarrherr aus der Stadt «der dugelich[17] darzuo ist» und ein Deputat, die ganze Gemeinde muss erscheinen, auch der betreffende Landvogt: starke städtisch-obrigkeitliche Präsenz. Nach der formellen Inauguration hält der Deputat «In Namen der hochen Oberkeit» eine formelle («vngeuor diser form») Rede zur jeweiligen Gemeinde: Berufung auf «alter loblicher brouch vnd gwonheit».

p. 42:

Verordnung des betreffenden Pfarrers zum Dienst durch die Obrigkeit, Mühe und Kosten der Obrigkeit zur Installation desselben, Zweck seiner Anstellung: Gottes Lob, christliche Ordnung im Land, Seelenheil der Gemeinde. Vollendung dieses Gnadenwerks durch die Kraft Gottes, Erbittung des Heiligen Geistes für die neu inaugurierten Prediger, Segenswünsche der Deputaten für die Gemeinde, für die Erhaltung der christlichen Kirche. Befiehlt der Gemeinde, den neuen Pfarrer zu ehren, ihm zu gehorchen wie Kinder dem Vater, denn Christus sage, ‹was Ihr den Meinigen tut, die ich gesandt habe, das tut Ihr mir selbst›. Ermahnung zum fleissigen Predigtbesuch, zur Nachfolge der kirchlichen Lehre, weil es «gott vnd der oberkeit gefelt vnd Recht vnd billich Ist». Bei Nichtbefolgen hat der Pfarrer Gewalt und Befehl, mit Hilfe seiner Mitpfarrer im Bann die Fehlbaren zu strafen, im Wiederholungsfall wird der Obervogt als sein obrigkeitlicher Vorgesetzter eingeschaltet, der nach Gebühr handeln, also entsprechend härter strafen wird. Ermahnung des Pfarrers, seines Amtes als Prediger, christlicher Lehrer und Fürsorger der Gemeinde und Seelsorger zu walten, sie in den Sakramenten zu unterweisen und zu schulen, Kinderlehre zu halten. Tut er es, so ist es Gott und der Obrigkeit zu Gefallen, tut er es nicht, «So haben Irs schwerlich zuuerantworten.»

p. 43:

Ermahnung der Gemeinde selbst, nicht schlecht über den Pfarrer zu reden, insbesondere nicht in Trunkenheit[18], die Obrigkeit dulde dies nicht mehr. Umgekehrt soll die Gemeinde ihre Klagen über den Predikanten zuerst dem Dekan der Landvogtei, bei Ausbleiben von Erfolg dem Obervogt anzeigen, «der wirt sich der gebühr Nach woll wissen Zuuerhalten.» Noch-

---

17 ‹dugelich›: tauglich.
18 Offenbar ein generelles Problem.

malige Anrufung der Gnade Gottes. Endet mit Amen: Ansprache hat Gebets- bzw. Predigtcharakter.

Nach Entlassung der Gemeinde ermahnt der Deputat mit dem Obervogt die Prediger des Banns und den Neuen noch einmal «Inuisitatio» zur Denunziation sämtlicher gegenseitiger Klagen, danach gemeinsamer Imbiss aller Pfarrherren, des Dekans, Unter- und Obervogt und Deputat, separate Abrechnungsmodi.

p. 43v–47:

Deputaten-Jahresabrechnung Ryffs von 1596/97 detailiert nach Stadt und Land, Kirchgemeinden, Pfarrherren und Bännen sowie Landkapitelnotiz von 1597.

Dok. 5N: Stadthauptmanns-Amt 1597

p. 49:

1597 von den Dreizehnern zum Stadthauptmann verordnet mittels schriftlicher Mitteilung aus der Kanzlei.
    Aufstellung des Stabs des Eventualaufgebots, der bei Errichtung eines Fähnleins der Stadt das Kommando führt und die Einberufung, Aufstellung und Organisation besorgt:

Hauptmann	Andreas Ryff
Leutnant	Jacob Göbelin
Fähnrich	Wilhelm Turneisen
Vorfähnrich	Bernhard Burckhardt
Miträte	Hans Ludwig Meyer z. Pfeil
	Melchior Hornlocher
Predikant	Georg Wildeisen
Schreiber	Lorenz Gürtler
Fourier	Niclaus Geblinger
Wachtmeister	Thomas Öttlin
Soldaten	Hans Lützelman
	Christoph Paulin

Bote Lux Maurer
Knechte Bernhard Grieb
 Peter Schneider

Dok. 5O: Dreizehnerherren

p. 50r:

«Tryzehner Ampt:
Vff Johannis Baptistae Anno: 1600, ward Ich von Einem Ersamen Rath, ansz dryzehner Ampt Eruordert vnd Erkosen, dz Ist der geheime Roth, deren Ampt Ist, alle der statt vnd Landtschafft sachen, zuo kriegs vnd frydens zeithen zuoberathschlag(en) Was heimlich vnd ernstlich Ist. So man Nit gern vor den täglichen Rath Offenbaret, dz Beratschlagen Mein Herren die dryzechen In Irem besonderen Roth, vnd wasz Sy guots vnd Nützliches Megen finden, dz Bringen Sy dan (wo esz voneten Ist) für den Teglichen Rath, dasselbig zuo Minderen Oder Mehren Oder zuo Confirmieren.
Ir Besoldung Ist Nur über dz ander Raths gelt. 4 goldt *fl* –
Daran sitzen die 4 heuptere, vnd 9 des Raths, dz sind 13 hern.»

Dok. 5P: Ausschuss Bauherren 1600

p. 51:

Zusammen mit OZM Remigius Faesch [P 16] und XIII Sebastian Beck [P 78], als Ersatz für den 1599 verstorbenen XIII Hans Jacob Hoffmann [P 20]. Ratsaufsicht über Lohnherren und Werkmeister, Beratung sämtlicher die Obrigkeit betreffender Bauangelegenheiten in Stadt und Landschaft: Brunnen, Brücken, Gebäude, Stadttore, Strassen, Gräben, Basteien, Mauern.

Dok. 5Q: *Ratsausschuss Dreierherren 1600*

p. 52r–53r:

«Dreyer Ampt am Brätt /: [...]»

Mit BM Hans Rudolf Huber [P 6], OZM Jacob Oberried [P 9], anstelle des XIII Hans Jacob Hoffmann (s.o. Dok. 5P).

Schatzmeister der Stadt[19]; Verwahrung des städt. Vermögens; Überwachung und Kontrolle des städtischen Einkommens, Anordnung, Genehmigung und Entrichtung der städtischen Ausgaben. Die Position entspricht dem andernorts sog. ‹Seckelmeister›.[20]

Versammlung jeden Samstag 13 Uhr in der Ratsube am Brett, wo die Wochenausgaben von den Siebnern und der Kanzlei notiert werden. Empfang und Kontrolle der Einnahmen aus Zöllen und Gefällen (s.o. Siebnerherren, p. 3) etc., die die städtischen Wochenrechnungen ausmachen. Bezahlung und Entlöhnung der Söldner, Stadtknechte, Lohnherren, Werkmeister, «den Arbeittern». Bezahlung aller obrigkeitlichen Aufträge an die in ihrem Auftrag stehenden Handwerker, die den Lohn am Brett abholen.

Wochenabrechnung mit den Siebnern erstellen, am folgenden Mittwoch vor Rat präsentieren und genehmigen lassen.

Montags: Metzgerumgeld der vorigen Woche am Brett bei den Dreiern fällig.

Fronfastentermin: Öffnung aller Steuerstöcke in den städtischen Umsatzgebäuden (Kaufhaus, Brücken etc.) durch die Siebner, Abrechnung und Auszahlung der städtischen Fronfastengelder, Lieferung der Fronfastengelder der Landschaft durch Beauftragte der Landvögte, Abrechnung und Auszahlung der landschaftlichen Fronfastengelder durch die Siebner, Erstellung der Gesamt-Fronfastenrechnung durch die Siebner, Kontrolle durch die Dreier. Empfang und Kontrolle der Landvogtei-Jahrrechnungen auf Oculi, Integration in die städtische Jahrrechnung.

Städtische Hauptgüter, Zins- und Schuldenrechnung, Integration in die Jahrrechnung durch die Dreier.

Erstellung der Gesamtjahrrechnung Basels. Präsentation vor Rat.

Besoldung der Siebner: alle Fronfasten 13 *fl*.

Besoldung der Dreier: jährlich 5 *lb* 4 S. + 2 *lb* 12 S. + 2 *lb* 10 S. Total 10 *lb* 2 S.

---

19 Erstklassige Vertrauens- u. Machtposition.
20 Ryff stellt einen deutlich eidgenöss. Vergleich an.

Dok. 6: Reislauf 1587 (Navarrischer Zug)

Protokolle Öffnungsbücher 9: Öffnungsbuch IX, p. 96v–97v:

«Friderich Ryhiners Handlung»; 1587 April 25

«Friderich Ryhiners Handlung.
Zinstags den 25: Aprilis Anno d. 1587. Ist Doctor Friderich Rihiner, meister zuon Gartneren, vor beiden Rähten fürgestelt, vnd ihme angezeigt worden, demnach mein gn:(ädigen) H.(erren) angelangt, das er in einem Vorstehenden Zuog in Frankhreich zuom König Von Navarra, eines Obersten befelch angenommen, solt er ohn alles verhälen, anzeigen, ob dem also were oder nit, auf solches er bekhennet, das vor 3. Monat vngeuor, dise sach an ihne gebracht, vnd er sie zuogesagt, angesehen, das ein solcher Zuog nit wider die Cron Frankhrich, sonder wider die ienigen so den König, vnd des Königrichs rechte Erben von der Cron begerten Zetringen[21] [...] deszhalb auch der Vereinigung nit widerig, mit bitt dise [...] handlung also lang einzustellen, bisz man vernemme wie sich beide Ortt, Zürich vnd Bern, so auch Oberste hetten, drunder verhallten wolhetten. Darauf ihme geantwort, es hette sich Er(samer) Raht: des zuo ihme nit versehen, das er, so ein Ersamen Raht besessen, vnd des meynung wol gewüszt, die auszgangnen mandata, sich der kriegsgläufen, ohn einer Oberkeit wüssen vnd willen Zuoenthalten, also in windt geschlagen. Deszhalb er sich lauter resolvieren sollte, Ob er disen sein befelch widerumb aussagen, vnd des Zugs gentzlich müessig gehen wolte, oder nit / Auf solches er gebetten das ers nit Zuouor an mein Herrn langen lassen, ihm zuouerzihen, Diewyl er aber, der Sach, ohn grosse Schmach vnd spott, nit wider abstehen köndte, ihm diesen nutz vnd Her, nit weniger als Zürich vnd Bern den ihren, zuo gönnen [...]
Hierüber ihme weiters auferlegt, seine alhirigen haupt vnd befelchs leut zuernemen, damit man auch mit denen nach gepür zuohandlen wüszte, hatt er anzeigt das er Bernhardt Stehelin, Hans Jacob Frey vnd Jacob Wentzen, sampt etlichen Trabanten angenommen /
Als man nun gehört, das er seines Vorhabens nit abstehn wöllen, Ist erkhant; wo er in diesem seinem Vorsatz verharre soll man ihme das Burgrecht abschlachen, vnd es ihn folgenden tags auffschweren lassen, darneben soll er alles was er dem gemeinen guot schuldig, alberiet bezalen, vnd dan von nüwem ein aufgehobnen Eidt thuon, niemandts von Burgern noch

---

21 ‹Zetringen›: zu dringen, drängen.

vnderthonen, weder aufzuowiglen, anzunemmen noch weg zuofueren [...]
Auf solchen fürhalt er umb bedanckh gebetten, der ihm bisz morn gegönnt, vnd folgends tags, bisz in andren acht tag erstreckht worden, sich darzwüschen seines gesinnens haben wyter Zuobedenckhen /
Sambstags den vj: May: als er sich entweders diser Kriegs reise entschlachen, oder den Burger eid auffschweren sollen, hatt er nachmahlen gebetten, sintemal ihm in warheit noch nit bewuszt, Ob gesagter Navarrisscher Zug fort oder zu ruckh gen wurde, der sachen schub zugeben, Als aber ein E: Raht entweders lautern entschlusz, oder erstattung vorangeregter erkhantnus, von ihm haben wöllen, vnd er sich erleutert, wie er also serr in die sachen geschritten, das er (. Wo der Zug fortgange .) nit mehr zuruckh khondte, Ist ihm angezeigt, das auch ein Ersamer Raht, von erstgedachter ihrer erkhantnus nit abschreite, deszhalb, am fuosstapfen, den Eidt, welchen die Raht, in aufgebung ihres Burgrechtens Zuo leisten pflegen, vor beiden Rähten erstatet, Ihm darauf befohlen, die fürsechung Zuothun, damit er das gemein gut bezale, so dan wyters noch ein gelerten Eidt erstatte (. Den er auch ohne weigerlich geleistet .) weder durch sich selbs noch andere, kheine vnser gn: herrn Burger, vnderthonen, noch Zuogehörige, in dise vorhabende Kriegsreise, aufzuowickln, anzunemmen, noch weg zu fueren, auch alle die so ihme hiezuo etwas versprechens gethon haben möchten, allerdings ledig zusprechen, vnd daheim zulassen.
Letstlich ist er angemanet, vnd ihme befohlen, das er allem dem so er da geschworen, truwlich nachkhomme, vnd uberal, weder zuo Statt noch landt Basel, kheine kriegische auf oder Zuorustungen fürnemme, Oder (. Wo er das vberfuere .) miner herren weitre vngnad Zuerwarten hette, Das er sich erbotten, mit pitt, da es mit seiner Person disen weg begriffen, ihn vnd die seinen dannocht für befohlen zuhaben.
Hans Bernhardt Stähelin so ein Hauptmanschafft angenommen.
Die eod: Ist auch hauptman Hans bernhardt Stehelin fürgestelt, vnd gerechtfertigt worden, der angezeigt, wie ihme ein Hauptmanschaft angetragen, die er nit weit geworfen, sonder (. Wo diser Zug solte fortgohn .) an dhandt Zuonemmen gedächte, weil man ihme fürgeben, Es würd mit willen der Oberkheit, Zuo handthabung vnserer Religion, beschehen, Vnd nit wider ein Oberkheit sein [...] Daruff ihm auferlegt vnd befohlen, dises seines Vorhabens ab vnd muessig zustehn, vnd vnserer gn(ädigen) H.(erren) publicierte Mandata nit Zu vbertretten, mit anhang, wa er solches fräuenlich vberfahren thäte vnd er vnser gn.(ädigen) H.(erren) schweren Peen, darüber Zuerwarnt haben /

Hans Jacob Frey

Mitwochens d. 10 Maij, Ist auch hans Jacob frey desz Navarrischen Zugs halb, zuo deme er ein Hauptmanschaft soll angenommen haben, fürgestelt vnnd verhört worden, welcher angezeigt, Es seie desz heren v(on) Clerowa lange Werbung in Teutschland mengklich wol bewusst, den vertribnen Frantzosen von der religion zuo hilf. Man hab nun in der Eidtgnossschaft etliche Obersten gesetzt, da ihn besonders der alhiryge, namlich D. Friderich (Ryhiner), ihn angesprochen vnnd ihm ein Hauptmanschaft angebotten, mit vermeldung, dz diser Zug mit wüssen vnnd willen der Oberkeit ins werck kommen werde, weil es zuo handhabung vnsrer Religion angesehen. Doch hab er dem gesetzten Obersten nicht dermassen zuogesagt, dann das er noch wol möge dauon kommen. Hab noch nit mit ihme beschlossen, auch kheine befelchs: noch kriegsleut angenommen.

Darauf ihm ernstlich auferlegt vnnd befolhen, Sich diser hauptmanschaft vnnd desz Zugs, laut m.(einer) gn:(ädigen) Herren mandat, gentzlich zuo mussigen. Dann wo er das nicht thuon, wurde man mit ihme, auch seinem weib vnnd kindern, innhalt desz Mandates handlen. /»

Dok. 7: Erkanntnis über Nutzungsstreit St. Alban-Teich, Hieronymus Sessler vs. Lehensleute

Rb B 5: Erkanntnisbuch V, p. 56r, v:

«Raths erkantnus zwüschen den gemeinen Lehenleüthen des Tychs vor St: Alban Thor halben, vnd Hieronimo Sesslern ergangen»; 1599 April 21

«Als dann Vff heüt den 21. Aprilis des 1599 Jars die gemeinen Lehenhleüth Vff dem Tych zu St: Alban[22] vor einem Ersammen Raht der Statt Basel, Vnsern gn(edigen) Herren erschinen, Vnd sich durch Ire Supplication schrift höchlichen beschwert, Vnd erclagt. Wie das der Ersam Wysz M. Hieronimus Sesslern, der Rähten, vnnd vyllichten Andere mehr. Inen in dem gesagtenn Tych Schaden Vnd Intrag thuen, In dem Namblichen, das für das erste, er Sessler, Vnd Andere stetigs in selbigem Tych gelegen, vnd darin geuischet, Anders theils aber, das man Inen, wie sonderlich durch Inne Sesslern Zuuor mehrmalen, Vnd Jetzt aber beschechen, Inen das grundtholtz

---

22 St. Alban-Teich: Der schon im Mittelalter v. d. Birs abgeleitete Gewerbekanal bzw. -fluss, ein fischreiches, relativ schnell fliessendes Nutzwasser.

Vszhenden entzogen. Vnd an sich khouft, Alles wider allt herkommen, vnd habende Ire Ordnungen /[...] Hiemit underthenig gebetten, sie by selbiger Iren Ordnung; Vnd das menniglich sie in dem Tych, so wol Vischens als des grundtholtzes halben rüewig, Vnd Vnbekhümbert liesse, gn(ediglich) Zeschützen Vnd Zeschürmen; haben dennoch, Vnd Vff sein Mr: Hieronimj Sessler verantwortung, wolermelt unser gn. herren gn(ediglich) erkant. Sovil erstlichen das Vischen Anlangen thut, das er sessler, Vnd andere, sich eines sollichen, was vsserthalb mit der schuur beschicht müessig(ende). Da aber deszwegen Vber dise Abschafung Spen fürfallen wurden. Sollen die an den herren Propst Zu St Alban, als der Lehenlyth Oberherr[23] Angebrocht, Vnd durch selbigen, Vff der Harumben gesetzten Ordnungen, by deren Vszwysen vnd vermögen es günstiglich pleiben solle, entscheiden vnd verglichen werden, Betreffent aber das grundtholtz, Sittenmolen Sessler disz Jar dasselbige mit Costen Vnd Arbeit albereit auszuzogen, kaufft vnd bezalt. Als solle es Ime gleichwol diszmalen Vnbenommen verpleiben, Doch in das künftig, weder er noch Jemantz Anderer, Inen Leüht Lehenleüthen fischen (als die das besser Recht darzuo, vnd domit sie Ires schadens, den sie Jerlich mit den Klotzen[24] am Tych erlyden, ergutzlicheit haben) sollich grundtholtz Vszhenden entziehen, noch sich dessen Vnderwinden oder beladen, keins wegs. Actum et decretum Vff Jar vnnd tag Obstodt. /.»

23 Der Albanschaffner, der die Lehensleute beaufsichtigt u. f. die Bewirtschaftung d. Gutsbetriebes verantwortl. zeichnet, in diesem Fall der XIII u. spätere OZM Sebastian Beck [P 78].
24 ‹Klotzen›: Holzblöcke, knorrige Stämme, Treibholz, sperriges Holz auf dem Teichgrund, das ihn verstopfte; vgl. Idiotikon III, S. 708; Badisches Wörterbuch, hrsg. m. Unterstützung d. Badischen Ministeriums d. Kultus u. Unterrichts, vorb. v. Friedrich Kluge [et al.], bearb. v. Ernst Ochs, Bd. III (Lfg. 35–56), Lahr 1975–1997, S. 171.

Dok. 8: Einberufung einer Synode (wahrscheinlich Juni 1587)

Kirchen Archiv A 24: Synodalakten (1540–1814), Auszüge nach 1540–1611, p. 1a r:

«ein Synodus wird angestellt. Proposition, womit ein synodus prouincialis von einem H(erren) Deputaten eröffnet worden. Sine dato»[25]; 1587

«Ehrwurdigen, hochwurd wolgelerten, lieben Herren, vnd Brüeder. Alls dan in ettlichen Jaren kein Synodus gehallten worden, Setzt ein Ersamer Rath, vnser gnedig Herren, Inn keinem Zweyfell, vch syend die vrsachen, darumben solches vnderloffen, onuerborgen, sonders selbs wol Zuwussen, dann was schwerer geforlicher Zyten, sidthar den letztgehalltenen Synodo, sich mitt Krieg, vnd In ander weg, vylfalltigklichen Zugetragen, Das ist leider nur Zuvyl kundt, vnd offenbar, Dadurch yeder Zyt, einem Ersamen Rath die gelenheitt, einen Synodum Zuhallten, benomen worden ist. Nach dem sich aber dieselbigen[26]. Gott hab lob. In ettwas milterung geschickt, vnd geendert, Vnd dan ein Ersamer Rath erwegen vnd bedocht, das die Synodi Zu allen Zyten hoch vonnöthen sind, So hatt Ir Ers: Heyl. nitt zulossen wollen, das die sachen In vernern verzug gestellt wurden, sonders disern Synodum beschryben lossenn, Vnd diewyl dann wir, alls die so vonn vnsern gn(ädigen) Herren Zu dem Synodo, vnd demselben Inn Irem Namen Zubesetz(en) verordnet sind, yetzunder sechend die gehorsame, vwer aller, das Ir so willig erschynend, So wollend wir dieselbig Ir Ers: Heyl. rümen vnd anzeigen. Des ongezwyffellten Zuuersicht, Die werden es Inn gnaden, vnd allem gutten erkennen, Wie, vnd was nun aber wythers vnd ferner Zuhandlen, Das wollend wir vch, vnsern geliebdten Herren vnd brudern Zur Statt, Zuuerrichten, hiemitt vfferlegt, vnd beuolchen haben./.»

---

25 Die Überschrift ist v. späterer Hand, ca. 18. Jh., Kanzlei (Bruckner?), verfertigt. Dem Hinweis im Titel, es habe sich um einen «Provincialsynodus», also ein Kapitel auf d. Landschaft gehandelt, kann nicht unbedingt Glauben geschenkt werden, denn es steht im Gegenteil dazu auf d. zweitletzten Zeile deutl., dass die Synode «vnsern geliebdten Herren vnd Brudern Zur Statt» angezeigt («vfferlegt, vnd beuolchen») wird; s. dazu die Diskussion u. den Datierungsversuch d. Dokuments in Bd. 1, Teil V, 8:1.
26 Die Zeitumstände.

Dok. 9: Regelung interner Disziplinprobleme

Rb B 5: Erkanntnisbuch V, p. 4v:

«Ongehorsame der Räthen»; 1585 April 3

«Den dritten tag Apprillen Anno 1585. Demnach weil Rahtsfreund[27] ongehorsam ohne erlaubnus uszbliben, andere hinweg gangen on der Raht vffgestanden[28], vnd nit wider kummen. Vnd ihres geschwornen Eydes bey jährlichem antritt wenig achtten / Derhalben unser gn.(ädigen) Herren Erkhant, vnd ernstlich durch H.(errn) Burgermeister, beden Räthen angezeigt, Dass sie sich Gehorsamer dan biszhär erzeigen, sonst werde man mit der Straff im iahr Eyd begriffen fortfahren, vnd nieman verschonen.»

Dok. 10: Beispiel eines Widerrufs

Protokolle Öffnungsbücher 9, Öffnungsbuch IX, p. 5r,v:

«[...] widerruof by ofnner Rathstuben thür [...]»; 1566 Jan. 2

«1566
Vff Mitwoch den Andern January Anno d. Lxvj hat Hennrich Boszhart den volgennden widerruoff by offner Rathstuben thür erstatet, wie Im dann der Selbig vorgelesen, vnd Er den nach gesprochenn hat.»
«Ich Hennrich Boszhart. Bekenn. Nach dem verschiner tagenn. M: Hennrich Bruogkner, der Oberst Knecht. Sambt etlichen Wachtknechten[29], mich Inn miner behusung, mines vnerbaren wesens halb. Besucht vnnd gerechtfertiget, Vnnd ich sy, das sy (mit züchten zuo redenn[]), wie dieben vnnd Boszwicht kömen, beschuldiget, vnnd das ich vil besser were, dan sy, gereth, damit ich sy ann Iren Eeren, ebenn fachlichen[30] verletzt, Das ich obgemell-

---

27 ‹Rahtsfreund›: im Plural gemeint, Miträte: Mitglieder d. KlR.
28 ‹on der Raht vffgestanden›: ohne dass sich der Rat z. off. Ende d. Sitzung erhoben hätte, also Verlassen d. noch laufenden Ratssitzung.
29 Hans Heinrich Bruckner, gen. zum roten Bären, Oberst Knecht (Polizeichef, -präsident) bis ca. 1568; Wachtknechte: Nachtpolizisten, Nachtwächter, die in diesem Fall offensichtl. d. Polizeichef direkt benachrichtigt haben, also muss Bosshart ziemlich übel u. wahrscheinl. im wiederholten Falle so gehaust haben.
30 ‹ebenn fachlichen›: ebenfalls, auch, zusätzlich.

te wort, fallschlich. vnnd mit der vnwarheit, vff sy gereth. vnnd Inen damit vnrecht gethon, Well Inen ouch hiemit Ir Eer, wider bekert haben, dann ich vff sy, nutzit anderst, dann alle Eer, Liebs vnd guts weysz.»

Teil III
Tabellen

1. Die enge politische Führungselite im Amt 1570–1600

Die Tabelle nimmt die Angehörigen des Dreizehnerrates auf (Häupter und Dreizehner) sowie alle diejenigen Personen, die in ihrer dem Dreizehnerrat beigegebenen Funktion ebenfalls zur engen politischen Führung zählen, also die Kanzleivorsteher, Syndici, den Antistes und den Physicus (Stadtarzt). Die Tabelle berücksichtigt die Männer aus dem prosopographischen Korpus.[1]

Legende

Z.	Zunft
Funkt.	Funktionen im KlR
im KlR	Gesamte Amtszeit mit politischem Mandat in der Obrigkeit (Kleiner Rat = KlR)
Jahre	Die gesamte Amtszeit im KlR auf Amtsjahre umgerechnet
in d. Elite	Amtszeit mit politischem Mandat in der engen politischen Elite (Dreizehner etc., s. o.)
Jahre	Die Amtszeit in der engen politischen Elite auf Amtsjahre umgerechnet

Ein ‹v.› vor einer Jahresangabe bezeichnet den Umstand, dass der entsprechende Kleinrat bereits vor dem genannten Jahr im Amt gewesen sein muss, dies aber mangels entsprechender Quellen nicht nachweisbar ist. Die übrigen verwendeten Abkürzungen richten sich nach dem Abkürzungsverzeichnis.

---

1 Vgl. Bd. 1, Teil II, Kap. 3, Teil III, Kap. 3, Teil IV, Einführung u. Kap. 1; Bd. 2, Teil I, Kap. 1, 2, 3.1, 3.2; ebda. [P 1]–[P 185].

[P]	Name	Z.	Funkt.	im KlR	Jahre	in d. Elite	Jahre
3	Doppenstein, Sebastian	SLS	LV/BM	1531–70	39	1560–70	10
4	Fürfelder, Christman	SLS	LV/OZM	1581–1602	22	1595–1602	8
5	Götz Hans Jacob	SLS	LV/BM	1592–1614	23	1596–1614	19
6	Huber, Hans Rudolf	SLS	LV/BM	1578–1601	23	1582–1601	19
10	Mentelin, Hieronymus	SLS	OZM	1595–1616	22	1601–16	16
11	Oberried, (Hans) Jacob	SLS	LV/BM	1568–1608	41	1581–1608	28
12	Schultheiss, Ullrich	SLS	BM	1558–99	42	1569–99	31
13	Von Brunn, Bonaventura	SLS	BM	1555–91	36	1564–91	27
16	Faesch, Remigius	HAU	BM	1573–1610	38	1579–1610	32
17	Hagenbach, Beat	HAU	XIII	1588–1631	44	1606–31	26
18	Henricpetri, Adam	HAU	SS	1584–86	2	1584–86	2
19	Herr, Johann	HAU	LV/OZM	1595–1628	33	1611–28	17
20	Hoffmann, Hans Jacob	HAU	XIII	1573–99	27	1579–99	21
23	Meyer v. Muespach, Hans	HAU	XIII	1552–71	20	v. 1569–71	≥3
24	Petri, Heinrich	HAU	XIII	1554–79	25	ca. 1561–79	≥18
25	Rechburger, Franz	HAU	OZM	1566–89	24	1578–89	12
27	Wix, Hieronymus	HAU	SH/LV/XIII	1584–1607	24	1603–07	5
28	Brand, Bernhard, d.Ä.	WEI	LV/OZM	1560–94	35	1570–77/90–94	12
29	Brand, Theodor d.J.	WEI	LV/XIII	1595–1635	40	1631–35	4
30	Dütelin, Conrad	WEI	XIII	1575–85	10	1575–78	3
34	Menzinger, Hieronymus	WEI	RS/SS/RH	1579–1600	21	1584–92	8
35	Menzinger, Joh. Friedr.	WEI	RS/SS	v. 1544–84	41	1553–84	32
36	Ringler, Ludwig	WEI	LV/XIII	1565–1605	41	1579–82/93–1605	16
38	Russinger, Theodor	WEI	LV/XIII	1593–1610	18	1604–10	7
44	Wurstisen, Christian	WEI	SS	1586–88	2	1586–88	2
47	Büchel, Mathäus	SAF	XIII	1579–1609	20	1592–1609	17
48	Colly, Hippolit	SAF	SS/(XIII)	1589–1612	23	1589–93 (97–1612)	4(19)
50	Gebhart, Lux	SAF	BM	1554–93	40	1569–93	25
51	Herzog, Hans Rudolf	SAF	RS/SS	1568–1603	36	1592–1603	12
53	Huber, Hans Jacob	SAF	LV/XIII	1594–1609	16	1604–09	6
55	Löffel, Alexander	SAF	XIII	1565–91	26	1578–91	13
57	Meyer z. Pfeil, Hs. Ludw.	SAF	XIII	1578–1607	30	1591–1607	17
58	Ryff, Andreas	SAF	XIII	1591–1603	13	1600–03	4
59	Werenfels, Niclaus	SAF	RS/LV	1590–1606	16	1593–1602	9
70	Esslinger, Hans	BEK	XIII	1540–79	39	v. 1571–79	≥9
78	Beck, Sebastian	SMI	OZM	1583–1611	28	1592–1611	19
80	Hornlocher, Melchior	SMI	BM	1576–1619	44	1591–1619	29
82	Krug, Caspar	SMI	BM	1547–79	32	1552–79	27
90	Henk, Diebold	SUM	XIII	1553–90	37	1579–89	10
98	Von Spyr, Andreas	GER	XIII	1583–96	13	1595–96	2
107	Kuder, Hans Rudolf	SNI	XIII	1587–1610	23	1605–1610	5
108	Sattler, Niclaus	KÜR	XIII	1577–1627	50	1610–27	17
115	Ryhiner, Emanuel	GAR	RS	1569–82	14	1569–82	14
121	Ulli, Laurenz	GAR	XIII	1546–92	46	1571–92	21

III. Tabellen   247

[P]	Name	Z.	Funkt.	im KlR	Jahre	in d. Elite	Jahre
132	Pratteler, Ullrich	MEZ	XIII	1544–81	37	v. 1569–81	≥13
140	Merian, Ullrich	SPI	LV/XIII	1558–92	43	1573–92	19
145	Spörlin, Jörg	SPI	LV/XIII	1565–1600	36	1594–95	2
146	Spörlin, Sebastian	SPI	BM	1600–44	44	1609–44	35
147	Han, Balthasar	HIM	XIII	1536–78	42	v. 1569–78	≥10
149	Jäckelmann, Franz	GST	XIII	1544–79	35	v. 1572–79	≥8
157	Gebhart, Lienhart	WEB	LV/XIII	1559–80	21	v. 1569–78	≥10
163	Rosenmund, Friedrich	WEB	XIII	1593–1620	28	1611–20	10
165	Sattler gen. Wyssenb., Wolf	WEB	XIII	1579–90	12	1590	1
169	Göbelin, Jacob	SIF	XIII	1553–1603	51	1579–1603	25
180	Amerbach, Basilius	C.U.	SYND	1562–91	30	1562–91	30
181	Grynaeus, Johann Jacob	C.U.	ANT	1585–1617	33	1585–1617	33
182	Grynaeus, Samuel	C.U.	SYND	1591–99	8	1591–99	8
183	Platter, Felix	HAU	PHYS	1571–1614	43	1571–1614	43

2. Aussenpolitische Gesandtschaften

Die Tabelle nimmt sämtliche aussenpolitischen Gesandtschaften der Kleinräte auf, die 1570 bis 1600 im Amt waren. Für differenziertere Angaben z.B. bei den Eidgenössischen- oder Bistumsgesandtschaften s. in den Prosopographien (in diesem Band, Teil I), Rubr. 24–27.

Legende

Z.	Zunft
CH	Gesandtschaften in die Eidgenossenschaft
Unt.	Gesandtschaften in die Untertanengebiete
Bist.	Gesandtschaften in Bistümer
Obrh.	Gesandtschaften an den Oberrhein
DtR.	Gesandtschaften ins Deutsche Reich
Fr.	Gesandtschaften nach Frankreich (König)
Oe.	Gesandtschaften nach Österreich-Habsburg
Ausl.	diverse auswärtige Gesandtschaften (Italien, Fürstentümer)

Die übrigen verwendeten Abkürzungen richten sich nach dem Abkürzungsverzeichnis in diesem Band.

248   III. Tabellen

[P]	Name	Z.	Funkt.	CH	Unt.	Bist.	Obrh.	DtR.	Fr.	Oe.	Ausl.
2	V. Offenburg, Philipp	HST	LV		25		12				
3	Doppenstein, Sebastian	SLS	BM	12	23	8	7				
4	Fürfelder, Christman	SLS	OZM	2							
5	Götz, Hans Jacob	SLS	BM	31	1	1	5	1	4	1	1
6	Huber, Hans Rudolf	SLS	BM	8	2		2				
8	Keller, Hans Jacob	SLS	ZM/LV	2	1						
10	Mentelin, Hieronymus	SLS	OZM	23	2	2	6	1	2	1	
11	Oberried (Hans) Jacob	SLS	BM	44	18	1	17	1	7		
12	Schultheiss, Ullrich	SLS	BM	16	9	4	9	2			
13	Von Brunn, Bonaventura	SLS	BM	34	4	18	7				
15	Wölfflin, Wernher	SLS	ZM/RH	45	2	1	4	2	4		
16	Faesch, Remigius	HAU	BM	55	7	14	3		2		
17	Hagenbach, Beat	HAU	XIII	6	2	1			2		
18	Henricpetri, Adam	HAU	SS						1		1
19	Herr, Johann	HAU	OZM/LV	1	2		3				
20	Hoffmann, Hans Jacob	HAU	XIII	43	2	3	23			1	
22	Merian, Barthlome	HAU	RH	4							
23	Meyer v. Muespach, Hs.	HAU	XIII		1		5				
24	Petri, Heinrich	HAU	XIII		1	1	10	4			
25	Rechburger, Franz	HAU	OZM	26		4	16	1			
26	Ruch, Thertulianus	HAU	ZM						1		
27	Wix, Hieronymus	HAU	SH/LV/XIII	3	6		4		1		
28	Brand, Bernhard, d.Ä.	WEI	LV/OZM	13	8	4	13	2			
29	Brand, Theodor, d.J.	WEI	LV/XIII	2	1		1				
33	Hertenstein, Theodor	WEI	ZM	3							
34	Menzinger, Hieronymus	WEI	RS/RH						1		
35	Menzinger, Joh. Friedr.	WEI	SS		8	7	2	1			
36	Ringler, Ludwig	WEI	LV/XIII	6	1	4	4				
37	Russinger, Marx	WEI	ZM/RH/LV	6	1		2		1		1
38	Russinger, Theodor	WEI	LV/XIII	3							
39	Schenklin, Bläsi	WEI	ZM		2						
40	Schwarz, Hans, d.J.	WEI	KlR/SH/LV	6	4						
43	Uebelin, Samuel	WEI	RH/LV	2							
44	Wurstisen, Christian	WEI	SS	~			4				
45	Wurstisen, Erasmus	WEI	ZM/RH/LV	3	2						
47	Büchel, Mathäus	SAF	XIII		1						
48	Colly, Hippolit	SAF	SS	7				3	2		
49	Dürr, Niclaus	SAF	RH	2							
50	Gebhart, Lux	SAF	BM	14	8	11	5	1		1	1
51	Herzog, Hans Rudolf	SAF	SS	~	1				1		
52	Heydelin, Hans Jacob	SAF	RH	2							
53	Huber, Hans Jacob	SAF	XIII/LV	2	1						
54	Iselin, Hans Lux	SAF	RH/LV	2		5	1		1		
55	Löffel, Alexander	SAF	XIII	4	1		1	3	2		
56	Lützelman, Lienhard	SAF	ZM/RH	3				3			

III. Tabellen   249

[P]	Name	Z.	Funkt.	CH	Unt.	Bist.	Obrh.	DtR.	Fr.	Oe.	Ausl.
57	Meyer z. Pfeil, Hs. Ludw.	SAF	XIII	5	4	1					
58	Ryff, Andreas	SAF	XIII	24	6	3	6		3		
66	Niclaus, Hieronymus	REB	ZM		2		2				
67	Sessler, Hieronymus	REB	RH		1						
70	Esslinger, Hans	BEK	XIII	43	7			1			
74	Werdenberg, Fridolin	BEK	RH		4						
77	Werdenberg, Marx	BEK	ZM		1						
78	Beck, Sebastian	SMI	OZM	50	9	3	5		8	3	
80	Hornlocher, Melchior	SMI	BM	71	4	3	14	1	6	1	2
82	Krug, Caspar	SMI	BM	18	5	17	8	2	3		
83	Krug, Sebastian	SMI	RH	1							
90	Henk, Diebold	SUM	XIII		2						
98	Von Spyr, Andreas	GER	XIII	2	1						
107	Kuder, Hans Rudolf	SNI	XIII	2	2						
108	Sattler, Niclaus	KÜR	XIII	1			1				
110	Galli, Hans	GAR	ZM		3	1	2				
114	Ritter, Jopp	GAR	ZM/RH/LV	1							
115	Ryhiner, Emanuel	GAR	RS	2	1	1			1		
116	Ryhiner, Friedrich	GAR	ZM	5						4	
118	Schenk, Marx	GAR	ZM	2							
121	Ulli, Laurenz	GAR	XIII	2	7	1	1				
131	Pfründ, Lienhard	MEZ	RH		2						
135	Feldner, Mathäus	SPI	RH				1				
137	Huber, Andreas	SPI	RH				2				
139	Lützelman, Jörg	SPI	ZM				1				
140	Merian, Ullrich	SPI	XIII/LV	7	11	4	17	1			
141	Rippel, Mathäus	SPI	ZM/RH/LV	2	7						
144	Spörlin, Andreas	SPI	RH/LV		5						
145	Spörlin, Jörg	SPI	XIII		2		2				
146	Spörlin, Sebastian	SPI	BM	16	3		2			1	
147	Han, Balthasar	HIM	XIII	6	11	3	8				
149	Jäckelmann, Franz	GST	XIII		1						
163	Rosenmund, Friedrich	WEB	XIII	1	1		1				
165	Sattler, Wolf	WEB	XIII	20		5	1				
169	Göbelin, Jacob	SIF	XIII	1	10		1				
171	Hug, Beat	FIS	ZM		9						
173	Klein, Hans	FIS	RH		1						
176	Roth, Jacob	FIS	RH		7						
179	Wix, Jacob	SIF	RH		1		6				
180	Amerbach, Basilius	C.U.	SYND	~	~	~	~	~	~	~	~
181	Grynaeus, Johann Jacob	C.U.	ANT	5	5	2	4				2
182	Grynaeus, Samuel	C.U.	SYND	~	~	1	~	~	~	~	~
183	Platter, Felix	HAU	PHYS	~			~		~		

3. Innenpolitische Ämter, Ausschüsse und Aufgaben

Die Tabelle nimmt die innenpolitischen Ratsausschüsse der amtierenden Kleinräte 1570 bis 1600 sowie die Funktionen an der Universität auf. Diese Verordnungen in die Ausschüsse sind in die vier Sektoren Finanz (Prosopographien Rubr. 10–12), Wirtschaft (ebda. 13, 14), Soziales (ebda. 15–19) und Militär (ebda. 20, 21, 28) aufgeteilt. Nicht berücksichtigt werden die städtischen Ämter ohne Ratssitz (ebda. 8) und spezifische auswärtige Verordnungen (ebda. 23).[2] Jeweils ein Amtsjahr pro Ausschuss ergibt einen Eintrag im Zahlenwert 1. Für detailliertere Angaben betreffend einzelne Ämter und Ausschüsse, spezifische Aufgaben oder Jahreszahlen s. in den Prosopographien (in diesem Band, Teil I), Rubr. 10–21.

Legende

Z.	Zunft
Fin.	Finanzpolitische Ausschüsse
Wir.	Wirtschaftspolitische Ausschüsse
Soz.	Sozialpolitische Ausschüsse
Mil.	Militärische Ausschüsse und Aufgaben

Die übrigen verwendeten Abkürzungen richten sich nach dem Abkürzungsverzeichnis in diesem Band.

[P]	Name	Z.	Funkt.	Fin.	Wir.	Soz.	Mil.
1	Hiltbrand, Jacob	HST	LV/RH	7			
3	Doppenstein, Sebastian	SLS	LV/BM	15		30	
4	Fürfelder, Christman	SLS	LV/OZM	11	3	35	
5	Götz, Hans Jacob	SLS	LV/BM	22	23	43	24
6	Huber, Hans Rudolf	SLS	LV/BM	35	7	44	
7	Irmy, Hans Jacob	SLS	LV/ZM	2		4	
8	Keller, Hans Jacob	SLS	LV/ZM	3		5	
9	Lutterburger, Heinrich	SLS	ZM	9		19	
10	Mentelin, Hieronymus	SLS	OZM	47	15	55	
11	Oberried (Hans) Jacob	SLS	LV/BM	65	9	55	31
12	Schultheiss, Ullrich	SLS	BM	106	75	84	
13	Von Brunn, Bonaventura	SLS	BM	101	47	80	21
14	Von Kilchen, Hieronymus	SLS	ZM			14	

2   Die hohen städt. Beamtungen werden in Bd. 1, Teil III, Kap. 5 m. Bezug auf die jew. Prosopographien ausführl. behandelt; die auswärt. Beamtungen fallen statist. nicht ins Gewicht.

III. Tabellen 251

[P]	Name	Z.	Funkt.	Fin.	Wir.	Soz.	Mil.
15	Wölfflin, Wernher	SLS	ZM/RH	22		22	
16	Faesch, Remigius	HAU	BM	64	39	51	
17	Hagenbach, Beat	HAU	LV/XIII	61	19	64	
18	Henricpetri, Adam	HAU	SS			28	
19	Herr, Johann	HAU	LV/OZM	27	16	49	
20	Hoffmann, Hans Jacob	HAU	XIII	35	17	47	
21	Hoffmann, Jacob	HAU	ZM	3		31	
22	Merian, Barthlome	HAU	RH	40		32	
23	Meyer v. Muespach, Hans	HAU	XIII	12	5	46	
24	Petri, Heinrich	HAU	XIII	9		51	
25	Rechburger, Franz	HAU	OZM	9		45	
26	Ruch, Thertulianus	HAU	ZM	1		3	
27	Wix, Hieronymus	HAU	SH/LV/XIII	5		16	
28	Brand, Bernhard, d.Ä.	WEI	LV/OZM	18	10	48	6
29	Brand, Theodor, d.J.	WEI	LV/XIII	8	13		2
30	Dütelin, Conrad	WEI	XIII		18	16	
31	Frey, Hans Jacob	WEI	ZM	7		39	1
32	Gleser, Carol	WEI	LV/SH/ZM	3		12	
33	Hertenstein, Theodor	WEI	ZM	7		10	
34	Menzinger, Hieronymus	WEI	RS/SS/RH	1		17	
35	Menzinger, Joh. Friedr.	WEI	RS/SS			39	
36	Ringler, Ludwig	WEI	LV/XIII	27	18	42	
37	Russinger, Marx	WEI	LV/ZM/RH	8		16	4
38	Russinger, Theodor	WEI	LV/XIII	13		27	
39	Schenklin, Bläsi	WEI	ZM	4		10	
40	Schwarz, Hans, d.J.	WEI	SH/LV/ZM/RH	15	1	41	
41	Schwarz, Urban, d.J.	WEI	ZM/RH	8		28	
42	Staehelin, Apollinaris	WEI	RH	1		5	
43	Uebelin, Samuel	WEI	LV/RH	8		16	
44	Wurstisen, Christian	WEI	SS			31	
45	Wurstisen, Erasmus	WEI	LV/ZM/RH	5		24	
46	Wurstisen, Pantaleon	WEI	ZM/RH	8		13	
47	Büchel, Mathäus	SAF	XIII	17	24	79	2
48	Colly, Hippolit	SAF	SS/SYND/XIII			34	4
49	Dürr, Niclaus	SAF	RH	4		11	
50	Gebhart, Lux	SAF	BM	40		83	18
51	Herzog, Hans Rudolf	SAF	RS/SS			26	
52	Heydelin, Hans Jacob	SAF	RH	2		4	
53	Huber, Hans Jacob	SAF	LV/XIII	15		33	
54	Iselin, Hans Lux	SAF	LV/RH	6		21	
55	Löffel, Alexander	SAF	XIII	23	4	42	
56	Lützelman, Lienhard	SAF	ZM/RH	24		25	
57	Meyer z. Pfeil, Hs. Ludw.	SAF	XIII	25	24	37	14
58	Ryff, Andreas	SAF	XIII	13	4	48	13
59	Werenfels, Niclaus	SAF	RS/LV			9	

[P]	Name	Z.	Funkt.	Fin.	Wir.	Soz.	Mil.
60	Bienz, Ludwig	REB	ZM	8			
61	Blauner, Heinrich	REB	RH	23		37	
62	Gernler, Hans, d.J.	REB	ZM	16		26	
63	Heinrich, Stephan	REB	ZM	3			
64	Heinrich, Wolf	REB	RH	8		15	
65	Janns, Hans Jacob	REB	ZM	10		23	
66	Niclaus, Hieronymus	REB	ZM	6			
67	Sessler, Hieronymus	REB	RH	13		18	
68	Billing, Hans Albrecht	BEK	ZM	7		4	
69	Dürst, Jost	BEK	RH	15		10	
70	Esslinger, Hans	BEK	XIII	18	39	48	1
71	Feldbach, Fridlin	BEK	RH	12		24	
72	Merian, Johann Rudolf	BEK	ZM	5		10	4
73	Munzinger, Hans Conrad	BEK	RH	11		1	27
74	Werdenberg, Fridolin	BEK	RH	14	6	44	
75	Werdenberg, Friedrich	BEK	ZM	4	5	3	
76	Werdenberg, Johannes	BEK	ZM	3		7	
77	Werdenberg, Marx	BEK	ZM	4		6	
78	Beck, Sebastian	SMI	OZM	20	36	46	
79	Falkeisen, Rudolf	SMI	ZM/RH	4			
80	Hornlocher, Melchior	SMI	LV/BM	67	23	72	36
81	Jeuchdenhammer, Georg	SMI	ZM	15		24	
82	Krug, Caspar	SMI	LV/BM	51	41	61	22
83	Krug, Sebastian	SMI	RH	4	9	5	
84	Schenk, Lienhard	SMI	RH	4		4	1
85	Sommereisen, Stefan, d.J.	SMI	RH	2			
86	Sonnenbüchel, Marx	SMI	LV/ZM	2		3	
87	Turner, Barthlome	SMI	ZM	10		12	
88	Erzberg, Cossman	GER	ZM	9		24	
89	Grünenwald, Hans	SUM	RH	14		34	
90	Henk, Diebold	SUM	XIII	16	10	40	
91	Hertenstein, Thoman	SUM	ZM	1			
92	Höpperlin, Adam	SUM	ZM	5		12	
93	Maurer, Christen	SUM	ZM	7		14	
94	Scholer, Christoph	SUM	ZM	1			
95	Schweizer, Friedrich	SUM	ZM	4		5	
96	Strub, Lienhard	GER	ZM	8		10	2
97	Von Gart, Anton	GER	RH	18		32	
98	Von Spyr, Andreas	GER	XIII	9		18	
99	Zoss, Theodor	GER	RH	8		22	1
100	Besserer, Heinrich	SNI	RH	9		9	
101	Dottinger, Hans	SNI	ZM	6			1
102	Feldner, Jacob	SNI	ZM	15		57	
103	Gebhart, Jacob, d.Ä.	KÜR	ZM	17		34	
104	Gebhart, Jacob, d.J.	KÜR	ZM	19		34	

III. Tabellen   253

[P]	Name	Z.	Funkt.	Fin.	Wir.	Soz.	Mil.
105	Grass, Christoph	KÜR	ZM	1			
106	Hönn, Niclaus	SNI	RH	11		12	
107	Kuder, Hans Rudolf	SNI	XIII	15		26	
108	Sattler, Niclaus	KÜR	XIII	22		73	
109	Von Selz, Hans	KÜR	RH	5		1	
110	Galli, Hans	GAR	ZM	16		18	1
111	Gotthart, Conrad	GAR	LV/ZM/RH	10	5	14	
112	Merckt, Balthasar	GAR	ZM/RH	14		19	
113	Rippel, Hans Burkhart	GAR	ZM/RH	1		7	
114	Ritter, Jopp	GAR	LV/ZM/RH	7		15	
115	Ryhiner, Emanuel	GAR	RS			14	
116	Ryhiner, Friedrich	GAR	ZM	1		10	2
117	Schauber, Timotheus	GAR	ZM		5		
118	Schenk, Marx	GAR	ZM	19		54	1
119	Schwingdenhammer, Heinr.	GAR	ZM	9		25	
120	Steck, Augustin	GAR	OK/RH	3	4	21	
121	Ulli, Laurenz	GAR	XIII	21	2	48	
124	Gernler, Hans, d.Ä.	MEZ	LV/RH			4	
126	Lutterburger, Burkhart	MEZ	ZM			12	
128	Nübling, Lienhart	MEZ	RH	1		28	
129	Oser, Bernhard	MEZ	LV/RH	2		9	
130	Pfister, Jost	MEZ	ZM			14	
131	Pfründ, Lienhard	MEZ	RH			24	
132	Pratteler, Ullrich	MEZ	XIII	1		6	1
133	Vochen, Barthlome	MEZ	RH				4
134	Von Gart, Heinrich	MEZ	ZM	2			1
135	Feldner, Mathäus	SPI	RH	7		41	
136	Hetzer, Barthlome	SPI	ZM	7			
137	Huber, Andreas	SPI	RH	4	12	8	
138	Huggel, Jacob	SPI	ZM/RH	4	22		
139	Lützelman, Jörg	SPI	ZM	11		33	
140	Merian, Ullrich	SPI	LV/XIII	17		51	
141	Rippel, Mathäus	SPI	LV/ZM/RH	4	12	25	
142	Sandler, Fridlin	SPI	ZM	1			
143	Schicklin, Conrad	SPI	ZM	7		7	
144	Spörlin, Andreas	SPI	RH/LV	10		11	
145	Spörlin, Jörg	SPI	LV/XIII	17		49	1
146	Spörlin, Sebastian	SPI	BM	98	41	133	
147	Han, Balthasar	HIM	XIII	20	28	108	
148	Huckeli, Adam	HIM	RH	8		27	1
149	Jäckelmann, Franz	GST	XIII	12		58	
150	Marbach, Claus	GST	RH	4		9	
151	Reichart, Laurenz	GST	ZM	8		29	
152	Schlecht, Rudolf	GST	RH	11		25	
153	Schölli, Hans	HIM	RH				1

[P]	Name	Z.	Funkt.	Fin.	Wir.	Soz.	Mil.
154	Schweizer, Jacob	GST	ZM	14		38	
155	Turneisen, Wilhelm	HIM	ZM	13		14	1
156	Erzberger, Christoph	WEB	ZM	4		2	
157	Gebhart, Lienhart	WEB	LV/XIII	8		49	
158	Gernler, Michael	WEB	ZM	13		37	
159	Harder, Hans	WEB	ZM	1			
160	Keller, Joss	WEB	ZM	2			
161	Leiderer, Hans	WEB	ZM/RH	9		26	
162	Linder, Lux	WEB	ZM/RH	4			
163	Rosenmund, Friedrich	WEB	XIII	13		37	2
164	Ryff, Daniel	WEB	RH	15	3	29	
165	Sattler, Wolf	WEB	XIII	9	2	11	
166	Scheltner, Jacob	WEB	ZM	3			
167	Trautwein, Augustin	WEB	ZM	10		16	
168	Von Spyr, Jacob	WEB	ZM	4		14	
169	Göbelin, Jacob	SIF	XIII	17		33	2
170	Gürtler, Mathäus	FIS	RH	4			
171	Hug, Beat	FIS	ZM	10		20	
172	Jäcklin, Hans	FIS	ZM	10		19	
173	Klein, Hans	FIS	RH	10		18	
174	Munzinger, Joder	FIS	ZM	1			
176	Roth, Jacob	FIS	RH	3		13	
178	Vischer, Friedrich	SIF	RH	3			
179	Wix, Jacob	SIF	RH	10		30	
180	Amerbach, Basilius II	C.U.	SYND			32	
181	Grynaeus, Johann Jacob	C.U.	ANT			52	
182	Grynaeus, Samuel	C.U.	SYND			35	
183	Platter, Felix	HAU	PHYS			64	
184	Gengenbach, Baptista	SLS	(Sechser)			5	3
185	Meyer z. Pfeil, Adelberg	SAF	RH	1		12	

4. Landvögte (im Amt bzw. im Kleinen Rat) 1570–1600

Die Tabelle nennt Basels Landvögte der sieben städtischen, links- und rechtsrheinischen Untertanengebiete sowie die Basler Vögte in den Ennetbirgischen Vogteien der Eidgenossenschaft. Es sind die Kleinräte bzw. Landvögte aus dem prosopographischen Korpus einbezogen.[3]

Legende

Z.	Zunft
Funkt.	Weitere obrigkeitliche Funktion(en) im KlR
Zeit (1)	Zeitl. Daten dieser obrigkeitl. Funktion(en) im KlR
J. (1)	Die gesamte Amtszeit im KlR auf Amtsjahre umgerechnet
LV-Name	Besessene Landvogtei(en)
Zeit (2)	Zeitl. Daten der Landvogteiämter
J. (2)	Die Amtszeit als LV auf Amtsjahre umgerechnet

Die übrigen verwendeten Abkürzungen richten sich nach dem Abkürzungsverzeichnis in diesem Band.

[P]	Name	Z.	Funkt.	Zeit	J.	LV-Name	Zeit	J.
1	Hiltbrand, Jacob	HST	RH	1539–76	37	Schauenburg	1544–60	16
						Waldenburg	1564–76	12
2	Offenburg, Philipp v.	HS	---	---	---	Farnsburg	1555–82	27
3	Doppenstein, Sebast.	SLS	BM	1531–70	39	Waldenburg	1531–53	22
						Riehen	1555–60	5
4	Fürfelder, Christman	SLS	OZM	1581–1602	22	Riehen	1592–1602	11
5	Götz, Hans Jacob	SLS	BM	1592–1614	23	Hüningen	1601–04	4
6	Huber, Hans Rudolf	SLS	BM	1578–1601	23	Riehen	1589–92	4
7	Irmy, Hans Jacob	SLS	ZM	1576–77	2	Valle Maggia	1566–68	2
8	Keller, Hans Jacob	SLS	ZM	1560–86	20	Homburg	1567–79	12
						Münchenstein	1580–86	6
11	Oberried (Hs.) Jac.	SLS	BM	1568–1608	41	Münchenstein	1577–79	2
17	Hagenbach, Beat	HAU	ZM/XIII	1588–1631	44	Riehen	1618–26	8
19	Herr, Johann	HAU	OZM	1595–1628	33	Farnsburg	1600–10	10
27	Wix, Hieronymus	HAU	ZM/RH/XIII	1584–1607	24	Waldenburg	1587–97	10
28	Brand, Bernhard, d.Ä.	WEI	OZM	1553–94	35	Homburg	1553–57	4
						Farnsburg	1577–86/88–90	11
29	Brand, Theodor, d.J.	WEI	RH/ZM/XIII	1595–1635	40	Homburg	1595–1602	7
						Farnsburg	1611–24	13
32	Gleser, Carol	WEI	SH/ZM	1569–91	23	Waldenburg	1576–86	10
36	Ringler, Ludwig	WEI	RH/XIII	1565–1605	31	Hüningen	1575–81	6
						Lugano	1582–84	2

3 Vgl. StABS Rb M 2, -M 3, -S 1,12.

[P] Name	Z.	Funkt.	Zeit	J.	LV-Name	Zeit	J.
37 Russinger, Marx	WEI	ZM/RH	1570–83	14	Locarno	1574–76	2
38 Russinger, Theodor	WEI	ZM/RH/XIII	1590–1610	21	Valle Maggia	1590–92	2
					Locarno	1598–1600	2
40 Schwarz, Hans, d.J.	WEI	SH/RH/ZM	1538–84	47	Lugano	1558–60	2
43 Uebelin, Samuel	WEI	RH	1592–1609	18	Münchenstein	1601–09	8
45 Wurstisen, Erasmus	WEI	ZM/RH	1592–1614	22	Locarno	1598–1600	2
					Waldenburg	1600–05	5
53 Huber, Hans Jacob	SAF	RH/XIII	1594–1609	16	Hüningen	1604–09	6
54 Iselin, Hans Lux	SAF	RH	1574–88	14	Homburg	1580–81	1
59 Werenfels, Niclaus	SAF	RS	1590–1606	16	Homburg	1602–06	4
86 Sonnenbüchel, Marx	SMI	ZM	1569–88	19	Ramstein	1577–88	11
111 Gotthart, Conrad	GAR	ZM/RH	1590–1612	23	Farnsburg	1591–99	8
113 Rippel, Hans Burkhart	GAR	ZM/RH	1576–92	17	Mendrisio	1580–82	2
114 Ritter, Jopp	GAR	ZM/RH	1581–1606	26	Münchenstein	1585–93	8
124 Gernler, Hans	MEZ	RH	1563–95	32	Ramstein	1563–82	19
125 Herr, Zacharias	MEZ	RH	1593–1611	18	Ramstein	1601–11	10
129 Oser, Bernhard	MEZ	RH	1589–1615	27	Ramstein	1589–1601	12
130 Pfister, Jost	MEZ	ZM	1553–78	26	Ramstein	1553–63	10
140 Merian, Ullrich	SPI	ZM/XIII	1558–92	34	Riehen	1569–88	19
141 Rippel, Mathäus	SPI	ZM/RH	1593–1619	26	Waldenburg	1606–13	7
144 Spörlin, Andreas	SPI	RH	1549–87	39	Münchenstein	1564–87	24
145 Spörlin, Jörg	SPI	RH/XIII	1565–1600	36	Münchenstein	1595–1600	6
157 Gebhart, Lienhart	WEB	RH/XIII	1559–80	21	Homburg	1578–80	2

5. Alphabetisches Verzeichnis der Prosopographien

Name	Zunft	Seite	Name	Zunft	Seite
Amerbach, Basilius II	C.U.	201	Han, Balthasar	HIM	174
Beck, Sebastian	SMI	111	Harder, Hans	WEB	185
Berger, Friedrich	MEZ	152	Heinrich, Stephan	REB	97
Besserer, Heinrich	SNI	131	Heinrich, Wolf	REB	97
Bienz, Ludwig	REB	95	Henk, Diebold	SUM	122
Billing, Hans Albrecht	BEK	101	Henricpetri, Adam	HAU	42
Blauner, Heinrich	REB	95	Herr, Johann	HAU	44
Brand, Bernhard, d. Ä.	WEI	55	Herr, Zacharias	MEZ	154
Brand, Theodor, d. J.	WEI	57	Hertenstein, Theodor	WEI	62
Büchel, Mathäus	SAF	78	Hertenstein, Thoman	SUM	123
Colly, Hippolit	SAF	79	Herzog, Hans Rudolf	SAF	82
David, Lienhard, d. Ä.	MEZ	152	Hetzer, Barthlome	SPI	162
Doppenstein, Sebastian	SLS	22	Heydelin, Hans Jacob	SAF	83
Dottinger gen. Thürkauf, Hans	SNI	131	Hiltbrand, Jacob	HST	19
Dürr, Niclaus	SAF	80	Hoffmann, Hans Jacob	HAU	45
Dürst, Jost	BEK	102	Hoffmann, Jacob	HAU	46
Dütelin, Conrad	WEI	58	Hönn, Niclaus	SNI	135
Erzberger, Christoph	WEB	182	Höpperlin, Adam	SUM	124
Erzberger, Cossman	GER	121	Hornlocher, Melchior	SMI	113
Esslinger, Hans	BEK	102	Huber, Andreas	SPI	163
Faesch, Remigius	HAU	39	Huber, Hans Jacob	SAF	84
Falkeisen, Rudolf	SMI	112	Huber, Hans Rudolf	SLS	25
Feldbach, Fridlin	BEK	103	Huckeli, Adam	HIM	175
Feldner, Jacob	SNI	132	Hug, Beat	FIS	194
Feldner, Mathäus	SPI	162	Huggel, Jacob	SPI	163
Frey, Hans Jacob	WEI	59	Irmy, Hans Jacob	SLS	27
Fürfelder, Christman	SLS	23	Iselin, Hans Lux	SAF	86
Galli, Hans	GAR	139	Jäckelmann, Franz	GST	175
Gebhart, Jacob, d. Ä.	KÜR	133	Jäcklin, Hans	FIS	195
Gebhart, Jacob, d. J.	KÜR	134	Janns, Hans Jacob	REB	98
Gebhart, Lienhart	WEB	183	Jeuchdenhammer, Georg	SMI	115
Gebhart, Lux	SAF	81	Keller, Hans Jacob	SLS	28
Gengenbach, Baptista	SLS	208	Keller, Joss	WEB	185
Gernler, Hans, d. Ä.	MEZ	153	Klein, Hans	FIS	196
Gernler, Hans, d. J.	REB	96	Krug, Caspar	SMI	115
Gernler, Michael	WEB	184	Krug, Sebastian	SMI	117
Gleser, Carol	WEI	60	Kuder, Hans Rudolf	SNI	136
Göbelin, Jacob	SIF	193	Leiderer, Hans	WEB	186
Gotthart, Conrad	GAR	140	Linder, Lux	WEB	186
Götz, Hans Jacob	SLS	24	Löffel, Alexander	SAF	87
Grass, Christoph	KÜR	134	Lutterburger, Burkhart	MEZ	154
Grünenwald, Hans	SUM	122	Lutterburger, Heinrich	SLS	29
Grynaeus, Johann Jacob	C.U.	202	Lützelmann, Jörg	SPI	164
Grynaeus, Samuel	C.U.	204	Lützelmann, Lienhard	SAF	88
Gürtler, Mathäus	FIS	194	Marbach, Claus	GST	176
Hagenbach, Beat	HAU	41	Maurer, Christen	SUM	125

Name	Zunft	Seite	Name	Zunft	Seite
Mentelin, Hieronymus	SLS	29	Schlecht, Rudolf	GST	178
Menzinger, Hieronymus	WEI	63	Scholer, Christoph	SUM	125
Menzinger, Johann Friedrich	WEI	64	Schölli, Hans	HIM	179
Merckt, Balthasar	GAR	141	Schultheiss, Ullrich	SLS	33
Merian, Barthlome	HAU	47	Schwarz, Hans, d.J.	WEI	70
Merian, Johann Rudolf	BEK	104	Schwarz, Urban, d.J.	WEI	72
Merian, Ullrich	SPI	165	Schweizer, Friedrich	SUM	126
Meyer von Muespach, Hans	HAU	48	Schweizer, Jacob	GST	180
Meyer z. Pfeil, Adelberg, d. J.	SIF	209	Schwingdenhammer, Heinrich	GAR	148
Meyer z. Pfeil, Hans Ludwig	SAF	90	Sessler, Hieronymus	REB	99
Munzinger, Hans Conrad	BEK	105	Sommereisen, Stefan, d. J.	SMI	119
Munzinger, Theodor	FIS	197	Sonnenbüchel, Marx	SMI	119
Niclaus, Hieronymus	REB	98	Spörlin, Andreas	SPI	169
Nübling, Hans	MEZ	155	Spörlin, Jörg	SPI	170
Nübling, Lienhart	MEZ	156	Spörlin, Sebastian	SPI	171
Oberried (Hans) Jacob	SLS	31	Staehelin, Apollinaris	WEI	73
Offenburg, Philipp von	HST	20	Steck, Augustin	GAR	149
Oser, Bernhard	MEZ	156	Strub gen. Läufelfinger, Lienhard	GER	127
Petri, Heinrich	HAU	49	Trautwein, Augustin	WEB	191
Pfister, Jost	MEZ	157	Turneisen, Wilhelm	HIM	181
Pfründ, Lienhard	MEZ	158	Turner, Barthlome	SMI	120
Platter, Felix	C.U./HAU	205	Uebelin, Samuel	WEI	74
Pratteler, Ullrich	MEZ	159	Ulli, Laurenz	GAR	150
Rechburger, Franz	HAU	51	Vischer, Friedrich	SIF	199
Reichart, Laurenz	GST	177	Vochen gen. Fininger, Barthlome	MEZ	160
Ringler, Ludwig	WEI	65	Von Brunn, Bonaventura	SLS	34
Rippel, Hans Burkhart	GAR	141	Von Gart gen. Burckhardt, Anton	GER	128
Rippel, Mathäus	SPI	167	Von Gart gen. Burckhardt, Heinrich	MEZ	160
Ritter, Jopp (Hiob)	GAR	143	Von Kilchen, Hieronymus	SLS	36
Rosenmund, Friedrich	WEB	187	Von Selz (Sulz), Hans	KÜR	138
Röstin, Georg	FIS	197	Von Spyr, Andreas	GER	128
Roth gen. Solothurner, Jacob	FIS	198	Von Spyr, Jacob	WEB	191
Ruch, Thertulianus	HAU	52	Werdenberg, Fridolin	BEK	106
Russinger, Marx	WEI	67	Werdenberg, Friedrich	BEK	107
Russinger, Theodor	WEI	68	Werdenberg, Johann	BEK	108
Ryff, Andreas	SAF	91	Werdenberg, Marx	BEK	109
Ryff, Daniel	WEB	188	Werenfels, Niclaus	SAF	93
Ryhiner, Emanuel	GAR	144	Wix, Hieronymus	HAU	53
Ryhiner, Friedrich	GAR	145	Wix, Jacob	SIF	200
Sandler, Fridlin	SPI	168	Wölfflin, Wernher	SLS	36
Sandler, Hans	FIS	199	Wurstisen, Christian	WEI	75
Sattler, Niclaus (Claus)	KÜR	137	Wurstisen, Erasmus	WEI	76
Sattler, Wolf	WEB	189	Wurstisen, Pantaleon	WEI	77
Schauber, Timotheus	GAR	146	Zoss, Theodor	GER	130
Scheltner, Jacob	WEB	190			
Schenk, Lienhart	SMI	118			
Schenk, Marx	GAR	147			
Schenklin gen. Gerster, Bläsi	WEI	69			
Schicklin, Conrad	SPI	168			